高等职业教育创新型系列教材

消费心理学

（第2版）

主　编　余　杰　王　慧

副主编　黄淑贞　赵　磊　占莉莎　林　文　黄俐波

北京理工大学出版社
BEIJING INSTITUTE OF TECHNOLOGY PRESS

内 容 简 介

本书系统介绍了消费者内心世界的心理活动基本规律，研究影响消费者需要、购买动机和购买行为，并对购买行为的影响因素进行分析；对消费者个性心理活动过程和个性心理特征以及不同群体行为特征进行分析研究；对环境与消费心理进行研究，包括宏观经济环境因素、社会文化因素、社会阶层、消费习俗、消费流行以及微观购物环境等，然后从市场营销的 4P 入手，对营销策略与消费心理进行分析，包括商品因素与消费心理、价格因素与消费心理、促销与消费心理等。随着时代的变迁，在大数据时代下，系列新型营销方式兴起，网络营销、微信营销、网络社区等在本书中均有涉及。

本书可作为高等院校市场营销、电子商务等专业的教材，也可供企业营销人员和消费人群学习使用，还可以作为相关研究人员的参考用书。

版权专有　侵权必究

图书在版编目（ＣＩＰ）数据

消费心理学／余杰，王慧主编．--2版．--北京：
北京理工大学出版社，2021.9（2023.1 重印）
　　ISBN 978-7-5763-0392-6

Ⅰ．①消…　　Ⅱ．①余…　②王…　　Ⅲ．①消费心理学
Ⅳ．①F713.55

中国版本图书馆 CIP 数据核字（2021）第 194003 号

出版发行／北京理工大学出版社有限责任公司
社　　址／北京市海淀区中关村南大街 5 号
邮　　编／100081
电　　话／（010）68914775（总编室）
　　　　　（010）82562903（教材售后服务热线）
　　　　　（010）68944723（其他图书服务热线）
网　　址／http：//www.bitpress.com.cn
经　　销／全国各地新华书店
印　　刷／三河市天利华印刷装订有限公司
开　　本／787 毫米×1092 毫米　1/16
印　　张／16　　　　　　　　　　　　　　　责任编辑／李慧智
字　　数／436 千字　　　　　　　　　　　　文案编辑／李慧智
版　　次／2021 年 9 月第 2 版　2023 年 1 月第 2 次印刷　　责任校对／周瑞红
定　　价／48.00 元　　　　　　　　　　　　责任印制／施胜娟

图书出现印装质量问题，请拨打售后服务热线，本社负责调换

前　言

　　本教材是根据高职高专市场营销专业人才培养目标及规格编写的高职高专市场营销专业系列教材之一，既可以作为市场营销专业的主干教材，也可作为其他相关专业的消费心理学课程教材。

　　为适应高职高专教学的要求，达到高等技术应用型人才的培养目标，本教材在编写的过程中，本着精炼理论、强化应用、培养技能的原则，在内容上力求原理清晰、实务突出，着力于培养学生的综合能力和实际操作能力。本教材采用项目任务驱动模式，每个项目都有"学习目标""建议学时"，便于教师和学生掌握教学重点、合理分配教学时间；开篇还有"导入案例"，通过生动的案例将学生引入新的知识内容的学习中，有利于激发学生的学习兴趣；同时在各任务内穿插小案例、小资料便于学生对基本知识的理解和掌握；每个项目后附有"项目小结"，使学生对每个项目的内容有一个全面的把握；并附有"复习思考题""案例分析""实训练习"，这样既方便教师授课，又可以帮助学生对各项目任务知识点进行理解、消化和吸收，有利于学生能力的培养。为适应新时期教学需要，紧跟时代步伐，本书每个项目配套大量课外材料，通过扫码就可以阅读，有助于丰富学生的视野，提高学生的专业素养。

　　本教材系统介绍了消费者心理活动的基本规律，研究了消费者需要、购买动机和购买行为，并对购买行为的影响因素进行了分析；对消费者个性心理活动过程和个性心理特征以及不同群体行为特征进行了分析研究；对环境与消费心理进行了研究，包括宏观经济环境因素、社会文化因素、社会阶层、消费习俗、消费流行以及微观购物环境等，然后从市场营销的4P入手，对营销策略与消费心理进行了分析，包括商品因素与消费心理、价格因素与消费心理、促销与消费心理等；随着时代的变迁，在大数据时代下，系列新型营销方式兴起，网络营销、微信营销、网络社区等在本书中均有涉及。

　　本教材由江西经济管理干部学院余杰和江西应用科技学院王慧主编，江西经济管理干部学院黄淑贞、江西应用科技学院赵磊、江西应用科技学院林文、江西经济管理干部学院占莉莎、江西经济管理干部学院黄俐波任副主编。

　　十分感谢北京理工大学出版社在本书的编写及出版过程中给予的大力支持和帮助。此外，本教材在编写过程中参阅、引用了有关著作和教材以及部分网络、微信公众号文章，在此对这些文献的作者一并致以衷心的感谢。限于编者的各种条件，书中不当之处在所难免，真诚希望广大读者批评指正。

编　者

2021 年 9 月

目　录

第一章

消费心理学概述

学习目标

1. 了解心理学的一般知识，掌握心理学的实质；
2. 了解消费心理学有关概念，掌握消费心理学的研究内容；
3. 掌握消费心理学的研究方法，了解消费心理学的研究意义，了解我国消费心理学的发展趋势。

建议课时

4 课时。

💡 思维导图

```
                              心理现象
                   心理学概述 ┤
                              心理的实质

                                     消费心理学的有关概念——消费、消费品、消费者
                                     消费心理——定义、分类、特点
                                                  消费者的心理活动基础（第二章、第三章）
                   消费心理学的研究内容 ┤           消费者的购买行为（第四章）
消费心理学概述 ┤                        研究内容 ┤ 消费群体的心理与行为（第五章）
                                                  消费心理与消费环境（第六章）
                                                  消费心理与市场营销（第七章~第九章）
                                                  新型营销方式与消费心理（第十章）

                                     研究原则
                   研究消费心理学的方法和意义 ┤ 研究方法
                                     研究意义
                                     发展趋势
```

✉ 导入案例

在一个菜市场有几家卖豆制品的摊点，可总是只有 A 店的生意火爆，大家宁可排队等也不到旁边的店铺里买同样的东西。这是因为 A 店的价格比旁边店铺便宜许多吗？不是，你要问他卖的价格和别人都是一样；是因为他卖的产品质量比别人好很多吗？也不是，质量差不多！很多东西估计和别人在同一个地方进货；是因为有赠送促销手段吗？更不是，小本生意不可能有这么大的利润。原来只有一个非常简单的原因：这个店主无论顾客买什么东西都主动少收一角钱。例如，顾客问好豆腐是 1 元一斤，挑了块豆腐，他把豆腐放到

电子秤上一称显示 1.7 元，他就会说："就收 1.6 元吧。"就这小小的一角钱让他获得了顾客的信赖，使他的生意越来越火红。看似简单的"一角钱促销"为什么能产生这么明显的促销效果？下面让我们来分析一下这个促销成功的几个关键因素：

1. 促销产品质量不能打折扣

摊主豆腐的质量是有所保证的，至少和竞争者的不相上下，而不是以劣充好。如果豆腐的质量不好，价格再便宜顾客上了一次当，下次就不会再买。

2. 促销产品、赠品要让消费者眼见为实

豆腐价值的衡量是通过电子秤的称量，让消费者可以很清楚地判断产品的真实价值，不存在"水分"。很多卖菜的人喜欢用杆秤，就是因为这种秤在称的时候卖菜人可以很容易玩些滑头，从而缺斤短两，俗称"玩秤"。用电子秤的话上面单价、重量、金额显示得清清楚楚，消费者自然也就放心。

3. 促销活动必须诚实可信

如果摊主豆腐的价格本身就定得比旁边竞争者的高，那么再通过让利的方式就是一个虚假的促销。消费者不会只问他一家，肯定能比较出来。如果为了吸引消费者故意报低价，在称量计算的时候再抬高价格，也是不会赢得消费者的信任的。是什么价格就是什么价格，一定要实实在在。

4. 促销活动要让消费者感觉"因为购买而获利"

在消费者接受价格并已经决定购买后，摊主主动让利是关键的一招，使消费者觉得那一角钱的确是摊主让利给自己的。因为原本自己已经要掏钱，也没有要求减价，这个摊主完全可以多赚一角钱，消费者会觉得这个店主做生意很"活"，不贪，不像其他商人想尽办法多赚一分钱。如果同样是让利一角钱，但是由消费者提出那么就没有这个效果了。这让该摊主给消费者的印象就完全有别于旁边的竞争者，一旦认可了这个人，自然东西就好卖了。看起来每笔生意损失一角钱，但由此获得众多忠实顾客，利润就非常可观了。

5. 促销的让利幅度应控制在合理的范围以内

如果摊主卖一块豆腐可以便宜 0.5 元，不光自己不赚钱，消费者更会怀疑这个豆腐肯定有问题，要不怎么可能这么便宜。"一角钱"消费者不是很在乎这个数目，可是给消费者让利的感觉是真实可信的。

案例启示：从心理学的角度来看，事物本身并没有意义，有意义的是人对事物的反应。促销活动也一样，什么样的促销方式本身并不是最重要的，关键看消费者对这个促销有怎样的反应，如何让消费者感觉到获利才是关键。必须建立起消费者的信任，在促销活动中通过准确定位、诚信的方式、适当的让利，让消费者感觉获利才是促销成功的根本。

（资料来源：百度文库，2020-01-09）

人是自然和社会发展的共同产物，是社会属性与自然属性的有机统一体。人们在社会上生活、学习和工作，首先必须满足其自然和社会的需要，必须解决衣食住行等生活问题，必须要消费一些社会产品，所以消费活动是人类社会中存在的一种普遍现象。随着社会生产力发展水平的提高和社会历史条件的变化，人类的自然和社会需要也发生了翻天覆地的变化，在以消费者需求为导向的现代市场经济背景下，消费者的需求、心理及行为已经成为企业制定营销策略的基础。忽视消费者心理，也就意味着企业无法取得最佳的营销和经营效果。因此，消费心理研究在市场营销理论体系中占据核心地位。消费心理学的产生和发展是建立在心理行为学原理研究基础上的。

20世纪最著名的
10个心理学实验

第一节　心理学概述

一、心理现象

心理学是研究人的心理现象及其规律的一门科学。人的心理现象简称心理。通常对于心理活动，人们总是感到神秘和玄妙，因为心理现象没有形状、颜色、大小、气味，也没有重量，不同于我们日常所见的物理、化学现象，因而不容易被人们所了解。但是，心理现象是我们生活中最熟悉、最常见、最普通的精神现象，也是自然界最复杂、最奇妙的现象之一。比如，早晨起床后，我们会觉得肚子饿了，想要吃早餐，这就是我们的食欲在发生作用，产生了进食的需要。心理活动无时不在，可以说只要人活着就要进行心理活动。迄今为止的科学研究表明，人的各种复杂的心理现象，不管它如何奇异变换，总不外乎两个方面，即心理过程和个性心理，这是既有区别又相互联系、相互依存、相互作用的两个方面。

（一）心理过程

心理过程是心理活动变化、运动和发展的动态过程，即人脑对客观现实的反映过程，它包括认识、情感、意志等活动过程。首先是认识过程，了解客观世界到底是什么东西；其次是情感过程，对客观世界存在的事物表达自己的态度；最后是意志过程，人们为了达到一定的目的，遭遇挫折，便克服困难，实现自己的意志。

1. 认识过程

认识是人最基本的心理活动过程。人具有自觉地认识世界的能力，而认识过程就是人脑对客观对象的属性及其规律的反映，包括感觉、知觉、记忆、注意、思维、想象等认识活动。以上课为例，我们能够罗列出各种认识活动。当我们听到声音，看到光亮，进而知道声音是老师的讲课声，光亮是日光和灯光的融合时，感知觉现象便产生了。要记住一些重要的概念、原理，这涉及记忆现象。当老师为了便于学生更好地理解问题，运用打比喻的方法对学生进行引导的时候往往就需要想象活动的参与。而学生对教学内容的理解、对老师提问的思考则是思维现象。整个上课的过程都需要注意的参与，上课时思想开小差的学生就是注意力转移或分散了。

2. 情感过程

情绪和情感是人对客观事物和对象所持的态度体验。人们在认识世界的时候，不是冷漠无情，无动于衷的，总是抱着一定的态度，表现出自己的感情，如老师对学生的喜爱，学生对老师的崇敬，人民对祖国的热爱、对社会丑恶现象的憎恨，人对事业成功感到的快乐、对工作受挫感到的沮丧等都是情绪和情感的不同表现形式。

3. 意志过程

人们不仅能认识世界，还可以能动地改造世界。在改造世界的过程中，人基于自身的需要而激发动机，自觉地确定目的，并具有实现目标的坚定信心和决心，有战胜困难与挫折的顽强毅力和胆识。这种自觉地确立行动的目的和动机，并根据目的来支配和调节自己的行为，努力克服各种困难从而实现预期目的的心理活动过程就是意志。

心理过程分为认识过程、情感过程和意志过程，简称知、情、意，它们是相互联系、相互制约的3个方面。认识是基础，情感和意志是行为的动力，心理学研究是从整个心理过程来考察的。

（二）个性心理

由于每个人的先天素质不同、生活条件不同，所受的教育、影响不同，所从事的实践活动不同，因此，心理过程在每个人身上产生时总是带有个人的特征，形成了每个人的兴趣、能力、气质、性格的不同，这就是个性。个性是表现在一个人身上的那些经常的、稳定的、本质的心理特征。"人心不同，各如其面"，每个人都具有自己的特点，形成了人与人之间在心理风格和面貌上的差别，即个性心理差异。个性心理差异包括个性倾向性和个性心理特征两个方面。

个性倾向性又称为心理倾向性或个性积极性，它包括需要、动机、兴趣、信念等。在现实生活中有的人有这方面的要求，有的人有那方面的要求，表现出人在需要方面的差异。有的人对集邮有兴趣，有的人对音乐有兴趣，这是兴趣的差异。人们在需要、动机、兴趣、信念等方面的差异反映出一个人的个性倾向。

个性心理特征是指那些受社会生活所制约的心理面貌上的特征，所以表现在人的气质、能力和性格等方面的特征我们都称为个性心理特征。例如，生活中有的同学急躁，有的同学有耐心，有的同学活泼好动，有的同学内向文静，这是出于不同的气质特点；有的同学处事冷静，有的同学易感情用事，这反映出不同的性格类型；有的同学记忆力好，有的同学创造力强，这就是不同能力的表现。

不仅人的认识、情感、意志过程是相互联系的，而且个性心理和心理过程也是密切联系的。没有心理过程，个性心理特征就无法形成。同时，已经形成的个性心理又制约着心理过程，在心理过程中表现出来。例如，具有不同兴趣和能力的人对同一件商品的评价就不相同。因此，我们更要深入了解消费者普遍存在的心理过程，掌握其发展、变化的规律，同时又要分析和掌握每个消费者的心理差异，只有这样才能因人制宜地做好营销工作。

二、心理的实质

人的心理实质到底是什么？自古以来就存在两种根本对立的观点。唯物主义认为，心理现象起源于物质，与人的身体有关；而唯心主义认为，心理是独立于人脑之外的，不依赖于人脑而独立存在的难以琢磨的抽象之物。辩证唯物主义真正揭示了心理的实质：人的心理是客观现实在人脑中的主观映像。它包含两层含义：

（一）心理是人脑的机能，人脑是心理的器官

过去由于人们可以感觉到自己的心脏的跳动，发怒、高兴或平静时心脏跳动的快慢也不同，于是认为心理的器官是心脏。现代医学、生理学及动物心理的进化发展，都可以看出脑是心理的器官，心理是脑的机能。例如，猿进化成为人类以后，劳动和语言的发展、熟食的摄入，促进了大脑的发展，也跟着出现了人的心理；醉汉的心脏跳动没有多大变化，但却胡言乱语，心理异常；人的大脑如果受到损伤，大脑功能发生障碍，心理活动就要出现异常；此外，对脑电波的研究表明，人在觉醒、睡眠、进行智力活动或产生情感冲动时，大脑皮层的脑电节律也不相同。这些都证明心理活动与大脑有关。

大脑是心理活动器官。现代科学研究表明，人的大脑分成左右两个半球，交叉控制人的身体活动。左半球主要功能是抽象思维，右半球主要功能是形象思维。现代科学还发现，人脑的重量平均为 1 400 克（猿脑净重 400 克左右），是一种在结构上极为复杂、机能上极为灵敏的器官。

（二）心理是客观现实的反映，客观现实是人的心理源泉

心理是人脑的机能，并不是说，有脑就可以产生心理。有脑，只是提供了人们产生心理的物质基础和可能性，而要把这种可能性变为现实性，就必须依靠外界的客观现实。没有客观事物作用于人脑，心理活动就不可能产生。

1. 客观现实是人的心理源泉

人的心理活动，不论是简单的还是复杂的，它的内容都可以从客观现实中找到源泉。所谓客观现实，是指在人的意识之外，不依赖于人们的意识而独立存在的一切现象。客观现实是丰富多彩的，一般分为天然自然现象、人造自然现象和人类社会生活三大类。各类客观现实对人的心理活动、意识倾向的产生和个性的形成所起的作用是不同的。例如，日月星辰、山川海洋、空气云

雨、昼夜交替、鱼虫鸟兽，微观方面的分子、质子、电子等都属于天然自然现象，它们是人们认识和改造的对象，直接影响着人们的生活，是人的心理产生的源泉。但是，它们对人的心理的产生及个性的形成，不起决定作用。人们耕种的土地、种植的五谷、饲养的家禽、建造的房屋以及制造的飞机、大炮、原子弹、宇宙飞船、生产工具等，都是人们劳动创造的事物，是人类智慧化了的自然，属于人造自然现象。它们具有社会意义，是人的心理产生的重要源泉，对人的心理活动和个性的形成、发展起到更大的作用。社会中的生产关系、政治经济关系、科学文化艺术的交流、社会道德风尚等社会生活环境教育及其整个过程等，属于人类社会生活范畴。它们是人的心理最主要的源泉，对人的心理的产生和发展，对个性的形成起决定性作用。无论人的心理多么复杂，我们都可以从人所处的具体社会生活中找到它的原型。

2. 社会生活实践对人的心理起制约作用

科学的心理学特别强调人的心理基础是人的社会实践，没有人的社会实践也就没有人的心理。事实证明，即使有了人脑，但如果脱离客观现实，也不会产生人的心理。例如，20世纪50年代有人做了一项统计，发现有30多个小孩是由野兽在野外哺育长大的，这些被发现的野孩子都缺乏人的心理特点。所以，离开人类的社会生活，就不能产生人的心理活动。人的大脑好比"加工厂"，客观现实好比"原材料"，如果没有原材料，即使有现代化的加工厂，也不会生产出任何产品。人脑是心理的器官和前提，客观现实是心理的源泉和内容。人的一切心理现象都是对客观现实的反映。

> ◈ **小资料**
>
> 　　1920年，在印度加尔各答东北部一个名叫米德纳波尔的小城，人们发现有两个用四肢走路的"像人的怪物"，尾随在3只大狼的后面。后来，人们把大狼打死，在狼窝里发现了这两个"怪物"，原来是两个裸体的女孩。其中，大的7~8岁，小的只有2岁。后来被送到孤儿院，小的很快死了，大的一直活到1929年（16~17岁）。这就是轰动一时的"印度狼孩卡玛拉"。她也有人脑这种精致复杂的物质，但由于她从小脱离了人的社会生活，没有言语交际，没有家具、工具，处在狼的生活条件下过活，到了8岁被发现回到人们中间时，只有相当于6个月婴儿的心理发展水平。她用四肢行走，用双手和膝盖着地歇息，她舔食流质的东西，只吃扔在地板上的肉，从不吃人手里的东西。她害怕强光，夜间视觉敏锐，每天深夜嚎叫。她怕火，也怕水，从不让洗澡，即使天气寒冷，她也撕掉衣服，摆脱毯子。经过研究人员的悉心照料与教育，她2年学会了站立，4年学会了6个单词，6年学会了走，7年学会了45个词，同时学会了用手吃饭，用杯子喝水。她到17岁临死时只具有相当于4岁儿童的心理发展水平。
>
> 　　　　　　　　（资料来源：王树茂主编，《心理学趣谈》，辽宁人民出版社1982年版）

3. 心理是客观现实的主观映像

人的心理是客观现实的反映，但是这种反映，是由一定的具体的人来实现的。一定的具体的人在过去实践中已经形成的知识、经验、世界观和个性心理特征总会影响其对客观现实的反映。因此，可以说，人的心理是客观和主观的统一。例如，对于同一件衣服，有人认为好看，有人认为不好看。同是一件500元的衣服，有的人会觉得很贵，有的人则会认为很便宜。

4. 心理是客观现实能动的反映

人们对于客观事物的反映不是消极被动的，而是在实践中积极能动地把外界事物变成观念的东西，把客观变为主观，然后，人们又通过实践活动使主观见之于客观，变主观的东西为客观的东西。同时，人们的心理活动又受实践活动的检验。人们在反映现实的活动中总是根据实践的标准，不断调整自己的行为，使反映的东西能符合客观现实的规律。

第二节　消费心理学的研究内容

大多数消费者一生中用于购买和消费的时间要多于工作或睡眠的时间。我们不仅消费粮食、汽车，也消费理发、旅游，同时还消费电影、电视等娱乐"产品"。因此，研究和了解消费者心理，无论是对我们消费者个人，还是对企业来说，都有着十分重要的意义。

后疫情：生存之思与消费关注

一、消费心理学的有关概念

（一）消费

生活在经济社会中的人们，要花费相当多的时间从事消费活动。一般认为，消费是指人们为满足需要而消耗各种物质产品及非物质产品的行为和过程。广义的消费包括生产消费和生活消费两大部分，而狭义的消费仅指生活消费，即我们日常生活中所说的消费。生产消费，是指在物质资料生产过程中各种工具、设备、原材料等生产资料及劳动力的使用和耗费。生活消费是指人们为了满足自身需要而消耗各种物质产品、精神产品和劳动服务的行为和过程。消费心理学所涉及的消费，一般是指狭义的消费。

（二）消费品

在对消费品进行定义之前，首先要介绍什么是产品。产品可以被定义为人们通过交换获取的一切东西，它是用来使用或消费以满足某种欲望和需要而提供给市场的一切东西。它可以是有形产品（如一辆轿车）、一种服务（如理发）、一个主意或观念（如"不要乱扔垃圾"）或这 3 种的任意组合。产品的主要特征包括包装、式样、颜色、型号等。

根据消费者的意图，产品可分为工业品和消费品。二者之间最根本的区别在于它们的预期用途。如果是用于工业，那么产品被定义为工业用品或产业用品。工业用品是制造其他产品或服务、用于促进企业经营及向其他消费者转售的产品。消费品是用来满足消费者个人需求的产品。在有些情况下，同一个产品既可以是工业品又可以是消费品，比如铅笔、纸张等。

按照一般的分类方法，消费品可以分为 4 种类型：便利品、选购品、特殊品和非寻求品。

1. 便利品

便利品是消费者不需要费力就能买到的价格便宜的商品。对于有些商品，消费者不愿意花大气力去搜寻和购买，如软饮料、清洁剂、笔记本等。

消费者经常购买便利品并且没有详细的购买计划，但他们仍然了解一些受欢迎的便利品的品牌名称，如可口可乐、白猫洗洁精等。便利品通常需要进行广泛的分析，一般有足够的销售量可以实现预期的利润目标。

2. 选购品

选购品一般要比便利品的价格高而且销售的商店也要少。消费者在购买选购品时一般要对几种品牌或商店进行款式、适用性、价格与其自身生活方式的协调性的比较，他们也愿意花费一些精力以获取自己预期的利益。

选购品可以分为两种：同质品和异质品。消费者认为同质选购品的质量基本相似，但价格却明显不同，所以有选购的必要，如冰箱、电视等。相反，消费者认为异质品质量是不同的，如家具、住宅等。消费者在选购异质品时比较麻烦，因为其价格、质量、特征等的差异很大。对异质品进行比较的好处是"为自己挑选到最好的商品或品牌"，因而做出的决定通常个性化极强。

3. 特殊品

当消费者广泛地寻求某一特殊商品而又不愿意接受替代品时，这种商品即为特殊品，如奔驰汽车、劳力士手表等。

特殊品的经销商们经常运用突出地位感的精选广告保持其商品的特有形象，分销也经常被限定在某一地区的一个或很少的几个销售商店里，所以，品牌名称和服务质量非常重要。特殊品不涉及消费者对商品的比较，他们只需花时间找到该商品的经销商即可。

4. 非寻求品

一项产品不为其潜在的消费者所了解或虽然了解也并不积极问津，那么这项产品就是非寻求品。新产品在通过广告和分销增加其知名度以前都属于非寻求品。

一些商品永远都是非寻求品，特别是我们不愿意想起或不喜欢为它们花钱的商品。例如，保险、丧葬用品、百科全书等物品都是传统的非寻求品，都需要鼓动性强的人员销售和有说服力的广告。销售人员总是尽力地接近那些潜在的消费者，因为消费者大多不会主动地去寻求这类产品。

（三）消费者

根据上述对"消费"这一含义的界定，我们可以说每个人都是消费者，因为每个人的生存都离不开各种物质产品或服务的消耗。但是在实际运用中，为了更好地对消费心理进行研究，我们还是有必要对"消费者"的概念进行界定。消费者是一个相对的概念，它并不包含全体人群。比如，对于某一个企业来说，与其产品或服务没有任何关系（而且将来也不可能有关系）的人，就不能称其为消费者。

简单地说，消费者就是购买与使用各种产品或服务的人。具体地说，消费者是各种消费品的需求者、购买者和使用者。因为消费行为作为一个过程是动态运行的，购买者不一定是需求者或使用者，而使用者也不一定是购买者。比如，我们经常为别人买东西，送礼物给朋友和亲人。所以，仅仅把消费者理解为购买者是片面的。另外，消费者主要是指自然人，他们是为了满足自己的生活需要而进行消费，而这种消费的来源是他们的各种收入。

二、什么是消费心理

（一）消费心理的定义

什么是消费心理？无论从实践还是从理论的角度来看，对于经营者而言想要提高经营效益，应该经常自问这样的基本问题，只有这样，才能洞其本性、见其本质，真正了解消费者的心理，起到事半功倍的效果。

关于消费心理的定义，许多学者对其解释不尽相同，到目前为止，还没有形成一个统一的看法。综合多方观点，我们可以将消费心理定义为：消费心理是指消费者在个人消费活动中发生的各种心理现象及其外在表现。对这一定义可做进一步解释：

（1）消费心理是指人作为消费者时的所思所想。这是消费者购买行为中的心理现象，如消费者在购买行为中产生的感觉、知觉、记忆、注意、想象、情感、意志等。

（2）消费心理包括消费心理过程和消费个性心理。消费心理过程揭示消费者心理活动的一般规律，即一致性的心理现象；消费个性心理揭示消费者有差异性的心理现象，如需要、动机、兴趣、能力、气质、性格等不同。只有将这两方面的心理现象结合起来研究，才能揭示出消费者消费心理的一般规律。在一定时期内，社会总体消费行为又影响并制约着消费个体的心理变化趋向及发展趋势。

（3）任何一种消费活动，都是既包含了消费者的心理活动，又包含了消费者的消费行为。准确把握消费者的心理活动，是准确理解消费行为的前提。而消费行为是消费心理的外在表现，消费行为比消费心理更具有现实性。

（二）消费心理的分类

在任何环境条件下，人们的消费活动都不会表现为一种简单的机械性行为，而是表现为对某种需要的行为冲动。这种由需要引起的行为冲动，总是在各种不同心理、社会诸因素的影响下产生、发展和变化的。归纳起来，消费心理可分为本能性消费心理与社会性消费心理两大类。

1. 本能性消费心理

它是指由人的生理因素所决定的、自然状态下的心理需要的反映。它是以消费者的生理因素作为基础和载体进行的一般心理活动，也是人类全部消费活动的基础。人类消费活动的基础是从自然状态开始，并逐步发展为较高层次的、复杂的社会行为。人类本能性消费心理的反映强度与方式，主要取决于人的个性心理。例如，饥饿的人在他人的食品面前，可表现出抢夺、乞讨或忍耐等截然不同的对策。

2. 社会性消费心理

它是指由人所处的社会环境因素决定的，以某种生理因素为条件，在社会状态下的心理需要反映。它是人类特有的、高级的、以社会因素为基础和载体进行的具有某种社会意义的心理活动。它使人类的消费活动由简单的满足生活需要，变为具有特定含义的社会行为。例如，人类由穿衣蔽体开始，发展为衣着服饰成为人对美的追求，成为人的名誉地位、职业特征等的某种外在表现形式。人的社会性消费心理，主要受社会、政治、经济、文化环境的影响，受其自身经济水平的制约，同时，以自身的本能性消费心理为基础。

3. 本能性消费心理与社会性消费心理的关系

本能性消费心理作为人类生存与发展的基础，是人类心理活动的自然流露与反映。社会性消费心理则是由人类特有的社会性功能反映出的源于本能又高于本能的心理活动，是以本能性消费心理为基础，以社会、政治、经济、文化环境为条件，具有特定内涵的高级心理活动。

因此，本能性消费心理与社会性消费心理是一种相互依存、相互联系的关系。前者表现为基础的、初级的心理活动，后者表现为发展的、高级的心理活动；前者是后者的前提与基础，后者是前者的发展与提高。本能性消费心理取决于人的生理因素，而社会性消费心理取决于由社会、政治、经济发展水平决定的消费者心理。例如，在电灯发明之前，人类对夜间光明的需要只能通过火以及蜡烛或油灯等转化形式得到某种满足；而电灯的出现，使人类对光明的需要变为更高层次的对光与美的需要，各种灯光饰品的普及已大大超出对照明的简单需要。因此，在社会、经济、文化高速发展的今天，消费者的本能性消费心理反应已越来越被社会性消费心理活动所掩盖，而以一种隐性的、内在的形式发挥其本质和基础的作用，社会性消费心理则成为显见的、主流的表现形式。

（三）消费心理的特点

消费心理具有以下特点：

1. 目的性

消费心理的目的性，表现为消费者满足自己的需要、实现消费动机、得到期望的消费体验等方面。如消费者购买食品，或许是出于饥饿的原因，或许是出于对新口味食品的好奇，或许是出于他人的说服与广告宣传等。消费者购买食品是为了平衡自己的饥饿感，或满足自己对新口味食品的好奇心，或证实他人的说法与广告宣传内容等。

2. 自觉性

与生活中其他行为相比，消费行为的一个显著特点是自觉性。任何消费行为的进行都是在人们自觉地支付了相应数量的货币之后才能实现，这就使消费行为的目的性变得非常明确。在需要与动机的推动下，消费者会自觉地搜集商品信息，做出购买决定，自觉自愿地支付货币。受个人经济能力的支配和约束，消费行为还必须在个人经济能力许可的范围内进行。不管消费者本人形成了多么美好的消费愿望，有多么强烈的消费需要，实现或满足这些愿望都必须在消费者具备了相应的经济条件后才能进行，超过了这个经济条件所允许的范围，消费需要或消费愿望要被约束。所以人们会自觉地以个人的经济条件作为前提，控制那些难以实现的愿望。

3. 复杂性

心理活动本身的复杂性决定了消费者心理与行为也具有复杂性与多样性。比如每个人在需要和动机方面存在着较大的差异。同样一件商品，有的人是出于价格方面的原因而购买，有的人是出于其形象方面的原因而购买，还有的人则是着重于其质量方面的原因而购买。面对多样的营销环境，消费者个体的表现和反应也各不相同，他们可以表现出积极的、消极的、被动的或反感的态度。在消费者的意识中，有时表现为清晰的意识状态，有时表现为潜意识或无意识的模糊状态等。这些都是消费者心理与行为复杂性的表现。

4. 关联性

当消费者为满足一种消费需求而实现一种消费动机时，为了使其更满意，需要对另外一些商品产生消费需要和消费动机，这就是消费心理行为的关联性，这种关联性对企业进行产品的开发提出了系列化、成套化等方面的要求，也为企业提供了更多的发展机会。如消费者对住房的需求产生了对家具的关联需求。

5. 变化性

消费者心理与行为会随着社会、经济、文化的发展变化而不断地改变。如社会环境的变化会引起消费者心理和行为的变化，当消费者所处的社会环境改变时，所接受的相关的信息是不同的，这就会导致消费者对商品的款式、风格以及对商品的喜好和态度发生改变。

三、消费心理学的研究内容

消费心理学主要是研究消费过程中消费心理与行为的产生、发展及其规律的一门学科，并探讨在市场营销活动中各种心理现象之间的相互关系。消费心理和行为作为一种客观存在的社会经济现象，和其他经济现象一样，有其特有的活动方式和内在行为规律。对于这一现象进行专门研究，就可以发现消费者在消费活动中的心理与行为特点及其规律。消费心理学的研究内容可以分为两方面：一是影响消费者购买行为的内在条件，包括消费者的内心世界、消费者的个性心理特征、消费者购买过程中的心理活动、影响消费者行为的心理因素。二是影响消费者心理及行为的外部条件，包括影响消费心理的环境因素、消费群体对消费心理的影响、商品因素对消费心理的影响、价格因素对消费心理的影响、促销对消费心理的影响。具体研究内容可以分为以下几个方面：

（一）消费者的心理活动基础

心理活动基础是指消费者赖以从事消费活动的基本心理要素及其作用方式，包括消费心理的一般过程、消费者的个性心理特征等方面。消费心理学运用心理学有关原理对上述方面进行研究，通过对消费者的心理活动中的认识过程、情感过程、意志过程的分析，揭示消费者心理现象的一般规律，把握其行为活动的共性，同时在研究不同消费者的能力、气质、性格等个性心理特征的基础上，进一步分析消费心理现象的个别性和差异性，进而解释消费者之间在行为表现上存在的种种差异。本书的第二章"消费者的内心世界"和第三章"消费者的个性心理"分别从认识过程、情感过程、意志过程以及气质、能力和性格等方面展开分析、研究。

（二）消费者的购买行为

购买行为是消费者心理活动的集中表现，是消费活动中最有意义的部分。人的行为的产生是建立在需要和动机的基础上的，需要是人的行为产生的原始动力，而动机则是人的行为产生的直接动力。在消费心理的研究中，我们将影响消费者的心理因素与其行为表现紧密联系起来，深入探讨消费者的购买行为过程、购买决策的制定，通过对购买过程中的产生消费需求、驱动购买动机、收集有关信息、进行比较选择、制定购买决策、实际购买、购买后评价等若干阶段及其相互联系逐一进行考察，从而总结出消费者购买行为的基本模式。本书的第四章"消费者的购买行为"将对以上内容进行分析、研究。

（三）消费群体的心理与行为

消费在直接形态上表现为消费者个人的行为活动。但从社会总体角度来看，消费者心理与行为又带有明显的社会性。人不仅是自然人，同时还是社会人，人的消费行为的产生不仅仅是出于自身的生理需要，有时候还会由于周围其他人的影响或者需要而使某个消费者产生购买行为。在现实生活中，某些消费者由于年龄、性别、职业、收入水平、社会地位、宗教信仰等相同或接近，从而在消费需求、消费观念、消费习惯以及消费能力等方面表现出很大的相似性或一致性，由此构成一定的消费群体。研究不同消费群体在消费心理和消费行为方式上的特点与差异，有助于从宏观角度把握社会总体消费的运动规律，同时对商品生产者和经营者准确地细分消费者市场，制定最佳营销策略，具有重要的指导意义。本书的第五章"消费群体的消费行为"将对上述内容展开分析和研究。

（四）消费心理与消费环境

消费者及其所从事的消费活动都是置于一定的消费环境之中，在某些特定的环境条件下进行的。因而，一方面，消费者个人或消费群体的心理活动的倾向及其行为表现在很大程度上要受到环境因素的影响和制约；另一方面，消费者在适应环境的同时，也会以不同方式影响和作用于环境。消费环境分为购物环境和社会环境。消费者的消费行为不仅仅受自身的需要、动机的影响，在很多情况下会由于受到门店装潢、橱窗设计等购物环境的影响，导致购买行为推迟或提前。同时消费者的消费行为还会受到消费流行、消费习俗的影响，另外消费者的消费行为与其所处的社会阶层也有一定关系。本书的第六章《影响消费行为的环境因素》将就上述内容展开分析和研究。

（五）消费心理与市场营销

在现代市场经济条件下，消费者大量接触，所受影响最为深刻、直接的环境事物就是企业的市场营销活动。市场营销是商品生产者和经营者围绕市场销售所从事的产品设计、包装、命名、定价、广告宣传、分销、促销、公共关系、商务谈判等一系列活动，其目的在于通过满足消费者的需要，激发其购买动机，促成购买行为，实现商品的最终销售。因此，市场营销的一切活动都是围绕消费者进行的。例如，改善商品包装以引起消费者的注意，通过广告宣传向消费者传递有关信息等都会对消费心理产生影响。本书的第七章"影响消费心理的产品因素"、第八章"影响消费心理的价格策略"、第九章"促销与消费心理"将就上述内容展开分析和研究。

> ⊠ **小案例：**
>
> 一位 40 岁左右的女士走到一个化妆品柜台前，准备购买护肤霜。一名年轻的售货员热情地向她推荐一种有修复皮肤、去除皱纹功能的美容护肤品，"阿姨，您有 50 岁了吧？眼角皱纹真不少，脸上还有色斑，用这种护肤霜最合适了。"
>
> 请问：你认为这位顾客会购买该产品吗？
>
> （资料来源：尹健主编，《营销心理学》，高等教育出版社 2007 年版）

（六）新型营销方式与消费心理

大数据时代的市场营销已经由关注商品推广开始转向对消费者的培养，由卖方市场转向买方市场，消费者开始主导市场。在媒介推广方式越来越发达，商品展示平台越来越多样化，商品种类越来越丰富的情况下，营销方式与传统营销相比也呈现出新的发展趋势。本书的第十章"新型营销方式与消费心理"将就上述内容展开分析和研究。

第三节　研究消费心理学的方法和意义

薇娅变身常委，李佳琦被国家点名，究竟发生了什么？

一、消费心理学应遵循的研究原则

（一）研究群体消费的整体性原则

在消费者之间，由于有些消费者具有相同的收入水平，或者他们的年龄是处于同一个范围，或者是因为他们的工作与职业相同等，存在着某些共同的特征，因此可以把这些特点相同或相近的消费者统归为一类消费群体，他们进行消费过程的心理叫作群体消费心理。对于企业来说，要进行生产经营活动，就要寻找目标市场，即消费该企业商品的消费群体，不管这个消费群体是现实的还是潜在的，企业都要设法为这个群体提供相应的产品和服务，该企业才可能实现生产和经营的效益。这是研究群体消费心理的意义所在。

（二）研究消费心理的客观性原则

这是消费心理学研究时首先必须遵循的一项基本原则。消费心理活动虽处于内在的隐蔽状态，无法从外部直接了解，但它是人脑对客观事物的反映活动，有其存在的本来面貌及其客观的不以人的意志为转移的规律。我们在研究中，应结合消费者的行为和他们活动的外部条件来进行，不可主观臆断、想当然地揣摩消费者的心理，应该以客观的态度，探索消费者的心理活动规律。

（三）研究消费者心理变化的发展性原则

世界上的一切事物都是不断发展变化的，消费者心理也是如此。这就要求我们在进行消费者心理的研究时，不能用孤立的、静止的观点来看问题，而应坚持发展性原则，既要密切注视世界上其他国家心理学科的研究、应用和发展，取其精华，为我所用，又要结合我国实际，预测消费者心理和行为的变化发展趋势，不断地丰富与发展消费心理学，使其更好地为企业经营服务。

（四）研究消费者心理的联系性原则

事物总是相互联系、相互影响的，心理现象之间、心理现象与外界客观事物之间也同样存在着相互联系、相互影响的关系。首先，影响和制约消费心理的各种因素是相互联系的。其次，人的心理过程和心理状态也是相互联系的。人们生活在一个庞大的社会系统中，在这个复杂的系统中，消费者的购买行为要受到诸多因素的影响和制约，如购物时间、购物场所、商品品质、商品价格等；就消费者的心理活动过程来讲，各种心理现象如需要、动机、个性、态度等，也是相互联系、相互影响的。因此，研究消费者的心理现象，既要分析研究引起消费者心理现象的原因与条件，也要分析研究影响和制约消费者心理现象的各种因素和条件之间的相互作用，坚持联系性原则。

二、消费心理学的研究方法

研究消费心理在遵循整体性、客观性、发展性和联系性4个原则的同时，还要根据研究任务的需要，选择应用适当的方法。常用的方法主要有观察法、实验法、访谈法、投射法、问卷法等。

（一）观察法

观察法是指调查者在自然条件下有目的、有计划地观察消费者的语言、行为、表情等，分析其内在的原因，进而发现消费者心理现象的规律的研究方法。

观察法是科学研究中最一般、最方便使用的研究方法，也是心理学的一种最基本的研究方法。在市场营销活动中，观察者依靠自己的视听器官，通过消费者的外部表现（动作、行为、谈话），有目的、有计划地观察了解消费者的言语、行动和表情等行为，并把观察结果按时间顺序系统地记录下来分析原因，用以研究消费者心理活动的规律。

观察法的具体形式有以下几种：

1. 直接观察法

它是指调研人员到现场观察发生的情形，以搜集信息。例如，在进入商店调查时，调研人员并不访问任何人，只是观察基本情况，然后记录备案。一般调研的内容有某段时间的客流量、消费者在各柜台的停留时间、各组的销售状况、消费者的基本特征、售货员的服务态度等。

2. 仪器观察法

在科学技术高度发展的今天，许多电子仪器和机械设备成为对消费者进行心理调研的工具。例如，经过被调查者的同意，可以在家用电视上安装一个监视装置，记录下这台电视机的开关时间、收看哪些频道、收看时间如何等。再如，在测定广告效果时，可借助照相机，照下人们的眼部活动，观察瞳孔的变化，分析广告设计对人们注意力的影响。另外，美国有些超级商场配备了整套监视装置，以分析消费者的购物习惯。

3. 实际痕迹测量法

它是指调研人员不是直接观察消费者的行为，而是通过一定的途径来了解他们的痕迹和行为。例如，某公司为了评价各种广告媒介的效果，在广告中附有回条，消费者凭回条可到公司购买折让的商品。根据回条的统计数，公司就可以找出最佳的广告媒介。再如，某商店为了调查消费者购买电器后的反应，可到各维修点调查哪些产品维修最多、哪些部件替换最快、消费者的评价等。国外有家饮料公司曾根据垃圾站旧饮料瓶的回收状况来分析消费者的口味偏好。

这种方法的优点是比较直观，观察所得到的材料一般也比较真实、切合实际。这是由于消费者是在没有被施加任何影响、没有干扰的情况下被观察的，是一种心理的自然流露。观察法的不足之处在于其具有一定的被动性、片面性和局限性。观察所得到的材料本身还不能区分哪些是偶然现象，哪些是规律性的反映。例如，漫步商场观察消费者的步态和目光时，发现大致有 3 种表现：①脚步紧凑，目光集中，直奔某个柜台；②步履缓慢，犹豫不决，看着商品若有所思；③步态自然，神色自若，随意浏览。上述 3 种表现说明进店消费者大致有 3 类：买者、可能买者、逛客。仅从这些观察中还不能推算出进店消费者真正购物的概率，因为在消费者的行为举止中，有很多偶然因素。

观察法可用于观察别人，也可用于观察自己，形成自我观察法。这种方法是把自己摆在消费者的位置上，根据自身的日常消费生活体验，去揣摩、感受消费者的心理。应用自我观察法研究消费心理有独到之处，对价格心理、偏好转变以及情感变换等较复杂的心理现象的研究，通常能收到满意的效果。

◈ 小资料

1966 年，美国学者威尔斯和洛斯克鲁两人曾在一家超级市场的谷物食品、糖果、洗衣粉等柜台前进行了 600 小时的观察。从消费者进入这些柜台的通道开始，直到离开为止，观察消费者的各种活动，做了 1 500 余条记录。他们通过对观察记录的分析，研究消费者的构成、决策等。例如，男性和女性所占的比例，儿童和成人所占的比例；几个人在一起时，谁是影响者，谁是决策者；消费者在购买前对商品包装、商标、价格的注意程度等。通过这些观察，不仅为了解消费者的一般心理规律提供了资料，同时还为商店改进经营策略提供了依据。这就是一个典型的观察法的案例。在该案例中，观察者没有干扰被观察者的正常活动，并能敏锐地捕捉各种现象，准确、详细地记录下来，以便于及时整理和分析。可见，观察法一般适用于以下情形：调查者所关注的行为是公开的；这些行为经常且重复出现或者是可以预测的；行为发生在相对较短的时间跨度里。

（资料来源：荣晓华编著，《消费心理学》，东北财经大学出版社 2009 年版）

（二）实验法

实验法是一种在严格控制的条件下有目的地给予被调查者一定的刺激，从而引发被调查者的某种反应，进而加以研究，找出有关心理活动规律的调查方法。实验法可分为实验室实验法和自然实验法两种形式。

1. 实验室实验法

它是指在专门的实验室里借助各种仪器进行研究的方法，也可以在实验室里模拟自然环境条件或工作条件进行研究。在设备完善的实验室研究心理现象，从呈现刺激到记录被调查者反应、数据的计算和统计处理，都采用电子计算机、录音、录像等现代化手段，实现自动控制，因而对心理现象的产生原因、大脑的生理变化，以及被调查者行为表现的记录和分析都比较精确，因此应用这种方法研究的结果一般比较准确。例如，测定消费者对商业广告的记忆率，就可以在实验室内运用录像、图片、文字等广告手段，选取不同时间测试被调查者的广告记忆效果。但是，这种方法比较机械，只适宜研究较简单的心理现象。

2. 自然实验法

它是指在企业营销环境中，有目的地创造某些条件或变更某些条件，给消费者的心理活动施加一定的刺激或者诱导，从中了解消费者心理活动的方法。这种方法是人们有目的地创设或变更条件，因而具有目的性和主动性。这种方法兼有观察法和实验室实验法的优点。这种方法是在企业实际营销环境中进行的，所得到的结果比较接近实际。但又不是纯自然的，是调研人员根据研究目的主动地施加一些影响，因而又比较具有主动性和严密性，往往能够按照研究目的取得准确、有效的资料，是应用范围比较广泛的方法。例如，工商企业举办单项或综合的商品展销会、新产品展示会等。

（三）访谈法

访谈法是调查者通过与受访者的交谈，以口头信息传递和沟通的方式来了解消费者的动机、态度、个性和价值观念等内容的一种研究方法。访谈法也称面谈调查，一般由调查者向受访者当面询问问题，可以采用登门拜访、邀约面谈、开座谈会或电话访谈的形式。消费心理研究中最常见和最广泛采用的就是这种方法，获得信息也最为可靠。依据与受访者接触的不同方式，访谈法又可以分为面对面访谈法和电话访谈法。

1. 面对面访谈法

它又可分为结构式访谈和无结构式访谈两种。结构式访谈又称控制式访谈，是调查者根据预定目标，事先撰写好谈话提纲，访谈时依次向受访者提出问题，让其逐一回答。这种访谈组织比较严密，条理清楚，调查者对整个谈话过程易于掌握，所得的资料也比较系统。但是，由于受访者处于被动地位，容易拘束，双方感情不易在短时间内沟通。

无结构式访谈也称自由式访谈。在这种方式下，调查者与受访者之间可以比较自然地交谈。它虽然有一定的目标，但谈话没有固定的程序，结构松散，所提问题涉及的范围不受限制，受访者可以较自由地回答。在这种方式下，受访者比较主动，因而气氛较活跃，容易沟通感情，并可达到一定的深度。

2. 电话访谈法

它是借助电话这一通信工具与受访者进行谈话的方法，一般是在调查者与受访者之间受空间距离限制，或者受访者难以或不便直接面对调查者时采用的访谈方法。电话访谈是一种结构式访谈，访谈内容要事先设计和安排好，由调查者根据抽样要求，通过电话向受访者询问意见。

电话访谈法的优点在于：经济迅速，情报及时；渗透性强，对难以接触的受访者和家庭可以进行调查；可以涉及一些面谈时不便谈的问题；资料的统一程度高；所预期的资料较易获得，准确性高。

电话访谈法的主要缺点在于：受电话设备的限制；时间短促，仅能回答简单的问题，图表、设备等无法利用；一般限于本地区，否则费用过大；对调查者的素质要求较高。

（四）投射法

在探求消费者心理时，通过调查法、观察法和实验法可以收集到大量的材料，但问题在于被调查者对这类问题的回答往往听起来是合理的、合乎社会规范的，实际上并不一定是其内心真实的想法。这种自觉或不自觉的掩饰，致使材料的可靠性降低，影响了分析的科学性。要了解消费者的真实动机和心态，就必须借助于投射法。投射法是一种测定心理状况的工具，是调查者以一种无结构性的测验，引出被调查者的反应，借以考察其所投射出的人格特征的心理测验方法。

投射法用来测量消费者在一般情况下不愿或不能披露的情感、动机和态度，是"根据无意识的动机作用来探询人的个性深蕴的方法"。投射法能够探究到人的内心世界和潜在意识，从而得到有价值的心理活动资料。常用的投射法测试有很多，如主题统觉测试、造句测验、角色扮演法等。比如，在角色扮演法中，调查者向被调查者描述某种情景，然后让被调查者充当情景中的某一角色，观察被调查者在该情景中的反应，从而取得实验结果。例如，将一幅绘有一家庭主妇面对各种罐头食品陈列架的图片出示给被调查者，要求其说出图中主妇的购买想法。由于被调查者不知道图上的人到底想些什么，往往根据自己的想象和愿望说出图上该家庭主妇的想法，而其回答无形之中就反映了自身的想法。这是一种间接调查的方法，让被调查者在不知不觉中自然地流露出自己的真实动机和态度。

但是，投射法的技术性很强，实际操作的难度也较大。

（五）问卷法

问卷法是以请被调查的消费者书面回答问题的方式进行的调查，也可以变通为根据预先编制的调查表请消费者口头回答、由调查者记录的方式。问卷法的用途非常普遍，可以用它来测量或衡量过去、现在或将要发生的行为，是消费者心理和行为研究最常用的方法之一。问卷法是通过调查者事先设计的调查问卷，向被调查者提出问题，并由其予以回答，从中了解被调查者心理。根据操作方式，问卷法可以分为邮寄问卷法、入户问卷法、拦截问卷法和集体问卷法等。

采用问卷法进行调查研究，不是以口头语言传递信息，而是通过文字语言传递信息。其优点是能够同时取得很多被调查者的信息资料，可以节省大量的调查时间和费用，而且简便易行。但是，问卷法也有其局限性，主要是它通过文字语言为媒介，调查者与被调查者没有面对面的交流，无法彼此沟通感情；如果被调查者没有理解问题，或者不负责任地回答，甚至不予协作、放弃回答，问卷结果就失去了意义。

❀ **小资料**

一份好的问卷设计要按步骤回答以下问题：

1. 基本决定

（1）需要搜集哪些信息？

（2）向哪些人搜集信息？

2. 确定所问问题与内容

（1）这一问题确实需要吗？

（2）被调查者能正确地回答这一问题吗？

（3）是否存在外部的事件使被调查者的回答具有倾向性？

3. 决定应答方式或形式

这个问题是以自由回答式、多重选择式还是以两分式的形式提出来的？

4. 决定提问的措辞

（1）所用的词语是否对所有的被调查者都只有一种含义？

（2）问题里是否隐含任何的备选答案？

（3）被调查者能从调查者所期待的参照体角度回答这一问题吗？

5. 决定问题的排列顺序

所有问题都是以一种合乎逻辑且避免产生偏差的方式排列吗？换言之，前后问题之间有没有矛盾的地方？

6. 预试与修正

最终问卷的确定是否取决于运用少量样本的预试？预试中的应答者是否与最后要调查的被调查者相类似？

（资料来源：荣晓华编著，《消费心理学》，东北财经大学出版社 2009 年版）

（六）综合调查法

综合调查法是指在市场营销活动中采取多种手段取得有关材料，从而间接地了解消费者的心理状态、活动特点和一般规律的调查方法。常用的方法有如下几种：

1. 邀请各种类型的消费者座谈

通过座谈会的形式，可以同消费者进行面对面的直接交流，在这种轻松的座谈氛围中，畅所欲言，从而了解消费者的诸多心理和情况。

2. 举办新产品展销会

定期将新产品展示给消费者，通过他们对新产品的反映，来了解新产品的市场前景。

3. 产品商标广告的设计征集

这种有奖征集活动，可以很好地扩大产品品牌（商标）的知名度，让更多消费者了解企业的理念，是一种很好的信息交流方法。

4. 设置征询意见箱

这是最为简便、有效的调查方法，它可以最直接地了解消费者对产品的使用效果，及时帮助企业弥补不足。

5. 销售时附带消费者信息征询卡

这种方法便于消费者反映意见，体现了企业人性化的服务理念。

6. 特邀消费者对产品进行点评

这是企业不定期的调查行为，可以针对企业所关心的产品的某一方面，让消费者专门来品头论足，针对性较强。

7. 优秀营业员总结经验

在第一线负责销售的营业员，与消费者接触最多，比较了解消费者，他们的经验值得重视。

三、研究消费心理的意义

随着我国社会主义市场经济体制的逐步建立和生产力的不断发展，消费品市场迅速发展，消费者的消费水平、结构、观念和方式等都发生了很多变化，我们的企业要随时把握我国消费者心理与行为的变化动态，更好地为经济建设服务。

（一）有利于增强企业竞争能力

在现代市场经济条件下，社会生产力飞速发展，商品供应丰富，消费者选择余地增大，消费需求复杂多变，形成了供过于求的买方市场。企业作为市场主体，若要在市场竞争中取胜，先得征服消费者；欲征服消费者，先得征服消费者的心。企业的生命力与商品市场占有率的高低就是由企业拥有消费者多少及这部分消费者的购买力大小决定的。企业要在激烈的市场竞争中立于不败之地，必须加强市场调研和市场预测，了解消费者的需求，研究消费者心理与行为规律，提供使消费者满意的产品，制定相应的市场营销策略。例如，新产品的研究、开发、设计与创新，都必须从消费者需要出发，适应消费需要变化和消费偏好；市场细分策略、广告策略、商品命名策略、商标策略、商品包装策略、商品定价策略等营销策略的制定，都必须建立在消费者心理特征与行为规律的基础上，顺应消费者多样化的需要。只有这样才能以需定产，按需经营和销售，促进产品的更新换代，扩大产品的销量，提高企业的应变能力和竞争能力，企业才能在瞬息万变的市场营销活动中占据主动，立于不败之地。

（二）有利于满足消费者的需要，指导消费者科学消费

对于消费者来说，企业营销活动的结果就是满足自己的需要。消费者所购买的不论是有形的产品还是无形的服务，都是为了追求一定需要的满足，而不是具体形态的物质特性。比如，消费者购买微波炉，不是为了获得这个电器本身，而是为了用它能更方便、快捷地烹调。

随着社会生产力的提高，科学技术的飞速发展，大量新产品不断问世，许多消费者在购物时难以做出正确合理的选择。加之长期以来，由于我国消费心理学知识的传播与普及几乎未开展，消费者不知道怎样科学地进行消费决策；由于对商品不了解、认知水平偏差、消费观念落后等造成消费者盲目消费、消费效果较差甚至利益受损的现象随处可见；由于消费者心理的不成熟、不稳定，某些畸形消费心理与行为在部分消费者中也时常可见。比如，讲排场、摆阔气、好铺张的消费，盲目攀比的消费，超前超高消费和挥霍消费，人情消费，黄、赌、毒的消费，封建迷信的消费等。因此，加强对消费心理的研究，对于消费者树立正确的消费观念，改善消费行为，实现科学、文明的消费具有重要意义。

（三）有利于国家制定宏观经济政策与法律

国家的经济政策与法律是制约国民经济发展的决定因素，其制定必须以市场商品供应与消费需要的客观状况为依据。只有透彻地了解消费者的购买行为与心理的规律性，把握影响消费者购买行为的各项因素，准确地预测消费需求的变动趋势，才能制定正确的财政政策、金融政策、投资政策、工商管理政策和各项法律，实现商品供应与商品需求的平衡，促进国民经济健康、协调地发展。不然，就可能出现有效需求不足或过度消费、超前消费等现象，导致国民经济发展失衡，影响人民生活水平的提高。

（四）有利于我国企业的跨国经营活动

随着我国社会主义市场经济的发展和经济全球化进程的加快，特别是加入世界贸易组织之后，我国越来越多地参与国际经济活动，对外贸易飞速发展。加强消费心理的研究有助于我国企业不断开拓国际市场。每个国家和民族都有各自不同的经济发展水平、文化传统、生活方式和风俗习惯，了解其他国家、地区、民族的消费心理与行为规律，分析并预测世界消费潮流动向和变化趋势，促使产品在质量、性能、造型、包装、价格、广告宣传等方面适应不同国家消费者的需要，增强企业和产品的国家竞争力。如红色包装在我国和日本是喜庆的象征，可是在瑞典和德国则被视为不祥之兆；八卦和阴阳图对西方人完全是个无关的刺激，可是东方人却很容易把它跟道教联系起来，韩国人对此尤为喜爱。

⊠ **小案例：**

日本的汽车生产商在进入美国市场之初，曾按照本国人的身材生产了一批小汽车销往美国，尽管汽车质量不错，但还是因为汽车的脚踏板太小、座椅靠背太矮、不符合美国人的身材特点等原因而滞销。不同国家、地区之间消费者体型的差异也会引发不同的消费需求，日本车滞销就是因为其不符合美国人的身材特点。

（资料来源：田雨主编，《消费心理学》，首都经济贸易大学出版社 2008 年版）

（五）有利于生态环境的保护

科学技术和社会生产力的进步既能以空前的规模和速度创造社会财富，又能以空前的规模和速度毁坏生态环境。由于缺乏生态环境保护的意识，许多企业为了自身利益而在生产和经营活动中肆意破坏生态环境，许多消费者也为了眼前的利益和暂时的享受而污染生态环境，导致生态环境急剧恶化，人类的生存岌岌可危。比如，经济的发展使越来越多的人有能力购买家用小汽车，更有汽车制造商鼓励人们贷款购买汽车。这样做的结果，一方面，使人们以车代步，减少了以步行锻炼身体的机会，增加了患病的可能性；另一方面，城市汽车的增加在造成交通拥堵的同时，也加剧了空气污染；更为严重的是，这也增加了对不可再生资源（如汽油）的需求和消耗。因此，研究消费心理和行为有助于人类正确认识自己的需求，减少无益消费和有害消费，减少污染，回收资源，保护生态环境。

四、我国消费心理的发展趋势

（一）冲破传统消费观念，呈现多元化消费新观念

消费观念是消费者对消费方式、消费行为的根本看法和指导思想，一般要受到社会经济水平和发展状况的影响。从我国经济发展来看，在短缺经济时期，消费者只能满足基本生活需要，整个社会大力鼓励积累和投资，因而是一种"清心寡欲""省吃俭用"的约束性消费观念，在改革开放以前普遍存在的心态和消费准则就是这种消费观念的反映。改革开放以来，特别是20世纪80年代末以后短缺经济逐步让位于物质丰富的市场经济，人们的消费观念进入适中型消费，消费收入和消费支出相协调，既不超前也不滞后，"有钱则花，善待自己"。当前，在国家启动消费扩大内需的推动下，消费者的观念正从适中型消费转向为拓宽型消费，有的消费者善于且敢于"用明天的钱圆今天的消费梦"，信贷买汽车、买房子等就是这种消费观念的写照。由此可知，随着我国经济的发展及加入WTO后受经济全球化的影响，各种新消费观念不断出现，如健康消费、租赁消费等，而且从旧观念到新观念的更新速度更快。

（二）需求层次升级

人的需求有物质需求和精神需求等多个层次，按照生活顺序我们的消费需求是由生存需求到享受需求再到发展需求一级一级进化。当一个国家或地区解决了温饱问题，满足了基本的物质需求以后，社会进入较高层次的享受需求和更高层次的发展需求。享受需求是人们为了提高生活质量，增添生活乐趣而产生的各种娱乐、享受消费品的需求，如对彩电、空调、高档服装、金银首饰等的需求；发展需求是人们发展体力和智力，提高个人能力的需求，如对教育、书籍、健身体育器材等的需求。发展需求是消费者更为注重自我开发、自我实现的需求，要想不被社会淘汰就必须不断提高自身素质，在智力和体力上不断地提高和完善，因此消费者在物质需求之外会更多地注重文化教育以及科学技术的学习，以及保健、娱乐、体育活动等精神领域的消费需求。

> ⊠ **小案例：**
>
> 清明节未到，已有不少人开始安排清明节期间的日程了——除了和家人一起扫墓外，还有出游、踏青、好友相聚……最近几年作为法定节假日出现的清明节，给人们带来了许多新变化和思考，而人们面对清明节的种种想法、做法所反映出的也不仅仅是一个习俗、一种现象。
>
> 清明节第一次作为法定节假日出现在人们的生活中，给人们带来新鲜却不陌生的感觉。作为文化沿袭和传承的一个元素，清明节早就根植在人们内心深处，寄托着人们对于稳定的生活状态和内心感受的留恋和向往。
>
> 时代在不断演进，新的生活方式与理念层出不穷，极大地丰富了人们的生活和精神世

界，然而，这并没有冲淡人们对于传统节日的重视，反而使它们更加向现代生活贴近。这反映出一个有趣的心理状态，即人们更渴求有充足的时间和心情来享受传统节日带来的乐趣。实际上，在这个社会转型时期，人们享受的不仅仅是传统的节假日，更是休闲的心情和生活，它反映出的是人们需求层次的提高。

（三）个性化消费心理活跃

改革开放40多年来逐步形成了一种轻松、愉悦、祥和的生活环境，人的价值观念有很大的改变，为消费者展示个性，发挥自己的创新意识提供了一个较好的环境氛围。因此当今个性化消费行为十分活跃，提倡"穿出个性、玩出个性、吃出个性"等，逐步地克服过去那种千篇一律的模仿从众行为。在追求个性化消费中，一方面受社会传统观念、公德准绳等影响不得不遵守原有的行为规范，无意识地采取从众行为，在相应的群体中寻求认同感和归属安全感；另一方面追求个性化消费需求，与众不同、新颖独特是最突出的特点。在特定条件下，发生在个别人身上的某种个性化消费追求往往能起到消费示范的作用，对他人模仿成为众多人接受的消费趋势，又形成从众消费。

（四）投资理财心理的形成

按照费里德曼的消费理论，居民收入可分为暂时和持久收入两个部分。持久收入是消费者总收入中可以预料的较为稳定持续的那部分收入，如工资收入；暂时收入则是指非持续性的、带有偶然性的收入，如经济周期波动经常影响的暂时收入。人们习惯于把基本工资收入视为持久收入，而工资以外的其他收入，如炒股收入、债券利息、第二职业收入、企业内的效益工资奖金等视为暂时收入。如前所述，当前消费者在预期收入不乐观而预期开支又增大的心理冲击下，大家都意识到在市场经济条件下，无论是持久收入还是暂时收入都存在一定的波动，为了稳定和提高自己的生活水平，消费者从过去关心持久收入，逐步转移为关心自己的资产如何带来增值，现代理财观念因此逐步形成。例如进行证券投资、出租固定资产、利用信贷消费等都是当今消费者理财心理的具体反映。

（五）绿色消费意识日益浓厚

现代工业飞速发展，为消费者带来了丰富多彩的物质生活，但同时也给人类社会赖以生存的自然环境带来了严重破坏，资源浪费、环境污染、生态平衡受威胁，使人类面临着前所未有的生存危机。在"人类只有一个地球，救救地球，爱惜我们的地球"等呼声的冲击下，掀起了"绿色革命"浪潮，推动了"绿色产业"的发展和"绿色消费"的形成。近年来，我国生存环境污染、农产品污染、加工食品污染，严重地危害着人们的身体健康，而使消费者"绿色消费"的意识日益浓厚。许多消费者更青睐购买未施农药和化肥的蔬菜、粮食，更注重没有污染的、不破坏食物营养成分的烹饪方法，更关心自己的居室是否会排放有害气体或辐射造成的污染，更喜欢一家老小到郊外清新的大自然享受天然"氧吧"。所以崇尚自然、追求健康、注重环保、节约资源和能源的"绿色消费"意识将成为消费者需求和购买行为中一种自律的准则。

⊠ 小案例：

倡导绿色消费，商场带头节能

2010年羊城市民在春节期间逛街时，会感觉一股浓浓的"绿色消费"气息。据广州市经贸委介绍，虎年春节，全城有逾万商家参与"打造农历新年"的购物活动。与以往相比，2010年创新地引入"绿色消费"的理念。

在友谊商店看到，该商场打出"喜添绿意"的主题，举办电器酬宾推广活动，同时推广电器以旧换新活动，主推一批节能型的电器让消费者选择。

而摩登百货在优惠酬宾中设计的抽奖环节，特意选中了"环保袋"作为奖品，意在持续宣传"限塑"。

新光百货则从自身做起，为了提倡环保，在新年到来之前，特引进全套节能设备应用于商场照明、空调等，在新年用电高峰之际可降低能耗18%。

广州市经贸委表示，所谓"绿色消费"，就是倡导消费者选择绿色产品，引导消费者注重对废弃物的处置，转变消费观念，在追求生活舒适的同时，注重环保、节约资源和能源，实现可持续消费。

（资料来源：《南方都市报》，2010-02-14）

（六）保健消费意识增强

近年来，保健意识的形成和增强已成为一种时尚，我国居民保健消费呈大幅上升趋势，保健消费，已经成为家庭经济支出的新亮点，"你煮东西用矿泉水吗？""你家喝豆奶还是牛奶？""你一个月做几次美容？"曾几何时，上健身馆、下游泳池，听起来是富人的事。如今人所共知：保健消费是一项"为身体健康而潇洒"的最具现代意识的消费。在社会上我们经常能听到"健康就是财富""有了健康就有了一切"的说法，这些舆论观点，都反映了现代人越来越重视自己的身体健康；"花钱买健康"的心态有增无减，因而也使市场上各种保健品、营养品层出不穷。绿色食品、维生素、钙片、健身器、按摩椅、洗脚盆……如今都很热销，连养生保健的书籍也成为目前图书市场的热销种类。由于居民保健的意识不断增强，市场上保健商品的种类日益增多，凡是和保健有关的商品，均受到追捧。

📖 本章小结

学习消费心理学首先应该了解心理学的一般知识。心理学是研究人的心理现象及其规律的科学，人的心理现象包括心理过程和个性心理两个方面。心理的实质就是人的心理是客观现实在人脑中的主观映像。心理是人脑的机能，人脑是心理的器官，心理是客观现实的反映，客观现实是人的心理源泉。心理学的研究领域主要包括基础心理学和应用心理学两大类，消费心理学属于应用心理学。

消费是指人们为满足需要而消耗各种物质产品及非物质产品的行为和过程。消费品可分为：便利品、选购品、特殊品和非寻求品。购买与使用各种产品或服务的人就是消费者。消费者在个人消费活动中发生的各种心理现象及其外在表现就是消费心理，它可分为本能性消费心理与社会性消费心理两大类，具有目的性、自觉性、复杂性、关联性、变化性。人们为了满足需要和欲望而寻找、选择、购买、使用、评价及处置产品和服务的行为就是消费行为，它具有时代性、季节性、周期回返性、相关性、替代性和可诱导性。在本书中主要对消费者的心理活动基础、消费者的购买行为、消费者群体的心理与行为、消费心理与市场营销、消费心理与消费环境等内容进行研究分析。

研究消费心理在遵循整体性、客观性、发展性和联系性4个原则的同时，还要根据研究任务的需要，选择应用适当的方法。常用的方法主要有观察法、实验法、访谈法、投射法、问卷法以及综合调查法等。进行消费心理的研究有利于增强企业竞争能力；有利于满足消费者的需要，指导消费者科学消费；有利于国家制定宏观经济政策与法律；有利于我国企业的跨国经营活动；有利于对生态环境的保护。

📘 复习思考题

1. 心理的实质是什么？
2. 试解释以下概念：消费、消费品、消费者、消费心理、消费行为。

3. 消费心理具有哪些特点？

4. 消费心理学的研究内容是什么？

5. 阐述研究消费心理学的意义，试结合生活实际举例说明。

6. 我国消费心理呈现出什么消费趋势？

案例分析

20 世纪 40 年代后期，速溶咖啡作为一种方便饮料刚刚进入美国市场，让生产者和经营者始料不及的是，这种被他们认为是方便、省时、省力、快捷、价格也适中的新商品并不受欢迎，问津者寥寥无几，而当直接问消费者不买这种速溶咖啡的原因时，他们中的大部分人的回答是不喜欢速溶咖啡的味道。生产者和经营者深究下去，却没有人能说出速溶咖啡的味道与普通咖啡豆加工后的味道相比到底有什么不同，为此，生产者和经营者都感到很茫然。

美国加州大学的心理学家海尔认为，消费者没有回答拒绝购买的真正原因，其实味道只是他们的一个托词，因为速溶咖啡和新鲜咖啡的味道是一样的。于是，海尔采用了间接的方法进行深入调查。他首先编制了两种购物清单，这两种购物清单中各开列数种食品，除咖啡外，其余项目完全相同。在咖啡一项中，一种写的是速溶咖啡，另一种写的是新鲜咖啡豆。购物清单见表 1-1。

表 1-1　购物清单

购物清单 A	购物清单 B
汉堡牛肉饼	汉堡牛肉饼
面包	面包
胡萝卜	胡萝卜
发酵粉	发酵粉
速溶咖啡	新鲜咖啡豆
桃子罐头	桃子罐头
土豆	土豆

调查中，把两种购物单分别发给 A、B 两组各 50 名家庭主妇，要求她们描述按该购物清单买东西的家庭主妇的个性。结果发现，家庭主妇认为，购买速溶咖啡的人被认为是懒惰的、邋遢的、无计划的、没有家庭观念的人，而购买新鲜咖啡豆的人被认为是有生活经验的、勤俭持家的、有家庭观念的人。这表明在当时的社会背景下，美国妇女认为担负繁重的家务是一种天职，而逃避劳动则是偷懒的行为，大家不接受速溶咖啡正是基于这种深层次的购买动机。速溶咖啡的生产者和销售者利用这一调查结果，"对症下药"，改变广告宣传策略，进行有针对性的综合宣传，使产品很快打开销路，占领市场。今天，速溶咖啡不仅是西方国家的通用饮料，也逐渐成为我国人民喜爱的家庭饮料。

（资料来源：姜玲玲主编，《消费心理学》，西南交通大学出版社 2008 年版）

问题：

1. 在该案例中，心理学家海尔采用了哪种调查研究方法？

2. 请你针对该调查结果，提出具体的广告宣传方面的建议。

实训练习

运用观察法和访谈法等研究方法调查大学生群体消费心理的特征。

第二章

消费者的内心世界

学习目标

1. 从总体上了解消费者心理活动的过程；
2. 掌握感觉、知觉、记忆、注意、联想、思维、想象等心理现象的基本规律及在营销活动中的运用；
3. 掌握消费者情绪、情感的原理及相应的营销原则；
4. 了解消费者意志过程，以便有针对性地开展营销活动。

建议课时

6 课时。

💡 思维导图

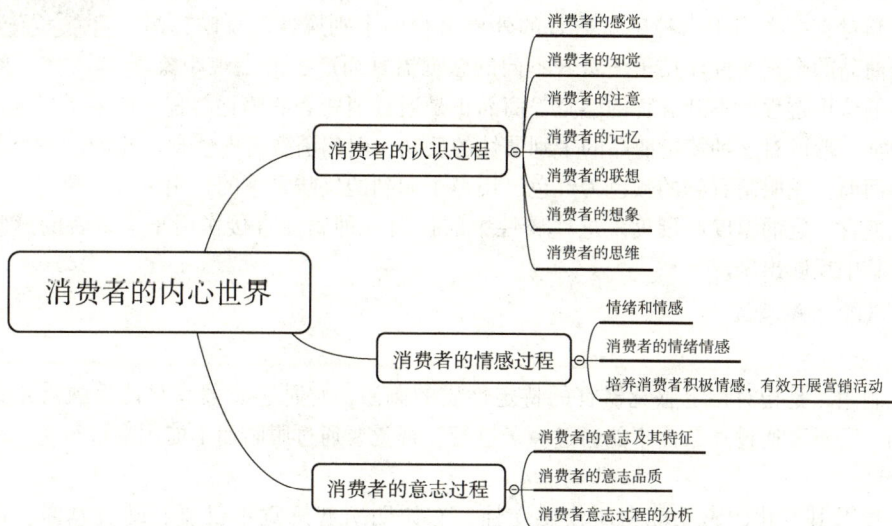

✉ 导入案例

小王是 2020 年刚毕业的大学生，工作半年之后，他想买一台电脑。以前上大学时，经济条件不允许，只能跟同宿舍的同学合买一台组装的简单能用的电脑，功能不全、款式陈旧，速度也很慢。现在经济条件好了，电脑又逐渐降价，想到这些，小王赶快搜集有关电脑的信息。他听说本市某商场信誉好，家电质量好，售后服务也不错，于是他决定去这家商场看看。

到了商场，小王直奔家电层。在那里，陈列着各种品牌的电脑，有联想、方正、海尔、海信、松下、康佳等，经过一番比较，小王打算购买海尔牌电脑，因为海尔的质量好是众所周知的。于是，小王就在海尔电脑专柜前开始挑选。他时而看看电脑的颜色，时而问问电脑的功能、速度，时而又在键盘上操作试用几下，时而又比较这个品牌各个款式的价位。终于，它选择了两种款式的电脑，决定从中选一个。但这两种电脑各有利弊，一个是款式新颖但功能少，另一个是功能比较好但款式不如意。"要是这两个的优点都集中在一块儿，该多好！"于是，这位刚下定决心的年轻人对着眼前的电脑犹豫起来⋯⋯

问题

1. 小王购买电脑的过程反映了消费者的哪些心理活动过程？
2. 商场、生产厂家应该采取什么手段来促进商品的销售？

消费者的购买行为尽管千差万别，但都是建立在其心理活动过程基础上的，消费者的心理活动是指消费者实现消费行为时的整个心理活动过程。人的心理活动过程包括认识过程、情绪情感过程和意志过程 3 个方面。这 3 个方面对消费者的消费行为都会产生重要的影响。

第一节　消费者的认识过程

消费者购买商品的心理活动，一般总是从对商品的认识过程开始的。它是消费者购买行为的前提，也是消费者其他心理过程的基础。

一、消费者的感觉

（一）感觉的概念

感觉是人脑对直接作用于一种感觉器官的外界事物的个别属性的反映，消费者的感觉是商品的个别属性作用于消费者不同的感觉器官而产生的主观印象。

消费者感觉

消费者对商品的认识过程离不开五官的感觉，商品正是通过消费者的感觉器官，产生了视觉、听觉、嗅觉、触觉，形成对这种特定商品的个别属性的反映，引起消费者的感觉。比如，一个苹果放在消费者的面前，用眼睛看到的颜色为红色，用鼻子闻到的气味是香的，用舌头尝到的味道是甜的，用手触摸有一定的温度和硬度。这些属性中的任何一种属性直接作用于消费者的感觉器官，就会从大脑中反映出来。

（二）感觉的一般规律

1. 适宜刺激

所谓适宜刺激，是指对特定感觉器官的特定性质的刺激，每种感觉器官只能反映特定性质的刺激，例如，听觉要通过耳朵而不能通过鼻子进行，视觉要通过眼睛而不能用嘴进行。

2. 感受性

对刺激强度及其变化的感觉能力叫作感受性。它说明引起感觉不仅要有适宜刺激，还有一定的要求。衡量感受性一般用感觉阈限，感觉阈限是指在生活中能引起我们感觉的最低刺激。

3. 适应

适应是指刺激对感受器的持续作用而使感受性发生变化，这种作用可能使感受性增强，也可能降低。

4. 感觉的相互作用

各种感觉的感受性在一定条件下会出现此长彼消的现象。在微弱的声响环境中，能提高人们辨别颜色的感受性，反之，声响过大，对颜色的分辨感受性会降低；人的听觉在黑暗中会得到加强，在光亮中会减弱。这些现象说明，对人的某一器官的刺激加强了，另外器官的感受性就会相应减弱；反过来，对某一器官的刺激减弱，另外器官的感受性就会加强。

❖ **小资料**

感觉适应（Sensory Adaptation）

"入芝兰之室，久而不觉其香；入鲍鱼之肆，久而不闻其臭。"刚走进花园，你会闻到一股花香味，但过了几分钟，就闻不到了。这种现象就是感觉适应。这是在同一感受器中，由于长时间的刺激作用，导致感受性发生变化的现象。感觉适应既可引起感受性的提高，也可引起感受性的降低。所有感觉都存在适应现象，但适应的表现方式和速度不尽相同。

盲人的"面部视觉"

一直以来，人们都知道盲人能察觉出障碍物的存在而避免碰到它。当一位盲人走向墙壁时，能在撞到墙壁之前就停下来，这时盲人会说，他感觉到面前有一堵墙，他可能还会说，这种感觉是建立在一种触觉的基础上，即他的脸感受到了某种震动。因此，人们把盲人的这种对障碍物的感觉称为"面部视觉"。但是盲人真的是靠"面部"来避开这些障碍物的吗？

1944年，美国康奈尔大学的达伦巴哈及其同事对盲人的"面部视觉"开展了一系列的实验验证工作。实验人员用面罩和帽子盖住被试盲人的头部，只露出被试者的耳朵，这时盲人被试者仍能在碰到墙壁前停止。然后，研究人员除去盲人的面罩和帽子，而只把其耳朵堵住，在这种实验条件下，盲人被试者一个一个地撞到了墙上。由此可见，"面部视觉"的解释是错误的，盲人是靠听觉线索避开障碍物的。

（资料来源：田雨主编，《消费心理学》，首都经济贸易大学出版社2008年版）

（三）感觉在营销活动中的运用

1. 对消费者发出的刺激信号要适应人的感觉阈限

不同的客体刺激对人所引起的感觉不同，相同的客体刺激对不同的人引起的感觉也不同。所以，工商企业在做广告、调整价格和介绍商品时，向消费者发出的刺激信号强度，就应当适应他们的感觉阈限。如果信号强度过弱，不足以引起消费者的感觉，就达不到引发其购买欲望的目的；如果刺激信号过强则又会使消费者承受不了而走向反面。例如，对于食品，就要注意色、香、味、形，使其对消费者的感官产生较强效果，诱引食欲和美感，以此来促进销售。

2. 要善于引起消费者良好感觉，使消费者获得对商品良好的第一印象

感觉是消费者认识商品的起点，是一切复杂心理活动的基础，消费者只有在感觉的基础上，才能获得对商品的全面认识。在市场营销中，消费者对商品的第一印象是十分重要的。对商品的认识和评价，消费者首先相信的是自己对商品的感觉，正因为如此，有经验的商家在设计、宣传自己所生产或经营的产品时，总是千方百计突出自己的商品与众不同的特点。因为感觉使消费者对商品有初步印象，而第一印象的好与坏、深刻与否，往往决定着其是否会去购买某种商品。

3. 感觉是引起消费者某种情绪的通道

消费者普遍具有一种先验心理，所谓先验心理，是由于人的直接感觉而产生的连锁心理反应。客观环境给予消费者感觉上的差别，会引起他们不同的情绪感受。工商企业营业环境的布置、商品陈列造型和颜色搭配、灯光与自然光的采用、营业员的仪容仪表，都能给消费者以不同的感觉，从而引起不同的心境，对购物的可能性亦会产生影响。国外有人还利用感觉的作用创造出了"气味推销法"：伦敦的一家超级市场，在店内释放一种人造草莓气味，把消费者吸引到食品部，结果连橱窗里的草莓样品也被抢购一空。

❖ 小资料

　　许多商店也会使用气味来吸引消费者，使消费者保持一份愉悦的心情。例如维多利亚的秘密，许多女士一进店里，便会被店里香甜的（或者说性感的）味道所吸引。心情愉悦地选内衣，当然比心情糟糕地选内衣好多了。

(资料来源：搜狐网，2019-04-11)

4. 运用感觉引导消费流行，形成流行趋势

日本的专家经过系统地观察，得出这样一个结论：战后 40 多年来由于消费者的感觉而导致的流行趋势，决定了世界消费市场的变化。这些专家指出，目前无论在欧美、日本等发达国家还是发展中国家的消费市场上，消费风潮形成的顺序大体先是听觉、视觉，接着是触觉、味觉，最后才是嗅觉。

5. 营销人员的职业对感觉的要求

从事任何职业对主体感觉器官的发达程度都有一定要求，如飞行员、特工人员的职业要求他们感觉要灵敏、承受能力要强。一般来说，优秀的营销人员感觉器官的灵敏度要在一定的范围内，最佳感觉阈限是高度的上限阈限和中等的下限阈限。如果营销人员感受性过高，则容易伤感或激动，对推销服务工作无益；同时要求营销人员有一定的心理承受能力，这样才能在与难对付的消费者打交道时保持"平常心"，以顽强的毅力达成交易。

二、消费者的知觉

(一) 知觉的概念

知觉是人脑对直接作用于人的感官的客观事物的整体属性的反映。它是在感觉的基础上，把感觉的材料加以综合整理，从而形成对事物的完整映像和观念。知觉不是感觉在数量上的简单相加，而是建立在各个个别属性内在联系基础上的对事物的完整映像。

例如，某一物体，人用眼睛看，有一定大小和圆圆的形状，绿中透点红的颜色；用手触摸，其表皮光滑，有一定的硬度；用鼻子嗅闻，有清香的水果气味；用嘴品尝是酸甜的滋味……于是人脑便把这些属性综合起来，形成对该事物整体的印象，并知道它是"苹果"，这种对苹果的反映就是知觉。在正常的成人身上，纯粹的感觉形式是少见的，多数是以感知的形式出现的。例如早晨出门感觉冷，实际是一种"今天天气冷"的感知觉。

感觉和知觉的关系：第一是两者的联系，知觉是在感觉的基础上产生的，他们都是人脑对客观事物的直接反映，即感性认识，而且常常交织在一起。第二是两者的区别。感觉是人脑对客观事物个别属性的反映，知觉是人脑对客观事物整体属性的反映；经验在感觉与知觉活动中起的作用不同。人的感觉有无经验作用均能产生，只要客观事物直接作用于人脑，有经验作用能使感受性更加敏锐。而经验是产生知觉不可缺少的条件。知觉不是感觉数量上的简单相加，它是以感觉为基础，在知识经验的参与下，经过人脑加工，对事物加以感性理解和解释的过程，如果没有知识经验的作用，就不可能对客观事物有整体形象的知觉。前面讲过人凭经验能判断是苹果。例如，人凭借经验用鼻子嗅，就能把汽油、煤油、酒精等区别开来，并能判断它是什么液体。盲人摸象没有经验，只能产生感觉。所以经验是产生知觉必不可少的条件，它能帮助人区别不同事物和事物的不同属性，从而能正确地认识和理解事物。

(二) 知觉的特征

1. 知觉的整体性

人在知觉时，总是把每一对象的各个部分、各种属性作为一个统一的整体来进行知觉的，这

种特性叫知觉的整体性。如消费者总是把商品的商标、价格、质量、款式、包装等综合在一起，构成对商品的整体印象，并对消费者的购买行为产生直接影响。人的知觉活动有时先知觉整体，然后反映个别部分，如消费者选购商品时，先整体知觉它，然后再反映细节。

2. 知觉的理解性

人在知觉时，总是力求用已有的知识经验来理解当前知觉的对象，并用词（概念）的形式把它标志出来。这种特性叫知觉的理解性。理解有助于人们整体地知觉事物。反映在消费者购买行为上是对各种感觉到的信息加以选择的理解。

3. 知觉的选择性

人在知觉时，只能把少数对象优先地区分出来，知觉得比较清晰完整，而对其周围环境事物只是当成背景形成模糊的感觉，这种特性叫作知觉的选择性。如消防车、救护车的灯一闪一闪，就是利用知觉的选择性原理（优先知觉出来）。再如消费者购物只重视款式，忽略质量和价格。又如商品陈列、店堂设计时突出某一商品和部位会使消费者清楚感知。这些都是利用知觉选择性的原理。

选择性定律

4. 知觉的恒常性

当知觉的对象没有发生变化，而知觉的条件在一定范围内有所改变时，人的知觉映像仍然保持相对不变，知觉的这种特性叫作知觉的恒常性。如强光照射煤块的亮度远远大于黄昏时粉笔的亮度，但我们仍然把强光下的煤块知觉为黑色，把黄昏时的粉笔知觉为白色。又如，远处站着一个熟人，虽然距离较远，但你仍然知道他的高矮。有些传统商品、名牌商品之所以能长期受到消费者的欢迎，就是知觉恒常性在起作用，它像定式一样有时对新产品的推广起着阻碍作用，但是可以利用名牌商品带动其他商品销售或以老商品的销售带动新产品的销售（放在一个包装内或在一起陈列）。

5. 知觉的误差性（错觉）

错觉是人对客观事物的不正确的知觉或对客观事物产生歪曲反映的知觉，即知觉的对象与客观事物不相符。如有的人在线段长短上产生错觉。错觉反映在消费者购买行为上就是不能准确无误地认知商品，看商品看花了眼，但是如果商家巧妙地运用错觉，可以起到促销作用。此外，军事伪装、建筑设计、商品装潢、服装设计等，都要利用错觉的原理。日常生活中体型矮胖的人穿竖条的服装，就是利用错觉来补偿自己的先天不足。

（三）知觉在市场营销中的应用

知觉是带有理解力的综合认识活动，同消费者心理活动的各个方面都有联系，因而对我们制定市场营销策略有重要意义。

1. 知觉的选择性帮助消费者确定购买目标

人们在进行知觉时，常常优先把某些特性区分出来予以反映，这说明知觉是有主次的。这里的"主"是指知觉的对象，"次"是指不够突出或根本没被注意到的背景。知觉的选择性帮助消费者确定购买目标，主要是由于购买目标成为符合他们知觉的对象物，感知很清楚；而其他商品，相对而言成为知觉对象的背景，或者没有注意到，或都感知得模模糊糊。知觉的选择性可以被运用于商业设计中的许多场所，比如我们为了突出某一类商品的形象，吸引消费者对它的注意，尽量隐去商品的背景布置，使商品的形象更加醒目；为了突出一些名贵商品的价值，也可以在商品的背景中，衬以非常豪华及特殊的包装，吸引消费者的注意。

⌧ **小案例：**

以下是某床垫的两幅广告图，图 2-1 是两个囚犯越狱，结果从围墙那边跳出来，却在围墙外摆放的床垫上睡着了；图 2-2 是一个小偷翻进一户人家，结果在人家床垫上睡着了。通过这种夸张的表现手法对广告受众的心理产生另类的冲击。

图 2-1　床垫广告之一

图 2-2　床垫广告之二

2. 利用知觉的整体性与理解性进行商品促销、广告制作

根据知觉的理解性，企业在广告中针对购买对象的特性，向消费者提供信息时，其方式、方法、内容、数量必须与信息接受人的文化水平和理解能力相吻合，保证信息能够被迅速、准确地理解和接收，否则就会劳而无获。

✉ **小案例：**

图 2-3 为某品牌剪刀平面广告——"锋利如剪纸"：这两幅平面广告利用色彩饱和度对比原理，使人能够清晰地感受到剪纸人物的表面质感如钢铁一般，而不是一般的纸张，又利用了知觉整体性的境联效应，突出该品牌剪刀剪钢铁剪纸图案的时候都能如此干净利落，更何况剪一般纸张的时候，足可见其锋利程度。

图 2-3　剪刀平面广告

知觉的整体性告诉人们，具有整体形象的事物比局部、支离破碎的事物更具有吸引力和艺术性。因此在广告图案设计中，把着眼点放在与商品有关的整体上比单纯把注意力集中在商品上，效果更为突出。例如，一幅宣传微型录放机的路牌图画广告，画面是一位健美的年轻姑娘，身着运动衫和牛仔裤，头戴耳机，腰间跨着小型录放机，骑在自行车上，两旁绿叶清风，微笑前行。这幅画面说明录放机与消费者生活密切联系，可减轻旅途疲劳，提高情趣，高雅不俗。这幅广告运用了知觉的理解性和整体性原理，比画上一个录放机，配上死板的文字说明效果好得多。

3. 利用知觉的恒常性进行系列产品的销售

消费者容易根据原有的信息来解释新的信息，凭借以往经验确认当前的事物，把有相似特征的事物看作是相同的。这个心理现象对市场营销活动利弊兼有，如某种商品创出名牌后，使用同一商标的系列产品或其他产品也会获得消费者的好感。由于人们不愿放弃自己习惯使用的商品，所以知觉的恒常性可以成为消费者连续购买某种商品的一个重要因素，但有时这又会成为阻碍消费者弃旧图新、不利于新产品开发的因素之一。在创造一种新产品时，如果原有的同类产品名誉不佳，要使消费者能觉察到两者间的差别，才不至于混为一谈。

知觉的恒常性

> ☒ **小案例：**
>
> 　　百事可乐在 20 世纪 70 年代出台的一个策略定名为"百事可乐的挑战"。它做了一项实验，被测试者被蒙住眼睛，辨别百事可乐和可口可乐两种饮料。结果，在被测试者之中，喜欢百事可乐和喜欢可口可乐的比率为 3 : 2。这个结果被百事可乐在广告中极力宣扬。由于百事可乐的味道比可口可乐甜 9%，第一口感对百事可乐有利。于是，可口可乐做了作为领先者不应该做的事，在抗击百事可乐的挑战数年后，1985 年可口可乐突然公开改变半个世纪以来的配方，赶超百事可乐的甜味。但"新可口可乐"并没有流行起来，消费者的抱怨声此起彼伏，大家强烈表示只要原来的可口可乐，绝不欢迎什么所谓的新配方。3 个月后，遍体鳞伤的可口可乐亚特兰大总部终于认输了，它们宣布恢复最初的配方，并称为"经典可口可乐"。
>
> 　　可口可乐改变配方的失败之处在于，本来这个品牌的与众不同之处，就是在于它在消费者心目中恒常的"正宗可乐"的地位。在这个变幻莫测的世界上，可口可乐的口味是个常数，它使消费者相信，自己不会变老。改变配方后，尽管新可口可乐的口味的确比传统可口可乐好，但这意味着对抗消费者心目中对可口可乐品牌形象的一贯感知。
>
> （资料来源：挂云帆网，2021-05-15）

4. 通过错觉原理制定商品促销策略

商业企业在店堂装潢、橱窗设计、广告图案、商品包装、商品陈列、器具使用等方面，适当地利用消费者的错觉，进行巧妙的艺术设计，往往能达到一定的心理效果。有人曾做了这样一个实验：他请 30 位被试者喝咖啡，每人都喝 4 杯，各杯浓度一样，只是 4 个杯子的颜色不同，分别为咖啡色、青色、黄色和红色；喝完咖啡后，要求被试者对咖啡的浓淡做出各自的评判，结果，有 2/3 的被试者都说红色、咖啡色杯子中的咖啡太浓，青色杯子中的太淡，只有黄色杯子中的咖啡浓度适中。据此，销售商便把咖啡店里的全部杯子改用黄色，以便更好地发挥颜色视觉的作用。又如水果店货架背部安上镜子，使消费者对陈列的水果产生非常丰富的视错觉，从而诱发购买欲望。

> ❖ **小资料**
>
> 　　一项研究表明：要求被试者把没有商标的啤酒按质划分等级，而这些啤酒分别都标有不同的售价。结果发现，高价的啤酒名列前茅，中等价格的次之，标价最低的被列为质量最差。其实都不过是同一种啤酒而已。因为在消费者看来，"好货不便宜，便宜没好货"。这种错觉使消费者的购买行为存在风险。
>
> （搜狐网，2018-09-15）

5. 利用错觉原理提高营销人员的商品推荐艺术

由错觉原理可知，明度高的色彩（如红色、黄色）有扩张感，而明度低的色彩（如灰色、蓝色和绿色）则有收缩感，两极相反的物体放在一起会相互突出。营销人员在向消费者推荐服装类商品时，应学会运用人们感知觉中产生错觉的心理状态，合理、科学地推荐，提高服务艺术。例如，向身材较矮胖的消费者推荐深色、竖条纹的服装，劝说脸型大而圆的消费者不要穿圆领口的服装，脖子长的消费者不要穿鸡心领或 V 字领服装等，这样可获得消费者的信任，令其满意。

三、消费者的注意

（一）注意的概念

注意是人的心理活动对外界一定事物的指向与集中。注意这种心理现象是普遍存在的，例如，工人开动机器生产，要全神贯注在操作上；战士射击打靶，要屏气凝神瞄准目标；学生上课听课，要聚精会神地听老师讲课。人只要是处于清醒状态，就没有不产生注意心理活动的，生活中品尝食物味道，闻闻气味等也都有注意活动发生。注意与人们的一切心理活动密不可分，它伴随人们的认识、情感、意志等心理活动过程而表现出来。

注意有两个基本特征，即指向性和集中性。注意的指向性特征显示人的认识活动具有选择性，人们对认识活动的客体进行选择，在每一个瞬间，心理活动都是有选择地指向一定的对象，同时离开其余对象。例如，消费者在市场上，他们的心理活动并不能指向商店内的一切事物，而是长时间地把心理活动指向某些商品。注意的集中性，就是把心理活动贯注于某一事物，不仅有选择地指向一定的事物，而且离开一切与注意对象无关的东西，并对局外干扰进行抑制，集中全部精力去得到注意对象鲜明、清晰的认识。例如，消费者选购商品时，其心理活动总是集中在要购买的目标上，并且能离开其他的商品，对购买目标形成清晰、准确的认识，决定购买与否等。

（二）注意的分类

根据产生和保持注意有无目的及意志努力的程度，注意可分为两种：

1. 无意注意

无意注意是指事先没有预定的目标，也不需要做意志努力，而不由自主地指向某一对象的注意。例如，消费者到商店想购买甲商品，无意中看到乙商品，觉得不错，引起了对乙商品的注意就属于无意注意。

2. 有意注意

有意注意是指自觉的、有预定目的、必要时还需做一定意志努力的注意，像上面讲的射击、听课都属于有意注意。例如，消费者在嘈杂的商店里专心选择欲购买的商品，学生在吵闹的环境中看书，司机在马路上开车，都是有意注意。

有意注意和无意注意两者既互相联系又相互转换。只有有意注意，人就很容易疲劳，效率不能维持；只有无意注意，人就容易"分心"，心理活动不能指向某一特定事物，事情也难以做好，因此要特别强调两者之间的相互转换。

⊠ **小案例：**

变化盲视及一些有趣的心理学现象

变化盲视是人们对通常容易被注意到的大的变化反而无法观察到的现象。变化盲视在生活中比比皆是，很多人不能察觉周围环境在发生变化，最终小的变化积累起来等你察觉世界已经改变时，你已经落后这个时代了。以下是一个变化盲视的街头小实验：只需要 3 个人、1 块木板和 1 个陌生人。

它测试的是：眼前正在跟你对话的人上一秒和下一秒换了不同的人，你能察觉吗？

第一步：1 号男在街头随机找一个人假装问路。

第二步：突然来了两个抬着大木板的男人，从1号男和路人之间穿过。

第三步：1号男和2号男交换位置，2号男代替1号男继续问路；1号男代替2号男抬木板离开。

第四步：无缝衔接，路人没有发现眼前的人已经不是刚刚的1号男，"继续"给2号男指路。

图 2-4 街头小实验

从上面的街头实验可以明显看出，人类选择性地接受现实。

人类比我们想象中还要依赖我们的记忆和模式识别。（人脑就是一台生化电脑，有固定的处理程序）

（资料来源：百家号——黑瞳娱乐新视野，2019-01-01）

（三）发挥注意在市场营销活动中的作用

1. 用多角化经营调节消费者在购物中的注意转换

传统的零售商业企业的基本功能是向消费者出售商品，综合性大型零售商业企业也只是满足消费者吃、穿、用的全面消费需求，消费者"逛"商店觉得很疲劳，因为需要走路，需要长时间处于有意注意状态中。而现代化零售商业企业功能已大为拓展，集购物、娱乐、休闲，甚至精神享受之大成，满足全方位的消费需求，使消费者的购物活动，时而有意注意，时而无意注意，时而忙于采购，时而消遣娱乐。这种多元化经营显然有利于延长消费者在商场的滞留时间，创造更多的销售机会，同时也使消费者自然而然地进行心理调节，感到去商场购物是一件乐事。

2. 发挥注意心理功能，引发消费需求

正确地运用和发挥注意的心理功能，可以使消费者实现由无意注意到有意注意的转换，从而引起消费需求。例如贵州茅台酒曾在1915年的巴拿马万国博览会上获得金奖，注意在这里立了头功。博览会初始，各国评酒专家对其貌不扬、装潢简陋的中国茅台酒不屑一顾，我国酒商急中生智，故意将一

注意力经济

瓶茅台酒摔碎在地上，顿时香气四溢，举座皆惊，从此茅台酒名声大振，成为世界名酒。我国酒商的做法，符合了强烈、鲜明、新奇的活动刺激能引起人们无意注意的原理，因此取得了成功。

⊗ **小资料**

姜太公钓鱼是发生于商周时期的历史传说故事。商纣暴虐，周文王决心推翻暴政。太公姜子牙受师傅之命，下界帮助文王。但姜子牙觉得自己半百之龄，又和文王没有交情，很难获得文王赏识。于是在文王回都途中，在河的一边，用没有鱼饵的直钩钓鱼。大家知道，鱼钩是弯的，但是姜子牙却用直钩（那其实也不能叫钩了）、不用鱼饵。文王见到了，觉得这是奇人（古代人对奇人都很尊敬的），于是主动跟他交谈，发现这真是个大大的有用之才，遂招入帐下。后来姜子牙帮助文王和他的儿子推翻商纣统治，建立了周朝。

歇后语：姜太公钓鱼——愿者上钩。

（四）成功的广告要善于引起消费者的注意

广告要被消费者接受，必然要与他们的心理状态发生联系，失败的广告就在于没有引起消费者的注意。有的广告用词一般，内容空泛，如"产品生产历史悠久、质量可靠、畅销全国、性能稳定、使用安全、信守合同、交货及时、实行三包、欢迎订购"，罗列许多概念化词句，讲了半天，消费者还是不知道商品的品牌、名称和型号，这样的广告难以引起消费者的注意。要使广告引起消费者注意，可运用以下方法：

1. 利用大小

形状大的刺激物比形状小的刺激物更容易引起注意，尤其是介绍新产品的广告，应尽可能刊登大幅广告。例如，现在有一些在报刊上刊登的广告，除了具有图文并茂的特点外，一般都占到了版面的1/3，有的甚至整版，极易映入读者眼帘。

2. 利用强度

洪亮的声音比微弱的声音容易引起注意，电视节目播出商业广告时，音量突然增加，正是利用强度原理；但要注意刺激强度不能超过消费者的感觉阈限，否则亦会走向反面。

3. 利用色彩

鲜明的色彩比暗淡的色彩容易引起消费者的注意，一般黑色比白色更引人注目。现在，虽然彩色广告到处可见，但是黑白对比鲜明的广告同样可以给人以新鲜的感觉。

4. 利用位置

自选商场商品举目可望，而从人的胸部到眼部是最能引起消费者注意的商品陈列位置。印刷在报纸上的广告，据国外的调查结果显示：上边比下边、左边比右边更容易引起读者的注意。

5. 利用活动

活动的刺激物比静止的刺激物更容易引起注意，例如，反复变化的霓虹灯广告，比静止的广告更引人注目，更能引起消费者的兴趣和注意。

6. 利用对比

对比度越高越容易引起人们的注意，例如，强音和弱音、明亮和昏暗、大型和小型轮流出现，比单一出现更容易引起消费者的注意。

7. 利用隔离

被放置或描绘在大空间或空白的中央的对象更易引起注意。例如，有的报纸整个版面都是印刷广告，效果不甚理想，因为消费者的注意力被分散了，造成视而不见的后果，如果在整个版面中央设计广告，反而能够引起注意。

⊠ **小案例：**

Keep 巧借朱亚文上快乐大本营

Keep 的创始人王宁希望为 Keep 带来一次效果极佳的品牌曝光，最终看上了综艺节目的植入这条线。

Keep 团队经过调研，觉得《快乐大本营》的用户画像和 Keep 的用户群比较一致。当时看节目排期，看到鹿晗、杨幂和朱亚文主演的《我是证人》会在近期参加《快乐大本营》的录制，考虑到三位主演在国内人气高，尤其是鹿晗，所以预判那一期的快乐大本营会是一个收视高峰，所以就希望能够让鹿晗帮着做一次植入。

最终因为无法承担鹿晗的成本，就选择了同一期节目的嘉宾朱亚文，让他站在鹿晗旁边，对 Keep 进行植入。在主持人问如何保持身材时，朱亚文通过介绍自己在空闲时间利用 keep 这款 App 进行锻炼，然后通过和主持人的互动，完美地推广了 Keep。

节目播出当天，Keep 的新增用户接近 100 万，一个月后统计下来，通过此次朱亚文的广告植入，单个用户成本大概是五角钱。

（资料来源：搜狐网，2016-05-17）

四、消费者的记忆

（一）记忆的概念和心理过程

1. 记忆的概念

记忆是人们过去经历过的事情在头脑中的反映，如在过去感知过的事物、思考过的问题、体验过的情感、进行过的行为与活动，等等，都能以经验的形式在头脑中保存下来，并在一定的条件下重新再现出来，这就是记忆的过程。由于有了记忆的心理活动，人们以后的行为，就可以用以前记忆中的经验作为行为的参考依据，消费者的记忆与消费者搜集商品的信息（尤其是从广告中得到的商品信息）对商品的认识、对购物场所的认识以及消费者购买的决策等活动关系密切。

2. 记忆的心理过程

心理学研究表明，记忆的心理过程包括识记、保持、回忆和再认 4 个环节。

（1）识记。是人们为了获得对客观事物的深刻印象而反复进行感觉、知觉的过程。在购买行为中，消费者就是运用视觉、听觉和触觉去认识商品，在大脑皮层上建立与商品之间的联系，留下商品的印迹，从而识记商品。

（2）保持。是指在头脑中保存和巩固已识记的经验、知识的过程。它是对识记的材料进行的进一步加工、储存。但是，随着时间的推移，这些知识的保存量会逐步减少，即人脑会遗忘一些内容。

（3）回忆。是在不同的情况下恢复过去经验的过程，也就是过去曾反映的事物不在眼前，但能把对它的反映重现出来。如消费者在购买某种商品时，为了进行比较，往往在脑海中重现曾在别处见过或自己使用过的同种商品。

（4）再认。是过去感知的事物重新出现时，能够感到听过、见过或经历过。如消费者在市场上看到一些商品，能认出使用过或在电视广告中见过，觉得似曾相识甚至很熟悉。一般而言，再认比回忆容易，其记忆质量要低于回忆。

识记、保持、回忆、再认4个环节彼此联系，相互制约。没有识记谈不上对经验的保持，没有识记和保持就不可能对经历过的事物有回忆的认知。识记和保持是回忆与再认的基础，回忆与再认既是识记和保持的结果，也是巩固与强化识记和保持的催化剂。

（二）记忆的分类

20世纪50年代以后，世界各国的许多心理学家都倾向于用信息论解释记忆，并把记忆分为3种系统或3个阶段，即感觉记忆、短时记忆和长时记忆，如图2-5所示。

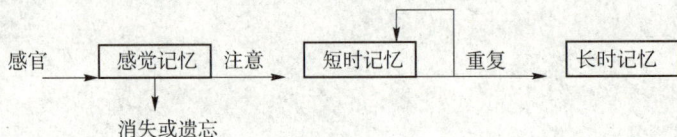

图2-5　记忆的3个阶段

1. 感觉记忆

感觉记忆也叫瞬时记忆，这种记忆中的材料保持时间极短，通常是0.25~2秒，特点是容量较小，持续时间短、瞬息即逝。在瞬时记忆的过程中，人们一般只能记住7~8个单位的信息，这是一个极为重要的记忆特征，绝大部分人的记忆能力都是在这一范围之内。如果信息超过了这个范围，消费者仅仅接受7~8个让他感兴趣的信息单位，而排斥其余的信息，比如商品的信息，每一个单位可以是商品价格中的一个数字、介绍商品功能与特点时的一个字或一个词组。记忆中的这个特征对于商业设计具有极为重要的参考价值，值得设计者仔细地研究。

2. 短时记忆

短时记忆中的材料保持时间为5~20秒，最长不超过1分钟。感觉记忆中的材料如果受到主体的注意，就会进入短时记忆阶段。商业广告要想使消费者越过感觉记忆阶段，就必须利用各种方法和手段，引起消费者的注意。

3. 长时记忆

长时记忆指1分钟以上直到多年甚至保持终生的记忆。长时记忆是对短时记忆加工复述的结果，有时富有感情的事或强烈意外的刺激信息，也能一次形成长时记忆。琳琅满目的商店，消费者面对的是几千种甚至几万种商品，消费者的眼光瞥过这些商品的包装、价格、款式、色彩时，对于绝大部分商品的注意都只能形成一种瞬时记忆，让消费者感兴趣的一些商品，可能会在他们头脑中形成短时记忆，只有极少数的商品信息会形成长时记忆，如果整个商店没有令消费者感兴趣的地方，可能还没有长时记忆。商业广告要想使广告内容成为消费者长时记忆的材料，以提高产品知名度，达到引导消费、创造需求的目的，其基本方法就是重复向消费者传播商品信息。日本许多商品在中国市场上有很高的知名度，就是多次反复地在电视节目中播放广告的结果。

※ **小资料**

运用VR技术学习能大幅提升记忆力?

人类社会进入互联网时代和人工智能时代，人们的生活受到极大的冲击变化，世界教育模式也会因此而产生巨大的变化。因为互联网的智慧教室、云视频、智能阅卷技术、智能空气净化器、互联网+教育、激光投影、VR+教育等各类产品/解决方案不断亮相，其中，VR+教育将成为未来5年内教育科技发展的亮点，受到更多教育工作者和相关的科研机构热捧。VR+教育在中国被更多关注表明VR技术在教育领域的应用有极大的空间和机会。

世界知名学府美国马里兰大学近日发表声明，声称通过实验证明，比起传统的 2D 学习方法，运用 3D 的 VR 学习更能提升记忆力。

马里兰大学的 Eric Krokos 带领的研究组将两批参与实验者分为传统 2D 组和 3D VR 组，在实验前线预先观察有名人物角色，实验开始后，分别在 2D 和 3D VR 的虚拟实验环境"记忆官殿"中观察人物的位置信息。

经过观察后，两组人分别回忆那些有名人物在各自场景中的位置，结果很明显，戴着 VR 眼镜的 3D 组的成绩比起传统 2D 画面观察组高出 10% 左右，而参与实验的志愿者表示，3D VR 中的观察可以明显地集中注意力，对提升记忆有所帮助。

由此可以看出，VR 技术其实是可以帮助人们提高记忆力的，身临其境的虚拟环境能够更好地集中精力。若是如此，那么 VR 将为教育及工作培训带来巨大的益处，比如帮助学生深刻理解知识点、提高职场人员工作效率，等等。

（资料来源：腾讯网，2020-09-10）

（三）记忆在市场营销中的应用

1. 帮助消费者明确购买目的，促成消费者有意记忆

消费者的有意记忆是指消费者有明确的购买目的，主动收集商品的信息，运用一定方法记住这些信息的内容，当商品不在时，能比较清楚地回忆出这些信息的内容；而无意记忆是指消费者事先没有明确的购买目的，也不用任何有助于记忆的方法的记忆。实验证明：有意记忆比无意记忆效果好得多。根据这一规律，经营者应主动介绍宣传商品，帮助消费者明确购买目的，以形成消费者的有意记忆，促成购买。

2. 使信息内容通俗易懂，形式喜闻乐见，增强消费者的记忆

实验表明：建立在理解基础上的意义识记，记忆效果好。机械识记记忆效果差（高中阶段由机械识记向意义识记过渡）。因此，经营者应注意通过喜闻乐见的形式将信息传递出去，使消费者易于接受和理解，增强记忆，提高信息传递效果。

3. 吸引消费者积极参与各种活动，增强消费者记忆

运动记忆保持的时间比较长，记忆效果好，因此，经营者应注意采取一些措施吸引消费者积极地参与商品的使用活动，调动其积极性，以增强对商品的记忆。例如，让消费者进行实际操作（健身器），让消费者品尝食品等。

4. 利用不同系列位置增强消费者的记忆

实验表明，识记对象在材料中的位置不同，记忆效果也不同或遗忘的情况有所不同，一般来讲，材料的中间部分容易忘记，首尾部分容易记住，因此，陈列商品时，播放广告时，在报纸刊登信息时……都要利用不同系列位置增强消费者的记忆。

5. 增进与消费者的感情，增强消费者的记忆

情绪与情感是影响消费者记忆的因素之一，情绪处于愉快、兴奋、激动的状态中，记忆效果好，保持时间长，因此，经营者应为消费者提供积极、主动、热情、耐心、周到的服务，调动消费者的积极情感体验，增强消费者的记忆。

五、消费者的联想

❖ 小资料

如何打造直戳人心的广告之"让消费者记住你"

1. 人类记忆流程

人的意识分为无意识记忆、无意识回忆和有意识记忆和有意识回忆。但消费者接触广告

一般用的是无意识记忆或无意识回忆（只有做研究的才会主动关注相关广告）。

人类的记忆是如何实现的呢？一般情况下，"眼、耳、口、手、鼻"等起着最原始、最基础的作用，也就是视觉、听觉、味觉、触觉、嗅觉，通过以上器官的神经末梢将接触信息传输到大脑皮层神经系统和海马体，最终形成记忆。那么在传统广告中"五觉"哪个起作用更大呢？一般是"视觉和听觉"。

2. 人类记忆技巧

重复式记忆：根据记忆曲线原理，遗忘速度最快的区段是20分钟、1小时、24小时，分别遗忘42%、56%、66%；2~31天遗忘率稳定在72%~79%，遗忘的速度是先快后慢；等等。因此，记住相关内容就要"重复、重复、再重复"。

视觉化记忆：科学研究发现，视觉记忆不容易遗忘，因此目前许多记忆专家均是把抽象的、不易理解的转化为视觉语言来进行记忆。

联想化记忆：人的大脑皮层下有许多神经脉络，都是互相联系的。人类记忆力的高低取决于各类知识在人类大脑中的关联性的强弱。当大脑中存储的知识关联性越强时，"当想到事物A时就自然想到事物B"。

3. 记忆规律在广告中的运用

为什么许多企业或组织广告投放后无效果或效果不明显呢？主要原因是有两个：一是消费者对你的广告无感；二是消费者没有记住你的广告。那么哪种广告消费者才能记住呢？

（1）播放重复化。

土豪投放法：电视、网络、户外要立体化覆盖、无死角，广告理论"皮下注射论"（枪弹论）也是来源于此（土豪类企业采用，简单、粗暴、有效）。如史玉柱脑黄金广告、恒源祥的贺岁广告。

技巧实战法：根据遗忘规律（遗忘速度是先快后慢，遗忘数量是前多后少），广告前期要密集投放，后期有选择性进行投放，这样做可以节省大量资金，并且能达到同样的效果。

形象统一法：根据CIS（企业形象识别系统）理论，无论是电视广告、网络广告，还是终端广宣品、品牌理念、品牌的形象要达到高度统一（重复），主色调统一，形状统一、不混乱。如消费者看到红瓶饮料就想到"可口可乐"，一看到蓝瓶饮料就想到"百事可乐"。

（2）场景视觉化。

广告、文案均要实现视觉化，以帮忙消费者实现快速记忆、快速回忆。如视觉化记忆，就是企划人经常提起的场景化，如加多宝的火锅店场景，当你与朋友一起到火锅店消费时，想喝饮料时会马上想起加多宝，根据"怕上火"的痛点（触发器），就会选择这个产品。

（3）内容联想化。

我们设计广告时就要把你的商品与消费者脑海中的一些知识进行关联，而消费者脑海中的知识是关联商品"触发器"的纽带。当消费者处于某种场景时，就会联想到你的商品。如加多宝的"怕上火"就是一个"触发器"，消费者脑海的知识体系是"喝凉茶去火"，从而使消费者在吃火锅时联想到加多宝凉茶，进而实现购买。

套用以上方法论，检验一下你的广告制作与投放：消费者记住你的广告了吗？你的广告起效了吗？

（资料来源：致信网，2016-03-07）

（一）联想的概念和规律

联想是由一种事物想到另一种事物，在消费心理中是比较重要的一种心理活动。联想可以由当时的情境引起，如当时注意、感知到的事物，也可以由内心的回忆等方式引起。在消费心理的研究中，主要着重于注意、感知等因素所激发的联想，因为在开展营销活动时，可以通过控制消费者所处的购物环境，使用各种各样的方法来激发消费者形成有益于营销活动的联想。

联想的规律主要有：接近联想、类似联想、对比联想、因果联想和特殊联想。

1. 接近联想

由于两种事物在位置、空间距离或在时间上比较接近，所以认知到一种事物的时候，很容易联想到另一种事物。

2. 类似联想

由于两种事物在大小、形状、功能、地理背景、时间背景等方面有类似之处，认知到一种事物的时候就会联想到另一种事物，例如，由电视机想到录音机、由棉服联想到鸭绒服。

3. 对比联想

由于两种事物之间存在一定的因果关系，由一种原因会联想到另一种结果，或由事物的结果联想到它的原因等，如看见漂亮的布料，想到漂亮布料做出来的衣服，想到穿着漂亮的衣服被人赞美的愉快与满足，这就是因果性联想。"为什么那么多的胃药都与胃得乐比美？"广告中提出这样的问题让人不得不联想到其中的原因，联想到这种药品质量是否真的那么好，这也是因果性联想。

4. 因果联想

两种事物之间存在着一定的因果关系，由一种原因会联想到另一种结果，或由事物的结果联想到它的原因等。如在一次对产品售后服务的电视跟踪调查中，电视台选择了海尔作为代表，不禁让人联想其中的原因，这就是因果联想。

5. 特殊联想

由一种事物联想到另一种事物的时候，不一定是按以上的规律进行的，事物之间不存在必然联系，而是由消费者所经历过的某些特殊事件造成的，消费者见到一种事物时就会自然地联想到另一种事物。如一位消费者在购买商品时受到了良好的服务，以后每一次对服务十分满意的时候都会想到那位热情的服务员。

（二）消费者的联想与商品的经营策略

1. 联想与商品的相关性策略

商品的相关性策略，是根据接近联想规律，在经营中考虑到消费者的心理状态，使经销的商品配套，方便消费者购买。比如经营西服，应同时经营领带、衬衣、皮鞋等相关性商品。从消费者的共同心理来说，买东西都乐意去商品丰富、品种齐全的商店，这是因为消费者的需求具有相关性，不用跑更多的路程就可买齐自己所需要的商品，节省时间，同时商品多，品种全，有较大的挑选余地，能使消费者买到称心如意的商品。一个商店如果既经营适销对路的大宗商品，又重视经营低档小商品，不仅能做到经营品种齐全、配套，而且在商品品种的稳定上下功夫，这样，空手离开商店、快快而去的消费者越来越少，生意必将越做越红火。

2. 联想与商品包装的艺术

利用类似联想和对比联想，使商品包装更加艺术化，特别是在包装采用的色泽上下功夫，对消费者的购买欲望将会产生重大影响。商品包装的色泽必须与商品本身的颜色相协调，色调错误，足以令消费者失去对商品的兴趣。我国有一家工艺品出口公司生产的"学生砚"，原来外包装采用的是白底黑字、外加花边的纸盒，结果这一产品在国外的销路很差，购买者寥寥无几，产品滞销积压。后来设计者改变了它的包装，采用黑底金字，并在包装盒的右上角配上了"马踏飞燕"的图案，整个包装显得古朴、典雅，充满艺术气氛。这一招居然产生了意想不到的效果，原先滞销的产品一跃成为畅销品，并且出现购买盒子自配砚台的现象。这说明任何商品要吸引消费者购

广告创意联想技巧！想的要妙

买，应让消费者在一瞥中，最大限度地感知商品的存在和特性，使其产生美好的联想。此时，直觉效果所引起的作用是举足轻重的。

❖ **小资料**

包装设计：色彩让人产生联想，不同色彩不同的感观

色彩的联想是指消费者常常把眼前看到的色彩跟以往的各种经历联系起来，如受到某种色彩的刺激会想起有关的事物。随着色彩联想的社会化，色彩逐渐具有了某种特定的含义，消费者联想的内容也变得更加具体。这种联想有具体联想和抽象联想之分。如红色，可具体联想为血、火、太阳的色彩，而它又是象征着热情、奔放、喜庆、活力等情感，也就是色彩的抽象联想。色彩的联想是人的主观感受赋予抽象的色彩以意义，它是靠人们对过去的经验、记忆或知识而得到的。

1. 红色的联想

具象的：太阳、火、血、苹果、红旗、口红、肉、流血。

抽象的：温暖、热烈、饱满、甘美、成熟、革命、战争、扩张、斗争、危险。

情绪的：紧张、愤怒、恐怖、热爱、热情。

红色是一种浓厚而不透明的色彩，红色在我国民间特别受欢迎，是节日庆典、操办喜事的主色调。它代表着吉祥、喜气、热烈、奔放、激情、斗志，给人以热情、欢乐的感觉。常用来表现火热、生命、危险等信息。

2. 黄色的联想

具象的：腊梅、迎春、水仙、菊花、向日葵、柠檬、香蕉、稻谷。

抽象的：明快、活泼、光明、希望、崇高、华贵、威严、酸涩、浅薄。

情绪的：憧憬、快乐、自豪。

黄色具有高明度、积极、高贵、富丽的视觉特点，给人温暖、轻快的感觉，常用来表现光明、希望、轻快等。

3. 蓝色的联想

具象的：天空、海洋、湖泊、远山、冰雪。

抽象的：严寒、纯洁、透明、深远、科学、智慧、幽灵。

情绪的：冷漠、压抑、忧愁、寂寞。

蓝色是一种积极而有活力的色彩，象征恬静、凉爽、深远，具有博大、沉稳、理智的视觉特征，常用来表现未来、高科技、思维等信息。

4. 绿色的联想

具象的：植物、蔬菜、水果、草、山、宝石。

抽象的：生命、春天、青春、旺盛、健康、休息、和平、自然、永恒、新鲜、理想。

情绪的：平静、冷静、嫉妒、安慰。

绿色是大自然的颜色，象征活力、青春、充实、宁静，有和平感，常用来表现生长、生命、安全等信息。

5. 橙色的联想

具象的：橙子、玉米、南瓜、柿子、胡萝卜、果汁、霞光。

抽象的：华丽、辉煌、向上、充足、积极、迫近、秋天、温暖、跳动。

情绪的：激动、兴奋、喜悦、满足、愉快。

橙色兼有红色和黄色的品性，既热情，又明朗，常用来表现激情、活力、欢快等；橙色是能引起人食欲的色彩，是水果、饮料、食品的常用色。

6. 紫色的联想

具象的：紫葡萄、丁香花、茄子。

抽象的：高贵、优雅、奢华、不祥、神秘。

情绪的：痛苦、忧郁、不安、恐怖、失望。

紫色是一种很复杂的颜色，紫色同时能给人高贵和低俗的印象，有神秘感，常用来表现悠久、高贵、冷漠、理智、深奥等信息。

7. 白色的联想

具象的：冰雪、白云、白纸、白兔。

抽象的：明亮、卫生、朴素、轻盈、单薄、纯洁、神圣。

情绪的：凉爽、畅快、哀伤、孤独。

白色象征纯洁、无暇，有悲凉感，常用来表示洁净、寒冷等信息，白色与任何颜色搭配都会保持自己的特性。

8. 黑色的联想

具象的：黑夜、煤、头发、墨。

抽象的：阴森、死亡、污染、阴谋、严肃、沉重、罪恶。

情绪的：恐怖、烦恼、消极、悲痛。

黑色是明度最暗的颜色，象征庄重、孤独、有悲哀感，常用来表示坚硬、重量、工业等信息。

（资料来源，汇包装，2019-06-06）

3. 研究联想原理对于商品的推销宣传具有借鉴意义

现代成功的广告都是采用某些间接的表现手法，借用比喻和联想，使意境更加深刻、生动，内容更加活跃丰富，从而也就增加了广告的推销魅力，使广大消费者从一些互相接近的、相似的、相反的以及相关联的事物中，对广告宣传的商品产生美好的想象，进而产生购买的欲望和行动。

六、消费者的想象

（一）想象的概念

想象是指用过去感知的材料来创造新的形象的过程，或者说想象是头脑改造记忆中的表象而创造新形象的过程。心理学中客观事物作用于人脑后，人脑产生的这一事物的形象就叫作表象。对于已经形成的表象，经过人的头脑的加工改造，创造出并没有直接感知过的事物的新形象就是想象。由此可知，想象活动具备三个条件：一是必须存在已有过或已经感知过的经验，这种经验不一定局限于想象者个人的第一手资料，也可以是前人、他人积累的经验；二是想象的过程必须依赖于人脑的创造性，需要对表象进行加工，而不是依靠表象本身；三是想象的结果是一个新的形象，是主体没有直接感知过的事物。

（二）想象在市场营销中的运用

1. 消费者在评价商品时常伴随着想象活动的进行

想象对消费行为会产生一定的影响，对于发展和深化消费者的认识有重要作用。在消费者的购买活动中，常常伴随着想象的心理活动，如，消费者评价一套高级组合家具，经常伴随着对生活环境一种美好效果的想象；购置高档耐用消费品，往往具有显示经济实力或社会地位，即延伸人格的想象；有些女性消费者，在购买衣料时，常常把衣料搭在身上边照镜子边欣赏、边想象，对衣料进行评价。这些都会极大地激发消费者的购买欲望，从而导致购买行为。因此，服装设计师设计服装，广告设计师设计广告，商店经理布置橱窗进行商品宣传的时候，都可以用多种方法来丰富消费者的想象力，促进消费者购买。

2. 运用想象提高广告效果

一个成功的商业广告，总是经过细致的素材加工，利用事物间的内在联系，用明晰巧妙的象征，比拟的表现手法，用消费者熟知的形象，来比喻广告的形象或特点，以激发消费者有益的想象，去丰富广告的内容，加强刺激的深度与广度。当然，在商业广告中要发挥想象的心理功能，必须充分研究广告指向市场的消费习惯、消费水平和消费趋势，掌握广告指向消费者的普遍心理或使用的信心和决心，引导消费行为。

3. 营销人员的工作需要一定的想象力

营销人员在为消费者服务和推销商品的过程中，想象的作用不可忽视。成交率在很大程度上取决于营销人员创造想象的运用，优秀的营销人员应该能够想象出哪种商品更适合消费者的需要；同时，在诱导消费者的过程中，以自己的想象力去丰富消费者的想象力。此外，对商业企业来说，营销人员在摆放商品、陈列柜窗、介绍商品和展示商品等业务中，都可以发挥创造想象。

七、消费者的思维

※ **小资料**

男女思维方式不同

在镜子里看到自己的时候

怎么看待颜色

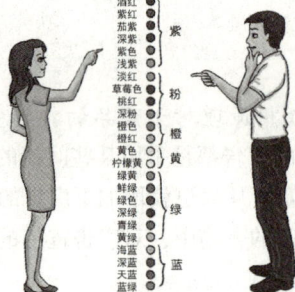

女人

提前一个月准备

写好几页物品清单

半夜醒过过怕忘了什么东西

东西按大小、种类、颜色排好

在箱子能装的范围内，把所有东西都带上

突然想起来还有忘带的东西

男人

出门前五分钟开始收拾，收拾好了走人！

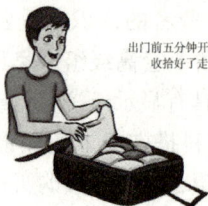

去做发型

男人

做之前　做之后

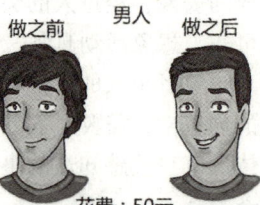

花费：50元

女人

做之前　做之后

花费：500元

（一）思维的概念和过程

1. 思维的概念

思维是人脑对客观事物本质特征间接的和概括的反映，这是人的认识活动的最高阶段。

思维具有两个主要特征：间接性、概括性。间接性是通过媒介来认识客观事物；概括性即借助已有的知识，来理解和把握那些没有直接感知过的，或根本不可能感知到的事物。例如，有的消费者对某种羽绒制品的性质、质量不了解，但可以通过对这种羽绒制品的感知表象，如手感、轻重、保暖性等，借助已有的知识经验，间接地认识它的质量和性能。概括性是通过对同一类事物的共同特性、本质特征或事物间规律性的联系来认识事物，例如，消费者在购买商品过程中多次感知到名牌商标与商品质量之间的联系，从而得出"名牌商品质量好、信得过"的特征。

根据思维过程所凭借对象的不同，思维可分为形象思维和逻辑思维。形象思维是指利用直观形象和表象对事物进行分析判断的思维；逻辑思维是利用概念和理论知识来反映客观事物，依据概念、判断、推理等基本形式来达到对事物本质特征的认识。在现实生活中，形象思维和逻辑思维往往交替使用。企业在经营活动中应结合不同的目标、消费者的特点进行广告和宣传，以更好地满足各类消费者的需求，实现企业经营目标。例如，儿童思维的发展是先有形象思维，后有逻辑思维，有的商场专门开设儿童乐园、儿童天地，并用生动有趣的卡通形象来吸引消费者。如动画片《蓝猫》播放之后，出现了专门经营儿童用品的"蓝猫专卖店"，有些儿童服装上也因为印了蓝猫图案而畅销。

2. 消费者的一般思维过程

消费者对商品的认识是从表面特征开始的，是通过分析、综合、比较、抽象具体化等基本阶段完成的，反映在其购买过程中，有以下3个步骤：

（1）分析过程。分析是在头脑中把事物的整体分解成各个部分、方面或个别特征的思维过程。比如购买汽车，可选择的范围很广，消费者通过分析之后再确定买国产的还是进口的，然后分析各个品牌的价格、性能、外观和型号等个别属性，在此基础上再初步确定购买目标。

（2）比较过程。比较是依据一定的标准以确定事物异同的思维过程，也是对事物进行鉴别和综合的过程。消费者通过初步分析确定所购买的目标之后，还要借助比较，进一步鉴别商品质量的优劣、性能的好坏和价格的高低，从而在两种商品之间进行选择。

（3）评价过程。消费者在确定了购买目标以后，会对其进行预测评价，运用判断、推理等思维方式对商品的内在属性及本质进行概括，为制定购买决策做好心理准备。在购买了该商品后，消费者仍会对其进行分析、比较及评价，即购后体验，以加深这种思维过程，积累消费经验。因此，企业营销者应为消费者做好售后服务工作，促使消费者肯定其购买决策的正确性，如汽车公司应向新车的买主提供细致、周到的售后服务，列出维修站的地点，征求改进意见等。

（二）思维在营销活动中的作用

消费者的思维过程就是决策过程，由于消费者思维方法和能力的差异，购买决策的方式和速度也各不相同。思维能力强的消费者，其思维的独立性、灵活性、逻辑性以及深度和广度都比较好，因此，决策果断、迅速、正确；反之，决策缓慢，反复不定，失误较多。从事营销工作的营销人员要思维灵活，对市场情况进行科学、全面的分析和概括，并迅速、灵活地做出结论，这样才能使企业的营销活动获得成功，使企业经营立于不败之地。

"互联网+"下的
消费者思维演变

总结起来，思维对企业营销活动的意义主要有以下几个方面：

（1）利用思维的变通性，举一反三，灵活进行经营活动。思维的变通性带动经营的灵活性。有个推销人员，在欧洲某海滨城市推销皇冠牌香烟，但该地的香烟市场已被其他公司捷足先登了。他在苦思冥想中登上一辆公共汽车，抬头看见车上写着"禁止吸烟"的宣传牌，顿时灵机一动，想出一个绝妙的主意，不久，这个城市到处贴着这样的广告："此处禁止吸烟，连皇冠牌香烟也不例外。"结果，皇冠牌香烟销量激增。

（2）利用思维的敏捷性，企业及时调整经营策略，增强灵活应变能力。思维的敏捷性能够增加企业的市场应变能力。2006年，"超级女声"选秀活动大获成功，蒙牛集团迅速抓住这一机会，成为"超级女声"活动的赞助商，从而使蒙牛集团的知名度得以大幅度提升。

（3）思维的独立性使人们从不同的角度思考问题，创造性地提出解决问题的新途径。还可以利用发散思维，由点及面地发现经济现象之间的内在联系，揭示经济活动规律。

> ⊠ 小案例：
>
> 2019年，《陈情令》的大火，让肖战一跃成为时下最炙手可热的男星，雅诗兰黛嗅到了合适的商机，于2019年"双11"前夕宣布肖战为雅诗兰黛亚太地区彩妆及香氛代言人。雅诗兰黛充分调动了女粉丝的力量，肖战所代言的产品系列在一小时内销售额突破了4 000万元。虽然彩妆香氛产品素来是女性群体为主要受众，雅诗兰黛巧妙地选择了少女杀手肖战，借助粉丝效应充分缩短了品牌同消费者之间的距离，让消费者心甘情愿地为品牌掏腰包。除了肖战，2019年雅诗兰黛还签下凭借《亲爱的，热爱的》大火的李现，不断发掘粉丝经济。
>
> （资料来源：成功营销，2020-02-13）

第二节　消费者的情感过程

一、情绪和情感

从理论上讲，消费者购买商品要通过感觉、知觉等对商品进行初步的感知；然后调动其记忆、想象，并运用自己的知识经验，进一步深化对商品的认识；最后经过思维活动做出购买决策，消费者的购买活动都应是高度理性的行动。然而，在现实购买活动中并非完全如此。购买行为不仅受理智控制，还为情感所左右。消费者的心理活动过程，既是认识不断发展的过程，也是情感不断变化的过程。

⊠ **小案例：**

仅仅 7 年时间，江小白销售额便实现了从 0 到数十亿元的突破，这离不开营销的功劳。2019 年，江小白走心文案凭借对年轻人细腻的洞察，让喝酒不只是宣泄情绪，而是关于生活、梦想乃至人的七情六欲。

2019 年年底，江小白联合中国警察网发起"劝止酒驾"主题公益，推出洗脑文案"选择了酒桌真心话，就别再酒驾大冒险"等，通过巧妙的语句劝诫消费者珍爱生命。

在新品柠檬气泡酒面市时，江小白大玩文字梗，推出"年轻汽盛，就不要口是心非，没人划定界限，就不要自贴标签"等文案，进一步拉近消费者同产品的距离。而在七夕之时，江小白则推出"是朋友也是情人""山高路远，为你而来"等文案，为情人节品牌营销造势。

在消费品类不断细分的今天，品牌必须另辟蹊径才能给消费者留下深刻的印象，获得转化的机会。江小白通过引发消费者情感共鸣，不仅升级了品牌形象牢牢抓住了年轻消费者的心，对消费者而言，江小白不仅是白酒品牌，更是一种关怀、陪伴。

（资料来源：成功营销，2020-02-13）

情绪和情感是人对客观世界的一种特殊的反映形式，是人对客观事物是否符合自己需要的态度的体验。我们可以从以下几个方面进行理解：

（1）情绪和情感是人对客观现实的一种反映形式。客观现实中的对象和现象与人们自己的关系是情绪与情感的源泉。因为人同各种事物的关系不完全一样，人对这些事物所抱的态度也不一样，所以人对这些事物的情绪情感的体验，也就不同。由于消费者情绪和情感的主观性和产生原因的复杂性，即使是同样的客观刺激，尤其是社会性或心理性的刺激，对于不同的消费者也具有不同的意义，因而消费者产生的情感反应也就有所差异。

（2）人之所以对自己对于客观现实是否符合需要的态度能有所体验，是因为在认识世界和改造世界的过程中，客观现实与人的需要之间形成了不同的关系。消费者的情绪和情感与其消费需要是否被满足有直接关系。消费活动是一种满足需要的活动，它是直接通过商品的购买与使用来实现的，消费者在选购和使用商品过程中，对于满足需要的商品会产生肯定的情绪和情感，如愉快、满意、高兴、欢乐等；相反，不能满足消费需求，消费者就会产生否定的情绪和情感，如悲伤、丧气、愤怒、忧愁等。随着人类历史的发展和人们生活水平的提高，消费者的需要会发生一定的变化，而情绪和情感也会随着需要的变化而发生一定的改变。

（3）在现实生活中，并不是所有事物都可以产生情绪和情感。例如，人们每天都要接触很多事物，固然有很多事物会引起我们的爱好或厌恶的情绪与情感，也确实有不少事物对我们来说，是既不让人厌恶也不讨人喜欢的。这里必须指出的是，与人们的需要具有这样或那样关系的事物，才能引起人们的情绪和情感。

二、消费者的情绪和情感

（一）消费者情感的外部表现

消费者在某些特定刺激影响下改变了正常活动，引起情感发生时，有机体的内部和外部会发生一系列的变化。内部变化表现在各种生理反应上，如呼吸加快、心跳加速、血压升高等；外部变化则主要体现在人的表情上，表情是情绪和情感的外部表现，它有 3 种基本形式。

1. *面部表情*

情绪和情感表现在面部上称为面部表情，面部表情是 3 种表情形式中最为丰富、最为重要的一种。消费者的喜、怒、哀、乐等都通过不同的面部表情表现出来。例如高兴时笑容满面，悲哀时哭丧着脸；见到所喜欢的商品，就会较长时间地盯着看；而很快中断目光接触，则表示对其缺乏兴趣。总之，消费者在消费活动中各种复杂的心理感受和情感变化，都会通过不同的面部表情表现出来。

2. 言语表情

情绪和情感表现在说话的声调、速度、节奏、音量等方面称为言语表情。比如悲哀时音调低沉，言语缓慢，语言高低差别较小；而音调高，言语速度快，语言高低差别较大，则说明人具有喜悦之情；人在愤怒时，声大音高且颤抖。即使同一句话，由于说话人在音速、音调、语气上的差别，也会表达出不同的情感。例如，"你好"这句话，用不同的声调说出来，既可能表现出热情、友好、亲切、愉快，又可能表现出冷淡、不满、蔑视、怨恨等多种情感。

3. 体态表情

情绪和情感表现在身体的姿势、动作上称为体态表情，如欢乐时手舞足蹈，悲痛时号啕大哭，气愤时捶胸顿足，兴奋时拍手鼓掌。事实上，人体姿态或站、或蹲、或举手、或垂头，都各有一定的含义，表现出某种情感状态。身体姿势有助于情感的表达，也有助于人们对情感的识别。

（二）消费者的情绪

1. 消费者在购买过程中的情绪

消费者在购买过程中的情绪多种多样，各种情绪表现的程度有着明显的差异。但归结起来，主要有以下3种：

（1）积极的情绪。这种情绪能增强购买欲望，促成购买行为。如有位消费者看到市场上新露面的一种面料，花色新颖，令他喜爱，尽管他暂时还不需添置衣服，但还是买了。

（2）消极的情绪。这种情绪抑制购买欲望。如一种猫头鹰造型的发条玩具，使小朋友望而生畏，甚至哭起来，就很难销售出去。

（3）双重的情绪。如高兴又怀疑，基本满意又不完全称心等。一位消费者走了好多家商店，终于找到了他所需要的商品，这时他很高兴，但这种商品已经快卖完了，剩下的几件都有一些不影响使用的小毛病，但因为急需它，不得不买，可总有些不那么称心。

2. 消费者对商品的具体情绪过程

消费者从对某商品产生需要到最终决定购买的情绪过程，大致可分为以下5个阶段：

（1）悬念阶段。消费者产生了购买的需要，但还未采取行动到商店去寻求这种商品。消费者这时处在一种悬念状态中，其情绪特点是不安。如果他的需要是强烈的，那么他就会体验到一种急切感。

（2）定向阶段。消费者这时已面对他所需求的那种商品，但他对商品的观察还是初步的、笼统的。这时的情绪已获得定向，亦即趋向喜欢或不喜欢，趋向满意或不满意。

（3）强化阶段。强烈的购买欲望迅速形成。有些消费者在强烈的购买欲望的推动下，立即完成购买行动，而有些消费者比较冷静，他们还想再推敲一下。此时，对大多数消费者来说，情绪过程还没有完成。

（4）冲突阶段。这时，消费者将对商品进行较为全面的评价。如价格是否合理，质量是否可靠，造型是否新颖，社会上是否流行，是否假冒，等等。由于十全十美的商品很少，大多数商品都会在某些方面使人不满意，因此，消费者往往要体验不同情绪之间的矛盾和冲突。如基本满意而又不完全称心，比较喜欢而又略感遗憾等。如果积极的情绪占了主导地位，那么一个购买决定就做出了。这时情绪过程大大增加了理智的成分，通过评价，感情同理智逐步趋于统一。

（5）选定阶段。通过各种评估，这时消费者对某种商品产生了偏好，并针对这一商品采取行动，形成购买行为。

3. 影响消费者情绪的因素

影响消费者情绪、情感的因素是多方面的，这里只是稍做提示。

（1）个人心境。这里讲的个人心境是指消费者进入购买现场时的情绪状态或精神状态。心境是较微弱、平静而持久的情绪体验。在心境产生的全部时间里，它能影响人的整个行动表现，保持它的积极或消极的影响。不同心境会使消费者行为带有不同的情绪色彩，或兴高采烈，或郁郁寡欢，或暴躁不安等。

（2）审美情趣。这是人们根据自己的看法对客观事物审美价值的评价。当消费者产生对某种事物和现象的美感时，实际上是抱肯定态度，并会以积极的情绪色彩表现出来。消费者的美感不仅受到各自的出身地位、文化素养、兴趣爱好和实践经验的影响，也受到一定社会生活条件的制约。不同国家、不同民族的美感差异十分明显，但有一点是相同的，即商品的美必须是形式和内容的统一，欣赏价值和实用价值的统一。

（3）购买环境。消费者的情绪产生和变化首先受购物环境的影响，若步入宽敞明亮、美观雅洁、温度宜人的商场，营销人员服务周到，消费者之间礼貌相待，会引起消费者愉快、舒畅的情绪。相反，则引起消费者失望、厌烦等消极情绪。正因如此，很多商场很注意店堂内的设施和门面的装修。旧上海的一些商人有出钱雇人"轧闹猛"，就是要造成门庭若市的现场气氛，以吸引路人光顾。现代大商场，也很讲究"人气"，打折酬宾时，消费者往往很多，此时的商场"人气"旺，"财气"也旺。

（4）商品因素。消费者是来购买商品的，因此商品就成为最主要的客观因素。消费需要的满足大多是借助商品实现的，所以有关商品的外观和内涵各方面的特征，能够引起消费者的不同情绪，这在购买现场是最容易观察到的。

三、培养消费者积极情感，有效开展营销活动

消费者的情感并不是凭空产生的，而是在一定客观条件刺激下形成和发展的，企业应善于运用影响消费者情感的因素，激发和培养消费者的积极情感，开展营销活动。

抓住这 6 种情绪，搞定春节营销

（一）提供全方位满足消费者需要的整体产品

商品是影响消费者情感的一项主要因素，商品的各种属性，或者说构成商品的各个要素对消费者都有重大意义。消费者对商品的认识是从商品的各种属性开始的，商品的质量、色彩、造型、样式、性能、价格、包装、商标、广告，甚至出售的优惠条件，都是消费者认识的对象，它们对消费者情感的形成与变化均能产生制约作用。因此，企业生产者在设计商品时，必须把这些因素摆在重要位置上，以便设计出让消费者满意的产品，否则就难以打开销路。比如 1964 年年初，日本东京正在筹办奥运会，许多制作服装的厂商设计生产了大量色彩鲜艳的运动服装，以为可以在奥运会期间赚大钱，可是事与愿违，这些色彩鲜艳的运动服装无人问津，而原以为没有多少销路的藏青色服装却大行其道，深受消费者欢迎。原来，1961 年苏联发射了人类第一艘载人飞船，从而在世界范围内掀起了"宇宙热"。藏青色象征着宇宙色，故而受到人们的青睐。因此，企业要努力为消费者提供满足其需要的整体产品，促进消费者积极情绪、情感的形成。

（二）营造良好的购物环境

消费者的情感变化除了受商品因素影响外，还受购物场所的制约。如果购物场所舒适优雅，消费者就会产生愉快、满意的情绪；反之，则会引起否定的情感。从消费者购物活动来看，直接刺激他们的感官，导致情感变化的场所因素有：购物场所的设施、温度、光线、照明、色彩、气味、音响等，购物场所宽敞明亮，会使消费者心情舒畅，如果狭窄拥挤，则使人心烦意乱；购物场所温度适宜，能使人心情平静、温和，而温度过高会使人心情烦躁、火气过盛；商店的气味也是不可忽视的因素，它对人的生理和心理同样产生某种影响，气味清新能使消费者心旷神怡，增强购买商品的欲望；颜色与人的情绪也有密切的关系，心理学研究表明，人对色彩有一种本能的感受，红色令人兴奋，绿色令人安详，蓝色令人沉静，黄色令人明快，黑色令人沉重，等等。所

以，购物场所的色彩布置要注意与所销商品相协调，讲究色彩丰富，整体一致，以期引起消费者积极的情感反应。声音对情感也具有影响作用，轻松柔和的音乐能使消费者心情愉快，联想丰富，优美动听的音乐能使消费者流连忘返，对商品精挑细选。噪声的副作用也必须受到重视，嘈杂的声音使人情绪烦躁，心情压抑，注意力分散，甚至引起头痛、耳鸣、听力下降；超过80分贝的强噪声，不仅会使消费者却步，还会降低营销人员的工作效率。此外，商品的陈列和柜台摆设也很重要。购物场所装饰得美观新颖，商品陈列得琳琅满目、整洁有序，会给消费者美的感受，引起消费者愉快的情感反应，激发其观看商品、挑选商品、购买商品的兴趣；相反，商品杂乱无章、凌乱不堪，会使消费者反感，抑制其购买欲望。所以企业要善于营造良好的购物环境，以利于消费者形成良好的情绪、情感。

（三）提供满意的服务

消费者进入商店后要与营销人员面对面地交往，营销人员的服务状况如何，态度是否良好，直接影响消费者的心理感受和情感变化，并进而影响整个购买活动的进行。营销人员的微笑服务能直接影响消费者的情绪，因为情绪是能够传染的。一个人愉快时，能引起与其交往的人也发生愉快的情绪反应；营销人员饱满的情绪，愉快的表现，能感染消费者也产生相同的情绪，变得欢快舒畅；营销人员态度和蔼，能给人一种善良、淳朴、宽厚的感觉，从而使消费者愿意与其交往，乐意与其交换意见，并产生行为偏好，喜欢专门到此购买商品。

从影响消费者情感的客观因素来说，营销人员的服务接待工作对消费者购买行为的完成具有关键的作用。消费者对商品和购物形成良好印象后，能否转变为实际的购买行为，就要看营销人员的服务工作做得如何。如果营销人员热情接待消费者，服务周到，就会激发消费者的购买欲望；营销人员态度恶劣，表情冷淡，就会打击消费者的积极购物情绪，抑制其购买行为。因此，在商业服务工作中，态度和蔼并以微笑的形式接待各式各样的消费者，是营销人员必须遵守的一项基本原则。

第三节　消费者的意志过程

消费者在认识商品，进行购买决策，采取购买行为时，还需要排除各种干扰，以保证实现购买目的。所以，意志过程同认识过程、情感过程一样是心理活动过程中不可缺少的组成部分。

一、消费者的意志及其特征

（一）意志的含义

意志是人们自觉地确定目的，并支配调节其行动，通过克服困难，以实现预定目的的心理过程。意志是人脑所特有的产物，是人的意识能动作用的表现。人们在进行某种活动之前，活动的结果已经作为意志行动的目的而观念性地存在于人们的头脑之中。要把观念转变为现实，必须以预定的目的来指导和激励自己的行动，排除干扰，克服困难，从而达到行动的目的。因此，意志过程是人的内部意识向外部动作转化的过程。

消费者在购买活动中不仅要通过感知、记忆、思维等活动来认识商品（伴随着认识产生一定的内心体验和态度），而且有赖于意志过程来确定购买目的，并排除各种主客观因素的影响，从而采取行动实现购买目的。

（二）意志的特征

1. 能够自觉地确定目的

人类的活动是有意识、有目的和有计划的活动，与其他动物的活动是完全不同的。在消费行为中，正是意志的目的性使消费者在行动之前确定购买目的，并有计划地根据购买目的去分析和调节自己的购买行为，以期实现购买目的。

2. 意志过程具有能动性

人在繁杂的环境中主动地确定目的，同时主动地采取行动来改变环境以满足自己的需要。因此，意志集中地体现出人的心理活动的自觉能动性。

3. 意志具有对行为和心理的调节作用

意志对行为的调节，有发动和制止两个方面。发动是推动人去从事达到预定目的所必需的行动。制止是阻止不符合预定目的的行动。意志对心理的调节，主要表现为可以调节人的认识活动和情绪活动。如排除干扰、专心学习等，都是意志对认识活动的调节；而遇到危险时，保持镇静或自我安慰是对情绪的调节。

4. 意志过程是与克服困难相联系的

意志对行为的调节并不是轻而易举的，有时会遇到各种困难，因此意志过程的实现往往与克服困难相联系，克服困难意味着对行动的预定目的的坚持。

❖ 小资料

面对几种自己都喜欢的商品，而自己的财力只允许购买一种时；或者喜欢购买名牌商品、高档商品，但有限的经济条件不能满足这一愿望时；或者想货比三家，购买质优价廉的商品，而自己又没有更多的时间时；或者自己对商品认识的能力有限，不能确定商品的内在质量等，这些都会给消费者的购买行动造成一定的困难，妨碍购买目的的实现。面对这样或那样的困难，意志坚强的消费者通过意志上的努力，最终将困难克服，确保购买目的的实现；相反，意志薄弱的消费者在困难面前常常束手无策，他对困难不做深入的调查和研究，也不重视其困难的程度，易于感情用事，缺少理智思考，表现出马虎从事、冒险轻率的购买行为，或者优柔寡断，缺乏主见，坐失良机。

（资料来源：范明明主编，《消费心理学》，中国财政经济出版社 2005 年版）

二、消费者的意志品质

消费者的意志品质是其意志的具体体现，在实际消费活动中表现为有些消费者购买商品时果断、迅速、沉着、冷静、独立性强，而有些消费者则犹豫、彷徨、冲动、草率、独立性差。消费者的这些不同表现，一方面是由他们的个性特征不同决定的，另一方面则反映了他们意志品质的差别。消费者的意志品质主要表现在以下 4 个方面：

（一）自觉性

这是指消费者在购买行动中有明确的目的，能充分认识自己行动的正确性、合理性以及行动的结果。富有自觉性品质的消费者，能自己督促自己采取行动以实现购买目的；在购买活动上他既能吸取别人的正确意见，又能不受别人错误意见的干扰。这是因为他的购买目的和行动计划是在权衡各种利弊基础上制订的，对购买行动的正确性有明确的意识，所以他的购买行动有条不紊。而自觉性较差的消费者，其购买行为缺乏计划性和条理性，容易盲目接受他人的暗示，或者不加分析地拒绝他人的意见，从而妨碍其购买行动的顺利实现。

（二）果断性

消费者善于明辨是非好坏，当机立断，毫不犹豫地做出决定并执行决定，这就是意志的果断性。具有果断性的消费者对所购买的商品，能够根据各种信息正确地判断各种利弊因素，迅速做出是否购买的决定。这样的消费者不仅善于当机立断做出购买决定和执行决定，还善于等待、把握时机。但是果断性差的消费者则表现为优柔寡断，犹豫不决，决策过程患得患失等。意志的果断性是以勇敢和深思熟虑为前提的，不能与草率行事混为一谈。草率行事似乎也是当机立断，但缺乏深思熟虑，它不顾行动本身和环境条件，也不顾行动结果及其影响而盲目从事。

（三）坚毅性

这是消费者坚信购买行为的目的、方法正确，坚持不懈地克服各种困难，坚持执行购买决定的品质。要达到一定的购买目的，特别是对于一些具有较大意义的目的的实现，需要有充沛的精力和顽强的毅力。坚毅性不仅表现为有坚持购买或坚持不购买的决心，还包含着顽强奋斗的精神，即在较长的时间内，努力克服内部和外部困难，坚决完成购买任务。如有的消费者不辞辛苦，不怕周折，反复奔波，直至购买到某种商品，这就是坚毅性的表现。与坚毅性相反的是见异思迁、虎头蛇尾、半途而废，这类消费者购买活动的效率和成功率都比较低。需要注意的是，要把坚毅性和固执性区别开来。固执性是自以为是，固执己见，这类消费者即使发觉客观条件已发生了变化，或者有人提出了更好的办法，甚至已经意识到自己的行为是徒劳无功的，仍一意孤行；而坚毅性则包含一定的灵活性，在客观条件发生变化时善于改变方法甚至停止行动，并采取符合新条件的新行动。

（四）自制性

善于控制和支配自己的行动，克制自己的情绪和冲动，就是意志的自制性。自制性反映了意志的抑制机能，主要表现为能够约束自己，不干扰购买目的的实现。在购买商品时，营销人员与消费者有时会发生矛盾，自制性强的消费者能控制自己的情绪坚持说理，不和对方争吵；而缺乏自制力的消费者则容易意气用事，可能吵得面红耳赤，这既影响购买行为的完成，又会造成心理上的创伤。所以，消费者与营销人员都应该培养自己的自制能力，以便更好地与对方交往。

消费者购买活动的意志品质主要体现在自觉性、果断性、坚毅性和自制性上，良好的意志品质对更好地完成购买活动是非常必要的。因此，培养良好的意志品质值得每一位消费者重视。

三、消费者意志过程的分析

消费者的意志过程可分为决策、执行、体验 3 个阶段。

（一）决策阶段

决策阶段包括购买动机的冲突及取舍、购买目的及购买对象的确定，购买地点、购买方式的选择，购买计划的制订等。这些选择或确定，有时取决于消费者对具体情况的认识和自身的经验，有时取决于不同购买动机之间的矛盾斗争。该阶段是意志开始参与的准备阶段。

（二）执行阶段

执行阶段是消费者按照预定的决策方案组织实施的过程，是意志活动的高峰。因为这期间有时并不顺利，商品的质量、价格、式样等有时并不都完全符合消费者的要求，这就需要消费者进行比较和权衡，这不仅要求消费者具有一定的智力、体力，甚至还要忍受种种不愉快的体验，遭受挫折，并要处理在准备阶段没有料到的新情况。消费者如果意志薄弱，就可能放弃执行购买决策；只有有意识地自觉排除外界干扰因素，战胜所面临的全部困难，才能较好地执行购买决策，完成购买活动。

（三）体验阶段

消费者对所购商品或劳务的意志体验阶段是意志过程的最后发展阶段。例如，商品在使用过程中是否与预想一致，是否取得了其他附加效果等，这些都可以检验和评判其当初购买决策的正确与否。如果结论比较满意，消费者就有可能在意志的肯定下再次惠顾，如果在意志的体验阶段遭到否定或产生矛盾，就会使消费者在以后的购买中考虑回避或减少对该商品的购买。

消费者购买过程中的心理活动从对某种商品的认识过程开始，经过情感过程和意志过程，就基本结束了一次购买活动。针对不同的商品，这一过程的作用时间有的较长，有的则较短暂，而且由于对某些商品的习惯性购买，有的过程将省略，但这并不等于可以缺少某个心理活动过程，只是这种心理活动过程早已被消费者体验和熟悉。

本章小结

消费者购买商品，总是从对商品的认识过程开始的。感觉是人脑对直接作用于一种感觉器官的外界事物的个别属性的反映。感觉的一般规律有适宜刺激、感受性、适应、相互作用。知觉是人脑对直接作用于人的感官的客观事物的整体属性的反映。它是在感觉的基础上，把感觉的材料加以综合整理，从而形成对事物的完整映像和观念。知觉有 5 个特征，即知觉的整体性、知觉的理解性、知觉的选择性、知觉的恒常性、知觉的误差性。营销人员可以利用感觉的规律以及知觉的特征进行市场营销。

注意是人的心理活动对外界一定事物的指向和集中，它具有选择、保持功能，并对活动进行调节和监督，要发挥注意在营销活动中的作用。记忆是人们过去经历过的事情在头脑中的反映，记忆对商品宣传和广告有一定影响。联想是由一种事物想到另一种事物。在商品的经营策略中可充分运用联想的接近联想、类似联想、对比联想、因果联想和特殊联想等规律。想象是指用过去感知的材料来创造新的形象的过程，在市场营销工作中可以充分运用想象。思维是人脑对客观事物本质特征的间接和概括反映，这是人的认识活动的最高阶段，营销活动离不开思维。

消费者的情感是消费者对于客观事物能否满足自己的消费需要而产生的态度体验。应该培养消费者积极情感，有效开展营销活动。消费者自觉地确定目的，并支配调节其行动，通过克服困难，以实现预定目的的心理过程就是意志过程。消费者心理活动的认识过程、情感过程和意志过程是统一的、密切联系的 3 个方面。认识、情感和意志过程协同作用，构成了消费者完整的心理过程，左右着消费者的购买行为。

复习思考题

1. 什么是感觉？举例说明感觉的种类。如何运用感觉规律开展市场营销工作？
2. 什么是知觉？举例说明知觉的种类，知觉对消费者行为有何影响。
3. 什么是情绪和情感？谈谈情绪原理在营销工作中的运用。
4. 什么是意志？消费者的意志品质表现在哪些方面？

案例分析

可口可乐的新配方风波

1985 年春，可口可乐公司总裁 Roberto Goizueta 宣布一种改进了口味的新产品问世，取名为"Coke"。这种"新"可乐比以前更甜一点，市场调查表明它比百事可乐更受欢迎。他接着宣布传统的可口可乐品牌将永久性地退出市场，并且原先的配方和神秘配料（Merchandise7X）将被锁在亚特兰大一家银行的保险柜里，永不再使用。新的"Coke"将永久地取代有着 99 年历史的可口可乐。Goizueta 甚至说，新产品是公司历史上最有意义的进步。

这一消息使美国消费者和其他软饮料制造商感到震惊。接下来发生的事件是可口可乐公司在消费者参与上受"训"的开始。愤怒的美国消费者向以大西洋沿岸为基地的可口可乐公司强烈抗议，抱怨"一个伟大美国传统的遗失"。在西雅图，一群激动的、忠实于传统的、自称"喝老可口可乐的美国人"制订计划，组织阶层行动联盟来反抗可口可乐公司。他们联合店主、自动售货机拥有者和其他商人发表声明——可口可乐公司配方的改变已经断送他们的生意。接着，1985 年 6 月的销售没有像预计的那样上升，供瓶商也加入了要求恢复老可口可乐的阵营……

让老可口可乐配方退休的决策失误，在于没有对消费者的态度进行深入研究。经理们认为他们做了所有的前期调查，特别是在口味方面，公司花费 400 万美元来试验新配方，涉及 25 个城市的 20 万消费者。测试反映多数人喜欢新的、更甜的可乐（55%：45%）。但这些测试并未包括所有的内容，它忽略了一个重要的因素——成百上千万的消费者与原来的可口可乐有着很强的"感情参与"。他们从小就喝可口可乐，成年后还是喝可口可乐，许多消费者对可口可乐都有一种个人依赖感。"所有投入消费者研究的金钱、时间和技术都不能反映或显示人们对老可口可乐的深厚持久的感情。"公司主席 Donald Keough 后来说道。公司发言人这样表述："我们带走的不仅是可口可乐，还有他们和他们的过去的一部分。他们说'你们没有权力这么做，快把它拿回来'。"

到 1985 年 7 月，公司改变了原来的决定，宣布原来的品牌和配方以"经典可口可乐"的品牌名称重新被启用。

（资料来源：姜玲玲主编，《消费心理学》，西南交通大学出版社 2008 年版）

问题：

1. 消费者为什么对可口可乐改配方一事持如此强烈的反对态度？

2. 口味测试是针对消费者的哪些心理活动？

3. 可口可乐公司在针对新配方所进行的市场调查中忽略了消费者的情感和态度，如果你接受委托进行这项内容的调查，你认为应该如何设计这项调查？

实训练习

1. 试通过调查说明哪些商品可以利用嗅觉（或味觉、触觉）促进商品销售。

2. 观察某个具有某种嗜好的群体一个星期，说明他们的活动或喜欢的产品蕴含了什么类型的情绪？这对于市场营销有什么意义？

第三章

消费者的个性心理

学习目标

1. 明确消费者个性的含义及特点，了解消费者个性的内部结构；
2. 理解消费者个性心理与消费行为的内在联系；
3. 掌握气质的含义和特征，理解消费者气质与消费行为的内在联系；
4. 掌握性格的含义与特征，理解消费者性格与消费行为的内在联系；
5. 明确能力的含义、类型与差异，理解消费者能力与消费行为的内在联系；
6. 明确兴趣的含义、特点及类型，理解兴趣与消费者购买行为的内在联系。

建议课时

5 课时。

💡 思维导图

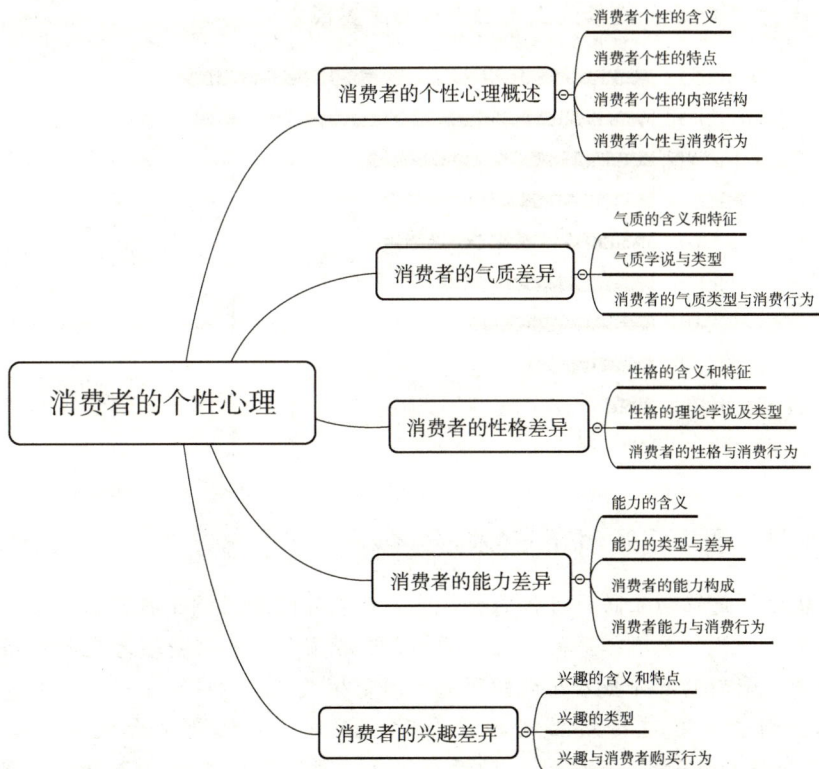

✉ **导入案例**

分析显示："00 后"网购"个性消费"特征明显，爱分享爱拼团

2021 年 2 月 25 日，北京师范大学新闻传播学院喻国明学术工作室发布《"00 后"网购行为分析报告》，基于国家统计局、行业研究数据库数据，通过案例走访、网络调研等方式，分析发现"00 后"更具"个性消费"特征：爱社交分享与科技时尚、爱"薅羊毛"，爱拼团且看重品质，社交、娱乐与购物相结合。

报告认为，相比"80 后""90 后"，以"00 后"为代表的新青年群体一出生就与消费社会绑定密切，正在成为社会新消费的重要支柱。从社会学角度看，在"00 后"网购行为消费模式的背后，是他们"凸显独特人设、追求美好生活、实现个人价值"及"寻求圈层归属"的心理诉求。

1. "00 后"拼购讲究"个性消费"

消费，在我国经济发展中仍然起着重要的压舱石的作用。相关专家表示，随着疫情形势的发展变化，消费者的消费态度发生了变化，注重性价比、高品质成为未来的消费趋势。

课题组的研究数据显示，"00 后"网购行为正成为上述消费趋势的重要代表。他们青睐的主要网购产品类别包括本地生活服务类、生鲜类、游戏类、电子产品等，其中，在拼多多等综合电商平台、垂直生鲜平台网购"生鲜农产品"的比例显著高于其他群体，而带有二次元元素的笔记本、手办、动漫周边、汉服等在拼多多的销量指数也较高。

报告显示，在各家电商平台中，受益于性价比和拼团模式，"00 后"流向拼多多的增长速度最高，图 3-1 为"00 后"选择线上购物平台的考虑因素。

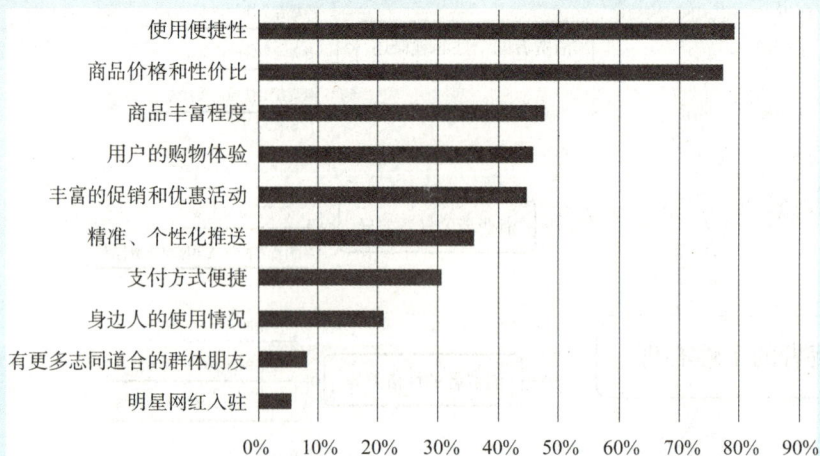

图 3-1 00 后选择线上购物平台的考虑因素

报告认为，"00 后"是移动互联网时代的原住民，也是伴随着经济发展、在独生子女核心家庭中成长起来的一代，具有很高的自主消费意识、消费能力，消费理念更加性格鲜明，更加倾向于快速适应新的媒介技术与新的商业与消费模式。

根据调研数据，新青年在选择线上购物平台时，最关注的还是平台使用便捷性（79.2%）以及商品价格和性价比（77.2%）这两个因素。商品丰富程度（47.7%），用户的购物体验（45.9%），如售后服务、物流速度等因素紧随其后。平台精准、个性化的推送也是他们考虑的因素，选择率为 36.1%。从地区上来看，一、二线城市的新青年群体，

更倾向于为高品质商品花钱，并勇于尝试新奇的产品。同时，他们也善于运用时髦的"薅羊毛"方式提升购物性价比。

课题组调研显示，生鲜农产品、食品零食、图书文具、日用百货、电子产品、服装鞋帽等是"00后"花销额度的前10位商品。

近两年，汉服风在年轻人中的流行成就了一个数十亿的市场。行业数据显示，中国汉服爱好者规模连续4年保持70%以上的高增长，已超过350万人，其中83%的人年纪在24岁以下。2019年市场销售额突破45亿元。同时，拼多多数据也显示，2020年上半年平台小众服饰类目出现极大增长，汉服、JK制服、Lolita裙成为逆袭品类TOP3。其中，原创汉服销量增长最为迅猛，较2019年同比增长了30倍，18~25岁年轻女孩是平台汉服消费的主力军。

2."00后"拼购群体快速增长

报告分析认为，"00后"的"个性消费"里，更注重购物的乐趣，拼团、直播购物和熟人社交分享，这些特征都是互联网时代里新互动模式催生的新消费模式。

调研数据显示，在购买商品时，仅有一成的"00后"会选择匿名购买；8成以上的"00后"会在拼小圈中分享自己的真实评价，在评论区开辟展现自我的独特空间，而对于鞋包服装、美妆个护类的订单，还会大方放上原图晒出"买家秀"供他人参考。

在拼多多平台上发生过关于"19块钱时尚T恤"的故事，没有任何推广，这一件T恤在10天之内卖出了10万件。原来是一位在公司实习的女大学生，在拼多多上购买这一件棉质T恤后，认为性价比极高，因此推荐给了大学同学和公司的同事，还在拼小圈进行分享，加上"跟单抢红包"的平台游戏，这件19元的棉T恤从单点裂变到了周边，继而带动了一股购买风潮。

报告认为，快速"种草"加上快速"拔草"，"00后"对互联网的黏性更强，图3-2为"00后"群体的网络商品选择行为特征。

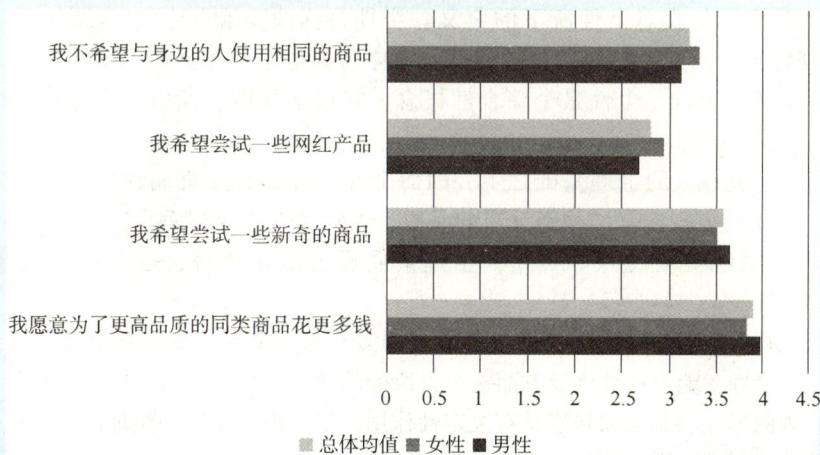

图3-2　"00后"群体的网络商品选择行为特征

快速"种草"加上快速"拔草"，是新青年的消费风格。作为舆论口中的"后浪"，"00后"对互联网的黏性更强，因其收入水平、购买力和消费习惯，他们更认同"好用就买、不好就弃，进口不稀奇，国货不嫌弃"的观点。

尤其是颜值高，单人用，智能感、科技感高的小家电，是"00后"最为青睐的商品之一。根据全国家电工业信息中心调研，拼多多在女性用户、学生群体画像中，用户占比均要高于电商整体近 10 个百分点。

报告以新电商平台拼多多为例分析，其通过将 C2M（用户直连制造）设计与其社交商业平台整合，将单个生产商和工厂与消费者内在需求（如地理位置、偏好、行为）相关联，从而为用户带来极具竞争力的价格水平，因而为价格敏感群体，包括"00 后"新青年的新消费模式提供了现实支撑。

（资料来源：《中国消费报》，2021-03-02）

在日常消费中，消费者都经历着认知、情感、意志等心理活动过程，这一过程体现着消费者心理活动的普遍性规律。正是在这一基本规律的作用下，消费者的行为表现出某些共性。然而不同消费者的购买行为又是千差万别、各具特色的。消费者的个性心理特征的形成和发展，既受先天因素，也受后天因素的影响。消费者的个性心理特征的差异，总是通过不同的购买行为表现出来。因此，研究和了解消费者的个性心理，不仅可以解释不同消费者的不同购买行为，而且可以在一定程度上预测不同消费者未来不同的消费趋势，对商品经营企业来说这无疑是非常有意义的。

第一节　消费者的个性心理概述

个性是在个体生理素质的基础上，经由外界环境的作用逐步形成的。个性的形成既受遗传和生理因素的影响，又与后天的社会环境尤其是童年时的经验具有直接关系。

一、消费者个性的含义

个性（Personality），心理学中称为人格，该词来源于拉丁语 Persona，最初是指演员所戴的面具，其后是指演员和他所扮演的角色。心理学家引申其含义，把个体在人生舞台上扮演角色的外在行为和心理特质都称为个性。关于个性的定义，迄今仍是众说纷纭。这里我们引用施契夫曼和卡努克对个性所下的定义：个性是指决定和折射个体如何对环境做出反应的内在心理特征。内在心理特征包括使某一个体与其他个体相区别的具体品性、特质、行为方式等多个方面。因此，个性是个综合性概念，它包括气质、性格、能力和兴趣等多种心理特征。

个性首先是建立在人的生理基础之上，因而个性心理具有生理属性。这是人生来就有的解剖生理特点，主要表现在基本神经反应的品质、天资和气质等方面，包括了人体感觉器官、运动器官和神经系统等的特点和类型。生理素质通过遗传获得，是个性心理产生的物质基础。

个体后天在社会实践活动中逐渐形成的心理因素，则是个性心理的社会属性，主要表现在人生观、兴趣、爱好、能力和性格等方面。个人所处的社会环境、生活经历、家庭背景等方面因素，对个性心理的形成、发展和转变具有决定性作用。正是由于个性的生理属性和社会属性的不同，决定了消费者个性心理的差异。

二、消费者个性的特点

消费者个性作为反映个体基本精神面貌的本质的心理特征，具有相对稳定性、整体性、独特性和可塑性等基本特点。

（一）稳定性

消费者个性的稳定性是指消费者经常表现出来的，表明消费者个人精神面貌的心理倾向和心理特点。偶尔或暂时出现的心理现象并不能成为主体的个性特征。

（二）整体性

消费者个性的整体性是指消费者的各种个性倾向、个性心理特征以及心理过程，都是有机地联系在一起的。它们之间紧密结合、相互依赖，形成个性的整体结构。

（三）独特性

消费者个性的独特性是指在某一个具体的、特定的消费者身上，由独特的个性倾向以及个性心理特征组成的独有的、不同于他人的精神风貌。正是这些独具的精神风貌，使不同消费者的个性带有明显的差异性。

（四）可塑性

消费者个性的可塑性是指个性心理特征随着主体的经历而发生不同程度的变化，从而在每一阶段都呈现出不同的特征。个性的稳定性并不意味着一成不变，随着环境的变化、年龄的增长和消费实践活动的改变，个性也是可以改变的。

❀ 小资料

微信 2018 年数据报告用户画像："00后"最爱的表情包是"捂脸"

2019 年 1 月 9 日，腾讯发布了《2018 微信数据报告》，截至 2018 年 9 月，微信月活跃用户 10.8 亿，55 岁以上月活用户 6 300 万，每天发布信息 450 亿条，音视频通话每天 4.1 亿次。

视频通话用户比 3 年前多了 570%，随时随地"微信见面"已经成为一种日常。与此同时，微信用户的人均通信录朋友数量，也比 3 年前多了 110%。

数据报告对各年龄层用户特征进行了画像，其中最喜欢使用的表情包方面，依次如图 3-3 所示。

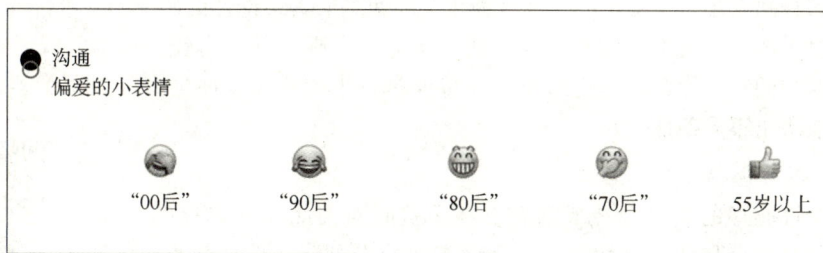

图 3-3 各年龄层用户最喜欢的表情包

"00后"最爱的表情是"捂脸"，他们晚睡晚起，睡眠时间最短，并在晚上 10 点后开始活跃。"00后"偏爱冷饮和甜品，每个月支付冷饮和甜品的"00后"人数，相比去年增长了 230%。

"90后"最爱的微信表情是"哭笑"，他们起床最晚，公共交通出行最频繁，平均每个月 25 次。阅读内容也从 3 年前的爱看娱乐八卦转向生活情感。

"80后"最爱的微信表情是"大笑"，他们最热爱阅读，日间精力主要用来工作，阅读的内容与 3 年前一样，始终关注国家大事。

"70后"最爱的表情则是"偷笑"。他们休闲时刻最爱刷朋友圈，每天在 23 点 30 分左右入睡。

55 岁以上的人群最爱的表情是"点赞"。他们早睡早起，与太阳同步作息，平时线上娱乐非常丰富，包括刷圈、阅读和购物，晚餐后习惯与子女视频。3 年前，他们热爱阅读励志文化内容，现在则关注养生健康。

此外，在智慧生活方面，每个月使用微信搭公交地铁的乘客比 2017 年增加了 4.7 倍；每个月使用微信高速出行的人数比 2017 年增加 6.3 倍。每个月使用微信零售消费的买家比 2017 年增加 1.5 倍；每个月使用微信吃饭买单的食客比 2017 年增加 1.7 倍。每个月使用微信支付医疗费用的人数比 2017 年增加 2.9 倍。

（资料来源：《海峡都市报》，2019-01-09）

三、消费者个性的内部结构

从内部结构看，消费者的个性心理主要由个性倾向性和个性心理特征两部分组成。所谓个性倾向性，是指消费者在社会实践活动中，对现实事物的看法、态度和倾向，具体包括需要、动机、兴趣、爱好、态度、理想、信念、价值观等。个性倾向性体现了人对社会环境的态度和行为的积极特征，对消费者心理的影响主要表现在心理活动的选择性，对消费对象的不同态度体验，以及消费行为模式上。

个性心理特征是气质、性格、能力等心理机能的独特结合。气质显示个体心理活动的动力特征；性格则反映个体对现实环境和完成活动的态度上的特征；能力体现个体完成某种活动的潜在可能性特征。气质、性格、能力三者的独特结合，构成个性心理的主要方面。研究消费者的个性心理与其行为的关系，主要就是研究不同消费者在气质、性格、能力等方面的差异及其在消费行为上的反映。

四、消费者个性与消费行为

（一）运用个性预测消费行为

大多数个性研究是为了预测消费行为。营销研究者认为个性特征应当有助于预测品牌或店铺偏好等购买活动。虽然几项研究发现了关于个性与产品选择和使用之间存在相关关系的证据，但个性所能解释的变动量是很小的。迄今为止，即使是颇具结论性的研究中，个性所能解释的变动量也不超过10%。个性对行为只有较小的预测力，实际上并不奇怪，因为它只是影响消费行为的众多因素中的一个因素而已。即使个性特征是行为或购买意向的有效的预示器，能否据此细分市场还取决于很多条件。

（二）个性与品牌选择

消费者个性心理的差异会造成消费者在消费时对商品品牌选择的差异。消费者选择的品牌会与他的个性相似，个性随和的人可能在选择商品时无所谓品牌，但自我意识较强的人在选择商品时会倾向于选择与自己个性相似的品牌。消费者会有意识或无意识地认为他们的财产（物质）是自己的一部分，人们也通过购买商品来加强他们的自我意识。

如何与近 4 亿年轻消费者对话：重估二次元消费力

品牌个性是品牌形象的一部分，它是指产品或品牌特性的传播以及在此基础上消费者对这些特性的感知。品牌个性具有一定的主观性，它一旦形成就会与其他刺激因素共同作用于信息处理过程，使消费者得出这一品牌是否适合自己的印象。品牌个性和消费者个性之间的一致性对消费者的品牌爱好会产生影响。品牌个性与消费者个性的一致性越高，消费者越偏好这个品牌。

⊠ 小案例：

个性对品牌选择的影响

品牌个性是一种人格化表现，也是消费者对某一品牌的印象感觉。

例如，说到优酷，你可能想到这世界很酷；说到苹果手机，你会想与众不同；说到小米，则充满年轻人的气质；说到名创优品，印象深刻的是简单、时尚、实惠……

在中国，很多品牌最缺的是品牌个性。常见的有如下几种：

第一种品牌个性：领袖风范、富有责任、充满爱心

案例：阿里巴巴

让天下没有难做的生意，向人们传达的是一种领袖风范与社会责任担当的品牌个性！

第二种品牌个性：创新、进取、大胆、敢于挑战、勇于担当

案例：东鹏

科技·艺术·生活，给人塑造出的是更具领先性、创新性、追求艺术生活的品牌个性。匹配新的品牌内涵与个性，东鹏选择具有霸气、敢于创新的刘涛作为品牌代言人，让她去阐述表达"科技·艺术·生活"的品牌形象最合适。反观，如果是章子怡，她的外表形象是偏向东方女性的柔美、高贵，整个感觉可能就不对了。

第三种品牌个性：年轻、时尚、新潮、活泼、富有想象力

案例：百事可乐

相比可口可乐，百事可乐的品牌个性是更加年轻、活泼、富有想象力的，所以百事可乐无论是在色彩使用还是在营销手段上，都是更加具有突破性、更加精彩、更具有无限想象力的。"突破渴望"，正是这种品牌个性的强烈表达！

第四种品牌个性：高雅、高贵、端庄、大气、富于魅力

案例：欧派家居

欧派作为全屋高端定制的领导品牌，本身具有高端、高雅、大气的品牌气质。选择孙俪作为新的形象代言人，除了孙俪爱家的形象与欧派的品牌核心价值"有家有爱有欧派"匹配外，孙俪本身的个性也是优雅、端庄、大方，能够很好承载和传承欧派的品牌个性。

第五种品牌个性：浪漫、温馨、有品位、有情调

案例：心相印纸巾

恒安集团的纸巾品牌——心相印，定位是给予人们温馨、浪漫的关爱，所以它的产品研发、产品包装、宣传画面都是以打造高品质及温馨浪漫为主题调性，用心关爱守护每一个人的健康快乐生活。回顾心相印以往所有的产品系列，从来没有出现过包装是黑黑的、酷酷的产品。

第六种品牌个性：卖萌、有趣

案例：张君雅小妹妹

张君雅小妹妹是最近两年出现在我们身边的"生活力"。新鲜的面孔、卖萌的包装、搞笑的广告语，让人看着欣喜极了。

第七种品牌个性：安全、可靠、值得信赖

案例：网易严选

"以严谨的态度，为中国消费者甄选天下优品。"网易严选，是网易旗下原创生活类自营电商品牌，以"好的生活，没那么贵"为品牌理念，用严谨的态度，产品首席体验官去为消费者甄选高品质、高性价比的天下优品，在消费者面前塑造出安全、可靠、值得信赖的品牌个性。

第八种品牌个性：简单、轻松、务实

案例：优衣库

优衣库定位中产阶级人群，以百搭为理念。所以，优衣库的服装多为面料舒适、款式简单易搭配；门店管理，包括门店陈列、店员服务等，都是致力为消费者打造轻松、务实、快乐的购物体验；品牌宣传也是以凸显简单、务实、百搭为主题调性。

第九种品牌个性：独立、自信

案例：阿迪达斯

阿迪达斯最新广告语：没有不可能！全新演绎品牌理念，鼓励人们为自己的梦想启航，这是向消费者传递出一种独立、自信、未来无限可能的品牌个性。

第十种品牌个性：坚韧、强壮、勇敢、直面挑战

案例：耐克

"Just Do It"，是耐克最知名的广告语，也是耐克努力想要在消费者心中塑造的品牌形象。"Just Do It"，意思是想做就做，勇敢地追求，坚持不懈，突出强大的自我意识。

小结：一个品牌，想要引起消费者的关注，在消费者心中留下深刻的印象，进而占据消费者的心智，成为消费者的第一选择，必须要塑造一个具有鲜明差异化的品牌个性！

（资料来源：简书，2018-01-31）

（三）个性与新产品购买

消费者使用新产品有先有后，有些人是新产品的率先使用者，而另一些人则是落后使用者。率先使用者和落后使用者有哪些区别性特征，这是营销人员特别希望了解的。消费者的创新性实际上反映的是消费者对新事物的接受倾向与态度。有些人对几乎所有新生事物采取排斥和怀疑的态度，另外一些人则采取开放和乐于接受的态度。

消费者对新产品的率先或落后使用，主要受消费者的"教条主义倾向"和"社会性格"等个性特质的影响。教条主义倾向反映了个体对不熟悉的事物或与其现有信念相抵触的信息在多大程度上持僵化立场。一般教条倾向严重的人很可能选择既有产品或已经成名的产品，从而成为新产品的落后使用者；少教条性的人更可能选择创新性产品，即成为新产品的率先使用者。社会性格是用来描述个体从内倾到外倾的个性特质。内倾型消费者倾向于运用自己内心的价值观或标准来评价新产品，他们更可能成为新产品的率先使用者；相反，外倾型消费者倾向于依赖别人的指引做出是非判断，因此成为率先使用者的可能性相对要小。

（四）个性与购买决策

虽然个性在预测购买结果上并不尽如人意，但它对解释不同购买决策阶段上的行为却颇有帮助。目前，关于这方面的研究主要集中于个性与信息处理变量的关系上，其中主要涉及认知需要与风险承担等概念。

认知需要，是指个体进行思考的努力程度，或者说，它是指个体喜爱思考活动的程度。广告如何影响消费者对产品态度的形成与认知需要有密切的关系。研究发现，高认知需要者更多地被广告的内容与陈述质量所影响，而低认知需要者更多地被广告的边缘刺激如陈述者的吸引力所影响。

风险承担，即是否愿意承担风险将直接影响消费者对诸如新产品推广和目录销售等营销活动的反应。在个性研究中，风险不仅表现为决策后果的不确定性，也意味着对将要发生损失的个人预期。一些消费者被描绘成"T型消费者"，这类消费者较一般人具有更高的寻求刺激的需要，很容易变得腻倦，他们具有追求冒险的内在倾向，更可能将成功和能力视为生活的目标。与此相反，风险规避者更可能将幸福和快乐视为生活的首要目标。

第二节　消费者的气质差异

气质是消费者典型的个性心理特征之一，对消费者的购买行为起着重要的影响作用。消费者气质的差异，导致每个消费者在进行各种消费活动时表现出不同的心理活动过程，形成各自独特的购买行为色彩。

一、气质的含义和特征

从消费心理学的角度看，气质是指个体心理活动的典型的、稳定的动力特征。这些动力特征

主要表现在心理过程的强度、速度、稳定性、灵活性及指向性上。情绪的强弱、意志努力的强度、耐受力的大小等属于心理过程的强度；知觉的快慢、思维的敏捷性等属于心理过程的速度；情绪的稳定性、注意集中时间的长短等属于心理过程的稳定性；兴奋与抑制转换快慢、注意转换的难易等属于心理过程的灵活性；心理活动是倾向于外部事物，还是倾向于内心活动，是心理活动过程的指向性特点。

气质作为个体典型的心理动力特征，是在先天生理素质的基础上，通过生活实践，在后天条件影响下形成的。由于先天遗传因素不同及后天生活环境的差异，不同个体之间在气质类型上存在着多种个别差异。这种差异会直接影响个体的心理和行为，从而使每个人的行为表现出独特的风格和特点。如有些人热情活泼，善于交际，表情丰富，行动敏捷，而另一些人则比较冷漠，不善言谈，行动迟缓。这种气质的差异和影响同样存在于消费者及其消费活动中，对于同一商品，不同气质类型的消费者会采取完全不同的购买行为。

气质作为个体稳定的心理动力特征，一经形成，便会长期保持下去，并对人的心理和行为产生持久影响，也就是说，一个人的气质往往表现出相对稳定的、持久性的特点。人们常说的"江山易改，禀性难移"，指的就是气质的稳定性与持久性。但是随着生活环境的变化、职业的熏陶、所属群体的影响以及年龄的增长，消费者的气质也会有所改变，当然，这一变化是相当缓慢的、渐进的过程。

二、气质学说与类型

长期以来，心理学家对气质这一心理特征进行了多方面研究，从不同角度提出了各种气质学说，并对气质类型做了相应分类。

（一）主要的气质学说

1. 体液学说

早在公元前 5 世纪，古希腊的著名医生希波克拉底就提出了气质的体液学说，认为人体的状态是由体液的类型和数量决定的。他通过临床实践研究，认为人体内有四种体液：血液、黏液、黄胆汁、黑胆汁。根据每种体液在人体内所占比例不同，可以形成 4 种不同的气质类型。血液占优势的属于多血质，黏液占优势的属于黏液质，黄胆汁占优势的属于胆汁质，黑胆汁占优势的属于抑郁质。希波克拉底还详细描述了四种典型气质的行为表现。由于他的理论较易理解，所以这一分类方法至今仍为人们所沿用，但其关于体液存在的观点始终未得到生理学和现代医学的验证。

2. 血型学说

日本学者古川竹二等人认为气质与人的血型有一定联系。人的血型有 4 种，即 O 型、A 型、B 型、AB 型，分别构成气质的 4 种类型。其中，O 型气质的人意志坚强，志向稳定，独立性强，有支配欲，积极进取；A 型气质的人性情温和，老实顺从，孤独害羞，情绪波动，依赖他人；B 型气质的人感觉灵敏，大胆好动，多言善语，爱管闲事；AB 型气质的人则兼有 A 型和 B 型的特点。这一学说在日本较为流行。

3. 体型说

德国的精神病学家克瑞奇米尔根据临床观察研究，认为人的气质与体型有关。属于细长体型的人具有分裂气质，表现为不善交际，孤僻，神经质，多思虑；属于肥胖体型的人具有躁狂气质，表现为善于交际，表情活泼，热情；属于筋骨体型的人具有黏着气质，表现为迷恋，一丝不苟，情绪具有爆发性。

4. 倾向学说

这种学说由瑞士著名心理学家荣格提出，它以个人倾向性作为标准，将人的气质分为外倾型和内倾型两种。荣格认为外倾型的人易以环境作为行为出发点，凡事但求适应环境，心理活动倾向于外部，活泼、开朗、容易流露自己的感情，待人接物决断快，但比较轻率，独立性强，缺乏自我分析和自我批评，不拘泥于一般的小事，善于交际。内倾型的人以自我作为行为的出发点，凡事但求尽在自我，心理活动倾向于内部，感情比较深沉，待人接物比较小心谨慎，经常反复思考，常因过分担心而缺乏判断能力，但对事总是锲而不舍，能够自我分析和自我批评，不善于交际。这一学说在西方心理学界有较大的影响。

5. 高级神经活动类型学说

俄国心理学家巴甫洛夫通过实验发现人的高级神经活动在心理的生理机制中占有重要地位。高级神经活动具有3大基本特性，即强度、平衡性、灵活性。所谓强度，是指大脑皮层细胞经受强烈刺激或持久工作的能力；平衡性是指兴奋过程的强度和抑制过程的强度之间是否相当；而灵活性是指对刺激的反应速度和兴奋过程与抑制过程相互替代、转换的速度。巴甫洛夫根据上述3种特性的相互结合提出高级神经活动类型的概念，指出气质是高级神经活动类型的特点在动物和人的行为中的表现。并据此划分出高级神经活动的4种基本类型：

（1）兴奋型。这类人的神经素质反应较强，但兴奋过程与抑制过程不平衡，且兴奋过程时常占据优势，情绪易激动，暴躁而有力，言谈举止有狂热表现。

（2）活泼型。这类人的神经活动过程平衡，强度和灵活性都高，行动敏捷而迅速，兴奋与抑制之间转换快，对环境的适应性强。

（3）安静型。这类人的神经活动过程平衡，强度高但灵活性较低，反应较慢而深沉，不易受环境因素影响，行动迟缓而有惰性。

（4）抑制型。这类人的兴奋和抑制两种过程都很弱，且抑制过程更弱一些，难以接受较强刺激，是一种胆小而容易伤感的类型。

（二）气质的基本类型

由于巴甫洛夫的结论是在解剖实验基础上得出的，因而具有较强的科学依据。同时由于各种神经活动类型的表现形式与传统的体液说有对应关系，因此，人们以体液说作为气质类型的基本形式，而以巴甫洛夫的高级神经活动类型说作为气质类型的生理学依据，把人的气质划分为以下4种基本类型：

1. 胆汁质型

这种气质的人高级神经活动类型属于兴奋型。其情绪兴奋性高，抑制能力差，反应速度快但不灵活，直率热情，精力旺盛，脾气暴躁，容易冲动，心境变化剧烈。

2. 多血质型

这种气质的人高级神经活动类型属于活泼型。其情绪兴奋性高，外部表露明显，反应速度快而灵活，活泼好动，动作敏捷，喜欢交往，乐观开朗，兴趣广泛但不持久，注意力易转移，情感丰富但不够深刻稳定。

3. 黏液质型

这种气质的人高级神经活动类型属于安静型。其情绪兴奋性低，外部表现少，反应速度慢，一般表现为沉静安详，少言寡语，行动迟缓，善于克制忍耐，情绪不外露，做事踏实，慎重细致，但不够灵活，易固执己见。

4. 抑郁质型

这种气质的人高级神经活动类型属于抑制型。其情绪兴奋性低，反应速度慢而不灵活，具有刻板性，敏感细腻，脆弱多疑，孤僻寡欢，对事物反应较强，情感体验深刻，但很少外露。

以上是4种气质类型的典型表现，而在现实生活中绝对属于某种气质类型的人并不多，大多数人是以某一种气质类型为主，兼有其他气质特征的混合型。同时，需要指出的是，一个人的气质没有好坏之分，但对人的品质的形成却有积极和消极影响之分。了解气质的不同类型，有助于根据消费者的各种购买行为，发现和识别其气质方面的特点，注意利用其积极的方面，而控制其消极的方面。

⊠ 小案例

王者荣耀：打破次元，你的口红有"农药"

MAC 与《王者荣耀》的合作基础在于，《王者荣耀》有大量的年轻用户，而 MAC 同样面对 18 岁到 24 岁的用户。之所以选择口红，是因为该品类在中国本土市场更容易被大众接受，而且口红跟游戏人物的性格、特征更能匹配在一起，实现品牌调性、游戏精髓的真实还原。

在产品方面，以花木兰、公孙离、貂蝉、大乔和露娜等五位女英雄形象为主题，共同推出了五款联名口红，联名款口红从颜色选择到外包装设计都进行主题定制。除了《王者荣耀》外，MAC 借助腾讯综艺 IP 火箭少女 101 的 5 位美少女扩大影响力，由她们演绎COS 游戏中的二次元女英雄，并搭配上不同色号的联名口红产品，由此所形成的强大粉丝叠加效应，让 MAC 品牌在游戏、综艺两个圈层都制造了影响力。

（资料来源：西南新闻网，2019-01-27）

三、消费者的气质类型与消费行为

消费者不同的气质类型特点，必然会直接影响和反映到他们的消费行为中，使之显现出不同的，甚至截然相反的行为方式、风格和特点。因此，认识和掌握不同气质特征的消费行为，有助于提高商品销售活动的技巧。

（一）胆汁质类型消费者

胆汁质类型消费者在购买过程中反应迅速，一旦感到某种需要，购买动机就很快形成，而且表现得比较强烈；决策过程短，情绪易于冲动，满意与否的情绪反应强烈并表现明显；喜欢购买新颖奇特、标新立异的商品；购买目标一经决定，就会立即导致购买行动，不愿花太多时间进行比较和思考，而事后又往往后悔不迭。在购买过程中，如果遇到礼貌热情的接待，便会迅速成交；如果营销人员态度欠佳或使消费者等候时间过长，则容易引发他们的急躁情绪乃至发生冲突。所以，接待这类消费者要眼明手快，及时应答，并辅以柔和的语言与目光，千万不要刺激对方，使消费者的购物情绪达到最佳状态。

（二）多血质类型消费者

多血质类型消费者在购买过程中善于表达自己的愿望，表情丰富，反应灵敏，有较多的商品信息来源；决策过程迅速，但有时也会由于缺乏深思熟虑而做出轻率选择，容易见异思迁；他们善于交际，乐于向营销人员咨询、攀谈所要购买的商品，甚至言及他事。因此，接待这类消费者应主动介绍、与之交谈，要不厌其烦地有问必答，尽量帮助他们缩短购买商品的过程，当好他们的参谋。

（三）黏液质类型消费者

黏液质类型消费者在购买过程中对商品刺激反应缓慢，喜欢与否不露声色；沉着冷静，决策过程较长；情绪稳定，善于控制自己；自信心较强，不易受广告宣传、商品包装及他人意见的干扰影响，喜欢通过自己的观察、比较做出购买决定，对自己喜爱和熟悉的商品会产生连续购买行为。接待这类消费者要有耐心，应有的放矢，避免过多的语言和过分的热情，以免引起消费者的反感。

（四）抑郁质类型消费者

抑郁质类型消费者在购买过程中对外界刺激反应迟钝，不善于表达个人的购买欲望和要求；

情绪变化缓慢，观察商品仔细认真，而且体验深刻，往往能发现商品的细微之处；购买行为拘谨，不愿与他人沟通，对营销人员的推荐介绍心怀戒备，甚至买后还会怀疑是否上当受骗。接待这类消费者要注意态度和蔼、耐心，对他们可做些有关商品的介绍，以消除其疑虑，促成买卖，对他们的反复，应予以理解。

第三节　消费者的性格差异

一、性格的含义和特征

（一）性格的含义

性格是指个人对现实的稳定态度和与之相适应的习惯化的行为方式。性格是个性中最鲜明的、最主要的心理特征，它通过人对事物的倾向性态度、意志、活动、言语、外貌等方面表现出来，是个性心理特征最重要的表现。人在现实生活中表现出的一贯性的态度倾向和行为方式，如勤奋、懒惰、诚实、虚伪、慷慨、吝啬、谦虚、骄傲、勇敢、懦弱等都反映了自身的性格特点。

性格与气质同属人的个性心理特征，有时易混为一谈。两者区别如下：

1. 两者形成的客观基础条件不同

气质的形成直接取决于人的高级神经活动类型，具有自然性质；性格形成的生理基础有高级神经活动类型的影响，但主要受社会环境、教育背景等后天因素影响，具有社会性质。

2. 两者的稳定程度不同

气质具有先天性，受遗传因素的影响，虽然也会受到外界环境的影响，但其变化极为缓慢，具有较强的稳定性；性格主要是后天形成的，是在人与外界环境的相互作用中逐渐形成和发展的，虽然也具有稳定性特点，但与气质相比，较容易改变，具有较强的可塑性。

3. 两者的社会评价不同

气质反映的是人在情绪和行为活动中的动力性特征，具有某种气质类型的人在不同的活动中会以同样的方式表现出来。因此气质不受活动内容的影响，也不具有社会评价意义，无好坏之分。性格反映的是人的社会特征，是对客观事物的态度和行为方式，常与他人发生一定的社会关系，产生一定影响，或有益于社会和他人，或有害于社会和他人。因此，性格具有社会评价意义，有好坏之分。

性格与气质的相互联系和相互影响主要表现如下：

（1）气质可以按照每种类型的动力特征影响性格的表现方式，从而使性格带有一种独特的色彩。例如，同样是对人友善的性格，胆汁质类型的人表现为热情豪爽，多血质类型的人表现为亲切关怀，黏液质类型的人表现为诚恳，而抑郁质类型的人表现为温柔。

（2）气质可以影响性格形成和发展的速度。例如，勇敢性格的形成，对于胆汁质类型的人比较自然和容易，而抑郁质类型的人往往需要经过长时间的努力和锻炼。

（3）性格可以制约气质的表现，也可以影响气质的改变。例如，顽强坚定的性格可以克制气质的某些消极方面，使积极方面得到充分发展。一个意志坚强、认真负责的营销人员，气质属于胆汁质类型，在接待消费者时，经常告诫和要求自己切不可急躁冲动，而要保持热情和耐心，动作快而不乱，使消费者得到满意的服务。

在性格与气质的关系中，气质只反映活动的进行方式，而性格则引导着活动的方向，并调节、改变气质因素，使活动达到预定的目标。因此，性格是最本质、最核心、最富有代表性的个性心理特征。

（二）性格的特征

性格是十分复杂的心理现象，具有多方面的特征，主要体现在以下4个方面：

1. 性格的态度特征

性格的态度特征表现为个人对待客观事物和现实的态度的倾向性特点。这种特征主要体现在3个方面：一是对社会、集体和他人的态度上的差异，如热情或冷淡、大公无私或自私自利、富于同情心或冷漠无情、诚实或虚伪等；二是对事业、工作、学习、劳动和生活的态度上的差异，如耐心细致或粗心大意、勇于创新或墨守成规、勤劳或懒惰、节俭朴素或奢侈浮华、努力进取或松懈退却等；三是对自己的态度上的差异，如谦虚或骄傲、自信或自卑、严于律己或放任自流等。

2. 性格的理智特征

性格的理智特征是指人在对事物认知过程中表现出来的个体差异方面的特点。例如，在感知方面有主动观察与被动知觉的差异，在想象方面有富于创造性想象和依赖模仿性想象的差异，在思维方面有喜欢抽象与习惯具体罗列的性格差异等。

3. 性格的情绪特征

性格的情绪特征是指个人受情绪影响或控制情绪程度状态的特点。主要体现在以下3个方面：一是情绪反应的程度，如对同一件事情，有的人反应强烈、体验深刻，而有的人则反应较弱、体验肤浅；二是情绪的稳定性，有的人稳重并善于自控，有的人则极易冲动；三是情绪的持久性，如有些人情绪持续的时间长，留下的印象深刻，而有些人情绪持续时间短，几乎不留痕迹。

4. 性格的意志特征

性格的意志特征是指在意志的作用下，对自身行为的自觉调节方式和控制程度所表现出来的特点。这种特征体现在4个方面：一是行为目标明确程度的特征，如做事是有计划性的还是盲目性的，是积极主动的还是消极被动的；二是对自己的行为自觉控制水平的特征，如主动控制还是一时冲动，是自制力强还是放任自流；三是在紧急或困难条件下表现出来的意志特征，如沉着镇定还是惊慌失措，是果断顽强还是犹豫不决；四是对待长期工作的意志特征，如严谨还是马虎，意志坚定还是半途而废等。

上述几个方面的性格特征相互联系，构成一个统一整体。每个人不仅有不同的性格特征，而且这些特征的结构也不相同，从而使同一性格特征在不同的人身上表现出差异性。人们的个性特征差异是极其丰富的，很难找出两个性格特征和结构完全相同的人。这反映到消费者的消费行为上，就构成了千差万别的消费性格。

二、性格的理论学说及类型

长期以来许多心理学家高度重视性格理论的研究和探讨，并尝试从不同的角度对人的性格进行分类。有关性格的理论学说及分类比较典型的主要有以下几种：

消费性格

（一）机能类型说

这种学说主张根据理智、情绪、意志等三种心理机能在性格结构中所占的优势地位来确定性格类型。其中以理智占优势的性格，称为理智型。这种性格的人善于冷静地、理智地思考、推理，用理智来衡量事物，行为举止多受理智的支配和影响。以情绪占优势的性格，称为情绪型。这种性格的人情绪体验深刻，不善于进行理性思考，言行易受情绪支配，处理问题喜欢感情用事。以意志占优势的性格，称为意志型。这种性格的人在各种活动中都具有明确的目标，行为积极主动，意志比较坚定，较少受其他因素干扰。

（二）向性说

美国心理学家艾克森提出按照个体心理活动的倾向来划分性格类型，并据此把性格分为内倾、外倾两类。内倾型的人心理内倾，沉默寡言，情感深沉，待人接物小心谨慎，性情孤僻，不善交际。外倾型的人心理外倾，对外部事物比较关心，情感容易流露，待人接物比较随和，开朗、大方、善于交际。

（三）独立–顺从说

这种学说按照个体的独立性，把性格分为独立型和顺从型两类。独立型表现为善于独立发现和解决问题，有主见，不易受外界影响，较少依赖他人。顺从型则表现出独立性差，易受他人影响，人云亦云，抉择问题时犹豫不决。

（四）价值倾向说

美国心理学家阿波特根据人的价值观念倾向，将性格划分为以下 6 种类型：

1. 理论型

这种性格的人求知欲旺盛，乐于钻研，善于观察、分析和推理，自制力强，对于情绪有较强的控制力。

2. 经济型

这种性格的人倾向于务实，从实际出发，注重物质利益和经济效益。

3. 艺术型

这种性格的人重视事物的审美价值，善于审视和享受各种美好的事物，以美学或艺术价值作为衡量标准。

4. 社会型

这种性格的人具有较强的社会责任感，以爱护、关心他人作为自己的职责，为人善良随和，宽容大度，乐于交际。

5. 政治型

这种性格的人对于权力有较大的兴趣，十分自信，自我肯定，也有的人表现为自负、专横。

6. 宗教型

这是指那些重视命运和超自然力量的人，一般有稳定甚至坚定的信仰，逃避现实，自愿克服比较低级的欲望，乐于沉思和自我否定。

（五）性格九分法

近年来，性格九分法作为一种新的性格分类方法，在国际上引起重视并逐渐流行开来。这种分类把性格划分为 9 种基本类型：

1. 完美主义型

其特征表现为谨慎，理智，苛求，刻板。

2. 施与者型

其特征表现为有同情心，感情外露，但可能具有侵略性，爱发号施令。

3. 演员型

其特征表现为竞争性强，能力强，有进取心，性情急躁，为自己的形象所困扰。

4. 浪漫型

其特征表现为有创造性，气质忧郁，热衷于不现实的事情。

5. 观察者型

其特征表现为情绪冷淡，超然于众人之外，不动声色，行动秘密，聪明。

6. 质疑者型

其特征表现为怀疑成性，忠诚，胆怯，总是注意着危险的信号。

7. 享乐主义者型

其特征表现为热衷享受，孩子气，不愿承担义务。

8. 老板型

其特征表现为独裁，好斗，有保护欲，爱负责任，喜欢战胜别人。

9. 调停者型

其特征表现为有耐心，沉稳，善于安慰人，但可能因安于享受而对现实不闻不问。

从上述理论介绍中可以看出，由于不同学者在划分性格类型时的研究角度和所持的依据各不相同，因而得出的结论也各不相同。这说明性格作为主要在社会实践中形成并随环境变化而改变的个性心理特征，具有极其复杂多样的特质构成与表征，单纯以少数因素加以分类，是难以涵盖其全部类型的。同理，由于消费活动与其他社会活动相比更为复杂、多变，因此，消费者的性格类型更难于做出统一界定，而只能结合具体的消费实践加以研究和划分。

三、消费者的性格与消费行为

消费者千差万别的性格特点，往往表现在他们对消费活动的态度和习惯化的购买行为方式，以及个体活动的独立性程度上，从而构成千姿百态的消费性格。从不同的角度，消费性格可以划分为不同的类型，体现出不同的消费行为。

（一）从消费态度角度划分

1. 节俭型

节俭型消费者崇尚节俭，反对不必要的开支和浪费。他们在选购商品时，较为注重商品的质量和实用性，不太重视商品的品牌和外观，不喜欢华而不实、中看不中用的商品，受商品外在包装及商品广告宣传影响较小。

新时代父母育儿行为 & 消费洞察报告：奶粉消费呈现五大显著特征

2. 保守型

保守型消费者的性格一般比较内向，消费态度大都比较严谨、固执，习惯于传统的消费方式。接受新产品、新观念比较慢，有时甚至很困难，在购物时，喜欢购买传统的和有过多次使用经验的商品，不太愿意冒险尝试新产品。

3. 自由型

自由型消费者的消费态度比较随意，没有长久、稳定的消费模式。在选购商品时表现出较大的随机性，选择商品的标准也往往多样化，经常根据实际需要和商品种类的不同，采取不同的选择标准，同时受外界环境及广告宣传的影响较大。

（二）从购买方式角度划分

1. 习惯型

习惯型消费者往往根据以往的消费和使用经验采取购买行动。当他们一旦对某种品牌的商品熟悉并产生偏爱后，便会经常重复购买，不易改变自己的观点和行为。

2. 慎重型

慎重型消费者大都较稳重，遇事冷静、客观，情绪不易外露。选购商品时，常根据自己的实际需要和购物经验做出决定，受外界影响小，不易冲动，具有较强的自控能力。他们在购物之前，往往会广泛收集有关信息，经过慎重的考虑、比较和选择之后，才会做出购买决定。

3. 挑剔型

挑剔型消费者大都具有一定的商品知识和购买经验，在选购商品时主观性强，较少征询他人意见，选购商品极为细心，有时甚至很苛刻，对营销人员的推荐介绍有相当敏感的戒备心理。

4. 被动型

被动型消费者大多缺乏商品知识和购买经验，对商品品牌、款式等没有固定的偏好，选购商品时缺乏自信和主见，希望得到别人的意见和帮助。因此，营销人员的宣传和推荐往往会对这类消费者的购买行为产生较大的影响。

5. 冲动型

冲动型消费者的情绪特征非常明显，对外部刺激的反应非常敏感。在选购商品时，以直观感觉为主，易受广告宣传、产品包装等因素影响，并喜欢追求新产品和时尚商品，对商品价格、功

能考虑不多，常凭个人一时冲动购买。

我们要注意：在实际购买活动中，由于环境的影响，消费者的性格往往表现得比较模糊。所以在判断和分析消费者的性格特征时，必须考虑性格的稳定性特点，而不能凭一时的购买态度和偶然的购买行为对其消费性格做出判定。

第四节　消费者的能力差异

能力总是和人们完成一定的活动联系在一起的，离开了具体活动就不能表现人的能力。消费者的能力则通过消费活动表现出来，因此，研究消费者的能力结构及其对消费者行为的影响具有重要的现实意义。

一、能力的含义

所谓能力，就是指人顺利完成某项活动所必须具备的，并且直接影响活动效率的个性心理特征。实践中，要成功地完成一项活动，往往需要具备多种综合能力。其中包括观察力、记忆力、想象力、思维能力、注意力，以及听觉、运算、鉴别能力和组织能力等。这些不同种类的能力彼此联系，相互促进，共同发挥作用。当然，不同的活动需具备不同的能力结构，所需的能力强度也不相同。例如，在进行购买活动时，一般商品的购买，只要求消费者具有注意力、记忆、思维、比较和决策的能力。而购买特殊商品时，则还要加上鉴别能力和检验能力等。

对能力的理解要注意两点：首先，能力是顺利完成某项活动的主观条件。消费者只有具备良好的观察能力、记忆能力和思维能力等，才能保证购买活动的顺利进行。其次，能力总是与人的活动相联系的，并直接影响人的活动效率。人的能力总是存在于人的活动之中，并通过活动表现出来。同时，也只有从活动的效率和效果中才能看出其能力的大小和强弱。

人的能力的形成和发展，与许多因素有关。研究表明，人的能力发展与遗传因素有关。但遗传因素仅是能力形成和发展的自然基础，只是提供了心理发展的可能性，要转化为现实性，还需要环境因素的配合。环境对人的能力形成与发展起着重要的作用，因而，许多学者强调早期教育的重要性。同时人的社会实践是能力发展的关键因素。人在改造客观世界的实践活动中，逐渐形成和发展了各种能力。另外，人的心理因素与人的能力发展也有着密切的联系。许多研究表明，远大的理想、浓厚的兴趣以及顽强的意志等，可以极大地促进一个人能力的发展。

二、能力的类型与差异

（一）能力的类型

人的能力是由多种具体能力构成的有机结构体。依据不同的标准，能力可以划分为不同的类型。

1. 依据作用方式不同，可以分为一般能力和特殊能力

一般能力是顺利完成各种活动所必须具备的基本能力，如观察能力、记忆能力、思维能力、想象力、注意力等。它是人们完成任何活动所不可缺少的，是从事各种活动的前提条件。特殊能力是顺利完成某种专业活动所必须具备的能力，如创造力、鉴赏力、组织领导力等。

2. 依据在能力结构中所处地位的不同，可以分为优势能力和非优势能力

优势能力是指在能力结构中处于主导地位，表现最为突出的能力。非优势能力则是处于从属地位，表现比较微弱的能力。优势能力与非优势能力在每个人身上相比较而存在。任何人都不可能是全才，但只要具备某一方面的优势能力，同样可以获得成功。

（二）能力的差异

由于受到环境、教育、社会实践等众多因素的影响，人与人之间在能力上存在着个别差异，

2017 年我国零售行业居民消费能力及消费品市场分析

正是这些差异，决定了人们的行为活动具有不同的效率和效果。具体而言，能力的差异主要表现在以下几个方面：

1. 能力类型的差异

能力类型的差异是指人的能力在类别上以及在同类中的不同能力之间的差别。例如，有些人的一般能力比较强，而特殊能力较弱；有些人的认知能力较强，而操作能力较弱。就是在同类的认知能力中，有些人观察能力、知觉能力较强，而记忆能力或想象能力较弱。人的能力类型的差异虽然是客观存在的，但这并不表明一种类型的能力优于另一种类型的能力，因为在任何能力类型的基础上，各种能力都可以得到相应的发展。每个人都可以根据自身的特点，发展与之相适应的各种能力，以适应各种社会实践活动的需要。

2. 能力水平的差异

能力水平的差异是指不同的人之间在同种能力的发展水平上存在高低的差别。如果在相同条件下，一个人从事某项活动的顺利程度和取得的成绩高于别人，那么在一定程度上表明他的能力比其他人强。研究发现，就一般能力来看，在全世界人口中，智力水平基本呈正态分布，即智力极低或智力极高的人很少，绝大多数的人属于中等智力。表 3-1 是美国心理学家推孟（L. M. Terman）抽取 2~18 岁的 2 904 人进行测验得出的智商情况。可以看出，表两端的百分数都很小，而中间部分很大。

表 3-1 智力水平等级划分表

智商	等级	人口比例%
139 以上	非常优秀	1
120~139	优秀	11
110~119	中上	18
90~109	中智	46
80~89	中下	15
70~79	及格	6
70 以下	低智	3

（资料来源：王雁主编，《普通心理学》，人民教育出版社）

3. 能力表现时间的差异

能力表现时间的差异是指不同人之间在同种能力的发展上，表现出时间早晚的差别。对于某种能力，有的人表现得早一些，而有的人却表现得比较晚。有的人是"人才早熟"，有的人是"大器晚成"。消费者能力表现的早晚主要与后天消费实践的多少及专门训练的程度有关。

斯蒂芬·威廉·霍金

❖ 小资料

根据历史记载，我国许多名人在幼年时期就显露出才华。李白"五岁读六甲，十岁观百家"；杜甫"七龄思即壮，开口咏《凤凰》"；明末爱国诗人夏完淳 5 岁知五经，9 岁擅辞赋古文，17 岁壮烈牺牲。近年来，全国各地更是涌现出一些早慧儿童，成为小画家、小音乐家、小文学家等。在中国科技大学，自 1978 年以来已招收多期少年班大学生，他们都是十四五岁就上了大学。

事实上，大器晚成的人在古今中外不乏其例：姜子牙辅佐周武王，72 岁才任太师；著名画家齐白石 40 岁才表现出绘画才能；人类学家摩尔根发表基因遗传理论时已 60 岁了；苏联学者伊·古谢娃 40 岁才学文化，后跟儿子一起毕业于农业大学，73 岁完成博士论文。

一般来说，科学家做出最大贡献的最佳年龄是中年。专家们认为，中年人年富力强，精力充沛，既有丰富知识经验，又有较强的抽象思维能力和记忆能力，思维敏捷，较少保守，易于革新，勇于创造，是成才的好时机。有人对 301 位诺贝尔奖获得者做了统计，结果表明，30~45 岁是人的智力最佳年龄区，301 位诺贝尔奖获得者中有 75% 的人获诺贝尔奖时年龄处于这个最佳年龄区，当代世界上杰出的科学家取得成就的年龄的峰值在 36 岁。

（资料来源：王雁主编，《普通心理学》，人民教育出版社 2002 年版）

三、消费者的能力构成

在市场经济条件下，消费者必须具备多方面的能力，以适应消费活动复杂化和多样化的要求。消费者的能力由以下几个方面构成：

（一）从事各种消费活动所需要的基本能力

消费者从事各种消费活动所需要的基本能力包括对商品的感知、记忆、辨别能力，对信息的综合分析、比较评价能力，购买过程中的选择、决策能力，以及记忆力、想象力等，这些基本能力是消费者实施消费活动的必备条件。基本能力的高低强弱会直接导致消费行为方式和效果的差异。

1. 感知能力

感知能力是指消费者对商品的外部特征和外部联系加以直接反映的能力。感知能力是消费行为的先导，通过它，消费者可以了解商品的外观、色彩、气味、轻重以及所呈现的整体风格，从而形成对商品的初步印象，为消费者进一步对商品做出分析判断提供依据。消费者感知能力的差异主要表现在速度、准确度和敏锐度方面。感知能力的强弱会影响消费者对消费刺激的反应程度。感知能力强的消费者能够对商品的微小变化、同类商品之间的细微差别加以清晰辨认；感知能力弱的消费者则可能忽略或难以区分细小的变化。

2. 分析评价能力

分析评价能力是指消费者对接收到的各种商品信息进行整理加工、分析综合、比较评价，进而对商品的优劣好坏做出准确判断的能力。分析评价能力主要取决于消费者的思维能力和思维方式。有的消费者思维的独立性、灵活性和抽象概括力很强，能够根据已有信息对传播源的可信度、他人行为及消费时尚、企业促销手段的性质、商品的真伪优劣等做出客观的分析，在此基础上形成对商品的全面认识、对不同商品之间差异的深入比较以及对现实环境与自身条件的综合权衡。有的消费者则缺乏综合分析能力，难以从众多信息中择取有用信息，并迅速做出清晰、准确的评价判断。

3. 选择决策能力

选择决策能力是消费者在充分选择和比较商品的基础上，及时果断地做出购买决定的能力。消费者的决策能力直接受到个人性格和气质的影响。由于性格特点和气质类型的不同，有的消费者在购买过程中大胆果断，决断力强，决策过程迅速；有的人则常常表现出优柔寡断，易受他人态度或意见左右，反复动摇不定。决策能力还与对商品的认识程度、使用经验和购买习惯有关。消费者对商品的特性越熟悉，使用经验越丰富，习惯性购买驱动越强，决策过程越迅速，决策能力也相应加强；反之，决策能力会相对减弱。

此外，记忆力、想象力也是消费者必须具备和经常运用的基本能力。消费者在选购商品时，经常要参照和依据以往的购买、使用经验及了解的商品知识，这就需要消费者具备良好的记忆能力。而丰富的想象力可以使消费者从商品本身想象到该商品在一定环境和条件下的使用效果，从而激发其美好的情感和购买欲望。

（二）从事特殊消费活动所需要的特殊能力

特殊能力主要是指消费者购买和使用某些专业性商品所应具有的能力。它通常表现为以专业知识为基础的消费技能。由于特殊能力是针对某一类或某一种特定商品的消费而言的，而商品的种类成千上万，因此，消费者的特殊能力也有多种多样的表现形式。除适用于专业性商品消费外，特殊能力还包括某些一般能力高度发展而形成的优势能力，如创造力、审美能力等。

（三）消费者对自身权益的保护能力

消费者作为市场经济的主体之一，享有多方面的权利和利益。这些权利和利益经法律认定，就成了消费者的合法权益。然而，这一权益的实现并不是一个自然的过程，尤其在我国市场经济尚不成熟的环境中，由于法制不健全，市场秩序不规范，侵犯消费者权益的事例常有发生。这在客观上要求消费者自身不断提高自我保护的能力。

四、消费者能力与消费行为

消费者的能力特性与消费行为直接相关，其能力差异必然使他们在购买和使用商品的过程中表现出不同的行为特点。具体可以分为以下几种典型类型：

（一）成熟型

这类消费者通常具有较全面的能力构成。他们对于所需要的商品不仅非常了解，而且有长期的购买和使用经验，对商品的性能、质量、价格、市场行情、生产情况等方面的信息极为熟悉。因此在购买过程中，他们通常注重从整体角度综合评价商品的各项性能，能够正确辨认商品的质量优劣。这类消费者由于具有丰富的商品知识和购买经验，加之有明确的购买目标和具体要求，所以在购买现场往往表现得比较自信、坚定，自主性较高，能够按照自己的意志独立做出决策，并较少受外界环境及他人意见的影响。

（二）一般型

这类消费者的能力构成和水平处于中等状态。他们通常具备一些商品方面的知识，并掌握有限的商品信息，但缺乏相应的消费经验，主要通过广告宣传、他人介绍等途径来了解商品。在购买之前，一般只有一个笼统的目标，缺乏对商品的具体要求，因而很难对商品的内在质量、性能、适用条件等提出明确的意见。限于能力水平，这类消费者在购买过程中，往往更乐于听取营销人员的介绍和商家的宣传，并经常主动向营销人员或其他消费者进行咨询，以求更全面地收集信息。由于商品知识不足，他们会表现得缺乏自信，需要在广泛征询他人意见的基础上做出决策，因而容易受外界环境的影响。

（三）缺乏型

这类消费者的能力构成和水平均处于低下状态。他们不仅不了解有关商品知识和信息，而且不具备任何购买经验。在购买之前，往往没有明确的购买目标，仅有一些朦胧的意识和想法；在选购过程中，对商品的了解仅建立在直觉观察和表面认识的基础上，缺乏把握商品本质特征及消费信息内在联系的能力，因而难于做出正确的比较选择；在制定决策时，经常表现出犹豫不决，极易受环境影响和他人意见左右，其购买行为常常带有很大的随意性和盲目性。这种状况通常仅存在于对某类不熟悉商品或新产品的消费中，以及不具备或丧失生活能力的婴幼儿、老年人和残疾人消费者中。

不论何种能力及行为类型都是相对的。消费者可能在某一方面或某一类商品的消费中表现为成熟型，而对于另一类商品的消费又表现为一般型。此外，随着生活经验的积累，以及个人有意识地自我培养，消费者的能力水平也会不断提高。

第五节　　消费者的兴趣差异

消费者购买行为的发生，除了与因对商品的需要而产生的购买动机有直接关系外，还与兴趣密切相关。因此，研究消费者的兴趣具有重要的现实意义。

一、兴趣的含义和特点

（一）兴趣的含义

所谓兴趣，是指一个人力求接触和认识某种事物的一种意识倾向。当一个人对某种事物感兴趣时，就会关注、积极探索并为其投入大量时间和精力。例如，对邮票感兴趣的人，就会想尽办法对古今中外的各种邮票进行收集、珍藏和研究。

兴趣是以需要为前提和基础的，人们需要什么也就会对什么感兴趣。在现实生活中，由于人们的需要是多种多样的，因此人们的兴趣也是十分广泛的。同时，兴趣受社会性制约，不同社会环境、阶层、职业以及文化层次的人，感兴趣的事物往往有所不同。随着年龄的变化和时代的变迁，人的兴趣也会发生变化。

（二）兴趣的特点

1. 倾向性

兴趣的倾向性是指兴趣所指向的客观事物的具体内容和对象。人们的任何兴趣都是针对一定的事物而产生的，至于人们感兴趣的对象是什么却因人而异。例如，许多女性消费者对逛街购物有极大的兴趣，而绝大部分男性消费者却对此丝毫不感兴趣。

2. 效能性

兴趣的效能性是指兴趣对人们行动所产生的作用和效果。兴趣在人们身上发生后，所起的作用因人而异，有些人的兴趣很容易诉诸实践行动，而有些人只停留在好奇和期望的状态，不会产生实际效果。例如，有的消费者对某种商品不仅感兴趣，而且下决心购买，体现在行动上的效能就高；而有的消费者仅仅是有兴趣而不购买。

3. 广泛性

兴趣的广泛性是指感兴趣的客观对象范围的大小。兴趣的范围因人而异，有的人兴趣范围广泛，琴棋书画样样爱好；有的人对什么事情都不感兴趣，百无聊赖。一般而言，兴趣广泛，学习的知识就较多，经验就比较丰富；兴趣狭窄，就会缺乏掌握信息、知识和经验的机会。因此，兴趣的广泛性是人的心理及行为充分发展的前提条件之一。

4. 稳定性

兴趣的稳定性是指人的兴趣持续时间的长短。兴趣的稳定性对消费者的购买行为具有一定的影响，兴趣稳定的消费者对商品了解细致，品牌忠诚度较高；而缺乏稳定兴趣的消费者，对商品容易见异思迁、喜新厌旧，品牌忠诚度不够。

二、兴趣的类型

人们的兴趣很广泛，概括起来可以分为以下几种类型：

（一）物质兴趣和精神兴趣

这是依据兴趣的内容和倾向性来划分的。物质兴趣是指人们对物质生活的兴趣，如消费者对衣、食、住、行等方面的渴望和爱好；精神兴趣是指人们为满足精神需求而形成的态度倾向，如对文学、艺术的爱好等。

（二）直接兴趣和间接兴趣

这是依据兴趣与指向对象的关系来划分的。由事物本身引起的兴趣称为直接兴趣，如青年学生由于对牛仔服的喜爱而省吃俭用去购买它。对某种事物本身没有兴趣，而对于这种事物未来的结果有兴趣，称为间接兴趣，如因升学晋职而引起对外语的学习兴趣。

三、兴趣与消费者购买行为

在购买活动中，兴趣对消费者的购买行为有着较大的影响，这种影响主要表现在以下几个方面：

（一）兴趣有助于消费者为未来的购买活动做准备

消费者如果对某种商品感兴趣，往往会主动收集有关信息，积累知识，为未来的购买活动打下基础。例如，一个喜爱汽车的人，平时就会关注汽车的品牌、价格等，真正购买时，就有大量的参考信息。

（二）兴趣能使消费者缩短决策过程，尽快做出购买决定并加以执行

消费者在选购自己感兴趣的商品时，一般来说心情比较愉快，注意力比较集中，态度积极认真，这样使购买过程易于顺利进行。

（三）兴趣可以刺激消费者对某种商品重复购买或长期使用

消费者一旦对某种商品产生持久的兴趣，就会发展成为一种个人偏好，从而促使他固定地使用，形成重复的、长期的购买行为。例如，有人已习惯使用黑人牙膏，对其有了偏好，不管有何新的牙膏产品问世，他都不改变习惯，总是购买黑人牙膏。

总之，兴趣对消费者的购买行为有着重要的影响。很难想象，一个对某种商品不感兴趣的消费者，他会经常地、积极地、主动地购买这种商品。因此，在营销实践中，培养消费者对本企业产品的兴趣具有十分重要的意义。

⊠ **小案例：**

2019 天猫垂钓消费趋势白皮书

一根钓竿，一把鱼饵，岸边人不再只是中老年。随着越来越多年轻人的加入，垂钓运动终于撕去"老年""佛系""无趣"等不实标签，逐渐向"年轻化""专业化""休闲化"发展，引发一阵阵消费热潮，垂钓用品的销售增速更是远超球类、游泳、骑行等其他体育用品。如此高涨的消费热情之下，垂钓达人的购物车里都装了些什么呢？快来CBNData（第一财经商业数据中心）联合天猫户外运动发布的《2019 天猫垂钓消费趋势白皮书》找答案吧！

1. 一人一竿，假日私享"小确幸"

随着休闲垂钓的不断普及，越来越多的人选择把垂钓作为放松身心的一种方式。2017年我国休闲渔业接待游客 2.2 亿人次，产值达 708 亿元，与 2010 年相比增长 235.35%。每年 5—9 月，垂钓消费者异常活跃，尤其在春游、暑假、黄金周期间，相对于人潮汹涌的旅游胜地，野塘湖库、溪流大海更能让人感受到假日里的小确幸。

垂钓运动让宅男变身户外达人的同时，也激发了他们高昂的消费热情。尼尔森数据显示，2016 年垂钓用品的销售增速远超球类、游泳、骑行等其他体育项目。在淘宝、天猫平台，垂钓用品的消费浪潮一浪高过一浪，2019 年达到百亿级规模，垂钓用品成为线上体育又一消费热点，垂钓达人在天猫平台剁手金额提升速度更快，天猫逐渐成为资深垂钓爱好者的主要购买渠道。

2. 天生享乐"90 后"，高调进军"渔"乐圈

相比较"70 前"和"70 后"，"90 后"和"95 后"在垂钓用品消费金额上的增长速

度突出，尤其是"95后"年轻消费者，近两年对垂钓充满消费热情，消费增速是"70后"的4倍左右，垂钓群体年轻化渐成趋势。

作为"渔"乐圈小鲜肉，"90后"和"95后"有自己的消费主张，休闲指数更高的遮阳帐篷、科技感更强的探鱼器颇受年轻消费者青睐。"70前"和"70后"则是"渔"乐圈名副其实的"金主爸爸"，其人均年花费金额是"95后"的2倍多，可见中老年消费者对垂钓消费热情之高。相较于年轻人的享乐式消费，中老年消费者更加偏好实用型工具，例如路亚钳、竿止、醒目豆和线盒，怎么看都是资深钓手的专业范儿。

3. 高端需求凸显，释放超强购买力

资深垂钓爱好者的购买力更是不容小觑，他们为整体垂钓市场贡献了一半以上的销售额，可谓是"渔"乐圈的忠实粉丝。钓具消费趋于高端化和品质化，500元以上钓竿最受市场欢迎。在天猫平台上，达亿瓦、禧玛诺、本汀等高端品牌尤为受到垂钓消费者青睐，可见消费者对垂钓体验的品质感要求越来越高。

除了对高价位偏好明显，他们的购买热情还体现在件数越买越多、频次越买越快。近两年购买8件以上垂钓用品的消费者人数增加近40%，鱼饵、鱼钩、浮漂、渔线和钓竿是他们最爱回购的垂钓用品。

4. 解锁花式玩法，装备焕然一新

近两年，有人迷恋上用仿生饵的路亚钓，也有人爱上了惊心动魄的海钓。花式钓法的出现促使垂钓装备不断升级，路亚专用的钓竿、假饵，海钓所需的钓竿和钓鱼船频频被加入购物心愿单，钓鱼报警器、探鱼器等高科技装备越来越受欢迎，钓鱼手套、钓鱼鞋、钓鱼服等行头配置更是越来越进阶。在装备升级的大趋势背后，不同代际的垂钓消费者也坚守着自己的"小固执"。例如在户外防晒这件事情上，"70前"偏好结实耐用的钓鱼伞，"70后"和"80后"偏好轻便耐穿的钓鱼服，"90后"和"95后"则偏好休闲舒适的遮阳帐篷，惬意指数满分！

5. 萌新不用慌，辅助光环来救场

垂钓这项"老少皆宜"的户外运动逐渐走红，大量新人前来报到，其中"90后"是新客主要来源。

作为垂钓萌新，两大生存法则需铭记于心。首先垂钓用品种类众多，想要快速搞定出门装备，就得学会使用"套装大法"，渔具套装经由专业品牌及商家选择搭配，大大降低了新用户的选购门槛。其次萌新垂钓技能欠缺，选择带有辅助功能的装备能够有效提升垂钓体验感，例如带有重力感应的电子浮漂和连接App会自动报警的智能浮漂，强大的辅助光环让垂钓萌新得以快速变身"老司机"。

6. 户外装备买买买，养成资深技术流

相比较萌新的懵懂，垂钓老司机们对剁手流程早已轻车熟路。阿里数据显示，连续两年都购买垂钓用品的老顾客在人均年花费上是新顾客的3倍左右。不仅如此，老司机的装备种类也更为齐全，人均年购买品类数是新顾客的2倍左右。

除了热衷购买垂钓用品，老司机们还十分热衷于购买户外用品，尤其对户外照明、头巾遮耳、多用工具和专项户外运动装备消费热情极高。只有经过买买买的剁手修炼，各项户外装备的使用之道深谙于心，轻松应对各种复杂的垂钓环境，才能成为一名合格的技术流选手。

（资料来源：搜狐网，2018-11-21）

本章小结

个性是指决定和折射个体如何对环境做出反应的内在心理特征。个性是一个综合性概念，它包括气质、性格、能力和兴趣等多种心理特征。个性心理具有生理属性和社会属性，具有相对稳定性、整体性、独特性和可塑性等基本特点。研究和了解消费者的个性心理构成与特点，不仅可以解释不同消费者的不同购买行为，而且可以在一定程度上预测不同消费者未来不同的消费趋向。

气质是指个体心理活动的典型的、稳定的动力特征。气质是在先天生理素质的基础上，通过生活实践，在后天条件影响下形成的。由于先天遗传因素不同及后天生活环境的差异，不同个体之间在气质类型上存在着多种个别差异。这种差异会直接影响个体的心理和行为，从而使每个人的行为表现出独特的风格和特点。

性格是指个人对现实的稳定态度和与之相适应的习惯化的行为方式。从不同的角度，消费性格可以划分为不同的类型，从消费态度角度划分为节俭型、保守型、自由型；从购买方式角度划分为习惯型、慎重型、挑剔型、被动型、冲动型等。

能力是指人顺利完成某项活动所必须具备的，并且直接影响活动效率的个性心理特征。消费者在消费活动中，必须具备相应的感知能力、分析评价能力、选择决策能力、记忆力、想象力以及一些特殊能力等。这些能力的高低强弱会导致消费行为方式和效果的差异。

兴趣是指一个人力求接触和认识某种事物的一种意识倾向。兴趣有助于消费者为未来的购买活动做准备；兴趣能使消费者缩短决策过程，尽快做出购买决定并加以执行；兴趣可以刺激消费者对某种商品重复购买或长期使用。

复习思考题

1. 何谓个性？个性具有什么特征？消费者个性的内部结构如何？
2. 什么是气质？气质有哪几种类型？
3. 销售人员在接待不同气质类型的消费者时，应分别注意哪些问题？
4. 什么是性格？性格与气质有什么区别和联系？
5. 性格有哪些主要特征？有哪些主要类型？
6. 什么是能力？能力有哪些主要类型和主要差异？
7. 在消费活动中，消费者应具备哪些基本能力？
8. 什么是兴趣？兴趣对消费者购买行为有什么影响？

案例分析

顾客意见征询函

在"中国质量万里行"活动中，不少制造、销售伪劣商品的工商企业被曝光，消费者感到由衷的高兴。3月15日是世界消费者权益日，某大型零售企业为了改善服务态度、提高服务质量，向消费者发出意见征询函，调查内容是"如果您去商店退换商品，销售员不予退换怎么办"，要求被调查者写出自己遇到这种事时是怎样做的。其中，有这样几种答案：

（1）耐心诉说。尽自己最大努力，苦口婆心慢慢解释退换商品原因，直至得到解决。

（2）自认倒霉。向商店申诉也没用，商品质量不好又不是商店生产的，自己吃点亏，下回长经验。

（3）灵活变通。找好说话的其他销售员申诉，找营业组长或值班经理求情，只要有一人同意退换就可望解决。

（4）据理力争。绝不求情，脸红脖子粗地与销售员争到底，不行就往报纸投稿曝光，再不解决向工商局、消费者协会投诉。

（资料来源：马义爽主编，《消费心理学》，北京经济学院出版社1991年版）

问题：

1. 这个调查内容能否反映出消费者个性心理特征的本质？为什么？
2. 上述4种答案分别反映出消费者的哪些气质特征？

🌀 实训练习

结合所学知识，根据下列气质测试量表，测试自己的气质类型。

测试要点：请在30分钟内如实回答下列题目。你认为很符合自己情况的记2分，比较符合的记1分，介于符合与不符合之间的记0分，比较不符合的记-1分，完全不符合的记-2分。（注：先拿好纸笔注明各题的得分，而不累加）

1. 做事力求稳妥，一般不做无把握的事。
2. 遇到可气的事就怒不可遏，把心里话全说出来才觉得痛快。
3. 宁可一个人干事，不愿很多人在一起做。
4. 到一个新环境很快就能适应。
5. 厌恶那些强烈的刺激，如尖叫、噪声、危险镜头等。
6. 和人争吵时，总是先发制人，喜欢挑衅。
7. 喜欢安静的环境。
8. 善于和人交往。
9. 羡慕那些善于克制自己感情的人。
10. 生活有规律，很少违反作息制度。
11. 在多数情况下情绪是乐观的。
12. 碰到陌生人觉得很拘束。
13. 遇到令人气愤的事，能很好地自我克制。
14. 做事总是有旺盛的精力。
15. 遇到问题总是举棋不定，难以决断。
16. 在人群中从不觉得过分拘束。
17. 情绪高昂时，觉得干什么都有趣；情绪低落时，又觉得什么都没意思。
18. 当注意力集中于某一事物时，别人很难使我分心。
19. 理解问题总比别人快。
20. 碰到危险情景，常有一种极度恐惧感。
21. 对学习、工作、事业有很高的热情。
22. 能够长时间做枯燥、单调的工作。
23. 符合兴趣的事情，干起来劲头十足，否则就不想干。
24. 一点小事就能引起情绪波动。
25. 讨厌做那种需要耐心、细致的工作。
26. 与人交往不卑不亢。
27. 喜欢参加热烈的活动。
28. 爱看感情细腻、描写人物内心活动的作品。

29. 工作学习时间长了，常感到厌倦。

30. 不喜欢长时间谈论一个问题，愿意实际动手干。

31. 宁愿侃侃而谈，不愿窃窃私语。

32. 别人总是说我闷闷不乐。

33. 理解问题常比别人慢些。

34. 疲倦时只要短暂的休息就能精神抖擞，重新投入工作。

35. 心里有话宁愿自己想，不愿说出来。

36. 认准一个目标就希望尽快实现，不达目的，誓不罢休。

37. 学习、工作同样一段时间后，常比别人更疲倦。

38. 做事有些莽撞，常常不考虑后果。

39. 希望老师讲授新知识时讲得慢些，多重复几遍。

40. 能够很快地忘记那些不愉快的事情。

41. 做作业或完成一件工作总比别人花时间多。

42. 喜欢运动量大的体育活动或参加文艺活动。

43. 不能很快地把注意力从一件事转移到另一件事上去。

44. 接受一个任务后，就希望把它迅速解决。

45. 认为墨守成规比冒风险强。

46. 能够同时注意几件事物。

47. 当我烦闷时别人很难使我高兴起来。

48. 爱看情节起伏跌宕、激动人心的小说。

49. 对工作抱认真严谨、始终如一的态度。

50. 和周围的人总是相处不好。

51. 喜欢复习学过的知识，重复做能熟练做的工作。

52. 希望做变化大、花样多的工作。

53. 小时候会背的诗歌，我似乎比别人记得清楚。

54. 别人说我"语出伤人"，可我并不觉得是这样。

55. 在体育活动中，常因反应慢而落后。

56. 反应敏捷，头脑机智。

57. 喜欢有条理而不甚麻烦的工作。

58. 兴奋的事常使我失眠。

59. 老师讲新概念，常常听不懂，但是弄懂以后很难忘记。

60. 假如工作枯燥无味，马上就会情绪低落。

一、评分方法

根据上述评分原则，为各题打分，并累计不同气质类型的总分。四种气质类型相应的题号如下：

胆汁质：2、6、9、14、17、21、27、31、36、38、42、48、50、54、58。

多血质：4、8、11、16、19、23、25、29、34、40、44、46、52、56、60。

黏液质：1、7、10、13、18、22、26、30、33、39、43、45、49、55、57。

抑郁质：3、5、12、15、20、24、28、32、35、37、41、47、51、53、59。

二、测试结果

确定气质类型：第一，如果某类气质得分高出其他3种4分以上，你就属于该类气质；如果该类气质得分超过20分，则为典型型；如果该类气质得分在10到20分，则为一般型。第二，有两类气质得分相近，其差异低于3分，而且高于其他两种类型4分以上，则属于这两种气质类型的混合型。第三，有三种气质的得分接近且均高于第四种，则为这 3 种气质的混合型。

三、4 种气质类型主要特征

胆汁质：直率、热情、具有快速的反应力，行动敏捷，情绪冲动，具有克服困难、坚忍不拔的意志，但不考虑是否成功，易爆发、狂热，不可抑制，具有外倾性，但若精力耗尽便会失去信心。

多血质：敏捷好动、善于交际、反应灵敏，在新环境里不拘束，在工作学习上精力充沛，且效率高，表现出机敏的工作能力，善于适应变化的新环境，在集体中心神愉快，朝气蓬勃，具有外倾性，对什么都感兴趣，但情感易变，缺乏持久力。这类人可以成为有效的活动家，领导家。

黏液质：安静、稳重、沉着、沉默寡言、三思而后行，生活中是可靠而稳重的工作者，严于遵守既定的生活秩序、工作制度，不为外因而分心，态度上持重，不易激动或转移注意力。

抑郁质：情趣体验深刻，行动迟缓，往往为微不足道的事情动感情，具有高度的敏感性，易产生幻想，胆小、孤僻、恐惧。

四、小结

总之，气质是没有好坏之分的，只有心理特征和表达方式之别。一般来说，各种气质类型都有其优点和缺点。气质只是人的性格和能力发展的一个前提，各种气质类型的人都有可能在事业上取得成就。气质本身是不能预测成就大小的，了解自己气质类型的目的主要在于尽量根据自身的特点选择最适合的发展方向和人生道路。

第四章

消费者的购买行为

学习目标

1. 掌握消费者需要的含义、特征与分类；
2. 掌握消费者购买动机的特征及其类型；
3. 了解消费者购买行为的概念与特征，掌握影响消费者购买行为的因素；
4. 掌握消费者购买决策的内容及其过程。

建议课时

6 课时。

💡 思维导图

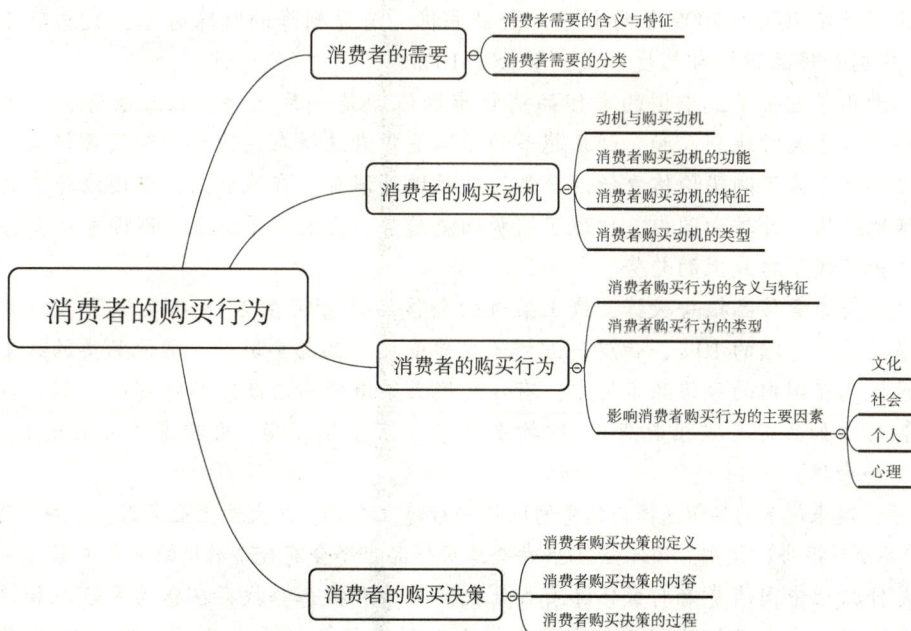

✉ 导入案例

为什么中国人买走了全球 1/3 的奢侈品？

2018 年，中国消费者花了 7 700 亿元，买下了全球 1/3 的奢侈品。2019 年 4 月 26 日，麦肯锡中国发布了《2019 年中国奢侈品消费报告》，其中显示，在中国经济增长放缓的背景之下，2018 年奢侈品市场的增长势头反而强劲。根据贝恩公司发布的《2018 中国奢侈品市场研究》，2018 年中国奢侈品市场整体销售额延续了 2017 年破纪录的增长，增速连续两年达到了20%。事实上不仅2018年，2012—2018年，全球奢侈品市场超过一半的增幅来自中国。如此强大的购买力和高速的增长趋势，让中国市场成了各大品牌的必争之地。2018年，有大约2 390万中国消费者购买过奢侈品，其中占比43%的"80后"消费者贡献了56%的消费额。从人均支出看，正处于事业与收入巅峰期的"80后"每年在奢侈品上的花费达到4.1万元。"90后"的消费实力也不容小觑，在2018年的中国奢侈品消费者中，占比28%的"90后"贡献了23%的消费额。

中国普通消费者的奢侈品消费潜力，是在进入21世纪才得以释放的。20世纪90年代之前，国际奢侈品市场以每年10%~20%的速度高速增长，鼎盛时期的全球市场份额超过了2 500亿美元（约17 190亿元）。但2000年之后，世界奢侈品市场发展动力明显不足，特别是2000—2003年，欧美国家对于奢侈品的需求量逐年下降，世界奢侈品市场的销售额从1 700亿美元（约11 725亿元）暴跌至650亿美元（约4 483亿元），降幅达62%。雪上加霜的是，在经历了"9·11"事件、阿富汗战争（2001年）、SARS（2003年）、伊拉克战争（2003年）等一系列事件之后，世界游客数量也开始大幅减少，奢侈品跨国消费人群随之缩水。但彼时，中国、巴西、印度、俄罗斯等新兴市场，由于地方经济的增长，居民消费欲望的提高，对于奢侈品的需求量却在逐年上涨，俨然有成为奢侈品消费中心的趋势。也正是这个时候，国际奢侈品市场的中心开始从欧美等发达国家转向了亚洲和拉美等发展中国家。当时的中国，经济的快速发展使国民收入水平大幅提升，涌现出了一批高收入富裕人群，中国消费者的消费实力逐渐显现。根据贝恩公司的奢侈品调查报告显示，奢侈品市场在2008—2009年的全球性金融危机、消费剧降的特殊时期，交易额下降了8%，但中国奢侈品市场却热度不减，增长了16%。

如今，十几年过去了，中国的奢侈品消费市场依旧是一片蓝海，且发展势头只增不减，这主要得益于天时地利人和。越来越多的中国消费者选择在内地市场购买奢侈品，而不再像过去那样，为了购买价格更低的产品，前往境外消费。在地域上，中国消费者的奢侈品消费阵地，从国外转向国内，出现了消费回流趋势。在购买渠道上，则因电子商务的出现，呈现出了线下转线上的趋势。

根据贝恩全球奢侈品报告数据，线上渠道的奢侈品销售额在2018年实现了27%的增长，占奢侈品销售总额的10%，但这一波增长主要受化妆品品类驱动，其他品类的线上渗透率依然很低。在国内的奢侈品市场中，有4类线上渠道较为活跃。品牌官网、第三方电商平台旗舰店（如品牌天猫旗舰店）、购物平台（如京东Toplife、天猫奢侈品频道）、名品折扣网（如寺库）。

2018年，越来越多的品牌选择与领先的电商平台建立合作，扩大线上业务覆盖。据《2019年中国奢侈品消费报告》预测，预计至2025年全球奢侈品市场会有65%的增幅来自中国。

到底是什么让中国消费者对奢侈品有如此大的热情和执念？找存在感的年轻人和追求品质的中产阶级，寻求身份认同感是很多年轻人购买奢侈品的最大诱因。据《2019年中国奢侈品消费报告》研究，中国年轻消费者对品牌的文化传承缺乏了解，只有13%的年轻奢侈品买家表示，自己成长于一个熟悉奢侈品的家庭，大多数年轻人是被"品牌+爆款"所吸引。这些年轻人并不忠于品牌本身，不会购买同一个品牌的多种产品，而是会购买多个品牌当红且辨识度高的单品。近7成的"90后"购买奢侈品是为了"感受独特和彰显自我"。更有年轻白领认为，奢侈品能体现出他们的品位，能让职场上的自己更自信，甚至更容易受到尊重。消费者越年轻，这种心态就越强烈。奢侈品成了某种隐形的符号，是既能彰显个性，又有助于融入某些圈子，还能增强身份认同感的一种社交资本。

奢侈品所代表的阶级属性，在年轻一代中似乎被打破了。尤其是当下，随着社交媒体和电商渠道的越发完善，世界上的一切都变得触手可及。买奢侈品变得越来越容易，不需要漂洋过海，甚至不需要出门。在KOL（关键意见领袖）文化盛行、社交媒体主导一切的互联网时代，年轻人轻而易举地就能被流行文化所影响。在各种信息的轮番攻势下，越年轻的消费者做出购买决定的速度就越快，消费欲望越强。相比年轻人的彰显自我，"80后"的消费观更理性成熟。有人说中国消费者的消费习惯变了，其实不是习惯变了，而是消费主力变了。上一代人更愿意存钱，消费观念相对保守，这一代人，则更喜欢尝试新鲜事物。各大品牌也早已摸清了不同年龄段中国消费者的消费习惯，为了迎合中国消费者，使出了浑身解数：联手年轻潮牌推出限量款、中国特别款，与当红意见领袖或者明星合作，在中国特别的节日里推出带有中国元素的产品，不断地在电商、门店、官网和社交媒体等多个触点上做品牌露出。

挑剔的消费者，两极分化的市场。据贝恩公司发布的最新报告显示，尽管中国奢侈品市场整体上保持强劲增长，但不同品牌之间的生存状态差异明显。随着收入的不断增长，中国消费者在奢侈品消费上的支出越来越多，但随之而来的是越来越高的要求。《2019年中国奢侈品消费报告》显示，相比上一代，年轻一代对中国奢侈品消费者在追求品牌的同时，也更注重设计、面料和生产工艺等要素（图4-1）。

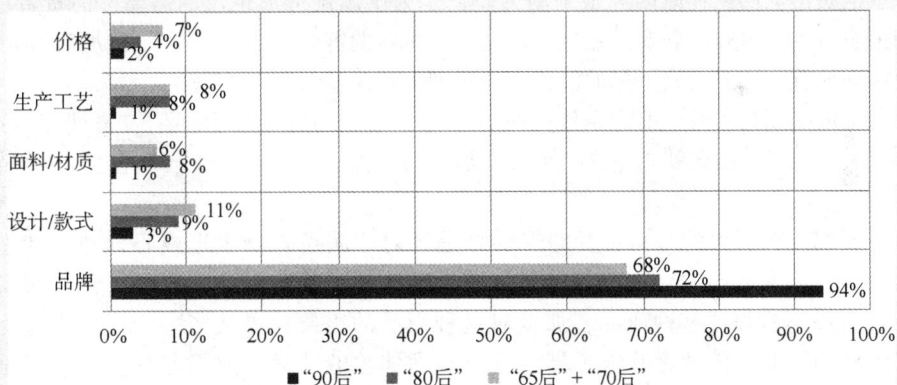

图 4-1　各年龄段在购买奢侈品过程中最在乎的因素
（数据来源：麦肯锡：《2019年中国奢侈品消费报告》）

部分品牌比其他品牌更善于迎合消费者需求，不同品牌之间的业绩表现自然地就出现了两极分化。根据贝恩咨询公司《2018年中国奢侈品市场研究》显示，领先的品牌增长超过25%，稍显落后的品牌增速低于10%。2018年收入跻身前20的时尚奢侈品牌中，增长超过25%与低于10%的品牌数量之比接近1∶2。成功的品牌往往更善于通过数字化营销和KOL营销，较为常见的是通过社交媒体的广告投放去吸引年轻一代。数字化营销做得如何，很大程度上直接影响品牌的成功与否。

2015年至今，中国TOP40奢侈品牌的数字化营销预算几乎翻了一番，其中有40%～70%用于微信。品牌通过微信识别并锁定目标客户，进而进行产品推广和销售。例如，一些品牌选择在朋友圈投放信息流广告。其次，在足够的品牌露出基础之上，产品上新和门店橱窗的更新速度，也会影响消费者的购物频率。此外随着运营成本的逐年递增，大型品牌的规模优势逐步凸显。

（资料来源：《中国新闻周刊》，2019-05-21）

在影响消费者行为的众多心理因素中，需要和动机占有重要的地位，并与消费行为的产生有着密切的联系。这是由于人们的消费行为都是有目的的活动，这些目的的实现是为了满足人们的某种需要或欲望。需要是消费者行为的最初原动力，动机则是消费者行为的直接驱动力。由于个性及环境的差异，消费者的购买行为千差万别。消费者的购买行为是由一系列环节、要素构成的完整过程，在这一过程中，购买决策起着主导的作用。决策的正确与否，直接决定购买行为的发生方式、指向以及效用的大小。

北京师范大学：新青年新消费观察研究报告

第一节　消费者的需要

一、消费者需要的含义和特征

（一）消费者需要的含义

需要是个体由于缺乏某种生理或心理因素而产生的内心紧张感，从而形成与周围环境之间的某种不平衡的状态。需要的实质是个体为延续和发展生命，并以一定的方式适应环境所必需的客观事物的需求反映，通常以欲望、渴求、意愿的形式表现出来。例如，人们感到饥饿时会产生对食物的需要，感到寒冷时会产生对御寒衣物的需要，感到孤独寂寞时会产生对交往、娱乐活动的需要，感到被人轻视时会产生对有助于提高身份地位的高档、贵重商品的需要。这些需要成为人们从事消费活动的内在原因和根本动力。正是为了满足形形色色的需要，消费者才努力实施相应的消费行为。原有的需要满足之后，又会产生新的需要，新的需要又推动新的消费行为发生，如此循环往复，形成延续不尽的消费行为序列。

需要的形成必须具备两个前提条件：一是感到不满足，缺少什么东西；二是期望得到某种东西，有追求满足之感。需要就是由这两种状态形成的一种心理现象，属于个性心理中的个性心理倾向。

任何需要都是有对象的。消费者的需要总是针对能满足自身生理或心理缺乏状态的物质对象而言的。在商品社会中，消费者需要主要体现为对商品和劳务的需要。倘若现实生活中不存在或社会尚不能提供某种商品，那么对这种商品的需要就无从产生，需要本身也就变得毫无意义。然而，有时消费者并未感到生理或心理体验的缺乏，但仍有可能产生对某种商品的需要。例如，面对美味诱人的佳肴，人们就可能产生食欲，尽管当时并不感到饥饿。又如华贵高雅、款式新颖的服装经常会引起一些女性消费者的购买冲动，即便她们已经拥有多套同类服装。

（二）消费者需要的特征

1. 需要具有对象性

人们的一切需要总是针对某个或一系列的具体事物或内容，即需要具有对象性，离开了具体事物、具体目标、具体内容，就无所谓需要。

2. 需要的多样性和差异性

多样性和差异性是消费者需要的最基本特征之一，它既表现在不同消费者之间需求的差异上，也表现在同一消费者需要内容的多元化上。

不同消费者在年龄、性别、民族传统、宗教信仰、生活方式、文化水平、经济条件、个性特征、所处地域的社会环境等方面千差万别，由此形成了多种多样的消费需要。每个消费者都按照自身的需要选择、购买和评价商品。例如，有人以经济实用作为选择标准，有人则要求商品外观美观新颖，从而鲜明地显示出不同消费者之间消费需要的差异性和异质性。另外，同一消费者的需要也是多元的。每个消费者不仅有生理、物质的需要，还有心理、精神方面的需要，不仅要满足衣、食、住、行方面的基本要求，而且希望得到娱乐、审美、运动健身、文化修养、社会交往等高层次需要的满足。不仅如此,消费者需要的多元性还表现在同一消费者对某一特定消费对象常常同时有多方面的要求,如既要求商品质地优良、经济实惠,又要求商品外观美观新颖、具有时代感、能够展示独特个性等。

❖ 小资料

女性社群:看消费升级趋势下,女性用户的需求升级

消费升级的大趋势下,"她经济"规模不容小觑,不少女性创业者开始进入,以女性的视角去观察并满足女性需求。笔者通过分析这些女性创业者做的女性社群,来看看"她"现在的需求发生了怎样的升级。

1. 两大需求"八卦、爱美"产生了外延——女性成长性需求

女性用户的两大需求八卦、爱美可以说支撑起了互联网的半边天。比如女性八卦让社交产品特别关注她们,因为她们更爱分享去满足自我虚荣心,也更爱评论去"群八";爱美更是支撑了从 PC 时代的 55BBS 为代表的女性各种论坛,再到移动互联网时代的聚美优品、小红书、网易美学,等等。

然而,我们分析了女性社群,却发现女性创业者的视角有一些变化,她们依然关注女性爱八卦、爱美的需求,但却是这些需求的升级,她们针对城市女性中产——要求自己情感上更独立、体态容貌更美好、不断提升自己的内涵,甚至创业能力,寻找资源、不断学习、提升自我,笔者把这些需求称为"女性的成长性需求"。那么,所谓的"女性成长性需求"到底升级在哪里,笔者认为主要有以下两个方面:

第一,爱学习。

女性用户希望获得除了"商家所营销给她们的品牌""某种社会现象"以外的更多的"知识",不再甘于做吃瓜群众;不仅仅是知其然,还希望知其所以然。比如女性社群"彬彬有理"定位于帮助女性情感成长,不再是单纯八卦两性关系、婆媳关系,更有"365读书卡"这样的栏目,让女性用户在微信群打卡学习心理学。

比如女性社群"趁早"让女性用户组成读书会、跑团,还将某些知识形成课程体系以供女性用户去学习。还有很多女性社群切入的"美"是"女性创业",比如 GrilUp、创蜜圈等。而且你会发现,很多社群基本上都是由一个知名女性发起,这位女性本来就有一定的圈子和号召力;名人/达人便成为女性的 Role Model(楷模)。比如畅销书作者李筱懿、陶妍妍创办了"灵魂有香气的女子";"彬彬有理"的创始人也是知名主持人路彬彬,并定向邀请百余位精英女性,基本为各企业 CEO,形成社群组织"胜女天团";辣妈学院则是整合明星杨乐乐、冉莹颖、李维嘉等明星资源、网红资源以及各种专家资源。

第二,希望全方位打造自我。

女性用户对"美"的认识更立体,不再仅仅是面容姣好,她们开始重视内在的提升。比如女性社群"灵魂有香气的女子"以"成长比成功重要"为核心价值观,定位于辐射500万人的城市中产阶级女性情感、生活、工作社群,除了教女性如何在家庭、职场中自我提升,还招募城市合伙人举办"香蜜会"的线下粉丝活动,包括茶道、插花、烘焙、红酒、服饰、星座等各个主题活动。

比如女性社群"辣妈学院"打造的IP节目不是单纯告诉辣妈买什么,而是包含了如何育儿、如何经营家庭、如何提升成为高效妈咪,还有创业大赛,等等,让辣妈在学习的过程中学会买什么东西,而且你会发现"辣妈学院"推荐辣妈买的品牌不是人们所熟知的,辣妈们成为高品质、高性价比的新品牌追捧者。女性用户不再单纯爱美,而是爱全面的美,也不再是单纯的八卦,她们希望从八卦中获得营养,女性自我意识在觉醒。

2. 女性成长性需求所带来的机遇

（1）女性成长性需求给新品牌带来巨大机会。

消费升级的女性用户有钱有时间去关注自己的成长需求，而在成长过程中，这些女性用户往往会"清零"原有的品牌观以及购物模式，她们愿意尝试新品牌、新产品，只要产品是足够好的。

比如我们看到"灵魂有香气的女子"和"辣妈学院"把女性流量吸引过来在做电商，而她们推荐给用户的产品几乎都是没有品牌知晓度的东西；社群创始人（名人）背书，有信任关系，铸就了女性社群做内容电商的盈利模式。

而我们也看到，丁磊提出"新消费"的概念，也正是从产品本身入手，将产品做到第一；相信很多女性用户能感受到这些年淘宝的变化，从动物园批发市场到韩国东大门，到品牌商户，再到现在的网红店，也能体现女性用户在消费升级下，从关注价格到关注款式，再到关注品牌，最后清零品牌接受新品牌的过程。

（2）女性成长性需求将为更多品类提升自我的服务性消费（比如为提升自我而知识付费）带来机会。

女性用户关注个人全面的发展，包括家庭、事业、生活、兴趣、健康、外形全方位地提升自我。这也告诉我们，更多的服务性消费将有更多的机会。除了最近两年兴起的医美、健身等，我们还看到烘焙、音乐、绘画等更多服务性消费的兴起。比如上文提到的"趁早"做的社群活动也涉及从穿衣搭配到艺术、写作等各个方面。

而且女性用户们愿意为提升自我而付费，"灵魂有香气的女子"的用户为知识付费收入占比达到15%；而App下厨房已经从原来的食谱分享，开始做课程、做电子书，就是服务大部分有厨艺兴趣的女性消费者。

（3）相比其他营销方式，名人/达人内容营销更容易影响女性用户。

这点早在PC时代就已经得以论证过，网络红人小教授VIVI通过在论坛上发帖子带来上千件的销量；而聚美优品的创始人之一戴雨森在人人网伪装美妆达人分享BB霜选购指南获得几十万销量；现在网购App都有"种草"专区，以及淘宝全面实现内容化，都说明了相比价格促销，内容营销更容易影响女性用户。

而这正是因为女性在不断提升，她们首先找到一个Role Model，通过Role Model分享的内容学习，帮助自己成为专家用户。还有一个例子，"黎贝卡的异想世界"每天都会分享一些穿衣护肤的知识，不到一年积累了百万粉丝，她的很多粉丝都将这些作为教学案例在各个群里传播，还有很多粉丝给她留言到底应该怎么穿怎么搭。

（资料来源：人人都是产品经理，2017-12-04）

3. 需要的层次性和发展性

消费者的需要是有层次的。例如，充饥、御寒属于低层次的需要，而受人尊重、实现自我属于较高层次的需要。在通常情况下，消费者必须先满足低层次的需要，在低层次需要得到满足的基础上才能追求高层次的需要。但在特殊情况下，需要层次的顺序也可以改变，可能跨越低层次需要去满足高层次需要，也可能在高层次需要满足之后，转而寻求低层次需要的满足。

就发展性而言，消费者的需要是一个由低级向高级、由简单向复杂不断发展的过程。这一过程是随着满足需要的消费对象在内容、范围、方式上的改变而发展变化的。早期社会，由于生产力水平低下，人们仅能提供和获取少量而简单的物质产品，其需要也只限于果腹、御寒、生命安全等基本的要求。随着生产力水平的提高，劳动者向社会提供的物质产品日益增多，人们的需要内容也日益扩展。现代社会，随着物质产品的极大丰富和新的消费领域、消费方式的不断涌现，人们的消费需要在内容和层次上不断更新和发展。消费者不仅把吃得营养、穿得漂亮、住得舒适、用得高档作为必须满足的基本需要，而且要求通过商品和劳务消费满足社交、尊重、情感、审美、求知、实现自我价值等多方面的高层次需要。

4. 需要具有伸缩性和周期性

伸缩性又称需求弹性，是指消费者对某种商品的需要会因某些因素，如支付能力、价格、储蓄利率等的影响而发生一定程度的变化。从支付能力看，在一定时期内，多数消费者的支付能力是有限的。消费者需要的多样性与有限的支付能力之间的矛盾，使消费者的需要只能有限地得到满足，这就是需要表现出一定的伸缩性的主要因素。伸缩性还表现在消费者对需要的层次高低、内容多寡和程度强弱上。有的消费者以最高级需要为目标，坚持宁缺毋滥的原则，有的消费者则安于一般需要的满足，喜欢大众化的商品；有的消费者要求多项需要同时满足，有的则只追求某一项需要满足；有的消费者的需要极其强烈，有的则相对较弱。

消费者的需要还具有周期性的特点。需要在获得满足后，随着时间的推移还会重新出现，并显示出明显的周期性。重新出现的需要不是对原有需要的简单重复，在内容、形式上有所变化和更新。因此，消费者需要的周期性循环出现不仅是需要形成和发展的重要条件，也是社会经济发展的直接推动力。消费者需要的周期性主要由消费者的生理运行机制及某些心理特性引起，并受自然环境变化周期、商品生命周期和社会时尚变化周期的影响。在这些因素的共同作用下，消费者需要的周期性呈现出多种不同的表现形式。例如，对食品的需要周期具有间距短、循环快、重复性高的特点，服装的需要周期直接受气候变化的影响，表现出明显季节性，而某些流行时尚的变化周期则具有不确定性，一种着装方式可能在消退 5 年、10 年甚至很长一段时间后又重新流行起来。

5. 需要的可变性和可诱导性

消费者需要的形成、发展和变化，直接受到所处环境状况的影响和制约，这些环境因素包括社会环境和自然环境。因此，一定阶段社会政治经济制度的变革，伦理道德观念的更新，生活和工作环境的变迁，社会交往的启示，广告宣传的诱导以及生态环境的变化等，都可能改变消费者需要的具体内容，使某一种需要转变为另一种需要，潜在的需要转变为显现的需要，微弱的需要转变为强烈的需要。

消费者需要具有可诱导性，通过人为地、有意识地给予外部诱因或改变环境状况，引导消费者的需要按照预期的目标发生变化和转移。许多企业正是利用消费者需要的可变性和可诱导性等特点开展广告宣传，倡导消费时尚，创造示范效应，施予优惠刺激，从而有效地影响、诱导消费者形成、改变或发展需要。

6. 需要具有连续性

这是指需要往往不断出现，不断满足，再出现，再满足，周而复始地循环，永无止境。当一种需要被满足后，另一种新的需要就会被激活，成为人们行动的新的目标和动力。而且，在许多情况下会有多种需要同时产生，但总是有一种需要居于主要地位，起支配作用。当主要需要被满足后，原先占次要地位的需要就可能上升为主要需要，从而成为支配人们行为的新的目标和动力。

二、消费者需要的分类

为了便于对需要进行理解与把握，我们将从不同的角度对需要进行分类。

（一）根据需要的起源划分

根据需要的起源，消费者需要可以分为生理需要和社会需要。生理需要是指个体为维持生命和延续生命，对衣、食、住、睡眠、安全等基本生存条件的需要。这种需要是人作为生物有机体与生俱来的，是由消费者的生理特性决定的。社会需要是指消费者在社会环境的影响下所形成的、带有人类社会特点的需要，如社会交往的需要、对荣誉的需要、自我尊重的需要、表现自我的需要等。这种需要是人作为社会成员在后天的社会生活中形成的，是由消费者的心理特征决定的，又称为心理需要，它对维系社会的存在和发展有重要的作用。

（二）根据需要的对象划分

根据需要的对象，消费者需要可以分为物质需要和精神需要。物质需要是指对与衣、食、住、行有关的物品的需要。在生产力水平较低的社会条件下，人们购买物质产品，在很大程度上是为了满足其生理性需要。但随着社会的发展和进步，人们越来越多地运用物质产品体现自己的个性、成就和地位，因此，物质需要不能简单地对应于前面所介绍的生理需要，它实际上已日益渗透着社会需要的内容。精神需要是指消费者对精神生活和精神产品的需要，如对科学、技术、文化、教育、艺术、知识、道德、审美、健身等的需要，还包括对人们之间的相互理解、沟通、友情、关心和情感交流的需要等。精神需要是人的高层次需要，是人们掌握知识、追求真理、探索自然和社会发展规律的动力。

⊠ **小案例：**

百雀羚的怀旧营销

怀旧营销

百雀羚的广告片《时光是最好的礼物》描述了一个以20世纪六七十年代为背景的爱情故事。男女主人公相知相爱，不顾家人的反对坚持在一起，可没想到男主人公因为一场意外而进入了监狱，在狱中他患上了阿尔兹海默症，忘记了女主，直到见到女主曾经送给自己的礼物——百雀羚才恍然想起。

（资料来源：MAIGOO知识，2020-04-26）

（三）根据需要的层次划分

消费者需要可以分为生存需要、享受需要和发展需要。生存需要是指消费者为了维持生存而产生的对基本生活物品的欲望和要求，如对粮食、空气、水、衣服、房屋等的需要。这是人类最基本的需要。如果这些基本需要得不到起码的满足，就会造成严重的社会问题。

享受需要是消费者为增添生活情趣，实现感官和精神愉悦而产生的欲望和要求，如对文化娱乐、体育健身、旅游、社交活动等的需要。随着社会进步和生产力的发展，享受需要会变得越来越重要。

发展需要是指消费者为发展智力和体力，提高个人才能，实现人生价值而对所需消费品的欲望和要求，如对教育、书籍、电脑、滋补品等的需要。随着现代科学技术的发展，人的发展需要显得更加突出和重要。

（四）根据需要的实现程度划分

按照需要的实现程度不同，消费者需要可以分为现实需要和潜在需要。现实需要是指消费者具有明确的消费意识和足够的消费能力，已经或即将实现的消费要求和欲望。潜在需要是指消费者的消费意识和消费能力目前尚未完全具备，但已列入消费计划的要求和欲望。现实需要与潜在需要因人而异，因具体的消费品而异。例如，购买电脑一类的高科技产品，对有些消费者是消费现实，而对有些消费者还是一种愿望。

⊠ 小案例：

从2020年开始，"人民需要什么，五菱就制造什么！"这句口号成了五菱汽车的"人设"。事实上，五菱汽车也确实做到了这个口号，2020年2月疫情横扫全国，五菱汽车仅仅用了半个月的时间便改造生产线，开始生产口罩、口罩机。2020年6月地摊经济兴起，五菱便专门打造了一款适合摆地摊的售货车。五菱利用实际行动让品牌打上了家国情怀的烙印，也演绎了什么叫作：人民需要什么，五菱就制造什么。

（资料来源：MAIGOO知识，2020-12-11）

第二节　消费者的购买动机

一、动机与购买动机

正常人只要在头脑清醒的时候，任何一种带目的性的行为都是由一定的动机所驱使的，而动机则是在需要的基础上产生的一种心理倾向。动机是一种推动人们为达到特定目标而采取行动的迫切需要，是行为的直接原因。当人的这种需要必须通过购买行为才能获得满足时，便产生了对商品的购买动机。

一般人们有什么样的需要就会相应地产生什么样的动机。例如，人饿了，需要吃东西，只要他有钱，而商店又有食品出售，他就会产生购买食品的动机，动机一旦产生就会推动他到商店去买食品充饥。因此，心理学上把凡是由需要而产生的，引起个人去从事某种活动，并使活动指向一定目标，能激励个人行动，以满足个人需要的主观因素叫作动机。而购买动机是直接驱使消费者进行某种购买活动的内部动力，它反映了消费者在心理上、精神上和感情上的需求，实质上是消费者为满足某些需求采取购买行为的动力。

二、消费者购买动机的功能

购买动机是消费者需求与其购买行为的中间环节，具有承前启后的中介作用。购买动机对购买行为有以下3种功能：

（一）始发和终止行为的功能

动机是人们行为的根本动力，消费者的购买行为就是受购买动机的驱使而进行的。当动机指向的目标达成，即消费者在某方面的需求得到满足之后，就会终止有关具体行为。此时，相同的购买动机会暂时消失，而原有动机获得满足之后，新的动机又会相继而起，从而引起新的消费行为。

（二）指引行动方向的功能

动机不仅能引起行为，而且能使行为指向一定的方向。动机的这种功能在消费活动中表现为：一方面它使人们的购买行为具有一定的目标和方向，即满足人们某方面的需求；另一方面它可以使消费者在购买动机的冲突中进行选择，即首先满足人们最强烈、最迫切的需要。

（三）维持与强化行动的功能

动机的实现大都需要一定的过程。在人们实现目标的过程中，动机将贯穿于行动的始终，不断激励人们为实现目标而努力行动，直至动机的最终实现。另外，动机对人的行动还具有重要的强化作用，即由某种动机引发的行动结果对该行为的再生具有加强或减弱的作用。使人满意的动机结果能够保持和巩固行为，也称为正强化；反之，则减弱和消退行为，称为负强化。

三、消费者购买动机的特征

（一）迫切性

购买动机的迫切性是由消费者的高强度需求引起的。如有人对骑自行车本身不感兴趣，但搬到新家后，上班远了，乘车又不方便，看到邻居骑车上下班很方便，就会产生迫切需要一辆自行车的想法。

（二）内隐性

内隐性是指消费者出于某种原因而不愿让别人知道自己真正的购买动机的心理特点。如某些没有驾照的女孩结婚时，非要让男方买汽车，美其名曰以后使用，实质上其真正的购买动机可能是为了显示自己的身价及富有程度，满足自己的虚荣心。

（三）可变性

在消费者的诸多消费需要中，往往只有一种需要占主导地位（即优势消费需要），同时还具有许多辅助的需求。当外部条件具备时，占主导地位的消费需要将会产生主导动机，辅助性的需要将会引起辅助性动机。主导性的动机能引起优先购买行为。一旦消费者的优先购买行为实现，优势消费需要得到满足，或者消费者在购买决策过程中或购买过程中出现新的刺激，原来的辅助性购买动机便可能转化为主导性的购买动机。

❊ 小资料

凡勃伦效应

2009 年的某天，出产自日本的"一见钟情"和"越光"品牌的一级大米在北京某大型百货商场展出销售。两种大米均为两公斤包装，售价分别高达 198 元和 188 元。然而比中国国内普通大米价格高出 20 倍的日本大米依然得到了消费者的热烈追捧，专门冲着大米来的客户也是大有人在，不到 20 天，12 吨天价大米竟然在北京销售一空。

同样地，在生活中我们总是能看到，款式、皮质差不多的一双皮鞋，在普通的鞋店卖80 元，进入大商场的柜台，就要卖到几百元，却总有人愿意买。1.66 万元的眼镜架、6.88 万元的纪念表、168 万元的顶级钢琴，这些近乎"天价"的商品，往往也能在市场上走俏。

在今天，商品定价越高越不愁销路似乎已经发展成了一种趋势。然而大部分消费者在习惯这种现象的同时却很少有人会去思考这背后的原因，这其实是一个很有趣的经济学现象——凡勃伦效应。

1899 年美国经济学家凡勃伦在著作《有闲阶级论》中提出这一理论：一些商品价格定得越高，就越能受到消费者的青睐。在书中，凡勃伦把商品分为两类，一类是非炫耀性商品，一类是炫耀性商品。非炫耀性商品仅仅发挥了其物质效用，满足了人们的物质需求。而炫耀性商品不仅具有物质效用，而且能给消费者带来虚荣效用，使消费者拥有该商品而获得受人尊敬、让人羡慕的满足感。鉴于此，消费者都会不遗余力地去购买那些能够引起别人尊敬和羡慕的昂贵的商品。

凡勃伦效应折射出的消费心理：

凡勃伦效应其实反映的是人们进行挥霍性消费的心理愿望，也就是说，人们在购物时，往往会因虚荣、攀比等心理因素做出冲动的选择。比如过于执着地追求高价商品，而将价格作为购买决策的一个重要指标。

知名财富管理机构嘉丰瑞德的分析师更简单直白地解释了"凡勃伦效应"（图4-2），所折射出的消费需求，其实是一种盲目攀比，这导致在购物时，你往往会忽略自己当初购物的实际需求，这种非理性的消费还会导致资源及财产的浪费。

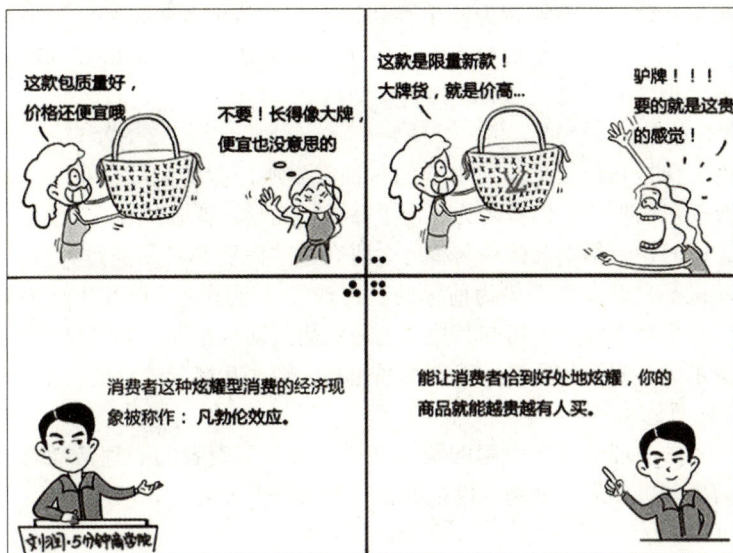

图4-2　凡勃伦效应

凡勃伦效应的应用与启迪：

凡勃伦所提出的，为我们揭示了一个很重要的现象：消费行为在本质上是一种容易受别人引导的活动。在一些发达地区，"感性消费"已经逐渐成为一种时尚，商家可利用消费者的炫耀性心理，在宣传和定价等方面大做文章，让消费者相信该产品或品牌有格调或更好的使用体验，而只要消费者有能力进行这种感性购买时，"凡勃伦效应"就可以被有效地转化为提高市场份额的营销策略。

因此，提升消费水平应以生活更加舒适的目的为主，尽量避开为了"炫耀"而产生的消费。

在未来，随着社会经济的发展，人们的消费行为也会随着收入的增加，逐步由追求数量和质量过渡到追求格调与身份上来，而知晓凡勃伦效应或许会让我们以后的消费更加理性。

（资料来源：搜狐网，2018-01-13）

（四）模糊性

有关研究表明，引起消费者购买活动的动机有几百种，其中最普遍的是多种动机的组合作用。有些是消费者意识到的动机，有些则处于潜意识状态。这往往表现在一些消费者自己也不清楚购买某种商品到底是为了什么。这主要是由于人们动机的复杂性、多层次和多变性等。

（五）矛盾性

当个体同时存在两种以上消费需要，且两种需要互相抵触、不可兼得时，内心就会出现矛盾。这时人们常常采用"两利相权取其重，两害相权取其轻"的原则来解决矛盾。只有当消费者面临两个同时具有吸引力或排斥力的需要目标而又必须选择其一时，才会产生遗憾的感觉。

四、消费者购买动机的类型

由于消费者需要的多样性及客观环境因素刺激的复杂性，使购买动机形成一个多层次、多方面、多形式所表现的结构繁杂的体系。购买动机分为两大类：一类是一般购买动机，另一类是具体购买动机。

（一）一般购买动机

一般购买动机是指建立在消费者为其生存和发展而进行的各种消费活动基础上的，带有普遍性的购买动机。认识一般购买动机对我们进一步分析消费者的具体购买动机具有重要的指导意义，它可细分为生理性购买动机与心理性购买动机。

1. 生理性购买动机

这是指消费者为保持和延续生命而引起的各种需要所产生的购买动机。生理因素是引起消费者的生理性购买动机的根源，消费者为了使生命得以延续，就必须寻求温饱、安全，能够组织家庭和繁衍后代，同时还包括增强体质与智力。所有这些需要都必须通过各种商品来加以满足，购买这些商品的动机都是以生理需要为前提的。在现代社会中，纯粹受生理需要驱使的购买动机是很少的，往往是生理性购买动机与其他非生理性购买动机相混，有时很难加以区分。其混杂的程度一般与消费水平有密切的联系。消费水平越高，则相互混杂的程度就越高。

2. 心理性购买动机

这是指由消费者的心理活动而引起的购买动机。由于消费者的心理活动具有复杂多变的特点，所以心理性购买动机更为复杂和难以把握，它分为以下 3 类：

（1）感情购买动机。

即消费者在购买活动中由情绪和情感变化而引起的购买动机，包括情绪动机和情感动机两种。情绪动机是由消费者的喜、怒、哀、乐、惧、惊等情绪触发的动机。情感动机是由人的道德感、群体感、美感等人类高级情感而引起的购买动机。例如，人们出于爱国而购买国产商品，为加深友谊而购买礼品，为了爱美而购买化妆品等都属于这类动机。情绪动机带有某种冲动性，具有不稳定的特点。而情感动机则具有相对的稳定性和深刻性，往往反映出消费者的精神面貌。

⊠ 小案例：

总有人偷偷爱着你温暖释怀　999 感冒灵颗粒深抓情感营销

看过 999 感冒灵颗粒营销广告的朋友们都知道，影片中讲述了几位主人公经受了生活的灰暗面，而在转折处，陌生人的关心与帮助让主人公的情绪从寒心升至暖意，与现实世界来了一场温暖的释怀，并告诉大家："这个世界并没有那么糟糕，总有人偷偷爱着你。"

999 感冒灵颗粒的营销广告一出，很多人均评论华润三九的营销将会成为医药行业的一股清流，通过情感营销的方式对全社会进行"心灵感冒"的治愈。这场直击"社会的重感冒"的营销事件，既给予我们"别怕"的信念，也造就了现象级的刷屏，华润三九在数字化营销的道路上，玩出了自己的一套，始终为大众带来别样的营销创意和传播方式的范本。

首先，从营销内容角度出发，华润三九以影视剧和综艺为载体，注入品牌 DNA，早在几年前就打响了内容营销的战役，比如 2013 年 999 感冒灵颗粒冠名植入国内首款亲子类真人秀节目《爸爸去哪儿·第一季》，随着节目的火爆，999 品牌的价值也得到了最大化释放，与同类药企相比，华润三九越来越具有娱乐范儿；2015 年在《医馆笑传》《何以笙箫默》等影视剧中试水，2016 年稳步推进执行《欢乐颂》《翻译官》《诛仙青云志》等内容植入影视剧项目。此外，还与《亲爱的客栈》《喜剧总动员》《最强大脑》

《妈妈是超人》《我们的挑战》等多档综艺节目形成良性合作，有效地把观众对内容的偏好转嫁到品牌上，增加品牌传播的广度与深度。

不管是在大剧中还是综艺里，华润三九已经走出了一条内容植入的创新之路。那一抹"999感冒灵绿"总会出现在主角的家里或者综艺场景中，时而化身赶走感冒的小帮手，时而带来温馨提示和善意指引，打造温暖的情感关怀，维持品牌好感度。

其次，从营销形式出发，通过搭载优质内容借助创新广告形式实现整合传播，展开全方位立体式的营销攻势，比如在热播大剧《欢乐颂2》中，999感冒灵颗粒在植入电视剧的同时，还尝试创新广告形式"创可贴"，将广告无缝融入剧情场景，实现广告与内容的紧密连接，"包包暖暖的很贴心""打情骂俏，飙车姿势999分"等有趣文案既带动情节发展，又能与观众产生共鸣，让观众在看剧时悄然接收到品牌的软性、趣味信息，潜移默化地增加对品牌的认同感。

在网络自制综艺《妈妈是超人2》里，999小儿感冒药试水"灵犀"互动广告，紧密围绕节目内容及用户特性，让节目的人物、场景等直接成为品牌广告的承载点，根据萌宝的行为与观众进行互动，在不影响观看和暂停视频的情况下，观众则可拉开对话框中参与热点投票或回答互动，真正达到品牌与用户的"心有灵犀"。内容推陈出新，形式别出心裁，这是999感冒灵颗粒营销的"软手腕"。相信，999感冒灵颗粒的营销将会影响和指引互联网营销发展的方向和道路，尤其是对OTC药物品牌的营销来说，意义重大，而总有人偷偷爱着你，是999感冒灵颗粒"软手腕"下的"情感牌"，相信越来越多的人经由此广告会得到释怀。

（资料来源：《消费日报》，2017-12-29）

（2）理智购买动机。

即消费者经过对商品的质量、价格、用途、款式、品种等进行分析、比较以后而产生的购买动机。理智购买动机是建立在消费者对商品能够进行客观认识的基础上的，这要求消费者具有一定的商品知识，一般在生产资料的购买、集团消费品的购买和个体消费者对高档生活用品的购买中较为常见。理智购买动机驱使下的购买活动，比较注重商品的质量，讲究商品的实际使用价值，要求价格便宜、使用安全方便、服务周到等。它具有客观性、实用性、周密性的特点，与消费者的经济收入有较强的相关性。随着消费水平的提高，原属于理智购买动机的商品会逐步转化为感情购买动机的商品。

（3）惠顾购买动机。

它是指消费者基于感情与理智的经验，对特定的商品、商标、牌号和商店等产生特殊的信任和偏爱，而重复、习惯地购买的一种购买动机。这种动机又称习惯性购买动机，因消费者长期惠顾而自然形成习惯，一般不会受到外界环境和其他购买行为的影响，是相当稳定的。形成该动机的原因是多方面的，有可能是商品本身的质量上乘、外观精美、商标信誉等；或是商店的服务周到、商品丰富多彩、价格公平、地点方便等；还可能是生产厂商的社会口碑等在消费者的购买活动中屡经考验，从而在消费者的心目中树立了美好的形象，成为消费者的购买经验。

（二）具体购买动机

现实生活中因为每个人的需要、兴趣、爱好、性格、文化与教育程度、生活经验、风俗习惯、价值观念等的不同，消费者的购买心理要远比一般购买动机复杂、具体得多，常见的有以下几种：

1. 追求实用的动机

这属于理智型心理动机，以追求商品的实际使用价值为主要目的的购买动机，一般发生在日用品的消费中。消费者只愿意购买具有他所认定的使用价值的商品，如果商品的使用价值不明确或徒有虚名而毫无用处，则消费者就会放弃购买。发生这种消费动机的条件有3种：一是消费者已经形成实用性消费观，成为他购买所有商品的一条准则，选购商品把商品的实用性放在第一位；二是消费者的经济实力有限，没有能力追求商品的精美外表或购买价格昂贵、知名度很高但实用性差的商品；三是商品的价值主要表现为它的实用性，消费者没有必要去追求商品个别的特性，如人们对一些日用品的消费，以实用性消费动机为主。比如，甲壳虫汽车的经典广告"它很丑，但是它能带你去想去的地方"，无伤大雅的自黑，把产品的实用性展露无遗。

2. 求新心理动机

这属于感情型心理动机，是以追求商品的新颖为主要目的的心理动机。它的核心是"时髦""奇特"。具有求新心理动机的消费者购买商品时，较为重视商品的款式和流行式样，追求时髦和与众不同，而把商品的实用性和价格的合理性放在次要地位。这种心理动机以经济条件较好的城市男女青年为多，他们购买商品时，容易接受广告宣传和消费潮流的影响，表现出明显的感情性和冲动性，这与青年勇于创新但缺乏经验的心理特征是一致的。如某消费者已有一双质量优良耐穿的皮鞋，现在厂商推出一种款式新颖别致的皮鞋，就又去购买了一双。

紧跟当下的热潮，在产品包装、款式上融入国潮、宫廷、网络语言等流行元素，或通过品牌联合、跨界，进入全新的领域，为消费者带来新鲜感。比如，999感冒灵跨界卖秋裤，以及999皮炎平推出的口红系列，玩转了国潮时尚与新跨界，意想不到的结合给消费者带来无限惊喜。

3. 求美心理动机

这属于感情型心理动机，是以追求商品的欣赏价值和艺术价值为主要目的的心理动机。它的核心是"装饰"和"美化"。具有求美心理动机的消费者购买商品，较为重视商品本身的造型美、色彩美、艺术美，把商品对人体的美化、对环境的装饰、对其身份的表现等作用放在突出位置上，追求商品的美感带来的心理享受。这种心理动机在讲究修饰打扮而又有一定的经济实力的中青年妇女和文艺界的人士中比较多见，这与她们的文化、美学修养和职业特点有关。

4. 求廉心理动机

这属于理智型心理动机，是以追求物美价廉为主要目的的购买动机。它的核心是"价廉"和"物美"。具有求廉心理动机的消费者购买商品时，较为注重商品价格的变动，喜欢选购处理价、优惠价、特价、折价商品，而对其质量、花色、造型、包装等不是很挑剔。这种心理动机与消费者的经济条件有关，但也包括经济收入较高而习惯节俭的人。

◈ 小资料

相比工作多年的都市人群，新青年们往往是初入社会的"打工人"，平衡相对青涩的钱包与潮爆的生活方式，十分重要。来自拼多多新消费研究院的"90后"研究员范日召认为，拼多多恰好满足了这部分人群的需求。她讲述了一个在拼多多平台上关于"68块钱的时尚棉裤"的故事。没有任何的推广，这条裤子在一周之内卖出了10万多条。她在调研中发现，其中某个时间段集中诞生了30~40个订单，于是顺藤摸瓜发现了一个有趣的场景。一个在北方读大学的大一女孩子，在拼多多上购买这条68块钱的棉裤后，认为性价比极高，于是推荐给了宿舍同学，加上"跟单抢红包"的平台游戏，这条68元钱的棉裤从单点裂变到了宿舍，继而带动了全班女生乃至整个学校的一股购买风潮。"这就是性价比对于新青年的力量。"范日召总结说。

（资料来源：《内蒙古晨报》，2020-12-10）

5. 求名心理动机

这属于感情型心理动机，是以显示个人的地位和名望为主要目的的购买动机。它的核心是"显名"和"夸耀"。具有求名心理动机的消费者购买商品时，重视商品的社会声誉和象征意义，以达到显示其生活水平、社会地位和个性特征的心理目的。这种心理动机在购买前往往采取隐含形式，购买后以某种方式表现出来。一般来说，伴随求名心理动机，往往有不适度消费心理和社会攀比心理。

攀比心理

⊠ **小案例：**

香港酒店业有一项新的服务——代客保管剩酒，也就是将顾客喝剩的酒保管起来，陈列在一个精致的玻璃柜内，使所有人都看得见，瓶颈上吊有一个制作精美的卡片，标明主人的身份。这项新服务正是巧妙地把握了消费者的心理动机而受到了欢迎。

首先妙在使顾客的惠顾动机常存。因为大多数顾客在用餐时，首先会想到为他保存剩酒的酒店，待喝光剩酒后又会点要新酒，循环往复下去，酒店生意自然兴隆。其次妙在刺激顾客的炫耀动机。因为稍有身份的顾客总希望放在酒柜里标有自己名片的酒昂贵精美，这样一来顾客挑选的酒类档次越高，酒店的利润也就越多。最后还妙在酒店为自己做了无声的广告。顾客喝剩的酒店家并不自行处理，而是小心翼翼地放进精制酒柜，挂上考究的卡片保存着，这足以使顾客对酒店产生十足的信任感与亲切感。

保管剩酒的做法真可谓一箭三雕、煞费苦心，令人不得不叹服酒店老板独到的生意经。

（资料来源：张小瑞编著，《叩开"上帝"的心扉》，中国商业出版社1994年版）

6. 求信心理动机

这属于惠顾型心理动机，是以追求某一商品或某一商店的信誉和表示信任而经常购买某种商品或光顾某一商店进行购买为主要目的的心理动机。它的核心是"好感"和"信任"。具有这种心理动机的消费者在购买商品时，从经验和印象出发，对某种商品、某个厂家、某个商店、某个营销人员有特殊好感，非此不购。这主要是消费者的个性特征和心理定式的影响所致，一经形成便不易改变。

⊠ **小案例：**

一位从美国归来的访问学者讲述了他在美期间经历的一件事情。一天，他推着购货车在美国一家超市选购货物的时候，不小心将货架上的四瓶红酒碰落，瓶破酒洒。他主动找到售货小姐，表示歉意并愿意赔偿。小姐一面安慰他，并检讨自己照顾不周，一面给经理打电话，且检讨了因自己照顾不周而让顾客受惊。更出乎他意料的是，经理来后，满脸堆笑向他赔不是，掏出手帕为他擦去溅在身上的酒污，一再声称："是我的职员没把货架放稳，责任在我，让您受惊了，实在对不起。"并陪他采购完货物，送出商场。据这位学者说，他那次是倾其囊中所有，装了满满一车回家，并且以后每周一次的购物都要到该商场去。他粗略估了一下，他花在该商场的钱较他弄翻酒瓶所造成的损失多出不止百倍。

思考：此商场经理对待顾客打翻酒瓶一事的处理方式，如何激发了消费者的购买动机？

（资料来源：刘军著，《消费心理学》，机械工业出版社2016年版）

7. 嗜好心理动机

这属于惠顾型心理动机，是以满足个人特殊偏好为主要目的的心理动机。它的核心是"偏好"和"嗜好"。具有嗜好心理动机的消费者经常重复、持续、稳定地去购买某一类个人偏好的商品。这种心理动机与消费者的生活习惯、业余爱好、专业特长、日常感情趣味有关系，也是生活水平提高，消费向深度和广度发展的表现。

8. 从众心理动机

这属于感情型心理动机，是以在购买某种商品方面要求与别人保持同一步调为主要特征的心理动机。它的核心是"仿效"和"同步"。具有这种心理的消费者的购买动机是在相关群体和社会风气的影响下产生的。从众心理往往驱使这类消费者购买和使用别人已经拥有的商品，所以这类消费者一般是不太理智和成熟的。

☒ 小案例：

中国人为什么喜欢买房子？

中国人喜欢房子，确切地说，中国人是喜欢买房子。中国人对于买房子的热衷，这股热潮甚至席卷全球。数据显示，2015年中国资本投资到海外房地产的资金总额达300亿美元，在伦敦、纽约等城市，许多地标性建筑的拥有权都在中国买家手中，瑞士银行预估澳大利亚新造房屋中有1/8将被中国人买走！

哪些中国人喜欢买房子？

1. 有钱人

如果按财产多少来分类，第一类人就是有钱人，但有钱人这个概念很宽泛，简单而言，用土豪这个词可能会更形象，大家可以自行脑补。

根据易居中国数据，有8成以上的中国富豪选择投资房产。银行卡里的0对他们而言，是为下一步投资的流动资产，具有很多不确定性，而且低调的他们在交谈中，也很少会提及自己有多少确切资产，但是房产就不一样了。

曾经有个富豪在采访中说，如果出于商业目的交朋友，提前释放出自己在美国有一幢价值500万美元的别墅，那么朋友就好交很多了。可见房子（特别是豪宅）对于他们而言，是一种身份的象征，也是做生意的一笔谈资。

2. 新富阶层

所谓新富阶层，大家可以自行想象那些富二代，或者年轻的创一代。近日《中国新富理财白皮书》发布，数据显示，中国新富2/3资产用来买房。

或是身傍"大树"或是收入颇丰，对于新富人群而言，房子是一种大家都可见的财产。富二代们对于财产外露的自豪感自不必说，创一代们事业小有成就，用房子来显示其自身的优越感也无可厚非。

3. 普通家庭

经济学上著名的二八理论广泛运用于社会各个层面，但是在买房市场，却不太适用。虽然以上两类人群可能一人拥有两套或多套房源，但中国买房的主力人群，依旧是普通家庭。

对于普通家庭而言，买房最大的需求就是自住，当然随着经济条件的好转，存在大量刚需换改善的情况，但房子归根结底的属性，对他们而言就是一个家，而不会是投资型产品。

中国人为什么喜欢买房子？

将中国人按照财产多少"分割"成各个阶层有些赤裸，阶层不同，买房的动机的确就是不一样。但是国外也有有钱人、没钱的人，他们对于买房的意愿为什么就没有像中国社会这样分裂？

首先，当然是归结于中国传统社会对于房子的执念。古代不同的位分，住相应规格的府邸，《礼记》中记载："天子之堂九尺，诸侯七尺，大夫五尺，士三尺"，再例如《红楼梦》中得知元妃省亲的时候，大观园各角落要装饰得富丽堂皇，房子的模样就意味着整个家的生存状态。

其次，是中国国民心中的不安全感。房子是实物，买了房子是摸得着、看得见、住得上的。基金、股票、证券这些都是屏幕上的数字，对于大多数人而言，只有看得到的，才是自己的，就像我们身边有很多老年人，到现在都宁愿把钱藏在家里，也不愿意把钱存银行。

再次，当然是房子的投资回报，相比于股票、证券、基金而言，一定是高的。10 年前买的股票和 10 年前买的房子，带来的增值空间，两者相比是显而易见的。而银行贷款这一便利，又减少了房子的成本压力，降低了投入门槛。

当然了，中国人买房，有时候也是迫于压力。例如婚房这一概念，在许多西方国家，基本是没有的，但在中国社会几乎是社会公知；好不容易结婚了，生了小孩，为了给孩子更好的上学环境，学区房这一具有中国特色的名词又横空出世。所以如果从这个角度看，中国人其实也是"被"喜欢买房。

（资料来源：新浪网，2016-05-26）

第三节　消费者的购买行为

一、消费者购买行为的含义与特征

（一）消费者购买行为的含义

行为是指人们在外部刺激的影响下，经由内部经验的折射而产生的、具有目的性的活动。它是个体与环境交互作用的结果。人的行为十分复杂，它受人的内部特性和外部环境两方面的影响。由于每个人都是一个独特的世界，虽然在相同的环境下，却可能表现出不同的行为。同时，人的行为也受环境的影响，不同的环境也会导致不同的行为。

如果人的行为发生在消费者的购买活动中，就自然产生了消费者的购买行为。所谓购买行为，就是指消费者为满足某种需要而在购买动机的驱使下，以货币换取商品的行为。每个人为了维持其生存，都必须不断地消费他们所需要的各种物品，以满足其生理和心理需要。所以，消费者购买行为是人类社会活动中最具普遍性的一种行为方式，包括消费者个人或其家庭为满足需要而进行的一切活动，包含寻找、购买、评价商品和劳务等一系列的过程。

（二）消费者购买行为的一般特征

1. 消费者的购买行为与其心理现象紧密相连

消费者的购买行为是消费者心理的外在表现，消费者的心理现象是消费者行为的内在制约因素和动力。消费者的心理活动过程和个性心理特征是消费者心理现象的两个方面，它们制约着消费者的一切经济活动，通过消费者的购买行为具体地表现出来。所以我们在认识购买行为时，必须将消费者的购买活动与人的心理过程和个性心理特征紧密结合起来。

2. 个人的消费行为必然受到社会群体消费的制约与影响

个人不仅是自然人、经济人、有思想的人，而且必然是社会人，是某种社会群体，如一个家庭、一个社会阶层、一个民族或种族等不同集体的成员。作为某种社会群体成员的消费者，其消费行为必然受到所处的自然环境和社会环境的影响。

3. 消费者购买行为具有明确的目的性和很强的自主性

消费是为了满足消费者的需要，消费者购买行为的直接目的是实现消费者的消费动机，所以消费者购买行为的目的是非常明确的。人们到商店购买食品的目的不外乎以下几个原因：一是由于饥饿；二是出于对一种新口味食品的好奇心；三是出于证实他人的说法与广告宣传的内容等。对于消费者购买行为的自主性，则是消费行为区别于其他行为的重要标志之一。任何消费行为的进行都是在人们自主地支付了货币之后才能实现的，现代商业的发展使消费者支付货币的时间具有更大的灵活性，但支出相应的货币才能获取商品的所有权与使用权这一基本前提并没有发生本质的变化。这决定了消费行为必然要以自觉自愿地支付货币才能取得商品的所有权为特征，即消费者的购买行为是自主地进行的。

4. 消费购买行为具有很强的关联性

关联性有两种表现：当消费者满足一种消费需要实现一种消费动机时，他可能会为了得到更加满意的消费效果，而对另一些相关商品产生消费需要和消费动机，如人们购买西服，一般都需要相应的领带、衬衫及合适的皮鞋等商品与之配套，这是消费行为关联性的表现之一；当消费者满足了一种消费需要或实现了一种消费动机的时候，还可能产生新的消费需要，并激发新的消费动机。如上述消费者在购买西服及配套商品后，发现穿上西服后人的精神状态发生了变化，希望自己内在的气质也有所改变，于是增加了对知识的渴望，从而激发了受教育的需要，产生购买书籍的动机，这是消费者购买行为关联性的又一种表现。

5. 消费者购买行为具有发展变化性

消费者购买行为是人类社会行为的一个组成部分，随着社会各种条件的发展而不断变化发展。消费者本人的生理、心理的变化，如年龄的增加、消费习惯的改变、某一时间内的情绪与情感的变化、个人生活中的重大改变等，都会对购买行为带来影响。从社会环境来看，社会的风俗习惯会因时间的推移而改变原来的面貌，消费的时尚、潮流等也会不断更新，消费者所处世界的物质文明与精神文明都会不断提高，所有这些都有可能改变消费者的购买行为。

二、消费者购买行为的类型

（一）根据消费者购买行为的不同态度分类

1. 习惯型

消费者在消费过程中，对某些品牌的商品具有特殊的感情，喜欢购买并长期使用。这种类型的消费者往往认定一种或几种品牌的产品，一家或几家商店的商品，购买时习惯于去自己熟悉的商店，而且在购买商品时成交速度快，购买行为表现出很强的目的性。这种购买类型的人，其购买建立在了解或信任的基础上，较少受广告宣传和时尚的影响。

拼多多女性消费报告："90后""00后"女生成消费新主力

◆ **小资料**

八大消费者行为惯性：揭开人类不理性的癖好模式

什么是行为经济学（Behavioral Economics）？行为经济学以心理学及经济学为基础，研究影响决策过程的心理因素，揭开消费者"非理性经济"而影响行为的真面目。经济学认为消费市场及消费者趋向理性思考，人们往往会选择在最有利的条件下做出最适当的决策；相反地，行为经济学却告诉我们："错！人们并不如自己想象中的理性！"让我们来看看：

促发效应（Priming Effect）——感知暂存而影响行为：人们"上一秒"所听到的、看到的资讯，会促发"下一秒"的认知处理，甚至应用到也许不相关的情境中。假设你正要做一题选择题，出题者在这时说："听说亚洲人的数学很好！"不论实际上有没有必要，接下来你会自动地用数学运算的逻辑来思考题目。

损失厌恶（Loss Aversion）——负面影响大过于正面：研究指出，当人们面对同样程度的获利和损失时，损失带来的负面感受是获利带来的正面感受的两倍；也就是说，痛苦比快乐的感觉更加强烈；因此，人们在做决策时，容易过于偏颇地看重损失的程度。

框架效应（Framing Effect）——包装方式：当两个选项的内容、事实或期望值相同，却因为被赋予的"框架"（描述、包装方式）不同，进而影响人们对于选择的观感。

当选项以获利的方式陈述时，人们倾向于避免风险；当以损失的方式陈述时，人们则倾向于寻求风险。另外，反映上面所提到的损失厌恶，若将选项套上损失框架（Loss Framing），可产生比套上获利框架（Gain Framing）更显著的效果。

身体标记（Somatic Marker）——身体会帮消费者记住：身体标记将过去的"经验或情绪"及"必要反应"做联结，未来面对类似情境时，大脑身体标记会做出提醒，制约人们往同样的方向思考及做决定。比如说，你去了一家印度餐厅，食物不干净且服务态度很差，这个不愉快用餐经验在你脑中做下了标记，从此以后当朋友再提议去任何印度餐厅，你会有意识或无意识地产生排斥的心态。

情绪型决策（Emotional Decision Making）：在我们的大脑中，主导情绪产生的"杏仁核"（Amygdala），比起主导理性思考的"腹内侧前额叶皮质"（Ventromedial）反应得更即时、更强烈。因此当消费者第一时间看到产品时，容易因为自己的"情绪观感"而影响购买决策。然而，最好的产品营销要能同时兼顾消费者的感性及理性需求，满足他们情绪上的感受及喜好，同时也提供产品优势、作用及数据来协助他们强化购买的合理性。

信任激素（Oxytocin：The Trust Hormone）：催产素，又称信任激素，是人类大脑中所释放的一种生理激素，于分泌时会提升对目标对象的情感联结，并建立信任感、安全感及满足感，进而可影响决策行为。信任激素在日常生活中时常产生作用；例如，当你在 Facebook 上查看朋友的文章时，你脑中的信任激素同时也在提升。在营销及公关操作上，也常透过消费者所"信任"或"喜欢"的人来加强讯息。

同质性及社会认同（Homophily and Social Proof）：俗话说物以类聚，人们容易被性质类似的人吸引，寻求有归属感、熟悉感的群体；而因为害怕被孤立或排除在群体之外，人们会依据"所属群体"的做法，来判断自己应该怎么行动。不管是日常中该不该省电、住饭店时该不该配合续用浴巾的环保措施，还是在宴会上应该如何使用餐具，如果我们看到周围的人在某种场合做某件事情，我们就会断定这样做是有道理、有意义的。这样的现象在社交上更是常见。

确认偏误（Confirmation Bias）：人们时常固执地坚持自己的立场，不停地采用及搜集证据，去支持自己的观点，并且忽略或否定与既有意见相左的资讯，把一切新资讯解释成符合自己的论点。因此，不要尝试"理性"地用事实和证据来改变其他人的想法、告诉他人错在哪里，而是运用上述的信任激素及社会认同，建立一个可提供归属感的社群，或是塑造受信任的人为典范，进一步改变他人的想法。

上述这些"行为经济学"的心理，充斥在消费大众、社交网络及媒体之间；身为营销/社群达人，应该灵活地搭配运用各种人类与生俱来的"不理性"。在传播对象尚未发现的情况下，改变他们的认知、决策行为，聪明地、漂亮地、不留痕迹地达到所期望的最终效果。

（资料来源：今日财富，2015-01-26）

2. 理智型

这类消费者善于观察、分析和比较，有较强的选择商品的能力。他们在采取购买行为前，注意收集商品的有关信息。购买时慎重、理智、不受他人及广告宣传的影响，挑选商品仔细、认真。在整个购买过程中保持高度的自主，并始终由理智来支配行动。

3. 经济型

这类消费者有经济头脑，对收支统筹安排，计划性强，选择商品的能力也比较强。这种类型的消费者对价格的变化非常敏感，选价心理比较严重，往往以价格的高低作为选购商品的标准。具体又有两种情况：一种是对同类商品中价格较低者感兴趣，认为经济实惠，这类消费者对商品价格的差异性特别敏感，削价、优惠价、折扣价等对他们有很强的吸引力；另一种是对同类商品中价格较高者感兴趣，认为价格高，质量一定会好，这类消费者对优质名牌商品特别青睐。

4. 冲动型

这类消费者选购商品的能力不强。他们个性心理反应强烈、敏感，情感变化快而不稳，没有明确的购买计划，选购商品考虑不周到，往往受商品的外观、广告宣传、推销活动等外界因素的影响，对商品不去进行分析比较，草率购买而且买后常常后悔。

5. 从众型

从众型消费者缺乏主见，对所购商品不去分析、比较，常常受众多人同时购买趋向的影响，只要众多人购买、消费者就认为不错，从而自己也去购买。这种消费者比较常见，在服装、服饰等方面表现比较突出。

6. 疑虑型

这类消费者的心理特征表现为优柔寡断，在购买中虽然细致、谨慎，但犹豫不决、拿不定主意。他们可能是性格内向，也可能是新购买者或者是奉命购买者。

7. 想象型

他们的感情丰富，想象力强，常常因商品的款式、颜色、包装等外形美而引起联想。同时，也容易受购物环境和营销人员提供的服务的感染，因此心血来潮，促成购买行为。

（二）根据消费者购买目标的选定程度分类

1. 确定型

确定型即消费者在具体购买前，已有明确的购买目标，对所要购买商品的种类、品牌、价格、性能、规格等早已确定，并能提出具体而明确的要求，一旦商品符合意愿就果断购买。这一购买行为的全过程都是在非常明确的目标指导下完成的。

2. 半确定型

半确定型就是消费者在购买商品前，对所需要商品已有一个大体的认识，但对一些具体情况还缺乏了解，在购买时仍需要进行进一步的了解、判别与比较，直至达到满意后才决定购买。由于他们在销售现场的注意力还比较分散，指向性也不集中，还在各种商品之间犹豫，所以他们需要与营销人员进行信息交流。营销人员可见机参谋，以坚定其购买决心。

3. 不确定型

这种类型的消费者没有明确的购买目的，他们只是由于顺路或散步进入商店，漫无目的地浏览商品。若能唤起其需要，有了购买目标，消费者会马上发生购买行为。但也可能在浏览一番之后不买任何东西。能否发生购买行为，与商店内外部环境及消费者的心理状态有关。对这类消费者，营销人员应主动热情服务，尽量引起他们的购买兴趣。

（三）根据消费者对商品的认识程度分类

1. 深涉型

这类消费者对有关商品的知识有较深入的了解，能通过各种手段对商品有较为全面的判别。在购买过程中，他们善于比较和挑选，比较自信并能向营销人员提出各种商品技术方面的细节问题，有把握按照自己的意愿购买商品。

2. 浅涉型

这类消费者对所购商品的知识只有粗浅的了解，他们期望营销人员提供更丰富的商品知识，加深自己对该商品的认识。他们有时对商品有一些似是而非的认识，这会影响他们的购买选择。这类消费者所占比例较多。

3. 初涉型

他们对某些具体的商品缺乏认识，也缺乏购买和使用的经验，在购买过程中表现为走两个极端：要么是不假思索，在营销人员的推荐下毫不犹豫地购买；要么是犹豫不决，希望营销人员更深入地介绍商品。

（四）根据消费者介入的程度和所购商品的品牌差异程度分类（表4-1）

表4-1 根据消费者介入的程度和所购商品的品牌差异程度分类

品牌差异程度	购买参与程度	
	高	低
大	复杂的购买行为	寻求多样性的购买行为
小	减少失调感的购买行为	习惯性的购买行为

1. 习惯性的购买行为

对于价格低廉、经常购买、品牌差异小的产品，消费者不需要花时间进行选择，也不需要经过收集信息、评价产品特点等复杂过程，因而，其购买行为最为简单。消费者只是被动地接收信息，出于熟悉而购买，也不一定进行购后评价。这类产品的营销人员可以用价格优惠、电视广告、独特包装、销售促进等方式鼓励消费者试用、购买和续购其产品。

2. 寻求多样性的购买行为

对于品牌差异明显的产品，消费者不愿花长时间来选择和评估，而是不断变换所购产品的品牌。这样做并不是因为对产品不满意，而是为了寻求多样化。针对这种购买行为类型，市场营销人员可采用销售促进和占据有利货架位置等办法，保障供应，鼓励消费者购买。

3. 减少失调感的购买行为

对于品牌差异不大，消费者不经常购买，而购买时又有一定的风险，所以消费者一般要比较、看货，只要价格公道、购买方便、机会合适，消费者就会决定购买；购买后消费者也许会感到有些不协调或不够满意，在使用过程中，会了解更多情况，并寻求种种理由来减轻、化解这种不协调，以证明自己的购买决定是正确的。经过从不协调到协调的过程，消费者会有一系列的心理变化。针对这种购买行为类型，营销人员应注意运用价格策略和人员推销策略，选择最佳销售地点，并向消费者提供有关产品评价的信息，使其在购买后相信自己做了正确的决定。

4. 复杂的购买行为

对不常购买的贵重产品，由于产品品牌差异大，购买风险大，消费者需要有一个学习过程，广泛了解产品性能、特点，从而对产品产生某种看法，最后决定购买。对这种复杂购买行为，营销人员应采取有效措施帮助消费者了解产品性能及其相对重要性，并介绍产品优势及其给消费者带来的利益，从而影响消费者的最终选择。

三、影响消费者购买行为的主要因素

消费者的购买行为，从表面上看是个人的经济行为，从事物的内在联系及其发展角度看，消费者的购买行为受到多种复杂因素的影响。主要影响因素可以分为文化因素、社会因素、个人因素和心理因素四大类（表4-2）。每个因素对消费者购买行为的影响程度都有所不同，其中影响最深远的是文化因素，它影响到社会的各个阶层和家庭，进而影响到每个人的行为和欲望。个人心理特征对消费者的购买行为起着直接的、决定性的作用。若商品流通企业要准确地把握消费者购买行为，必须分析影响消费者购买行为的有关因素。

表4-2　影响消费者购买行为的主要因素

文化因素	社会因素	个人因素	心理因素
文化 亚文化 社会阶层	相关群体 家庭 社会角色	年龄和生命周期 阶段 职业 经济状况 生活方式 个性和自我概念	动机 知觉 学习 信念和态度

⊠ 小案例：

拼多多发布宅家十大热销商品

从2020年1月24日开始，中国数亿消费者过上了"宅生活"。"宅家为国"时期，大家在家里都如何打发时间？近日，拼多多公布的一组榜单显示，这段时间，中国消费者最经常做的事是"理发、打蛋、试口红"。

2020年2月19日，新电商平台拼多多发布"宅家十大热销商品"榜单。该榜单基于对2020年1月24日—2月14日平台口罩、酒精、水果、蔬菜外其余商品的"销售量""搜索次数"及"分享次数"3个维度数据的增长情况进行综合统计，得出同比增长最快的10件商品。最终，"理发器""口红""家用乒乓球训练器""睡衣""吃鸡神器"等10件商品上榜。拼多多发布"十大宅家热销商品"，其中，理发器、口红的销售量、搜索次数、分享次数都出现了3倍以上增长。

1. 宅家"逼出"新技能，假期孕育家庭理发师、大厨

宅家将近30天，第一个问题是理发。民间把"二月二"称作"剃头日"，可如今理发店还没开门。不少消费者决定自己动手，拼多多平台上"理发器""宠物剃毛器"等商品的订单量，较2019年同期均有大幅提升。统计期内，拼多多平台上，理发器搜索次数同比增长410%，包括飞科、奥克斯、志高等品牌在内的数十款理发器销量同比上涨290%。部分商品销量短时间内突破10万，平均同时在线拼单人数超过1000；理发器商品GMV超过3000万元，按照30元的单价计算，这相当于全国消费者一周买了100万台理发器。拼多多上一位理发器卖家表示，春节期间的订单量已超过2019年全年，"多亏我及时撤下商品链接，不然后面就发不出货了。"一周时间，拼多多平台理发器商品GMV超过3000万元，超过100万人在家自助理发。除了理发，做饭也成为不少人的爱好。最近社交媒体上流行"电饭煲蛋糕"，打蛋器作为必不可少的烘焙工具之一，成功登上厨具类畅销榜的王座。平台数据显示，打蛋器销售量同比增长260%，搜索次数同比增长310%。大厨们买打蛋器，只是用户爱做饭的缩影。据拼多多此前披露的数据，"春节不打烊"活动中，水果生鲜、方便速食、休闲零食类目下，超过1000种商品销量破10万。

2. 美貌与身材不可荒废，口红、健身器材销量攀升

尽管疫情期间大家都不出门，但女生购买美妆产品的热情，并没有被口罩掩盖。统计期间，拼多多口红销量同比增长了270%，分享次数同比增加310%。"百亿补贴"活动中多款大牌口红价格在100~200元，MAC子弹头、迪奥亮光999等平价口红，成为销量增长的主力。此外，日常护肤品如面膜、精华水等商品销量也逆势增长。拼多多百亿补贴后的进口口红在疫情期间销量表现出色，平价电动打蛋器销量暴增26%。调研中，部分女性用户解释道："口红不用花很多钱，就能满足购物欲。"也有消费者认为，"在家也要保持好的精神状态，画个口红是最简单的办法。"

疫情引发了人们对健康的重视。春节期间，瑜伽垫等瑜伽装备订单量显著增长，是2019年的3.5倍。脚蹬拉力器、臂力棒、握力器等中小型健身器材销量也比2019年多了1倍，大型健身器材销量也迎来上涨。另外，健身器材中相对小众的"筋膜枪"，每天也能卖出数万单。

3. 吃鸡神器与护眼台灯，娱乐还是学习面临"二选一"

疫情期间，手机游戏成为年轻人的主要消遣。其间，拼多多上"吃鸡神器"搜索量暴涨237%，数款游戏辅助设备销量累积突破10万。游戏还带动了数码家电的销售，平台游戏主机+电脑屏幕的平价组合累计售出15万套。与此同时，任天堂Switch、索尼PS4游戏本等高单价游戏设备销量也同比上涨了130%。2020年2月3日，各地中小学生陆续开课。之后一周，拼多多上"学生电脑""学生平板""网课"等关键词搜索次数，累计超过3 000万次，相关数码产品订单超过20万单。数据统计期间，拼多多平台学习用品、教材教辅类商品整体销售量，较2019年同比上涨178%。教材教辅中，英语、物理最受消费者关注。名人传记、唐诗宋词、励志图书也广受消费者青睐。与此同时，平台上其他学习用品，如护眼台灯、看书架、U盘、平板电脑、耳机等商品的订单数也保持高速增长，平均同比涨幅超过140%。过往与"爆款"无缘的商品，疫情期间也意外畅销。比如，家用乒乓球训练器、积木拼图玩具等多款玩具销量突破10万，睡衣销量同比2019年增加190%。而便于用手机看视频、看电影的手机支架和情趣用品等适合居家日用的商品销量也均有大幅提升。

拼多多新消费研究院研究员范日召认为，这些商品的意外畅销，其实是当前及未来新消费势能即将释放的信号，预计疫情过后，中国消费市场还会迎来更大的反弹。

（资料来源：北晚新视觉网，2020-02-19）

（一）文化因素

文化、亚文化和社会阶层等文化因素，对消费者的行为具有最广泛和最深远的影响。文化通常是指人类在长期生活实践中建立起来的价值观念、道德观念以及其他行为准则和生活习俗。任何文化还都包含着一些较小的群体或所谓的亚文化群，如民族亚文化群、宗教亚文化群、地理亚文化群等。它们以特定的认同感和影响力将各成员联系在一起，使之持有特定的价值观念、生活格调与行为方式。在一切人类社会中，还都存在社会阶层。具有相似的社会经济地位、利益、价值观倾向和兴趣的人组成的群体和集团就是社会阶层。

⊠ 小案例：

大宝护肤品：工薪阶层的选择

大宝是北京市三露厂生产的护肤品，在国内化妆品市场竞争激烈的情况下，大宝不仅没有被击垮，而且逐渐发展成为国产名牌。在日益增长的国内化妆品市场上，大宝选择了普通工薪阶层作为销售对象。既然是面向工薪阶层，销售的产品就一定要与他们的消费习惯相吻合。一般来说，工薪阶层的收入不高，很少选择价格较高的化妆品，而他们对产品的质量也很看重，并喜欢固定使用一种品牌的产品。因此，大宝在注重质量的同时，坚持按普通工薪阶层能接受的价格定价。其主要产品"大宝SOD蜜"市场零售价不超过10元，日霜和晚霜也不过是20元。价格同市场上的同类化妆品相比占据了很大的优势，本身的质量也不错，再加上人们对国内品牌的信任，大宝很快赢得了顾客。许多顾客不但自己使用，也带动家庭其他成员使用大宝产品。大宝还了解到，使用大宝护肤品的消费者年龄在 35 岁以上者居多，这一类消费者群体性格成熟，接受一种产品后一般很少更换。这类群体向别人推荐时，又具有可信度，而化妆品的口碑对销售起着重要作用。大宝正是靠着群众路线获得了市场。

（资料来源：吴国章著，《市场营销实务》，北京理工大学出版社 2008 年版）

（二）社会因素

消费者购买行为也受到相关群体、家庭、角色等一系列社会因素的影响。

1. 相关群体

相关群体是指对消费者的态度和购买行为具有直接或间接影响的组织、团体和人群等。消费者作为社会一员，在日常生活中要经常与家庭、学校、工作单位、左邻右舍、社会团体等发生各种各样的联系，因而，亲戚、朋友、同学、同事、邻居都可能对其购买活动产生这样那样的影响，他们就成为其相关群体。尤其在中国，顺从群体意识是中国文化的深层结构之一，因此人们往往有意无意地按照或跟随周围人的意向决定自己购买什么、购买多少。

2. 家庭

家庭是社会组织的一个基本单位，也是消费者最基本的相关群体之一，因而家庭对消费者购买行为的影响显然最强烈。一个人从出生就生活在家庭里，家庭在个人消费习惯方面给人以种种倾向性的影响，这种影响可能终其一生。而且，家庭还是一个消费购买决策单位，家庭各成员的态度和参与决策的程度，都会影响到以家庭为消费购买单位的商品的购买。

3. 角色

角色是指个人在群体、组织及社会中的地位和作用。一个人在一生中会参加许多群体，如家庭、班级、俱乐部及其他多种社团组织。每个人在各个群体中的位置可用角色身份来确定，在不同的环境中扮演着不同的社会角色，塑造不同的自我，具有不同的行为。每一种身份都对应一种地位，反映社会对他的评价和尊重程度。消费者往往综合考虑自己的身份和社会地位做出购买选择，许多产品和品牌由此成为一种身份和地位的标志或象征。因此，角色身份的不同会在很大程度上影响消费者的购买行为。

（三）个人因素

消费者购买行为受其个人因素的影响，这些因素主要包括以下几种：

1. 消费者的经济状况

经济状况直接决定了消费者的购买力，从而决定他们能购买哪些商品和购买的数量。经济状况主要取决于可支配收入的水平、储蓄、资产、借贷能力，以及对花费和储蓄的态度。如果某个人有足够的可支配收入、储蓄、借债能力，他更喜欢花钱而不是储蓄，那么这个人是高档、时尚商品的购买者。

2. 消费者的职业和地位

不同职业的消费者，对于商品的需求与爱好往往不尽一致。一个从事教师职业的消费者，一般会较多地购买书报杂志等文化商品；而对于时装模特儿来说，漂亮的服饰和高档的化妆品则更为需要。消费者的地位不同也影响着其对商品的购买。身在高位的消费者，将会购买能够显示其身份与地位的较高级的商品。

3. 消费者的年龄与性别

消费者对产品的需求会随着年龄的增长而变化，在生命周期的不同阶段，相应需要各种不同的商品。如在幼年期，需要婴儿食品、玩具等，而老年期则更多需要保健和延年益寿产品。不同性别的消费者，其购买行为也有很大差异。烟酒类产品较多为男性消费者购买，而女性消费者则喜欢购买时装、首饰和化妆品等。

4. 生活方式

生活方式是一个人在生活中所表现出来的活动、兴趣和观点的综合模式。来自同一社会阶层、同一亚文化群体，甚至同一职业的消费者，可能具有不同的生活方式。商品流通企业要研究商品和品牌与具有不同生活方式的各群体之间的关系。例如，一个家用电脑公司发现其商品的目标消费者是具有成就型的知识工作者。

5. 个性和自我概念

人的个性和自我概念不同都会影响其购买行为。

（1）个性。消费者的个性构成了消费者千差万别的购买行为。例如，有些人走进商店，喜欢与售货员交谈、开玩笑……表情外露，这些人容易受售货员的宣传而购买商品。而有些人走进商店，沉默寡言、动作迟缓、内心活动复杂而感情不外露，这些人不容易受售货员的宣传而购买商品。

（2）自我概念。自我概念或称自我形象，是指个人对自己的能力、气质、个性等特征的自我评价。例如，有些人购买服装时，只要自己认为这种服装的式样、颜色符合自己要求，不管别人看法如何，立即购买。而有些人购买服装时，见到一种服装的式样、颜色比较符合自己的要求，他不会立即购买，先要征求一下他人的意见。如果有人说不好看，他就不会购买，反之，则立即购买。可以看出，消费者在选购商品时，自我概念会影响其购买行为。

（四）心理因素

（1）动机。动机迫使人们采取相应的行动来获得满足。

（2）知觉。这个世界充满了各种刺激。人们对同一刺激物会产生不同的知觉。

（3）学习。学习是由于经验所导致的感觉、态度和行为的改变。消费者在购买和使用商品的过程中，逐步获得和积累经验，并根据经验调整购买行为。消费者爱好的形成，偏爱的产生，都是通过消费实践学习得来的。

（4）信念和态度。人的信念和态度都会影响购买行为。

> ❖ **小资料**
>
> 一般来说，影响消费者购买行为的因素有个人因素、心理因素、经济因素和社会文化因素等多个方面。随着时代的变迁，影响消费者购买行为的因素也在悄然变化着，消费者的购买诉求、选择标准、交易过程以及完成购买行为的影响因素都有了新的变化，无论对于生产者还是销售者都是值得关注和研究的。
>
> 求新求异的消费者日益增多。现在的市场已经成为买方市场，生产者和销售者必须认真研究消费者的消费需求变化。有越来越多的消费者开始不断尝试新产品、新服务、新技术，消费者经常主动去搜索新品牌、新市场，很多消费者开始喜欢独一无二的个性化产品，喜欢彰显个性的、与众不同的感觉，并且这类消费者的爱好总是在求新求异。而保守型的消费者只是偶尔尝试新产品、新服务，并且更加偏爱他们熟悉的品牌，这一点与求新求异的消费者有很大不同。
>
> 对品牌的忠诚度在减弱。有关数据显示，有大约6%的消费群体对大品牌是极度忠诚的，他们不会轻易尝试或购买新服务，但这个群体人数比例在逐步减小；有大约1/5的消费者因为懒得改变长期以来养成的习惯而经常购买他们过去喜爱的品牌；还有更多的人在新的消费形势下，开始逐步尝试新的品牌、新的机会。他们喜欢在求新求变中寻找更符合他们诉求的产品和服务。所以对于品牌商来说，必须不断巩固既有优势、挖掘新的潜力、延伸新的业务，在主动求新求变中满足消费者的新诉求。互联网时代的到来使消费者的购买过程从过去的货比三家变为了货比多家，他们拥有更多选择不同品牌的机会。因此营销人员需要更多了解把握消费者的心理变化和爱好，才能更好地完成销售行为。

价格不再是购买行为的唯一驱动因素。毋庸置疑，价格的高低对于购买行为的影响是很重要的，但价格对购买行为的影响力有逐步减少的趋势。现在的消费者在选择新品时往往容易被低价所吸引，引起消费者对产品和服务的关注，但是最终打动消费者完成消费行为的往往是产品或服务的内在优质属性和品质。因此降价促销活动一般会吸引消费者的关注，但是最终完成购买行为需要产品或服务的高品质、实用性、便利性，当然还有性价比等因素。因此品牌商在给新品定价时要充分考虑产品的质量、功能、实用性等因素，尽量最大限度满足消费者的各种需求。

社交媒体评价成为影响购买行为的重要因素。随着新媒体时代的到来，社交媒体的影响力越来越大，一个产品或服务在社交网站、微信朋友圈、微博、博客等媒体上的社会评价已经对人们的观念和认知产生了很大影响，现在越来越多的人通过社交媒体浏览新闻和了解世界，其传播的信息成为人们浏览互联网的重要内容，一个产品或服务在这个圈子的社会评价高低，成为影响购买行为的重要因素。因此现在的商家也开始重视在自媒体平台的口碑评价。

（资料来源：《消费日报》，2019-09-19）

第四节　消费者的购买决策

一、消费者购买决策的定义

决策是指人们为实现某种目的，从思维到做出决定的过程。具体而言，是指人们为了达到预定的目标而采用科学的方法，对两个或两个以上的方案进行合理选择的过程。决策是否正确关系到事业的成败，企业的生死。因此，无论是企业或个人都希望能够做出正确的决策。

消费者的购买决策，就是指消费者在明确的购买目的前提下，对两个或两个以上的购买方案进行合理选择，最终达成购买决定的活动。它是购买目的的确定、购买动机形成和购买方案抉择的过程，是购买行为实施前极为重要的准备过程。

正确的决策可以使消费者以较少的费用、时间，购买称心如意的商品，使消费者获得最大限度的满足感。而错误的决策，则会使消费者的个人资源发生浪费，其需要无法或得不到完全满足，甚至于导致不同程度的心理挫折，进而影响以后的购买行为。所以，购买决策是消费者购买过程的一个重要环节。

⊠ 小案例：

家庭购买汽车决策

北京新华信息市场咨询公司（以下简称"新华信息"）采用拦截访问的方式，在北京亚运村汽车交易市场共成功访问到206位被访者，经分析得出如下结论：

1. 多数人决策周期在6个月左右

汽车是"大件"，一般认为，越是大件，购买决策的时间越长。然而事实却令人惊讶，购车家庭的决策周期远比想象中的要短。

被访者对"从您家开始决定买车到最终购买，大约需要几个月？"问题的回答，最有代表性的决策周期是6个月。26.7%的购车家庭决策周期正好是6个月，同时累计有74%的购车家庭是在1~6个月完成购车的。

2. 家庭购车仍是男人主导，但女性作用不可忽视

男人与汽车似乎有剪不断的情缘。汽车之于男人，如同衣服之于女人。正如研究人员所预料的那样，男性在家庭购车决策中仍然占主导地位。调查显示，在已婚家庭中，女人占1/3的决定权，也就是说，在汽车刚刚进入家庭的中国，女性的决策地位只有男人的一半。

尽管如此，研究人员分析，女性决策的未来走势将会看好。根据新华信息的调查研究，对于一些较为复杂的消费品，如电子/数码产品、汽车、互联网等，男性对新事物的接受速度比女性快，因此理所当然地充当了市场领导者的角色（这也许和男性喜欢冒险的天性有关）。但随着这种产品的普及（在消费者中的拥有率达到一定程度），女性将逐渐成为推动市场增长的主力。

3. 单身与已婚家庭购车决策差异大

已婚家庭是私人购车的主要力量。调查显示，有22%的购车人是单身。很显然，与已婚家庭相比，单身决策时主要是自己做主（74%），而已婚者无论男性还是女性，都必须和配偶商量。在已婚家庭中，男性被访者声称自己做主的成分占到63%，女性被访者声称自己做主的成分占到52%。鉴于男性被访者多于女性被访者，推算出已婚家庭平均男性占到58%的决策权，女性占到35%的决策权。

同时，单身和已婚家庭都会适当邀请其他人参与购车决策。除本人和配偶外，参与者还包括其他家人和朋友。在已婚家庭，其他家人会参与7%的决策；单身不仅积极地邀请未婚妻/夫（6%）、其他家人（18%），还会有朋友们参与进来（2%）。

（资料来源：荣晓华著，《消费者行为学》，东北财经大学出版社2002年版）

二、消费者购买决策的内容

消费者购买决策的内容主要有以下几个方面：

（一）为什么买（Why）

权衡购买动机。消费者的购买动机是多种多样的，同样购买一台洗衣机，有的是为了节约家务劳动时间，有的是为了规避涨价风险，有的人则为了显示富有。

（二）买什么（What）

确定购买对象。这是决策的核心和首要问题。不仅要确定购买哪一类商品，还要确定具体的对象及具体的内容，包括商品的名称、品牌、款式、规格和价格。

（三）买多少（How）

确定购买数量。购买数量一般取决于实际需要、支付能力及市场供应情况。如果市场供应充裕，那么消费者不急于买，买的数量也不会太多；如果市场供应紧张，那么即使目前不是急需或支付能力不足，也可能负债购买。

（四）在哪里买（Where）

确定购买地点。购买地点是由多种因素决定的，如路途远近、可挑选的品种数量、价格以及服务态度等。它既与消费者惠顾动机有关，也与消费者的求廉动机、求速动机有关。

（五）何时买（When）

确定购买时间。购买时间也是购买决策的重要内容，它与主导购买动机的迫切性有关。在消费者多种购买动机中，往往由需要强度高的动机来决定购买时间的先后缓急；同时购买时间也与市场供应状况、营业时间、交通情况和消费者可供支配的空闲时间有关。

（六）如何买（How）

确定购买方式。购买方式包括是选择函购、邮购、网购、预购还是代购；是付现金、开支票，还是分期付款等。

三、消费者购买决策的过程

消费者的购买决策因为受到很多包括消费者自身在内的因素的影响，决定了购买决策过程也是非常复杂的，为了进一步了解消费者的购买决策是如何做出的，我们有必要对消费者的购买决策过程进行详细的分析，为了解和掌握消费者的购买行为打下基础。

在实际生活中，我们看到的仅仅是消费者的购买行为，而看不到其购买决策过程，但我们可以通过对消费者购买行为的研究来推测其购买决策过程。有很多学者通过对消费者购买行为的长期分析，创立了一些解释购买决策过程的基本模式，影响较大的模式将消费者的购买决策过程分为 5 个阶段，即确认需要、收集信息、比较评价、决定购买及购后评价（图 4-3）。这 5 个阶段是分析消费者购买决策过程的理论模型。事实上，消费者并非在所有的购买决策中都经过这 5 个阶段。例如有的商品的购买决策可能要花费几个月甚至几年的时间，但有的商品的购买决策也许只要几分钟甚至几秒钟的时间，显然，后者的购买决策相当简单，消费者不必全部经过这 5 个阶段，可能会跃过其中的某个或某几个阶段，也可能会对某些阶段的次序进行重新组合。

确认需要 → 收集信息 → 比较评价 → 决定购买 → 购后评价

图 4-3　消费者的购买决策过程

（一）确认需要

消费者购买过程从确认需要开始。消费者发现了现实情况和理想状态的差距，这就产生了需要。这种需要可能由内部刺激引起，如身体所感到的饥饿、寒冷等；也可能是由于外部的刺激所引起，如电视上看到的商品广告从而引起的购买欲望；或者是朋友刚买的新车及其热心的劝说挑起的对某种品牌的车的购买欲望等。在这一阶段，营销人员应研究消费者，及时发现他们的问题和需要。

（二）收集信息

消费者为了满足其需要，往往会主动地以各种方式寻找所需要的信息。消费者信息来源一般包括如下 4 个方面：

（1）个人来源，指消费者的家庭成员、朋友、邻居或其他熟人。

（2）商业来源，指宣传、推销员、经销商、展销会等。

（3）大众来源，即大众传播媒介、消费者评估组织等。

（4）经验来源，即消费者自身通过参观、试用、实际使用、联想、推论等方式所获得的信息。

这些信息来源对消费者的影响程度，取决于消费者所要购买的商品类型、消费者自身特点、搜集资料的方式等的区别。一般消费者得到的多数商品信息来自商业来源，这些来源由营销人员控制着。最有效的来源是个人来源，尤其是在消费者对服务的选择上。商业来源通常只是通知消费者，但是个人来源会为消费者证明和评估商品好坏。

（三）比较评价

每一种方案都有其优缺点，而且由于消费者的价值观、经济状况、消费观念和消费心理的差异，不同消费者对同一购买方案的看法也不尽相同，可能完全不同的评价，所以其评价的结果差异很大。例如，有的消费者以价格低廉为基本尺度，有的消费者则以是否流行作为标准，有的希望商品结实耐用，有的追求个性化，还有的宁愿从众等。

（四）决定购买

消费者在对各种方案进行综合的比较评价之后，就可以确定其满意的方案。此时，消费者已经形成了一定的购买意图，根据购买意图消费者做出购买决策和实现购买行为。但有了购买意图并不表示消费者会立即做出购买决策和实施购买行为。有时也会受两个因素的影响而改变购买决定。第一个是影响购买决策的其他人对该产品的态度。如果外部探索的结果与自己的购买意图相一致，则会增强购买意图，促使消费者尽早做出购买决策和实施购买行为；如果相反，则会削弱购买意图，甚至取消购买意图。第二个是未预料到的环境因素变化。消费者可能从期望的收入、期望的价格和期望的利益等因素出发，打算去买一种产品，但是，未预料到的环境因素变化可能改变人们的购买意图，并最终影响到购买决策。

（五）购后评价

消费者做出购买决策和进行购买活动的目的是消费，而只有从商品或服务的消费中得到利益和满足才是真正达到了消费的目的。消费的前提是购买，消费者是否从商品和服务的消费中获得利益和满足，只能在购买以后才能表现出来。如果得到了这种利益或满足，则消费者表现出对购买活动的满意感，为进一步继续购买或反复购买奠定了基础；如果相反，一般不会出现反复购买的现象。所以，消费者的购后评价关系到下一次的购买决策，是影响购买决策的重要因素之一。

本章小结

在现实生活中，各种各样的购买行为，都是由消费者的购买动机引起的，而消费者的购买动机又是以其需要为基础的。

消费者需要是指消费者对获取以商品或劳务形式存在的消费品的要求和欲望。消费者需要可从不同的角度进行分类：根据需要的起源，可以把消费者的需要分为生理需要和社会需要；根据需要的对象，可以把消费者的需要分为物质需要和精神需要；按照需要的层次不同，可以分为生存需要、享受需要和发展需要；按照需要的实现程度不同，可以分为现实需要和潜在需要。

当人的某种需要必须通过购买行为才能获得满足时，便产生了对商品的购买动机。购买动机对购买行为有始发和终止行为、指引行动方向和维持与强化行动的功能。购买动机具有迫切性、内隐性、可变性、模糊性和矛盾性等特征。一般情况下，将购买动机分为两大类：一类是一般购买动机，另一类是具体购买动机。

购买行为，就是指消费者为满足某种需要而在购买动机的驱使下，以货币换取商品的行动。消费者的购买行为与其心理现象紧密相连、个人的消费行为必然受到社会群体消费的制约与影响、消费行为具有明确的目的性和很强的自主性、消费行为具有很强的关联性、消费行为具有发展变化性。

消费者购买行为可分为很多种类型，根据消费者购买行为的不同态度分为习惯型、理智型、经济型、冲动型、从众型、疑虑型、想象型；根据消费者购买目标的选定程度可分为确定型、半确定型、不确定型；根据消费者对商品的认识程度可分为深涉型、浅涉型、初涉型；根据消费者介入的程度和所购商品的品牌差异程度可分为习惯性的、寻求多样性的、减少失调感的、复杂的购买行为。

消费者购买行为的一般模式为"刺激－反应"模式，该模式包括3个变量，即内外刺激因素、消费者心理活动过程和反应因素。影响消费者购买行为的主要因素有文化因素、社会因素、个人因素和心理因素4大类。

消费者购买决策是指消费者在明确的购买目的前提下，对两个或两个以上的购买方案进行合理选择，最终达成购买决定的活动。消费者的购买决策过程分为5个阶段，即确认需要、收集信息、比较评价、决定购买、购后评价。

复习思考题

1. 什么是消费者需要？有何特征及类型？
2. 什么是消费者购买动机？有何功能及类型？
3. 什么是消费者购买行为？影响消费者购买行为的因素有哪些？
4. 什么是消费者购买决策？有哪些内容？试述消费者购买决策过程。

案例分析

阿雯选车的故事

阿雯是上海购车潮中的一位普通的上班族，35 岁，月收入 1 万元。以下真实地记录了在 2004 年 4 月至 7 月，她在购车决策过程中如何受到各种信息的影响。阿雯周边的朋友与同事纷纷加入了购车者的队伍，看他们在私家车里享受如水的音乐而不必用力抗拒公车的拥挤与嘈杂，阿雯不觉开始动心。另外，她工作地点离家较远，加上交通拥挤，来回花在路上的时间要近 3 小时，她的购车动机越来越强烈。只是这时候的阿雯对车一无所知，除了坐车的体验，直觉上还喜欢漂亮的白色、流畅的车型和几盏大而亮的灯。

1. 初识爱车

阿雯是在上司的鼓动下上驾校学车的。在驾校学车时，未来将购什么样的车不知不觉成为几位学车者的共同话题。

"我拿到驾照，就去买一部 1.4 自排的波罗。"一位 MBA 同学对波罗情有独钟。虽然阿雯也蛮喜欢这一款小车的外型，但她怎么也接受不了自己会同样购一款波罗，因为阿雯有坐波罗 1.4 的体验，那一次是 4 个女生（在读 MBA 同学）上完课，一起坐辆小波罗出去吃中午饭，回校时车从徐家汇汇金广场的地下车库开出，上坡时不得不关闭了空调才爬上高高的坡，想起爬个坡便要关上空调实实在在地阻碍了阿雯对波罗的热情，虽然有不少人认为波罗是女性的首选车型。

问问驾校的师傅吧。师傅总归是驾车方面的专家，"宝来，是不错的车"。问周边人的用车体会，包括朋友的朋友，都反馈回来这样的信息：在差不多的价位上，开一段时间，还是德国车不错，宝来好。阿雯的上司恰恰是宝来车主，阿雯尚无体验驾驶宝来的乐趣，但后排的拥挤却已先入为主了。想到自己的先生人高马大，宝来的后座不觉成了胸口的痛。如果有别的合适的车，宝来仅会成为候选吧。

不久，一位与阿雯差不多年龄的女邻居，在小区门口新开的一家海南马自达专卖店里买了一辆福美来，便自然地向阿雯做了"详细介绍"。阿雯很快去了家门口的专卖店，她被展厅里的车所吸引，销售人员热情有加，特别是有这么一句话深深地打动了她："福美来各个方面都很周全，反正在这个价位里别的车有的配置福美来都会有，而且会更多。"此时的阿雯还不会在意动力、排量、油箱容量等抽象的数据，直觉上清清爽爽的配置，配合销售人员正对阿雯心怀的介绍，令阿雯在这一刻已锁定海南马自达了。乐颠颠地拿着一堆资料回去，福美来成了阿雯心中的首选。银色而端正的车体在阿雯的心中晃啊晃。

2. 亲密接触

阿雯回家征求先生的意见。先生说，为什么放着那么多上海大众和通用公司的品牌不买，偏偏要买"海南货"？它在上海的维修和服务网点是否完善？这两个问题马上动摇了阿雯当初的方案。

阿雯不死心，便想问问周边驾车的同事对福美来的看法。"福美来还可以，但是日本车的车壳太薄"，宝来车主因其自身多年的驾车经验，他的一番话还是对阿雯有说服力的。阿雯有无所适从的感觉。好在一介书生的直觉让阿雯关心起了精致的汽车杂志，随着阅读的试车报告越来越多，阿雯开始明确自己的目标了，8 万至 15 万元的价位，众多品牌的车都开始进入阿雯的视野。此时的阿雯已开始对各个车的生产厂家，每个生产厂家生产哪几种品牌，同一品牌的不同的发动机的排量与车的配置，基本的价格都已如数家珍。上海通用的别克凯越与别克赛欧，上海大众的超越者，一汽大众的宝来，北京现代的伊兰特，广州本田的飞度 1.5，神龙汽车的爱丽舍，东风日产的尼桑阳光，海南马自达的福美来，天津丰田的威驰，各款车携着各自的风情，在马路上或飞驰或被拥堵的时时刻刻，向阿雯亮着自己的神采。阿雯常用的文件夹开始附上了各款车的排量、最大功率、最大扭矩、极速、市场参考价等一行行数据，甚至于 4S 店的配件价格。经过反复比较，阿雯开始锁定别克凯越和本田飞度。

特别是别克凯越，简直是一款无懈可击的靓车啊！同事 A 此阶段也正准备买车，别克凯越也是首选。阿雯开始频频地进入别克凯越的车友论坛，并与在上海通用汽车集团工作的同学 B 联系。从同学的口中，阿雯增强了对别克凯越的信心，也知道了近期已另有两位同学拿到了牌照。但不幸的是，随着对别克凯越论坛的熟悉，阿雯很快发现，费油是别克凯越的最大缺陷，想着几乎是飞度两倍的油耗，在将来要为这油耗花钱，阿雯的心思便又活了。还有飞度呢，精巧、独特、省油，新推出 1.5 VTEC 发动机的强劲动力，活灵活现的试车报告，令人忍不住想说就是它了。何况在论坛里发现飞度除了因是日本车系而受到抨击外没有明显的缺陷。正巧这一阶段广州本田推出了广本飞度的广告，阿雯精心地收集着有关广本飞度的每一个文字，甚至于致电广本飞度的上海 4S 店，追问其配件价格。维修成员极耐心地回答令飞度的印象分又一次得到了增加。

到此时，阿雯对电视里各种煽情的汽车广告却没有多少印象。由于工作、读书和家务的关系，她实在没有多少时间坐在电视机前。而地铁里的各式广告，按道理是天天看得到，但受上下班拥挤的人群的影响，阿雯实在是没有心情去欣赏。

只是纸上得来终觉浅，周边各款车的直接用车体验对阿雯有着一言九鼎的说服力，阿雯开始致电各款车的车主了。朋友 C 已购了别克凯越，问及行车感受，说很好，凯越是款好车，值得购买。同学 D 已购了别克赛欧，是阿雯曾经心仪的 SRV，质朴而舒适的感觉，阿雯常常觉得宛如一件居家舒适的棉质 T 恤衫，同学说空调很好的呀，但空调开后感觉动力不足。朋友 E 已购了飞度（1.3），她说飞度轻巧、省油，但好像车身太薄，不小心用钥匙一划便是一道印痕，有一次去装点东西感觉像"小人搬大东西"。周边桑塔纳的车主，波罗的车主，等等，都成为阿雯的"采访"对象。

3. 花落谁家？

阿雯的梦中有一辆车，漂亮的白色，流畅的车型，大而亮的灯，安静地立在阿雯的面前，等着阿雯坐进去。但究竟花落谁家呢？阿雯自己的心里知道，她已有一个缩小了的备选品牌范围。究竟要买哪一辆车，这个"谜底"不再遥远……

问题：

1. 根据消费者购买行为类型分析，阿雯选车是属于哪一类购买行为？为什么？
2. 试运用消费者决策过程的五阶段模型分析阿雯选车所经历的相关阶段。

🌀 实训练习

1. 调查分析消费者花数百倍于自来水的价钱去买瓶装水的动机。
2. 试调查分析如购房、买车或家电、出国留学等复杂性的购买行为过程。
3. 以购买牙膏和汽车为例，分析消费者在做出购买决策时的不同之处。

第五章

消费群体的消费行为

学习目标

1. 了解消费群体的概念及分类，了解消费群体对消费行为的影响；
2. 掌握不同年龄消费群体的消费行为；
3. 掌握如何针对不同消费群体特征制定相应的营销策略；
4. 了解家庭消费的基本特征与家庭消费决策；
5. 掌握参照群体对消费者行为的影响。

建议课时

5 课时。

💡 思维导图

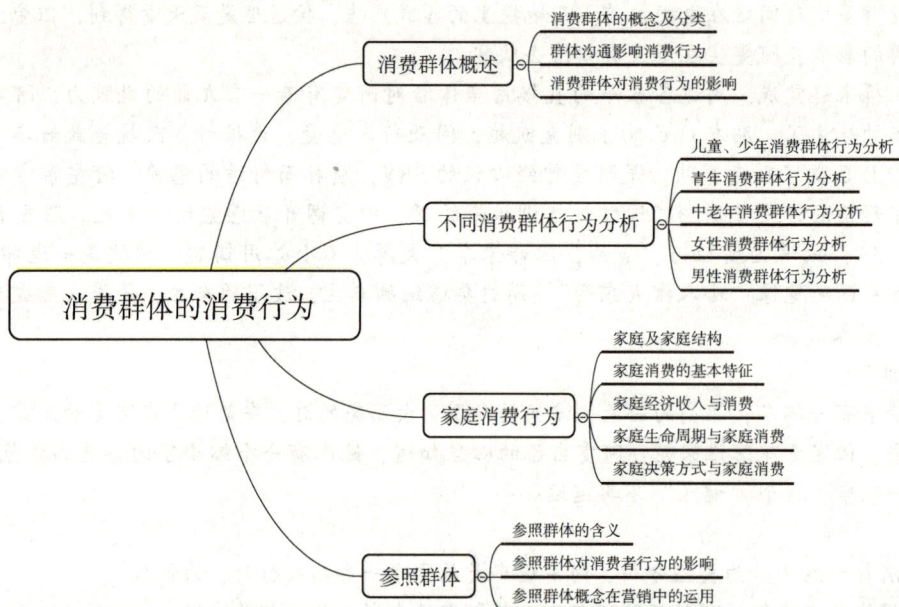

✉ 导入案例

不同时代孕育了不同的消费观，"70后""85后""95后"有差异?

不同的生长环境，孕育了一代人的不同消费观。尤其是在经济发展日新月异的中国，一代人的消费观隔阂不再以简单的"70后""80后""90后"来区分，你会发现其实"90—95"和"95—00"这两个年龄阶段的消费观已经有了很大的区别。

根据国家统计局 2018 年年底人口统计数据，中国目前总人口数约为 13.95 亿人，其中"70 前"总人口约为 4.8 亿，占比 34.3%；"70 后"约为 3.2 亿，占比 22.9%；"85 后"约为 2.2 亿，占比 15.7%；"95 后"约为 3.8 亿，占比 27.1%。

其中，"70 前"这个年龄段人群包含大量已退休的六七十岁老人，这类消费者怀旧心理强烈，品牌忠诚度高，价格敏感度高，注重保健养生。最主要的消费品类是：医疗保健、旅游、文玩玉器，以及隔代消费。消费方式主要是线下门店，就近消费。

"70—85"这个年龄段人群基本处于高管岗位，注重质量、实用，对保健器械需求旺盛。最主要的消费品类是家具家装、家电、五金、珠宝、生鲜、酒类等。"70 后"在各代际中消费占比最高，同时健康类消费（如健身器材、营养素等保健品）增速迅猛。

"85 后"消费者注重生活质量，冲动型消费增加，社交消费比例较高。最主要的消费品类是母婴、汽车、家电、数码、餐饮、旅行。对高单价的科技潮品有更高的关注度，比如单反相机、新能源汽车、智能手表。

虽然"95 后"包含着大量尚未工作、经济尚未独立的人群，导致"95 后"消费能力较弱。但近些年"95 后"已经慢慢成长为消费实力不容小觑的一代人，这代人对互联网更有天赋，也更偏向于网上购物，喜爱尝鲜黑科技，喜爱虚拟消费，追求精神层面需求。"95 后"最主要的消费品类是玩具、虚拟商品（音乐、游戏等）、电子产品、个人兴趣类商品等。

总的来说，"70 后"忠诚于品牌，品牌相对需要更加强大的实力和时间的沉淀；"85 后"忠诚于品质，品质需要通过营销、口碑和实际素质来赢得信任；"95 后"追求设计感和新潮，个性鲜明的新品牌崛起机会较大。

（资料来源：一点资讯，2019-12-19）

每个消费者或消费者群体的消费行为各有不同，这是由社会因素和个人因素复合作用形成的。社会因素包括人们的年龄、性别、职业、经济收入、文化习惯等，其差异使消费者形成了互有区别的群体消费心理和消费行为。

第一节　消费群体概述

一、消费群体的概念及分类

群体是指人们在相互交往的基础上所形成的团体或组织，处于这个团体或组织中的成员或具有共同的特征，或具有共同的目的，或从事共同的活动，或具有共同的需要。消费群体是指具有某些共同消费特征的消费者所组成的群体。

阿里巴巴提出八大新兴消费群体，哪些是母婴人的菜

同一消费群体中的消费者在消费心理、消费行为、消费习惯等方面都具有明显的共同之处，而不同消费群体成员之间在消费方面存在着许多差异。一般来说，消费者都具有一定的群体意识和归属感，遵守群体的规范和行为准则，承担角色责任，同时也会意识到群体内其他成员的存在，在心理上相互呼应，在行为上相互影响。

按照不同标准分类，消费群体有以下几种类型：

（一）根据消费群体组织的特点可以分为正式群体和非正式群体

正式群体是指具有明确的组织结构、完备的组织章程、确切的活动时间的消费群体。正式群体中的消费者必须遵守群体的行为准则，严格保证群体活动的规范性。例如，职业协会、消费者俱乐部，同业者联谊会等均属于正式群体。正式群体的规模比较大。与此相反，一般规模较小的或没有明确组织结构与章程的消费群体统称为非正式群体。例如，几个相交较密的朋友、多年的邻居、某种共同兴趣爱好者等，都属于非正式群体。

（二） 根据群体成员影响力的大小可划分为首要群体与次要群体

首要群体也称为主要群体或主导群体，是指由有着极其密切关系的消费者所组成的群体。首要群体不但对其成员的消费心理，而且对其成员的消费行为都有十分重要的制约作用。例如，家庭、亲朋好友、单位同事便属于首要群体。次要群体也称为次级群体或辅助群体，是指对成员的消费心理与行为的影响作用相对较小的消费群体，通常是由某种共同兴趣、需要、追求的消费者组合而成的。

（三） 根据消费者对群体意识与态度不同可分为自觉群体与回避群体

自觉群体是消费者根据自身条件在主观上把自己列为其成员的某个群体，如中年知识分子群体、"老三届"群体、敬业者群体、传统型消费群体等。自觉群体中成员并无直接交往，但是其成员通常会自觉地约束自己的行为使之符合群体规范。回避群体是指消费者自己认为与自己完全不符合并极力避免与之行为相似性的群体。消费者对于回避群体的消费行为持坚决的反对态度，并且也极力排斥其对自身行为的影响。例如，高收入者对低收入者的消费行为，成年人对于青少年的消费行为，男性消费者对于女性消费行为等都在一定程度上采取回避态度。

（四） 根据消费者与群体联系的时间长短可划分为长期群体与临时群体

长期群体是指消费者加入时间较长的群体。长期群体的规范准则对消费者行为具有重大且稳定的影响作用，甚至可能使群体成员形成一定的消费习惯。临时群体只是消费者暂时参与其中的群体。临时群体对消费者行为的影响也是暂时性的，但影响力可能很大。例如，参加某企业有奖销售的消费群体，多数成员的参与热情会激发更多人的购买欲望，一时间掀起热潮。

二、群体沟通影响消费行为

（一） 沟通的含义

沟通是指人与人之间的信息交流，是联络通信的意思。信息是工商企业的生命线，信息灵通，经营兴隆。信息闭塞，如同盲人骑瞎马，寸步难行。如绍兴某纺织厂曾一度因忽视市场调查，盲目生产，造成万米产品积压，亏损几十万元。后来，他们重视捕捉信息，在东北牡丹江市推销产品时听说一家丝绸厂试销涤纶布行情很好。于是他们就连夜动身返回，组织力量攻关，设计新工艺，改造原设备，结果新产品在两个月内问世，当年盈利翻了三番多。

（二） 非正式沟通在营销中的作用

沟通过程有正式和非正式之分。非正式沟通是指正式沟通渠道以外的沟通。例如，消费者私下交换意见，议论某商店或把自己满意的、不满意的商品或商店告诉其他的消费者，也就是平常所指的"传话"。实践证明，非正式渠道传播往往比正式的更有效。有时广播、电视、报纸对某种商品、某家商店大力宣传，可能并未引起人们的注意，但若他的亲朋好友告诉他某商品如何好，他便会愿意购买。

群体的非正式沟通是一种自然的、普遍的社会现象。这种现象既包含着一定的积极作用，也包含着一定的消极作用。这方面应日益引起商业企业经营者的注意。消费者把自己的满意告诉朋友或熟人。"传话"行为的消极作用，可能会引起消费者盲目抢购或拒绝购买，造成市场上某种商品突然脱销或滞销；有时可能直接影响商店或企业的声誉，进而影响其经营成败乃至生存。

"传话"行为的发生，与以下几方面因素有关：不满意程度越高，消费者进行消极传话活动的可能性越大；造成不满意的责任在市场方面（如商业机构）而不是其本人，消费者进行消极传话活动可能性越大；商店对消费者不满意做出的反应越消极，消费者进行消极传话活动的可能性越大。

由此可见，工商企业应充分注意社会群体对消费者行为的影响，在改善自身经营管理中力争做到根据不同消费群体的特征，确立商品的目标市场，使商品适应某一群体的特殊需要；注意社会群体内沟通的不同效果，减少和防止消极传话行为发生，树立、维护工商企业信誉。

三、消费群体对消费行为的影响

人们在群体中相互作用、相互影响，就产生了群体心理，如从众、模仿、流行和暗示等。这些群体性的心理现象对消费行为有着较大影响。

（一）从众

个体在群体中常常会不知不觉地受到群体的压力，而在知觉、判断、信仰以及行为上表现出与群体中多数人一致的现象，这就是从众现象。从众现象是一种较普遍存在的心理现象。在消费领域中更是屡见不鲜。如前些年城市居民攀比竞相购买耐用消费品，从众心理致使一些收入不高的家庭也节衣缩食去争购。再如我国近年来办婚事的消费急剧膨胀，其中也有从众心理的原因。

从众行为既有积极意义，也有消极意义，这主要看从众的是什么样的行为。如宣传消费要量力而行，合理安排，讲究实效，不图虚荣，形成一种社会风气，使人们产生从众行为，这是有积极意义的。如果经济条件不许可，却不顾自己的收入水平，硬去与别人攀比，甚至借债，更有个别人不惜铤而走险，以非法手段来达到目的，这样的从众心理显然是消极有害的。

影响消费者从众行为的因素有：①团体因素。团体规模越大，团体内相同意见的人越多，所产生的团体压力越大，越容易产生从众行为。同时团体的内聚力越强，团体领导者的权威越大，影响力越大，从众行为也越容易发生。再者个体在团体中地位越低，越容易被影响，从众行为也越容易发生。②个体因素。容易发生从众行为的消费者，都是对社会舆论和别人意见敏感的人，他们非常注重社会和别人对自己的评价，或者是缺乏自信心的人。有资料表明，女性比男性更容易出现从众行为。

> ❖ **小资料**
>
> 美国社会心理学家阿希做过一个著名的实验。该实验以大学生为被试者。实验材料是18套卡片。每套两张，每次向被试者出示一套卡片。其中一张卡片上有一根标准垂直线，另一张卡片上有3根长短不等的垂直线，其中只有一根与标准线等长。实验者要求被试者从3条垂直线中选出一条与标准线等长的垂直线。实验者设置了特殊的情景。每次试验只有一个被试参加，让几个实验者同伙混在被试中间冒充被试者，让他们说假话。实验时用一张圆桌，真假被试者围桌而坐，实验者每拿出一套卡片，被试者就逐一回答。但是规定好由前面几个假被试者一一口头回答，真被试者总是安排在倒数第二个回答。18套卡片呈现18次，第一至第六次，假被试者都做了正确的选择，当然真被试者也做了正确的反应。从第七次开始，假被试者都故意做出了错误的选择，实验者观察真被试者做的选择是从众还是独立。实验结果发现：第一，大约有1/4的被试者保持了独立性，每次的选择反应都没有从众行为。第二，约有15%的被试者平均做了总数的3/4次的从众反应，即从众行为平均4次中有3次。

（资料来源：德尔·霍金斯等著，符国群等译，《消费者行为学》，机械工业出版社2000年版）

（二）模仿

模仿是指在没有外界控制的条件下，个体受到他人行为的影响，仿照他人的行为，使自己的行为与之相同或相似。由此我们可知，模仿是自觉或不自觉地效仿一个榜样。模仿是普遍存在的心理现象，从个体对他人的无意识的动作到衣、食、住、行及对他人的风度、性格、工作方法、生活方式，乃至对整个社会生活有关的风俗、习惯、礼节、时尚等都存在着模仿。如影迷们总是喜欢模仿他们崇拜的电影明星的装束打扮。连英国王妃戴安娜因怀孕而特地设计的一种底色鲜红夹着黑白色碎花的孕妇服，也成为许多英国妇女群起效仿的流行服。

模仿的影响力，取决于榜样的崇高威望和地位，也取决于榜样行为的大众化、实用化的程度。有时也取决于榜样的专业性质和地域范围。学习雷锋，我国人民有口皆碑，连美国西点军校也开展学雷锋活动，可见影响之大。孙中山先生首创的"中山装"，引起群众的广泛模仿，除了中山装确有不少优点外，也与孙中山先生的崇高威望和显赫地位有关。因此，企业的经营者应充分利用榜样的感染力，推出新颖、健康的商品，丰富和美化人们的物质生活和精神生活。

值得一提的是，在一些消费领域中盲目模仿的后果，在美感上可能成为东施效颦，在经济上则可能导致人不敷出。如在服饰方面，不顾自己的身材、肤色、年龄、职业，而盲目模仿别人穿着，结果反倒显得难看。在生活用品方面，凡是现代化商品都想要，人家房里有的，自己最好也有，弄得房间里转身都转不过来。因此，对他人的消费方式要有分析地对待，不要盲从。

（三）流行

流行这种群体心理现象，是社会上相当多的人在较短时间内，由于追求某种行为方式，使人们相互之间发生连锁感染，并使之在整个社会中随处可见。模仿可以是个别行为，而流行则已成社会现象。

消费行为的流行，就是一定时期内常常出现的一种为一个群体、阶层的许多人都接受和使用的商品样式。在消费流行中，形成了对某种商品、劳务的需求热，以及对某种消费形式的追求热。消费流行是商品经济发展特有的社会经济现象，其产生的社会基础是生产力的发展和人们物质需要、精神需要的增长。否则，既不可能生产出流行商品，也不可能使商品具有流行性。因此，我们研究消费流行，有利于新产品的开发。企业生产的新产品要适应消费流行期的不同阶段，要以消费流行规律为依据。

（四）暗示

暗示是指人或环境以含蓄、间接的方式向他人发出某种信息，而使之无意识地接受并做出相应的反应。营销活动中运用暗示方式对消费者的心理和行为施加影响，可以使消费者产生顺从性的反映，或接受暗示者的观点，或按暗示者要求的方式行事。

在购买活动中，消费者受暗示而影响决策的行为是很常见的。营销现场经常能看到有人排队，马上就会有人跟着排队的盲目抢购现象，这就是行为暗示的结果。实践证明，暗示越含蓄，其效果越好。因为直接的提示形式会使消费者马上产生"想赚我的钱"或"想推销你的东西"的心理反应。"奔驰"轿车的广告是："如果有人发现我们的奔驰牌车发生故障、被修理车拖走，我们将赠送你一万美元。"这就以婉转的方式从反面暗示消费者，奔驰牌汽车的质量绝对有保证。

第二节　不同消费群体行为分析

随着年龄的变化，消费者的衣着、食品、娱乐活动的内容都在发生着变 解读不同年龄阶段化，所以我们按照年龄把消费者粗略地划分为儿童少年群体、青年群体、中 的消费行为特征老年群体等。男性和女性对商品和服务的要求也明显不同，形成了不同的消费群体。

一、儿童、少年消费群体行为分析

儿童、少年消费心理主要是指学龄前期到学龄中期的消费者的需求与购买心理。在心理学中，习惯把儿童从出生到成人的生理和心理发展分成：乳儿期（0～1岁）、婴儿期（1～3岁）、幼儿期（即学龄前期，3～7岁）、童年期（即学龄初期，7～12岁）、少年期（即学龄中期，12～14岁）和青年初期（即学龄晚期，14～18岁）。这部分消费者在人口总数中占有较大比例。

（一）儿童心理发展及消费行为特征

1. 儿童心理概况

在人的一生中，儿童时期无论在生理上还是心理上，都是一个迅速发展的时期。这个过程呈现出一定的阶段性，如幼儿期向童年期转变，童年期向少年期转变。儿童心理的发展在该阶段已经具有一定的认识能力、意识倾向、知识经验、兴趣爱好、性格意志等心理品质，在思维活动方面，虽然主要还是直接与感性经验相联系，但也开始向逻辑思维发展，能在感知的水平上解决简单的问题。

2. 儿童消费行为特征

（1）从纯生理性需要逐渐向带有社会内容的需要发展。儿童在乳婴时期对消费品的需要基本上是生理性需要。随着年龄的增长，儿童的消费欲求开始逐渐向带有社会内容的需要发展。如所需购买的消费品中逐渐增加个人的意识，尤其在花色、样式上表现得更为突出。

（2）从模仿性消费逐步向带有个性特点的消费发展。儿童初期，在消费上有极强的模仿心理，因而产生较强的模仿消费行为，在食品、玩具、服装等方面表现得尤其突出。随着年龄的增长，自我意识的不断形成，儿童的消费心理逐渐向按照自己的需求愿望、带有个性特点的消费方面发展，表现在能面对众多的同类商品，发表自己的购买意见，提出自己的购买选择和要求。

（3）消费情绪从很不稳定向稍微稳定发展。儿童初期，在其模仿性心理作用下，对消费品的喜爱情绪波动很大，其消费心理是很不稳定的。例如，儿童在参观一个绘画展览后，会突然发生对绘画的兴趣，马上要求购买一些绘画工具学绘画，但不久以后兴趣又会转移。随着年龄的不断增长，接触社会消费实践，知识、经验等不断增加，其消费心理不断成熟，调控自己情感的能力也在不断增强。

（4）对消费品的购买行为逐渐从依赖型向独立型发展。学龄前儿童尚不具备购买商品的行为能力，所以有着极强的依赖性。当儿童进入学龄期后，便逐渐学会自己花钱，主要用于购买一些小食品，小玩具、小学习用品等。在这些方面不仅较充分地反映他们的购买欲望和要求，同时也说明他们逐渐具备了独立购买的能力，向独立型发展。

（二）少年心理发展及消费行为特征

1. 少年心理变化过程

少年期是人生的半幼稚和半成熟相交错的时期，主要表现为以下几点：

（1）心理发展成熟快。这一时期是小学高年级和初中阶段的学龄期。这个时期的知识面不断扩大，社会接触广泛，社会活动趋于增加，其心理发展的变化大、变化快，有的在社会活动中表现非常成熟。

（2）个性心理逐渐形成。到了少年期，抽象逻辑思维已占相对优势。同时，由于知识经验的不断增加，判断和推理能力有所增强，能够初步根据客观事物的本质特征和内在联系做出说明和论证，对所接触的客观事物有了一定的独立认识能力并形成了自己的观点，心理个性开始逐渐形成。

（3）社会影响对心理发展起着重要作用。儿童时期的心理发展主要受家庭的影响，而少年接触社会多了，接触成年人多了，参加各种社会活动多了，在这些接触和活动中，社会影响对其心理所起的作用逐渐超过家庭的影响。

2. 少年消费行为特征

（1）喜欢与成人比拟。少年在主观上认为自己长大了，已经成人了，在心理上要求得到具有同成年人一样的平等地位和权利，同时个人消费心理逐渐形成。因此，他们渴望同成人一样独立地处理自己的消费，尽量争取自己独立的消费行为以实现自己的消费个性，满足自己的生活习惯、兴趣爱好等方面的需要。

（2）购买意识的倾向性趋于稳定。少年在消费中能较自觉地进行比较分析、鉴别等抽象思维活动，对所想购买的商品品种、品质、花色、样式、性能等能做出一定的判断，从而对某种商品产生较稳定的认识，并逐步形成购买习惯。

（3）遵从心理开始形成。在少年期，由于对社会的接触，参加集体活动等逐渐增多，他们的消费观念的形成、消费决策的确定、消费爱好的选择等不断由受家庭影响逐渐转向受集体、群体及同龄人的影响。在群体活动中，儿童会产生相互的比较，如"谁的玩具更好玩""谁有什么款式的运动鞋"等，并由此产生购买需要，要求家长为其购买同类同一品牌同一款式的商品。这种现象不仅普遍，而且会持续很长的时间，一直到青年时期还会出现类似的消费现象。模仿消费行为是少年儿童与青年消费者形成流行风潮的心理基础，他们也是流行现象出现的主要消费群体。

（三）针对少年儿童消费者群体的营销策略

（1）针对儿童的消费心理特点，恰当地运用商品定位方法。儿童、少年消费有两种基本情况：一是购买者和消费者一致，即儿童和少年的消费品由他们自购自用；到了少年期，儿童的消费行为由完全的依赖性过渡到半独立性，不仅能购买少量个人消费品，而且能向家长提出自己的要求，参与家长的决策。二是购买者和消费者分离，即所用消费品由家长或其他成年人购买。从这一实际出发，为做好儿童、少年消费品的销售工作，只有恰当地进行商品定位，才能收到较好效果。

（2）在营销中对儿童、少年自购自用消费品，要尽可能运用儿童语言进行接待。相反，凡成年人为儿童、少年购买消费品，就要针对成年人对孩子的关怀与慈爱、情感与希望等进行接待，这样才能激发他们的购买欲。

（3）针对儿童、少年的消费心理特点，充分发挥商品直观形象的作用。少年、儿童在购买消费品时，仍较多地从简单、直观的感觉去判断商品的好坏，按照个人某一方面的爱好去概括商品的全貌，为了满足自己的好奇心理和追求时尚去确定购买某种商品。因此，在设计、生产、营销中都要注意充分发挥商品直观形象的作用，科学地激发他们的购买欲。

（4）提高识记程度，灌输企业或商品形象。随着年龄的增长，儿童少年逐步成为家庭购物的影响者、倡议者甚至是决策者。他们或说服长辈购买，或提出购买建议，有些商品还可自己做主购买。因此商品的厂牌、商标逐步印入儿童、少年的头脑中。可见，设计一些为少儿所熟悉和喜爱的商标与造型，这对推销商品和开拓市场有着长远的影响。

（5）营销少儿消费品应兼顾高档消费和大众消费。"望子成龙、望女成凤"是我国家长传统的思想，目前较多家庭对孩子的投资在一定程度上是以降低父母生活水平为代价的，家长在为孩子购买生活消费品方面都舍得花钱。各生产营销厂家，在设计少儿用品时，不但要结合儿童、少年的生理和心理特点，还要讲究科学性、教育性、趣味性、实用性、安全性、卫生性。既要注意生产高档次的消费产品，更要注意大众消费的产品，还包括残疾儿童少年需要的产品，以满足不同层次消费的需要。

二、青年消费群体行为分析

青年是人生中从少年向中年过渡的阶段。从心理学角度讲，青年通常是指 18~35 岁的人。青年期可进一步划分为初期、中期和过渡期。少年期结束后就进入青年初期，青年中期一般是指 22~28 岁，青年向中年的过渡期一般是 35 岁左右的年龄阶段。

（一）青年消费群体的消费行为特征

1. 追求时尚，强调实用

青年人的典型心理特征之一，就是内心体验丰富激烈，情绪热烈奔放，感觉敏锐，易于接受新事物，富于幻想。这个心理特征反映在消费心理和购买行为上，就表现为追求商品时尚、新颖、高档，希望所购之物能符合潮流的发展和时代的精神，能满足追求上进、向往未来的欲望和对优越感、美感的心理需求。

青年消费者中消费层次不同，他们之中有生活尚未独立的大学生，有收入可观的个体经营者，也有收入各异、不同职业的青年人。他们大多具有一定的科学文化知识，社会活动面广，对新产品的追求具有 3 个特点：一是能反映时代潮流与风格；二是符合科学技术的要求；三是合理实用，货真价实。当然，对于不同商品要求也有所不同。

2. 意愿强烈，需求多样

青年正处于人生的成熟期，青年后期经济独立，能按照自己的意愿花钱，领到工薪，就想去买自己相中的商品。同时他们对许多商品形成了自己的购买模式和商标依赖。

3. 消费能力相对最强

青年处在消费高峰时期，同中老年比他们的收入水平并不高，但经济收入中直接用于自身消费的比重最大。有些青年人，他们收入高，仰慕名牌货，形成了一股新的消费潮流。从高级赛车、名牌服饰到成套家具，从高级组合音响到出国旅游，几乎都成了他们追逐的消费目标。

4. 消费倾向标新立异

青年人在消费中求新、求名、求美、求洋的心理动机强烈，喜欢标新立异，要求商品有特色，能表现个性。有的青年人还把消费活动、购买商品与个人的性格、理想、兴趣联系起来。因而，这就使青年人追求精神享受、注意个人仪表，追求美的消费品。他们常常是书籍、音响、照相机、化妆品、时装的最大购买群体。

5. 冲动购买，计划筹款

青年只是刚刚步入成熟，所以在情绪和性格上还具有冲动的一面。表现在购买过程中，思想酝酿时间比较短，具有果断、迅速和反应灵敏的特点，只要认为商品合意，就会迅速做出购买决定，有时甚至超出个人购买能力，也要想方设法去购买。但这并不等于他们的购买行为就完全没有计划性。有些青年为了满足个人欲望，如购买照相机、高级手表等高级消费品，或是到外地旅游，他们可以省吃俭用来筹款，以便实现自己的计划目标。

6. 注重情感，直觉选购

与中老年消费者相比，青年人在购物中，情感和直觉起着重要作用。这里所说的情感是指对商品的好恶倾向。直觉是指商品的外在表现给消费者的感知。他们特别看重商品的外形、款式、色彩、商标，凡能满足他们的个人需要，就产生积极的情感，从而偏爱、购买。

（二）结婚、组建家庭对青年消费群体消费行为的影响

结婚和组织家庭是人生的必经阶段。研究和掌握青年人结婚用品与家庭用品的心理特点，是营销工作的重要组成部分。

1. 商品需求的特点

（1）购买新家庭所需的比较齐全的生活用品。新婚家庭所需基本用品是服装、装饰品、化妆品、家具、寝具、厨房用品、交通工具、家用电器等，有的还包括住宅的购买和装修等。尽管这些所需品量大类多，要很高的消费水平，但他们都有一个比较一致的心理，即要购买齐全，配套协调。同时，由于攀比心理的作用，消费层次日趋提高。

（2）购买时机比较集中，具有淡旺季之分。青年人结婚前大都有一个储蓄阶段，具体购买则都集中在结婚前较短的时间内。另外青年人多喜欢在节日或民间认为的"吉日"举行结婚仪式，这样在喜庆的节假日或"吉日"的前夕，往往是购买结婚用品的高峰。农村青年还喜欢在丰收的年成举行婚礼。因此结婚用品的销售具有淡、旺季的区分。

（3）购买商品的质量和档次偏高。一般青年人购买新婚用品，对质量和档次都有要求，所需商品要具有质量好和档次高的特征。

2. 购买结婚用品的心理需求

（1）求新求美心理。新家庭的建立，象征着新的美好生活的开始，所以新婚用品的购买往往带着强烈的祝愿，围绕着"新""美"而进行。

（2）寓意良好。人们总是希望生活有美好的结局，因此，对所购买的商品有一个共同的心理需求，寓意良好、大吉大利，在精神上给人一种满意的寄托。

（3）感情象征。青年人结婚是感情的结合，因此，要求有的结婚用品在用字、样式、颜色、

包装装潢、数量等方面具有很强的感情色彩。或是象征双方感情的真挚，或是表达一方对另一方的爱慕之情，或是用以诱发和增强双方的感情等。随着人们文化素养水平的提高，新婚青年的这种要求越来越强烈，所涉及的商品也越来越广泛，并被不断地赋予新的内容，发生着新的变化。

三、中老年消费群体行为分析

中年期是由青年向老年过渡的时期。一般习惯把 35～50 岁划为中年期。根据生理上的变化又可把中年期划分为中年前期（35～45 岁）和中年后期（45～50 岁）。年满 60 岁及 60 岁以上者，称为老年人。中老年这两个年龄阶段的消费者既有各自的消费心理，又有许多共同之处，尤其是中年后期与老年靠得更近，所以我们把中老年放在一起进行分析研究。

（一）中老年消费者行为特征

1. 消费需求相对集中和稳定

由于家庭生活现实的考虑，中老年往往比较注意维持与自己的社会角色相应的消费标准与消费内容，不再追求丰富多彩的个人消费。在现实中多凭自己的消费习惯和消费经验，采取理智型和经济型的购买方式。

2. 消费决策求实理智

由于年龄和心理的因素，老年消费者在购买时往往不像青少年消费者那样冲动，他们往往会根据自己长期积累的经验和已形成的标准，对产品加以评价，然后才购买消费。这一过程中，老年消费者的消费决策受情感冲动的影响是较少的。因此老年消费者的购买决策大多是趋于理智型的，特别是对高价值消费品的购买，决策的过程都会较长

3. 消费追求便利

老年消费者由于生理机能逐步退化，对商品消费的需求着重于其易学易用、方便操作，以减少体力和脑力的负担，同时有益于健康。老年消费者对消费便利性的追求，还体现在对商品品质和服务的追求上，质量好、售后服务好的商品能够使老年消费者用得放心、用得舒服，不必为其保养和维修消耗太多的精力。

4. 消费构成与消费要求发生变化

随着人口快速老龄化，老年人口增长较快。相关数据显示，预计到 2020 年，全国 60 岁以上老年人口将达 2.55 亿左右，占总人口比重提升至 17.8% 左右。同时，老年消费者更渴望健康长寿，导致在原有的嗜好和习惯仍然保持不变的情况下，他们的消费支出大部分用于食品和医疗保健方面，穿用部分的比重逐渐下降。

在吃的方面，老年人有着新的、不同于过去的特殊要求。例如随着消化系统功能减弱，味觉、嗅觉变得迟钝，影响食欲和消化，再加上牙齿脱落影响咀嚼，因此对主食的需求量明显减少，要求吃低糖和容易咀嚼、消化的食物；对副食则讲求营养，爱吃维生素丰富的蔬菜和清淡食品；对高脂肪、高胆固醇食品往往避之若蝎，而对高蛋白和滋补食品非常感兴趣。

对穿的需求，老年人也同年轻时不同。如在面料上讲求轻便、适用。夏季一般喜欢透气性能好的棉、麻、丝绸商品，冬季则希望购买质地轻柔、保暖性能好的商品，诸如人造棉、人造皮、裘皮等。在服装款式和风格上则追求宽松、舒适、穿着方便。这完全适应老年人血液循环功能降低，既怕冷、又怕热的生理特点。

5. 补偿性消费心理

在子女长大成人独立、经济负担减轻后，部分老年消费者产生了强烈的补偿心理，试图补偿过去因条件限制而未能实现的消费愿望。他们在美容美发、穿着打扮、营养食品、健身娱乐、旅游观光方面和青年消费者一样有着强烈的消费兴趣。

四、女性消费群体行为分析

不同性别的消费者，由于其生理和心理特点不同，因而表现出不同的消费特征。一般认为，

独立、自信、外向、竞争等特征是属于男性的，而依赖、顺从、文静等特征通常认为是属于女性的。虽然这些特征并不为某一性别所特有，但它们仍然影响着消费者的兴趣、需要和行为方式，由此形成消费者的性别特征。因此，性别也是市场细分的重要依据之一。女性消费者不仅数量多，而且在购买中起着特殊的作用。女性消费者自己使用的日用品，基本由自己决定购买和亲自购买。在家庭中，她们担当妻子、母亲、女儿等角色，经常是男性用品、儿童用品、老年用品的购买者。所以其他市场的经营成交也同女性消费者有关。国外调查表明：家庭消费品，女性购买的占55%，男性购买的占30%，夫妻一起购买的占11%，小孩购买的占4%，可见女性是消费品的主要承担者。

（一）女性消费需求特征

1. 对商品的需求范围广

大多数女性消费者处于当家理财的地位，所以凡是家庭所必需的商品，甚至访亲送友的礼品，都是她们所关心和要购买的。

2. 对商品的需要层次多

这里的层次是指消费资料中的生存资料、享受资料和发展资料的层次，也包括家庭成员不同年龄、不同文化、不同辈分的层次，还包括按商品质量和价格所划分的高、中、低层次。

3. 商品需求受模仿、流行的影响大

由于女性在情感上的相对不稳定性和依赖性，她们很容易受外界环境的影响，容易被别人的议论所左右。如模仿、流行等社会心理现象，在她们的行为中更易见到。这种影响特别表现在发型和面部化妆、首饰和衣服鞋帽等最易看见而又最易于变化的部分，也容易出现在家庭陈设布置上。

（二）女性消费行为特征

购买需求决定购买行为。女性消费者在购买商品时往往表现出以下特点：

1. 注重商品的外观形象与情感特征

女性大多购买一般家庭用品、服装鞋帽等。这些商品种类、品牌繁多，色彩款式变化频繁，因而选购时比较注重商品的美感。在为丈夫、孩子买商品时，则更是带有感情色彩。

2. 注重商品的实用性与实际利益

女性由于料理家务的时间相对多一些，经常采购物品，因而对市场信息掌握较多，购买动机相对更为强烈。但购买时在经济方面考虑较多，如对其所喜爱的商品，若价格太贵，与日常安排有冲突，有时宁可舍弃。注重切身利益这种心理意识在女性购物时表现也较为突出。如一位女性消费者给孩子购买一件上装，不仅要求美观，要与孩子肤色相配，还要考虑洗涤后是否褪色、缩水，还会联想别人会如何评价等因素。

3. 注重商品的便利性与生活的创造性

在我国女性就业率高，在家忙家务，在外忙工作。据统计，女性平均每天约有4小时用于家务，是男性用于家务平均时间的2.5倍，占全部闲暇时间的56%以上，节假日更高，严重挤占了休息和学习时间，因而对日用消费品和主副食品的方便性要求日益强烈；同时又喜欢通过自己创造性的劳动使生活更丰富、家庭更美满，一些半成品就满足了这种需求。

4. 有较强的自我意识与自尊心

女性消费者与男性消费者相比，偏向感性，常常以购买什么、喜欢什么、使用什么这些标准，来分析别人、评价别人、分析自己、评价自己。还喜欢以个人的好恶标准作为对商品的评价标准，希望自己周围的小群体也同意这一标准。女性在一起交谈时，有关家庭和个人消费的话题，始终是她们彼此交流和议论的重要内容之一。

5. 挑选商品通常是"完美主义者"

女性消费者总希望商品能百分之百地符合自己的心愿。所以她们在购买商品时，选择时间长，观察仔细，而且经常能发现一些料想不到的细小毛病，表现出"吹毛求疵"的特点。

五、男性消费群体行为分析

根据第七次全国人口普查结果，男性人口为 72 334 万人，占 51.24%，如此巨大数量的消费对象，男性用品市场应是一个相当广阔的市场。但与女性相比，男性用品市场较为简单。

（一）男性的消费特点

（1）男性购买能力与女性相比，直接用于个人消费的部分却不见得高于女性。尤其是在经济文化较发达的城镇，男性用于个人消费的平均购买力低于女性。这当然与"男女平等""女士优先"的文化素养有关。但在耐用消费品和家用"大件"方面，男性又具购买决策权。

（2）在消费需求方面，一是男性对满足基本生活需求的商品，比较喜欢凑合，尤其是中老年男性。二是由于传统文化的影响，男性在事业上比较有追求，因此在与知识、技能有关的发展类和自我表现类的消费品需求方面比女性强烈。三是男子专用的商品相对较少，屈指可数，除了剃须刀，就算烟酒了。但事实上烟酒并不一定是男性消费者的"专利"。

（二）男性消费行为特征

（1）男性购买商品，比较多地强调产品的效用及其物理属性，其购买行为常受理性支配，具有更多的自信心。因此，这使他们在高档消费品的选购方面成为直接或主要的承担者。在商店里若看到他们所需要、所喜爱的商品时，他们略加考虑就能决策，购买后也很少后悔。

（2）男性的购买动机一旦形成，购买行为就比较果断迅速。他们一般不愿逛商店，不愿在柜台前长时间挑选，拿到商品，稍加浏览，只要没有什么大毛病，就付钱了事。

（3）男性购买物品较少受他人影响，表现出一定的独立性。他们购买时不大需要别人的决断。

（4）男性的购买动机不强烈，很少花时间来了解市场动态。对许多日常用品，往往直到需要时，才临时购买，有时甚至是奉命购买，而在选购时又不善于讨价还价。在购买动机和对商品价格的敏感性上远不如女性消费者。

第三节　家庭消费行为

家庭是消费群体的最基本类型，也是构成社会的基本细胞。家庭与消费活动有着最为广泛和密切的关系。据统计，人们消费行为的 80% 是由家庭控制或实施的。因此，研究家庭消费行为特征是消费行为学研究的最基本的内容之一。

丈夫与妻子在家庭消费中的相对影响力

一、家庭及家庭结构

家庭是以婚姻、血缘和继承关系的成员为基础组成的一种社会生活单位。父母、子女是家庭的基本成员。家庭首先是两性关系或婚姻关系的结合，在此基础上派生出血缘关系。任何一种社会，不论是出于传统、习俗，还是法律规定，家庭作为一种社会制度与婚姻制度相结合的产物，始终是人类社会生活的基本单位。

家庭作为一个群体是存在着一定的结构的，这种结构体系与人们的消费行为密切相关，其中主要包括人口结构、年龄结构、教育结构和关系结构。

（一）人口结构

家庭人口结构是指家庭人口的多少，家庭人口的多少会从以下 4 个方面影响家庭的消费。

（1）家庭人口影响商品的消费数量。一般而言，家庭人口的多少与商品消费数量成正比关系。家庭人口多，商品的绝对消费量就大；反之，则小。

（2）影响以家庭为单位消费的商品数量。家庭的数量多，以家庭为单位而购买的商品的消

费就多，如家用电器、商品房、汽车等。

（3）影响消费行为的决策过程。家庭人口多，每一位家庭成员都是各种商品信息的提供者，他或她都会对家庭的购买决策提出自己的观点。这样使家庭的购买决策变得相对复杂。

（4）影响消费水平和消费质量。在家庭收入不变的情况下，家庭人口数量多，人均消费水平就会降低，而人均消费水平降低的直接后果即是家庭每个成员的消费生活质量的下降。相反，如果家庭人口数量少，家庭成员的人均消费水平和消费质量就会相应地得到提高。如丁克家庭，他们的生活负担较轻，他们的收入不菲，他们的文化价值观、社会价值观、家庭价值观与普通人大不相同。

（二）年龄结构

家庭的年龄结构对消费的影响也是显而易见的。对一个家庭来说，经济收入的主要来源是他们的父母，因此父母在决策中的地位是绝对的。他们有权决定购买什么，什么时间购买，购买数量的多少，等等，而家庭中较小的孩子是没有发言权的，但是随着孩子年龄的增长，社会阅历的丰富，他们为父母出谋划策的机会就增多了，比如更多的中学生对家用电脑的选购、对教育软件的购买有当然的发言权，他们是这些商品的消费者。

（三）教育结构

家庭的教育结构是家庭成员们接受教育的程度。就每一位家庭成员而言，其受教育的水平越高，其购买行为就会更理智、更科学，因为他们会在商品信息搜集、品牌的比较、价格的分析等方面投入更多的精力，甚至在一些特殊商品的购买上，他们还会去向专业技术人员请教，以使自身的购买行为避免盲目性及降低风险，而受教育水平低的人，在这些方面的表现就会相对弱一些。

（四）关系结构

家庭关系结构是指家族内各个家庭之间的购买行为方面所表现出来的关联性。在现实生活中，往往是大家庭与其子女独立成家后形成的小家庭在购买行为上表现出很强的趋同性。我国传统的家庭，多为三代人组成的家庭。随着社会进步和人们观念的改变，家庭结构正由大变小，一夫一妻一个孩子的小型化家庭结构正在成为我国家庭结构的核心模式。一个家庭中，由于年龄、身份、经济地位不同，不同的家庭成员扮演着不同的角色。少儿阶段正是长知识、长身体的阶段，全靠父母抚养；当青年有独立收入时，能为家庭负担一些经济支出；中年是以户主的身份出现在家庭中的，掌握着家庭经济大权，是家庭消费活动的决策者；老年人离退休后，大多数都有一定的经济收入，一般在生活上不同程度地依附于家庭。

二、家庭消费的基本特征

家庭是建立在婚姻、血缘或继承关系基础上的社会生活的组织单位。随着人类社会生活的不断进化，家庭也在经历着从传统模式向现代模式的演变过程。在我国，核心家庭即父母与未婚子女组成的家庭已成为家庭的主要模式。与此同时还存在着许多类别的家庭模式。现代家庭消费的基本特征如下：

（一）家庭消费的广泛性

作为社会生活的细胞单位，人一生中的大部分时间是在家庭中度过的。因此家庭消费就成了人们日常消费的主体。在人们购买的商品中，绝大多数都与家庭生活有关，价值较大的如住房、家具、厨具、家用电器、交通工具，价值较小的如油、盐、酱、醋、茶、烟、酒、常备药品等。家庭消费几乎涉及生活消费品的各个方面。

（二）家庭消费的阶段性

现代家庭呈现着明显的发展阶段性。大致可划分为单身时期、新婚时期、育幼时期、成熟时期、空巢时期等5个阶段。处于不同发展阶段的家庭在消费活动方面存在明显的差异，并且表现出一定的规律性。

（三）家庭消费的差异性

由于家庭结构、家庭规模、家庭关系、家庭收入水平等方面的不同，不同家庭的消费行为具有很大的差异性。比如，家庭成员比较年轻，家庭规模较小，收入水平又比较高时，一般倾向于购买优质的高档商品，而且消费欲望强烈，较少有储蓄倾向。由于家庭规模大小不等，在选购商品品种、数量方面也具有很大的不同。家庭关系是否融洽，也会影响家庭消费行为的倾向性和合理性。总之，受到众多制约因素的影响，家庭消费各具特色。

（四）家庭消费的相对稳定性

排除家庭剧变的特殊影响，大多数家庭的消费行为具有相对稳定性，这主要是由于家庭日常消费支出存在着相对稳定的比例关系，而且大多数家庭都能维持融洽而紧密的关系，家庭消费观念与习惯的各自特色具有很强的遗传性功能。特定的内外环境对家庭消费的稳定具有重要的维系作用。当然，这种稳定性会随着社会经济的不断发展而呈现稳步上升的趋势。

三、家庭经济收入与消费

消费者任何消费动机的实现，或是生理、心理需要的满足，都要有经济收入作为基础。因此，家庭经济收入制约着家庭与个人的购买能力、购买方式、消费结构和生活习惯等。如果经济收入十分有限，其家庭成员的高层次需要和心理性动机就要受到抑制，就要先让位于低层次需要或生理性动机。

根据我国对城市职工收支抽样调查和市场实地调查，可以看出，家庭经济收入状况的影响体现在不同的方面。

（一）对消费支出结构的影响

根据消费结构中的生存、享受、发展 3 种属性进行分类，由于家庭收入高低的不同，可将家庭类型划分为以下几种：

1. 生存消费型家庭

这类家庭用于生存资料消费的开支占绝大部分。他们所消费的消费品质量不高，以维持正常生活为标准，文化精神方面的消费比重小，家庭消费内容单调。

2. 生活享受型家庭

这类家庭在物质生活方面向高、精方向发展，享受资料的消费在家庭消费资金中占相当大的比重；文化精神消费欲望强烈，家庭消费内容比较丰富。

3. 生活发展型家庭

这类家庭消费内容已达到相当丰富的程度，开始追求高质量、高品位的物质、文化精神方面的消费，发展型消费资料的消费在家庭消费基金中已占比较高的比重。

（二）对消费者购买动机的影响

收入高的家庭求新、求美、求名等动机强烈，而收入低的家庭求廉、求实、求利动机强烈。在市场上还发现，有些消费者对简便或不包装的零售食品，对削价、积压、滞销而处理的商品很感兴趣。由此可见，家庭经济状况对消费者选购商品的出发点及目标有影响。

（三）对耐用品拥有量及更新商品的影响

一般来讲，家庭实际人均收入水平越高，耐用消费品拥有量越多。我国居民素有"三大件""五大件"之类的讲究。此外，收入高的家庭，相对来说商品更新快、使用周期短、"心理废弃"的现象较多。而收入低的家庭商品更新较慢，使用周期长，不仅正常更新的情况较多，而且，延迟损耗性消费也多，如家用自行车、电器等，通过维修，延长使用寿命，节省开支。

目前我国家庭消费具有均等性、稳定性和集约性等特点。所谓均等性，即是家庭成员在消费生活方面是平等的。成年人基本上能够互相协商购买决策，全家共享商品的使用价值。所谓稳定性，是指我国家庭收入一般比较固定，因而用于消费支出及各项消费品之间的分配比较稳定和均衡；同时，正常的家庭生活受制度和法律保护，家庭成员之间的关系维系紧密，生活安定、和睦、幸福。所谓集约性，是指家庭通常集中较多的消费资金用于某一项或者某几项消费之上。但也由于每一家庭所属的民族文化、社会阶层、宗教信仰、职业性质及教育程度的制约，形成了各自的家庭消费风格、家庭消费习惯、家庭消费态度等。每个消费者一般都要在一个特定的家庭中生活一定的时间，老一辈家庭成员的消费行为会潜移默化地遗传给下一代家庭成员；同时，家庭成员在共同消费中的互相作用又不断改变着、革新着家庭消费意识及行动。从大家庭里分化出来的各个小家庭，乃至每一个家庭成员的消费行为都必然带着原有家庭消费特征的烙印。因此，工商企业在研究消费者行为时，绝不能忽视家庭的影响作用。

四、家庭生命周期与家庭消费

家庭生命周期特指一个家庭从最初形成到不断发展和最后解体的全过程。虽然不同家庭的消费活动具有很大的差异性，但在家庭所经历的不同阶段确实存在着很多共性特征。研究家庭生命周期变化对消费心理的影响，对于营销策略的制定也具有普遍性的指导意义。

（一）青年单身时期的消费

这是崭新家庭组成的前奏时期。特指原有家庭中已经长大成人但尚未结婚的年轻人，在家庭周期研究中称为单身家庭。在我国，单身青年大多并未构成家庭，而是与父母共同生活。单身时期的青年大多有自己独立的收入，尽管收入水平不太高，但可支配收入比重大，一般没有什么经济负担。单身青年大多具有以自我为中心的消费倾向，很少考虑父母及其他亲人的消费需要。他们热衷于最大限度地消费，尽情享受现代生活。他们具有强烈的求新、求名、求美和炫耀、攀比心理。在选购商品时受情绪影响较大，不特别注重实用性。与人交往过程中表现得慷慨、大方，追求生活的潇洒性。他们往往是时髦服装、声像制品、运动健身、休闲娱乐等相关商品的主要购买者。

（二）新婚时期的消费

这是指单身男女青年组成新家庭前后的一段时间。在结婚之前的主要购买对象是结婚用品。在我国的传统观念中认为结婚成家是人生的关键转折点，因此对结婚用品的筹办不遗余力，而其不论城乡，在结婚花费方面的攀比之风盛行，一是要购齐高档耐用消费品，二是要备办丰富豪华的喜宴，三是要一次备齐四季服装服饰和各种家庭用品。如果新婚夫妇收入较高，或者双方父母积蓄充足，婚后的家庭消费仍会比较正常。受时尚的影响，新婚夫妇多注重文化、体育、旅游等精神方面的消费，追求享乐的心理较为浓厚。对于父母及本人经济收入并不宽裕的新婚夫妇来说，婚后生活将会比较困难。结婚购物用去了全部的积蓄，甚至还为此欠下了大笔债务，因此结婚前后的消费行为会形成巨大的反差。

（三）育幼时期的家庭消费

这是指青年夫妇生育后而子女年龄尚幼的一个家庭发展阶段。这一时期应当是指子女尚未入学的阶段，国外称之为满巢时期。这个时期的家庭生活相比前一时期有了明显的变化，新婚夫妇的浪漫生活转变为辛苦的育儿奋斗。随着我国三胎政策的开放，选择生育第三胎的家庭将从三口之家变成四口、五口之家，"大家庭"模式在消费需求和结构发生了改变。具体表现为：①儿童娱乐用品、服装、营养品的需求量将逐步增大。②家庭购买耐用消费品的数量、种类都会增多。③家庭用于医疗、文化娱乐等方面的支出比重增大。④三胎家庭对出行工具、住房户型的需求也会有所改变，七座车、大户型房需求增加。⑤对育儿嫂、钟点工等家政人员的需求会进一步扩大。综上所述，家庭结构的变化不仅对家庭自身消费结构产生影响，对工商企业、服务业等也都产生直接影响。

（四）子女成长时期的家庭消费

这是指子女接受正规教育的家庭发展阶段，包括一般家庭生命周期研究中的满巢中期和满巢后期。这个时期由于夫妇已开始或实际步入中年，经济收入有所增加，而子女仍是家庭消费中心，因此家庭消费仍然向子女倾斜，只是所需商品品种有所改变。这时家庭消费的商品主要是子女的形象用品和生活用品。这时父母在购物时会注意征求子女的意见并尽量满足子女的要求。子女在家庭消费中享有越来越大的发言权。同时，家庭耐用品一般也到了更新期，家庭公用商品以及父母所需商品购买的比重有所加大，家庭消费日趋稳定。

（五）空巢时期的家庭消费

子女经济独立并建立自己的小家庭以后，原来的家庭发生了解体，只剩下了老年夫妇，这就是家庭演变的后期——空巢时期。家庭发展到了这个阶段，夫妻二人已经退休或即将退休，工作与生活负担一下子减轻了，但由于退休金的数目有限，家庭消费能力明显下降。老年夫妇一般很少购买大件商品，而仅以日常消费品的购买为主。消费心理也越来越向求实方面转化。选购商品时注意比质量、比价格，很少盲目消费。其中部分积蓄颇丰的老年夫妇可能会追求旅游、保健、娱乐等方面的中高档消费，或是对已成家子女的大额消费提供一定的支持。

尽管现代家庭生活模式多种多样，但是家庭生命周期的演变以及由此引起的消费心理及行为的规律性应当为营销管理者所重视，视家庭发展阶段的不同制定不同的营销策略。

五、家庭决策方式与家庭消费

家庭购物也需要一个决策过程，甚至有研究者认为这一决策过程在某种程度上类似于公司的决策会议。如果对于一项家庭消费计划，全体家庭成员意见完全一致，决策便非常简单。但更多的情况是家庭成员意见存在分歧，这样就需要由权力最大的家庭成员做出决策。一般来说，家庭购买决策者往往是经济收入最高的家庭成员，或是父亲，或是母亲，但也可能是其他家庭成员。以现代核心家庭为例，主要存在 4 种决策类型。

（一）丈夫做主型

丈夫做主型是指在家庭中丈夫拥有最高的权利，大小事情均由丈夫做主，因此，家庭消费活动安排也理所当然地由丈夫做主。这种家庭中的成员文化水平较低，收入水平也较低，并且以丈夫收入为主，因此，家庭观念受到封建落后意识的影响。我国农村中相当一部分家庭属于这种类型。另外一种情况是妻子不善于料理家务，而丈夫则显得善于持家，因此，家庭消费便由丈夫做主。

（二）妻子做主型

由于社会上残存的性别歧视问题导致大多数重要的社会、职业工作由男性承担，因此在相当一部分家庭中形成了这样一种传统做法：男人赚钱，女人花钱。由于丈夫在外工作繁忙，无暇顾及家务，因此家庭劳动同时也包括家庭采购工作均由妻子承担。这种家庭在城市中比较普遍。妻子做主型的家庭经济条件一般较好，丈夫对于家庭消费支出不太在意，更多的则是由女性善于持家的特点所决定的。

（三）共同做主型

共同做主型是指家庭消费决策并非由某一个人做主，而是由夫妻双方共同协商后决定，这种家庭在现代城市中比较普遍。家庭的主要特点是夫妻双方均具有较高的文化水平，思想开放，不受传统观念束缚，而且夫妻双方关系融洽，具有较多的共同语言。由于决策是经协商后产生的，因此决策过程相对较慢，购买的理智性较强。

（四）各自做主型

由于夫妻双方均有较高的经济收入，各自的事业、个性、生活追求目标具有较大的差异性，为充分尊重对方的兴趣爱好，因此家庭消费支出各自做主，互不干扰。这种家庭属于典型的开放型家庭，个性自由可以不受家庭规范的约束。当然，这种家庭的产生也不能排除关系不够融洽、矛盾冲突较多的原因。

事实上家庭决策类型并非由个别因素所决定，也不是固定不变的。实践研究表明，很多因素的变化都会使家庭决策类型发生变化，其中主要有以下 6 项因素：

（1）家庭经济收入与社会阶层的变化。随着家庭收入水平和社会阶层的提高，会越来越倾向各自做主的决策，而处于中间水平与阶层的家庭则倾向于共同做主型。

（2）生活方式的变化。如果家庭生活越来越向现代化模式靠拢，如更喜欢外出旅游，观看文艺演出，参加各种社交活动等，那么，夫妻一人做主便不再适宜。

（3）家庭生命周期的演变。一般来说，新婚夫妇组成的家庭往往是共同做主型的，随着家庭生活规律的逐步形成，可能会演变成各自做主型，家庭购买已经习惯成自然了。

（4）所购产品的重要性。其实对于不同产品的购买，绝大多说家庭都会采取不同的决策方式。一般的规律是：所购产品价值越高，共同做主的可能性越大；所购产品价值低，则无须进行协商。

（5）购买时间限制。如果购买决策时间较长，通常会采取共同做主的做法；如果购买时间紧迫，只能是个人做主。

（6）可能的风险性。如果准备购买的是缺乏经验的、具有较大风险的商品，往往会通过协商再做决策，否则可个人做主。

第四节　参照群体

某茶饮品牌的营销模式

一、参照群体的含义

参照群体也叫标准群体，是指该群体的目标、标准和规范成为人们行动的指南和效法的样板，也指对个人的行为、态度、价值观等有直接影响的群体。参照群体不仅指家庭、朋友等个体与之具有直接互动的群体，也指明星、领袖和公众人物等与个体没有直接面对面接触的群体。参照群体有两种功能，即规范功能和比较功能。若个体把某一群体视为自己的参照群体，则该群体的活动目标、标准和规范就会对其行动发生约束作用，个体将会自觉或不自觉地以参照群体的规范对照自己的行为并修正自己的行为。

二、参照群体对消费者行为的影响

人们总希望自己富有个性和与众不同，然而群体的影响又无处不在。不管是否愿意承认，每个人都有与各种群体保持一致的倾向。看一看班上的同学，你会惊奇地发现，除了男女性别及其在穿着上的差异外，大部分人衣着十分相似。事实上，如果一个同学穿着正规的衣服来上课，大家通常会问他是不是要去应聘工作，因为人们认为这是他穿着正式的原因。请注意，作为个体，我们并未将这种行为视为从众。尽管我们时常要有意识地决定是否遵从群体，但在通常情况下，我们是无意识地和群体保持一致的。参照群体对消费者的影响，通常表现为 3 种形式，即行为规范性影响、信息性影响、价值表现上的影响。

（一）行为规范性影响

行为规范性影响是指由于群体规范的作用而对消费者的行为产生影响。所谓行为规范，就是群体成员共同接受的一些行为标准。这种规范，可以是明文规定，也可以是约定俗成，但都具有约束和指导成员行为的效力。规范性影响之所以发生和起作用，是由于如果符合群体规范，就会收到群体的肯定；如果偏离规范，群体就会运用各种方法加以纠正。广告商声称，如果使用某种商品，就能得到社会的接受和赞许，利用的就是群体对个体的规范性影响。同样，宣称不使用某种产品就得不到群体的认可，也是运用规范性影响。

（二）信息性影响

信息性影响是指参照群体成员的行为、观念、意见被消费者作为有用的信息予以参考，由此在其行为上产生影响。信息性影响可以减少消费者在信息搜寻和决策上花费的时间和精力，这样的信息既可以直接获得，也可以通过间接观察获得。当消费者对所购产品缺乏了解，凭眼看手摸又难以对产品品质做出判断时，别人的使用和推荐将被视为非常有用的证据。群体在这一方面对个体的影响，取决于被影响者与群体成员的相似性，以及施加影响的群体成员的专长性。例如，某人发现好几位朋友都在使用某种品牌的护肤品，于是她决定试用一下，因为这么多朋友使用它，意味着该品牌一定有其优点和特色。

（三）价值表现上的影响

价值表现上的影响是指个体自觉遵循或内化参照群体所具有的信念和价值观，不需要任何外在的奖惩，个体就会自觉在行为上与参照群体保持一致，因为个体已经完全接受了群体的规范，视群体价值观为自身的价值观。例如，某位消费者认为那些有艺术气质和素养的人，通常留长发、蓄络腮胡、不修边幅，于是他也留起了长发，穿着打扮也不拘一格，以反映他所理解的那种艺术家的形象。此时，该消费者就是在价值表现上受到参照群体的影响。

> ◈ 小资料
>
> #### 品牌选择可以帮助消费者寻求群体或回避群体吗？
>
> 消费者购买某一品牌很重要的原因是通过该品牌建立自我概念和身份特征，另外，消费者还可能通过品牌建立自我与群体的联结或者用品牌区别自己与某个群体的联结。例如，如果消费者是睿智的人，而其所在的睿智群体偏好驾驶沃尔沃汽车，那么该消费者可能也会选择沃尔沃汽车以展现其睿智的特征。也就是说，消费者会基于参照群体与品牌的联结而建立自我与品牌的联结。相似地，消费者会回避与外群体存在联结的品牌。
>
> 范德堡大学的 Escalas 教授和杜克大学的 Bettman 教授提出了上述预测，并且进一步预测与归属群体联结紧密的品牌会促进所有消费者与该品牌的联结，而与外群体存在紧密联结的品牌则主要降低独立建构个体的自我品牌联结，不会影响依存建构个体的自我品牌联结。
>
> 研究设计了两组实验对上述预测进行了检验，他们还进一步验证了上述效果对于地位品牌（Symbolic Brand，与非地位品牌相比）的效应更加明显。
>
> （资料来源：周欣悦主编，《消费行为学》，机械工业出版社 2019 年版）

三、参照群体概念在营销中的运用

（一）名人效应

名人或公众人物如影视明星、歌星、体育明星，作为参照群体对公众尤其是对崇拜他们的受众具有巨大的影响力和感召力。对很多人来说，名人代表了一种理想化的生活模式。正因为如此，企业花巨额费用聘请名人来促销其产品。研究发现，用名人做支持的广告较不用名人的广告评价更正面和积极，这一点在青少年群体上体现得更为明显。比如，因《燃烧吧少年》出道的肖战，为百威啤酒、瑞幸咖啡、HERA 赫妍及雅诗兰黛等品牌代言，为各商家带去滚滚利润。

运用名人效应的方式多种多样。如可以用名人作为产品或公司代言人，即将名人与产品或公司联系起来，使其在媒体上频频亮相；也可以用名人做证词广告，即在广告中引述广告产品或服务的优点和长处，或介绍其使用该产品或服务的体验；还可以采用将名人的名字使用于产品或包装上等做法。

（二）专家效应

专家是指在某一专业领域受过专门训练，具有专门知识、经验和特长的人。医生、律师、营养学家等均是各自领域的专家。专家所具有的丰富知识和经验，使其在介绍、推荐产品与服务时较一般人更具权威性，从而产生专家所特有的公信力和影响力。当然，在运用专家效应时，一方面应注意法律的限制，如有的国家不允许医生为药品做证词广告；另一方面，应避免公众对专家的公正性、客观性产生怀疑。比如，豆本豆豆奶利用植物蛋白专家证言式广告"科技造就好营养"，使消费者在心理上获得了极大的安全感和信赖感。

（三）"普通人"效应

运用满意消费者的证词证言来宣传企业的产品，是广告中常用的方法之一。由于出现在荧屏上或画面上的证人或代言人是和潜在消费者一样的普通消费者，这会使受众感到亲近，从而使广告诉求更容易引起共鸣。例如，宝洁公司、北京大宝化妆品公司都曾运用"普通人"证词广告，应当说效果还是不错的。还有一些公司在电视广告中展示普通消费者或普通家庭如何用广告中的产品解决其遇到的问题，如何从产品的消费中获得乐趣，等等。由于这类广告贴近消费者，反映了消费者的现实生活，因此，它们可能更容易获得认可。比如，舒肤佳利用普通的一家人的日常使用体验式的广告，不但广告成本低，而且获得了大众的普遍认可。

（四）经理型代言人

自 20 世纪 70 年代以来，越来越多的企业在广告中用企业总裁或总经理作为代言人。例如，聚美优品的陈欧，"我是陈欧，我为自己代言"；格力集团的董明珠，亲自为格力代言，不但产生了商业效益，而且树立了企业领袖的公众形象，给产品赋予了人的温度。此外，这类代言让消费者更易产生信任感。

本章小结

作为社会高级动物的人类，在消费活动中必然会带有人类所属的社会群体特征，表现出群体心理与行为的一致性。本章在介绍群体心理成长规律的基础上，重点讨论在市场营销中常见的年龄群体的消费行为特点。

年龄是常用的划分消费群体的标准。人在不同的年龄阶段，会有不同的消费心理需求和购买行为。

家庭是消费群体的最基本的类别，研究影响家庭消费行为的因素，为营销管理者制定不同的企业营销策略。

参照群体是影响消费者行为不可忽视的因素，研究其影响机理，并论述如何应用于市场营销。

复习思考题

1. 什么是社会群体？怎样影响消费者的消费行为？
2. 简述青年人的消费行为特征。
3. 男性与女性消费心理与购买行为存在哪些差异？
4. 联系实际谈谈家庭生命周期对消费行为的营销。
5. 分别访问 5 名不同年龄段的消费群体，总结不同年龄消费者的消费特点。
6. 做一个非正式的调查，了解自己和周围同学的消费水平，总结一下如果商家想开拓大学生市场可以从哪些行业入手。

7. 参照群体对消费者的影响方式有哪几种形式？

案例分析

名人代言对消费的影响力

春秋战国时期，人们就知道可以依靠专家鉴定，提供信誉保证，从而提高商品的销量和售价。

《战国策·燕策二》中讲述了一则伯乐相马（图5-1）的故事。当时有一名贩马的商人在马市连续叫卖了三天，始终无人问津。于是，他便花钱请伯乐来围着自家的马儿看一圈，并且让其走时回望一下。这相马界的权威大佬一出场，马不仅卖出去了，身价还涨了10倍！

图5-1　（清）黄慎《伯乐相马图》局部，故宫博物院藏

不仅如此，利用名人代言扩大商品关注度的做法，古人也早就用起来了。

名人带货最出名的莫过于《晋书·王羲之传》记载的"王羲之题扇赠老姥"（图5-2）。滞销的纸扇因为有了书圣的题字，一时间价格翻了好多倍不说，还立刻成为热门商品，被众人抢购一空。

图5-2　（清）禹之鼎《题扇图》局部，故宫博物院藏

无独有偶，《晋书·谢安传》中东晋著名男神谢安为帮同乡推销蒲扇，便拿走其中一把蒲扇，一直随身携带。市井百姓见谢安如此钟爱这把蒲扇，便竞相购买，致使蒲扇"价增数倍"。

为保证日后销量，售出商品的使用评价对商家至关重要。

古代商家讲究名人"背书"，会邀请各界名流在墙上题诗作画写牌匾，为自家商品建立更有价值的品牌口碑。不少财势雄厚的店家在名人亲笔题写完招牌后，还用金箔贴字，作为"金字招牌"代代相传。

另外，更有不少文人雅士热衷于为自己喜爱的商品撰写好评"软文"，自发担任起推广大使。号称酒仙的李白就曾在《客中行》中大赞兰陵（今山东临沂境内）美酒。

> 兰陵美酒郁金香，玉碗盛来琥珀光。
> 但使主人能醉客，不知何处是他乡。

兰陵美酒本就在当地小有名气，经李白诗作宣传后更是声名鹊起，名噪一时。

但要论文人界的"优质点评能手"，苏轼是当之无愧的第一名。作为资深"吃货"，苏轼写下的美食安利文品种、数量皆让人瞠目，其中最"出圈"的是他被贬湖北黄州时所作的《猪肉颂》。

> 净洗铛，少着水，柴头罨烟焰不起。
> 待他自熟莫催他，火候足时他自美。
> 黄州好猪肉，价贱如泥土。
> 贵人不肯吃，贫人不解煮。
> 早晨起来打两碗，饱得自家君莫管。

苏轼大力推广吃猪肉的好处和做法，愣是把当时没人吃的猪肉价格和销量都提了上去，还打响了"东坡肉"的名号。

问题：案例中的名人属于哪种参照群体？对消费者主要的影响方式是什么？

（资料来源：微信公众号——国家人文历史，2020-11-11）

✪ 实训练习

运用问卷法、访谈法以及数据分析法等研究方法调查大学生群体消费行为的特征。

第六章

影响消费行为的环境因素

学习目标

1. 了解经济环境对消费行为的影响；
2. 掌握文化及亚文化对消费行为的影响；
3. 了解不同社会阶层的消费行为；
4. 了解消费习俗的特点以及产生的影响，掌握消费流行对消费行为的影响；
5. 掌握消费购物环境对消费行为的影响。

建议课时

6 课时。

思维导图

影响消费者行为的环境因素
- 经济环境因素的影响
  - 宏观经济因素
  - 个人经济因素
- 社会文化因素的影响
  - 社会文化的概念
  - 主文化与消费行为
  - 亚文化与消费行为
- 社会阶层与消费行为
  - 社会阶层的概念和特征
  - 社会阶层的决定因素和分类
  - 不同社会阶层消费者的行为差异
- 消费习俗、消费流行与消费行为
  - 消费习俗与消费者行为
  - 消费流行与消费者行为
- 购物环境与消费行为
  - 购物环境的含义
  - 购物的物质环境、情境环境、服务环境与消费行为

导入案例

中国自古以来就崇尚安稳，孔子曰："父母在不远游，游必有方。"这样的思想渗透在每个中国人的心中。安稳的地理环境造就了安稳的文化，中国人对于旅游的需求心理、审美要求、习俗要求都不尽相同，例如中国人对于旅游方面的需求心理比较崇尚安静，崇尚循规蹈矩的观光和体验。

西方文化造就了西方人勇于探索、勇于尝试和勇于冒险的特点，在旅游消费行为方

面，西方人更推崇多样性和复杂性的旅游行为，简单的观光和体验无法满足西方人的旅游消费行为需求。西方人往往具有热情、主动和不畏艰难辛苦的特点，更喜欢一些具有刺激性、彰显个性的旅游项目，他们对于旅游的需求更倾向于刺激、激烈和彰显个性等方面。

西方人对于旅游行为也有着与中国人不同的需求，中国人更喜欢静态美，喜欢安静的观光和人文体验，喜欢美感性较强的事物。然而在西方人的旅游需求中，他们更喜欢一些惊险、刺激和全身心投入的项目，更能彰显自己的个性和勇敢。对于中国人而言，西方人旅游行为可能毫无美感可言，在西方人眼里，中国人的旅游可能毫无感受可谈。例如，在北美国家和澳大利亚极受欢迎的帆板或冲浪运动，在海洋条件绝佳的海南国际旅游岛却是国人无人问津的水上运动，而不远万里来三亚参与甚至是经营帆板冲浪运动的至今依然是西方人。与此同时，中国人热衷于在世界各地的"网红景点""网红餐厅""网红酒店"拍照打卡。然而在旅游消费方面，因为与中国的价值观、审美观、道德观完全不同，人们的消费习惯也有着不同的需求和要求。同样是旅游购物，外国游客喜欢买一些自己觉得新奇，能体现异国文化的纪念品。而中国人的旅行消费则对物品的品牌价值看得更重，去法国买 LV、去美国买耐克、阿迪达斯。

（资料来源：宁如、杨涵涛、刘元著，《试论中西文化差异对旅游消费行为的影响》，《现代营销》（创富信息版），2018 年第 12 期）

每位消费者作为社会人，都生活在一定的社会环境中，因此消费行为不仅受自身的需要、动机等心理因素的影响，而且也受消费者活动的外界社会环境，如社会经济、政治环境、文化背景、消费者家庭环境、消费者群体、消费时尚、习俗、流行及购物环境等诸多因素的影响。下面就从几个角度分析探讨社会环境对消费行为的影响。

第一节　经济环境因素的影响

在影响消费行为的诸多外部环境因素中，经济因素是最主要的，它决定着消费者的消费能力，起着规范和塑造消费者生活方式和偏好的作用。

**2019 中国网购市场
发展规模与用户
行为分析**

一、宏观经济因素

（一）社会经济发展水平

一方面，社会经济发展水平影响着消费品的供应；另一方面，经济发展水平决定着人们的消费能力。

首先，社会经济发展水平制约着消费品供应的质量和数量。社会经济发展水平越高，消费品的质量就越高、数量也越大，消费者的消费水平也就越高、消费的种类也越多样。例如，我国在改革开放前，社会经济发展水平不高，人们的消费品主要是基本生活用品，消费品的选择余地很小，基本上都是定额配发。而在改革开放后的今天，社会经济水平得到了大幅度的提高，人们在基本生活用品方面有大量的选择：服装有不同品牌、不同档次、不同款式；饮食有不同风味、不同档次；消费的对象也扩大到了其他方面，如家用电器、运动器材、休闲用品等。

其次，社会经济发展水平影响着消费品的供应速度。社会经济发展水平越高，消费品的供应速度就越快。消费者的消费频率和总消费量也就越大。以服装为例，在中华人民共和国成立初期，社会经济水平较低，服装的生产有限，人们的穿着也比较一致，而且大多衣服是穿坏为止。如今社会经济水平提高了，人们的衣服多种多样、款式各异，而且衣服淘汰的速度很快，很多衣服都因为不合潮流而被淘汰。

最后，社会经济发展水平决定着人们的消费能力。社会经济发展水平越高，人们的消费能力就越强，人们的消费水平也就越高。

（二）经济体制

不同的经济体制会对消费者产生不同的影响。比如几十年前，我国的经济体制是以计划经济为主，消费品供应表现为以行政手段为主的供给制与半供给制，这使消费者的生活消费在很大程度上受到行政手段的制约，人们的消费模式具有明显的供给特征。消费者也表现出简单的接受心理，行为上表现为单一的接受活动。如今我国已经基本形成了以市场经济为主、宏观调控为辅的社会主义经济体制。我国消费者的心理和行为也发生了改变，人们接受了市场经济下的消费模式，自由、主动地选择消费品，使自己的消费行为成为市场经济活动的一部分。

国家的经济政策有财政政策、金融政策、货币政策等。国家的这些经济政策对消费者的消费活动具有重要影响。比如，国家为了抑制通货紧缩而采取开放式的货币政策，就是鼓励社会的消费活动；利率降低也会刺激消费；等等。

二、个人经济因素

（一）收入状况

消费者进行消费活动的前提是具有一定的支付能力，也就是有钱买东西。消费者的收入水平、收入结构和收入变动状况是影响消费活动的重要因素。消费者的收入构成主要有：劳动收入、租金收入、资本收入、其他收入（社会福利、保险赔偿等）。高收入群体的消费水平相对更高、结构更复杂，他们更容易接受、购买和使用新产品。消费者收入变化对消费的影响体现在以下几个方面：

1. 绝对收入和相对收入变化

绝对收入变化是指消费者所获得的货币以及其他物质形式的收入总量变动。对于大多数以货币收入为主的消费者来讲，影响消费心理的主要因素是货币收入绝对数额的上升与下降。一般来讲，消费者的货币收入增加时，消费者的消费欲望也随之增强；反之，当消费者的货币收入减少时，其消费欲望也随之减弱。

相对收入变化是指消费者的绝对收入不变时，由于其他社会因素，如价格、分配等的变化，引起原有对比关系的变动，而使收入发生实际升降的变化。

相对收入变化对消费者的影响主要有如下两方面：

（1）消费者本人绝对收入没有发生变化，而其他消费者的绝对收入发生了变化；或者消费者本人的绝对收入变动大于或者小于其他消费者的绝对收入变动。消费者在短时间内不易察觉这种变动，它对消费者的短期消费心理也没有影响，只有经过一段时间的对比之后，才会对消费者产生影响。比如，当某消费者的收入相对于其他消费者下降时，他最初并没有察觉到，由于模仿心理的作用，继续与其他相对收入已提高的消费者在同等水平上进行消费。经过一段时间后，他便会感到由于消费支出能力降低，已经不能与那些相对收入已经提高的消费者保持同样的消费方式，而必须降至与自身收入水平相符的消费水平上来。

（2）消费者的绝对收入没有变化，而市场上的商品价格发生了变化，使原有可购买的商品量发生了增减变化；或是消费者绝对收入的变化幅度大于或者小于价格变化幅度，这种变动对消费者的货币投向、消费结构以及消费数量都会产生明显的制约作用。

2. 现期收入和预期收入的变化

消费者的现期收入是指消费者在当前一定时期内所获得的收入。现期收入不反映社会其他因素对收入的影响，只反映消费者当时的收入总量。预期收入是指消费者以现期收入为基础，以当时的社会环境为条件，对今后收入的一种预计和估算。

一般情况下，当消费者的预期收入高于现期收入的时候。他可能增加现期的消费支出，甚至举债消费，以提高现有的消费水平；反之，当消费者估计的预期收入低于现期收入的时候，他将降低现有的消费水平，而较多用于储蓄或者投资。

（二）储蓄状况

随着消费者收入水平的提高，消费者用于基本生活的消费支出占其收入的比重越来越小，储蓄逐渐提高。截至 2019 年末期，我国的居民储蓄存款余额就已经达到了 82.14 万亿元。下面，我们来讨论储蓄对消费的影响作用。

1. 宏观影响

消费者储蓄对宏观经济具有多方面的积极作用，银行通过储蓄可以聚集城乡居民手里的闲散资金，通过转贷为企业扩大再生产提供资金支持。储蓄行为还可以调节社会消费和积累的比例关系以及市场的供求关系。

2. 微观影响

这里讲的微观影响是指储蓄对消费者个人的影响。这种影响主要有如下 3 方面：

（1）使消费者具有延期消费的能力，储蓄使消费者不必立刻进行消费活动，而是在之后的某个时候进行消费。

（2）为消费者提供了购买高级消费品的能力。收入的积累使消费者的储蓄总量越来越多，当达到一定数额的时候，消费者就有能力购买高级的消费品，如房屋、汽车等。

（3）使消费者具有应付紧急经济情况的能力。生病等紧急情况出现后，在短时间内就需要较大量的钱来进行处理，而当时的收入又不够，这时就需要使用储蓄的钱。另外，失业、经营亏损等收入减少使日常消费不得不求助于储蓄。

❖ 小资料

储蓄、债务和信贷倾向

世界各国消费者的储蓄、债务和信贷倾向不同。日本人的储蓄倾向强，储蓄率为 18%，而美国仅为 6%，结果日本银行有更多的钱和更低的利息贷给日本企业，日本企业有较便宜的资本得以加快发展。美国人的消费倾向强，债务-收入比率高，贷款利率高。营销人员应密切注意居民收入、支出、利息、储蓄和借贷的变化，这对价格敏感型产品更为重要。

（资料来源：刘万兆、赵曼、陈尔东主编，
《消费者行为学》，中国经济出版社 2018 年版）

第二节　社会文化因素的影响

一、社会文化的概念

一般而言，社会文化是指人们在社会发展过程中形成并世代流传下来的风俗习惯、价值观念、行为规范、态度体系、生活方式、伦理道德观念、信仰、审美观等。社会文化是一种客观的历史现象，每一个社会都有与之相应的社会文化。各个国家由于历史、地理、民族以及物质生活方式的差异，也有着各自独特的社会文化。社会文化带给人的影响往往是难以改变的。特定的社会文化必然对本社会的每个成员发生直接或间接的影响，从而使社会成员在价值观念、生活方式、风俗习惯等方面带有该文化的深刻印迹。

具体而言，社会文化对个人的影响在于：①文化为人们提供了看待事物、解决问题的基本观点、标准和方法；②文化使人们建立起是非标准和行为规范。例如在不同场合应该做什么、不应该做什么、怎样做等。通常情况下，社会结构越单一，文化对个人思想和行为的制约作用就越直接。在现代社会中，由于社会结构的高度复杂化，文化对个人的约束趋于松散和间接，成为一种潜移默化的影响。文化对行为的这种约束称为社会文化规范。它以成文或不成文的形式规定和制约着人们的社会行为。一个人如果遵循了社会文化规范，就会得到社会的认同，如果违背了社会文化规范则会受到指责或惩罚。社会文化有多种不同的分类，我们在这里主要考察主文化和亚文化，以及它们对消费者心理和行为的影响。

二、主文化与消费行为

主文化是在社会上占主导地位的文化，是为社会上大多数人所接受的价值观、道德观、风俗习惯等。了解主文化的特性有助于了解它对消费心理和行为的影响。

（一）主文化的共同性

同一主文化为绝大多数社会成员共同拥有，并对他们的价值观、行为方式、思维方式产生深刻影响，使其心理和行为表现出某些共同的特性。就消费活动而言，这些共同特性表现为消费者之间的相互认同、模仿、暗示，形成共同的生活方式、消费习俗、消费观念和态度倾向。如我国人民看重传统节日，把春节、中秋节看作合家团圆、走亲访友的日子，大家有互赠礼品的习惯；用红色表示喜庆，用黑色和白色寄托哀思；普遍崇尚节俭、量入为出，还不太接受信贷消费等。这些都是我国人民在长期文化传统的积淀中形成的共同的消费习性。

（二）主文化的差异性

主文化的差异性主要是指不同主文化之间的差异。由于自然环境、物质生活条件、经济发展水平、民族发展水平等的差异，每个国家、地区和民族都有自己独特的消费习惯、生活方式、伦理道德、宗教信仰、价值观念等，而不同社会主文化的差异性也主要表现在这些方面。例如，中国人深受儒家传统思想的影响，形成了凡事瞻前顾后，求稳求全的心理。我国目前的个人消费信贷进展缓慢，除了其他的客观原因外，与这种心理的作用也是分不开的。而西方发达国家的消费者深受自由进取精神的影响，崇尚自由、张扬个性、注重自我感受，即期消费心理较强，所以信贷消费成为西方人生活中不可缺少的一部分。由此可见，在不同主文化影响下的消费者，其消费心理、消费习惯、消费方式等都有较大的差异。

（三）主文化的发展变化性

已有的社会主文化不是一成不变的。随着社会的发展前进，社会主文化也将不断地发生变化。消费品市场的变化是反映社会文化的前沿，社会主文化的发展变化常常导致某种流行时尚的改变。以服装为例，过去的消费者讲究服装的质地和做工，要求款式庄重严谨；而现在的消费者则要求舒适、自然、体现个性，注重穿着的自我感觉。服装的流行式样也在不断变化，如裤子、裙子等的形状就经历了反复变迁。它在一定程度上反映了人们在审美观念、价值取向上的变化。我国过去的那种"新三年，旧三年，缝缝补补又三年"的消费价值观念已被求新、求美的观念所取代，不用又舍不得丢弃的东西摆放在公用楼道里，这种事已越来越少。过去热衷于健身锻炼的是年轻人，而现在中老年人则成了清晨锻炼者的主体，他们已经渐渐习惯了各种健身活动，如舞剑、打太极拳、敲锣鼓、扭秧歌、跳交谊舞等。一些城市的市民休闲区、街道旁，以及一些住宅小区还专门设立了健身器材，供人们参加各种健身活动。

总之，充分地了解消费者所处的社会主文化环境，了解各种文化传统、民风民俗，以及社会主文化发展变化的趋势，对于了解消费需求的发展变化趋势，更好地满足消费者的需求具有重要的意义。

三、亚文化与消费行为

亚文化又称副文化。它是指仅为社会上一部分社会成员所接受或为某一社会群体所特有的文化。亚文化的形成主要是由于一个国家或地区的社会内部并不是整齐统一的，某些社会成员由于在民族、地域、职业、年龄、性别、教育程度、宗教信仰等方面有共同特性而组成一定的社会群体。在该群体内的社会成员之间往往具有相同的价值观念、习俗，相互间具有认同感，从而构成了该社会群体特有的亚文化。亚文化一般并不与主文化相抵触。由于社会成员都归属于不同的群体，亚文化对其心理和行为的影响更为直接和具体，比主文化的影响力更强。

（一）民族亚文化

它是一个社会中各个民族所特有的文化。例如，我国的 56 个民族在参加社会整体生活的同时，有些仍保留着本民族的语言、文字、生活方式等。许多民族都有自己独特的消费习俗、偏好禁忌，当然，民族亚文化和主文化并不是泾渭分明，而是彼此交融的。中华民族的文化传统就是 56 个民族亚文化交融的结果。

（二）地域亚文化

它是因自然地理环境的影响而造成的，与气候条件和地理条件有关。地域不同，消费者的生活方式和消费习俗也不同。我国北方地区和南方地区就分属于两个不同的亚文化群体，由于地理位置、气候条件的差异，北方人和南方人在饮食、穿着、性格上都有所不同。如在性格上，北方人多豪爽，而南方人多细腻；在饮食方面，云南、贵州、重庆、四川等地的人由于气候潮湿而喜食辣椒等。

（三）年龄亚文化

它是不同年龄阶段的人所特有的文化。不同年龄的人往往分属于不同的群体，有着不同的价值观念和消费习惯。如青年亚文化群体容易接受新生事物，富于创造性和进取精神，他们追求新奇时尚，追逐潮流，乐于尝试，易产生诱发性和冲动性购买。而老年亚文化群的价值观念已基本上固定，他们不太容易接受新事物，一般遵循以往的消费习惯，对消费品多要求实用方便。

（四）职业亚文化

它是指不同的职业群体所特有的文化。各种专业性较强的职业都经过一些专门的训练，有专门的职业术语、职业道德、职业习惯等，不同的职业就形成了不同的职业亚文化。在不同职业亚文化中的消费者有不同的消费心理，而且在装束、言谈举止、生活方式等方面有较明显的区别。

除了以上 4 种主要的亚文化之外，还有一种不可忽视的越轨亚文化。它是一些反社会的群体所特有的亚文化。这类群体的行为规范往往偏离主文化，而对越轨亚文化具有认同感，所以越轨亚文化为犯罪行为的滋生提供了环境。例如反叛社会者、吸毒者等都认同越轨亚文化。越轨亚文化群体的消费心理不同于常人，所以不可小视其消费行为的不良示范作用。

主文化和亚文化的区分并不是绝对的，二者可相互转化。此外仅凭主文化和亚文化的地位是不足以判断其性质的，只能根据它们在社会上所起的作用来判断。因此主文化和亚文化对消费心理的影响也要视情况做具体分析。研究主文化和亚文化有助于我们更好地了解消费者的文化背景，有效地进行市场细分，正确地选择目标市场，准确进行市场定位，从而对特定消费群体有针对性地采取营销策略。

第三节 社会阶层与消费行为

消费者均处于一定的社会阶层。同一阶层的消费者在行为、态度和价值观念等方面具有同质性，不同阶层的消费者在这些方面存在较大的差异。因此，研究社会阶层对于深入了解消费行为具有特别重要的意义。

每一个社会阶层的背后，都有它独特的消费心理与行为！

一、社会阶层的概念和特征

（一）社会阶层的概念

阶级结构或社会阶层的某些形态已经存在于人类历史的所有阶级社会中。在当代社会，社会阶层存在的迹象是普遍的现实，政府公务员、教师、医生、律师、会计师等受过良好教育或享有更多职业声望的人要比农民、工人等更被社会尊重。社会阶层是指依据经济、政治、教育、文化等多种社会因素所划分的相对稳定的社会集团或同类人群。应当注意，社会阶层不同于社会阶级，其划分的标准不仅仅是经济因素，还有其他各种社会因素，如社会分工、知识水平、职务等。

社会阶层分类通常是以层级、地位的高低进行排列的。因此对大多数人来说，社会阶层分类意味着其他人与自己相比较，要么平等，要么高于或低于自己。在这一背景条件下，社会阶层的分类为消费心理提供了一个参考框架。对于企业来说，针对不同社会阶层的消费者在开展市场营销活动时应采取不同的营销策略。

（二）社会阶层的特征

1. 社会阶层的层级性

社会阶层是由社会层级或分层所定义的。所谓社会分层就是"一个人在社会中或高或低的等级，这一等级是由社会中的其他成员排列的，以便产生一个受到尊重和具有威望的等级"。将消费者分为上、中、下层的社会分层方法暗含着，一个社会中的某些成员在威望和权力方面比其他成员的等级更高。不管愿意与否，社会中的每一位成员，实际上都处于某一特定的等级位置上，从而形成一个社会的等级结构。社会阶层的这种层级性在封闭的社会里表现得最为明显。在现代较为开放的社会里，人们的身份和地位虽然不像封建社会那样具有清晰的界限，但仍可以从其所上的学校、所从事的职业、所结识的朋友、所购买的产品中窥见端倪。由于处在同一社会阶层中的消费者很可能具有共同的价值观、社会规范和相似的购买模式，所以通过社会阶层可以了解某一特定社会阶层中的消费者购买行为的大体框架。

2. 社会阶层可以通过一定符号表现

一个人的社会阶层是与其特定的社会地位相联系的。由于决定社会地位的很多因素如收入、财富等不一定是可见的，因此人们需要通过一定的符号将这些不可见的成分有形化。这些能够展示一个人所处社会阶层或地位的符号，被称为"地位符号"。在现实生活中，社会阶层可以通过许多符号，如一个人所穿的衣服、居住的社区和房屋、佩戴的珠宝首饰、驾驶的汽车以及打高尔夫球、从事滑雪运动等展示出来。

值得注意的是，随着社会的变迁和主流价值观的变化，能够象征社会地位的符号及不同地位符号的作用都在发生变化。例如，随着收入水平的提高，很多过去只有上层社会才消费得起的产品、服务已经或正在开始进入大众消费领域。

3. 社会阶层的多维性

社会阶层并不是单纯由某一个变量如收入或职业所决定，而是由包括这些变量在内的多个因素共同决定。决定社会阶层的因素既有经济层面的，亦有政治和社会层面的。在众多的决定因素中，某些因素较另外一些因素起更大的作用。收入常被认为是决定个体处于哪个社会阶层的重要变量，但很多情况下它可能具有误导性。比如在我国现阶段，出租车司机、城郊菜农的收入可能比一般的大学教师和工程师高，但从社会地位和所处的社会层级来看，后者显然高于前者。除了收入，职业和住所亦是决定社会阶层的重要变量。一些人甚至认为，职业是表明一个人所处社会阶层的最重要的指标，原因是从事某些职业的人更受社会的尊重。

4. 社会阶层的同质性

社会阶层的同质性是指同一阶层的社会成员在价值观和行为方式上具有一定的共同点和相似之处。这种同质性在很大程度上是由他们共同的社会经济地位所决定的，同时也和他们彼此之间更频繁的交流、互动有关。对营销人员来说，同质性意味着处于同一社会阶层的消费者会订阅相同或类似的报纸、观看类似的电视节目、购买类似的产品、到类似的商店购物、光顾类似的酒店，这为企业根据社会阶层进行市场细分提供了依据和基础。

5. 社会阶层的动态性

社会阶层的动态性是指个人或家庭从一个社会阶层向另一个社会阶层的流动。这种变化可以朝着两个方向进行：从原来所处的阶层跃升到更高的阶层，或从原来所处的阶层跌入较低的阶层。一般来说，越是开放的社会，社会阶层的动态性表现得越明显；越是封闭的社会，社会成员从一个阶层进入另一个阶层的机会就越小。社会成员在不同阶层之间的流动，一是个人的原因，如个人通过勤奋学习和努力工作，赢得社会的认可和尊重，从而获得更多的社会资源和实现从较低到较高社会阶层的迈进。二是社会条件的变化。如在我国"文化大革命"时期，知识分子被斥为"臭老九"，社会地位很低，但改革开放以来，随着社会对知识的重视，知识分子的地位不断提高，作为一个群体它从较低的社会阶层跃升到较高的社会阶层。总之，从长期来看，社会阶层是一个动态概念，消费者个人或家庭的社会地位存在上升或下降的可能。

　　6. 社会阶层对行为的限定性

大多数人在和自己处于同一社会阶层的人交往时会感到很自在，而在与自己处于不同层级的人交往时会感到拘谨甚至不安。这样，社会交往较多地发生在同一社会阶层之内，而不是不同阶层之间。同一阶层内社会成员更多的交流和互动，会强化共有的价值观和社会规范，从而使阶层内成员间的相互影响增强。相反，不同阶层之间较少互动，会限制产品、广告和其他营销信息在不同阶层的成员之间的流动，使彼此的行为呈现更多的差异性。

二、社会阶层的决定因素和分类

（一）社会阶层的决定因素

决定社会阶层的因素分为 3 类：经济变量、社会互动变量和政治变量。经济变量包括职业、收入和财富，社会互动变量包括个人声望、社会联系和社会化，政治变量则包括权力、阶层意识和流动性。下面主要介绍与消费者心理研究特别相关的几个因素。

　　1. 职业

在大多数消费者研究中，职业被视为表明一个人所处社会阶层的最重要的单一性指标。当首次与某人会面时，我们大多会询问他在哪里高就和从事何种工作。一个人的工作会极大地影响他的生活方式，并赋予他相应的声望和荣誉，因此职业提供了个体所处社会阶层的很多线索。不同的职业，消费差异很大。比如，蓝领工人的食物支出占收入的比重较大，而经理、医生、律师等专业人员则将收入的较大部分用于在外用餐、购置衣服和接受各种服务上。在大多数国家，医生、企业家、银行家和科学家是倍受尊重的职业，近年来，随着信息产业的迅速发展，与信息技术相关的职业如电脑工程师、电脑程序员等职业日益受到社会青睐。

　　2. 个人业绩成就

一个人的社会地位与他的个人成就密切相关。同是大学教授，如果你比别人干得更出色，你就会获得更多的荣誉和尊重。平时我们说"某某教授正在做一项非常重要的研究""某某是这个医院里最好的神经科医生"，均是对个人业绩所做的评价。虽然收入不是表明社会阶层的一项好的指标，但它在衡量个人业绩方面却很有用。一般来说，在同一职业内，收入居前 25% 的人，很可能是该领域内最受尊重和最有能力的人。个人业绩或表现也涉及非工作方面的活动。也许某人的职业地位并不高，但他或其家庭仍可通过热心社区事务、关心他人、诚实善良等行为品性赢得社会的尊重，从而取得较高的社会地位。

　　3. 社会互动

大多数人习惯于与具有类似价值观和行为的人交往。社会学认为，群体资格和群体成员的相互作用是决定一个人所处社会阶层的基本力量。社会互动变量包括个人声望、社会联系和社会化。个人声望表明群体其他成员对某人是否尊重，尊重程度如何。社会联系涉及个体与其他成员的日常交往，他与哪些人在一起，与哪些人相处得好。社会化则是个体习得技能、态度和习惯的过程。家庭、学校、朋友对个体的社会化具有决定性影响。到了青春期，一个人与社会阶层相联系的价值观与行为已清晰可见。

4. 拥有的财物

财物是一种社会标志，它向人们传递其所有者处于何种社会阶层的信息。拥有财物的多寡、财物的性质反映了一个人的社会地位。财物不仅包括汽车、土地、股票、银行存款等通常的财物，也包括受过何种教育、在何处受教育、在哪里居住等"软性"财物。名牌大学文凭、名车、豪宅、时尚服饰，无疑是显示身份和地位的标记。然而，对它们特别有兴趣的恰恰是缺乏这些财物或对其缺乏了解的人。如《成功的秘诀》《哈佛学不到》等书籍的潜在买主是商学专业的学生或其他希望成为"管理高手"的人，而不是业已成功的人士。

5. 价值取向

个体的价值观或个体关于应如何处事待人的信念是表明他属于哪一社会阶层的又一重要指标。由于同一阶层内的成员互动更频繁，他们会发展起类似或共同的价值观。这些共同的阶层所属的价值观一经形成，反过来成为衡量某一个体是否属于此一阶层的一项标准。不同社会阶层的人对艺术、对抽象事物、对金钱和生活存在的不同看法，实际折射的就是价值取向上的差异。

6. 阶层意识

阶层意识是指某一社会阶层的人意识到自己属于一个具有共同的政治和经济利益的独特群体的程度。人们越具有阶层或群体意识，就越可能组织政治团体、工会来推进和维护其利益。从某种意义上说，一个人所处的社会阶层是由他在多大程度上认为他属于此一阶层所决定的。一般而言，处于较低阶层的个体会意识到社会阶层的现实，但对于具体的阶层差别并不十分敏感。例如，低收入旅游者可能意识到星级宾馆是上层社会成员出入的地方，但如果因五折酬宾而偶然住进这样的宾馆，他对出入身边的人在穿着打扮、行为举止等方面与自己存在的差别可能并不特别在意。在他们眼里星级宾馆不过是设施和服务更好、收费更高的"旅店"而已，地位和阶层的联系在他们的心目中如果有的话也是比较弱的。相反，经常出入高级宾馆的游客，由于其较强的地位与阶层意识，对于星级宾馆这种"来者不拒"的政策可能会颇有微词。

（二）社会阶层的分类

划分社会阶层的方法有很多种，我们在这里主要介绍单一指标法。单一指标法是根据某个单项指标如职业、教育、收入将消费者分成不同的阶层。

教育是提高社会地位的主要途径，自然也是评价社会地位的一项重要指标。在大多数国家，一个人所受的教育程度越高，他的社会地位就越高。传统上，在制造、服务等领域，很多高收入的职位不一定需要高教育，但这种情况正在转变。看看各种招聘广告，你就会发现，凡是稍好一点的职位，对能力和素质都有很高的要求。要达到这种要求，通常需要接受良好的教育。不仅如此，教育还影响个人品位、价值观、获取信息和做决策的方式。总之，教育影响个体消费模式和生活方式的各个方面，它与职业一道构成衡量社会阶层最常用的两项指标。

职业是应用最广的单项指标。事实上人们初次见面，总是以职业来评价和界定对方。每当遇到新知，人们内心总是在问"他是做什么的？"很显然，职业是我们判断一个初识的人最常用的线索。职业与教育、收入紧密地联系在一起，在很大程度上反映一个人的社会地位。消费者的工作类型、与其共事的同事的类型直接影响着他的价值观、生活方式和消费过程的各个方面。

收入是划分社会地位和社会阶层的常用指标。因为，一方面收入与个体所处社会阶层有着较密切的联系，另一方面收入是维持一定生活方式的前提条件。收入不仅制约着人们的购买能力，而且影响着人们对工作、休闲和购物等活动的看法。当然收入作为衡量社会阶层的基本指标也存在着问题和局限。首先，被调查者也许不愿意公开自己的收入，或不能确切地按研究人员所界定的收入概念确定自己的收入。其次，收入本身并不能完全有效地解释由于社会阶层所形成的行为差异。一位大学教授的收入或许与一位卡车司机的收入不相上下，然而他们的观念、意识和偏好会有相当大的差别。

三、不同社会阶层消费者的行为差异

从消费者心理与行为研究角度出发，同一社会阶层的消费者在需求、偏好、价值观念和行为模式上总会表现出某些共同之处，但不同社会阶层消费者的行为却存在着明显差异。

（一）在心理上的差异

社会阶层之间的一个重要差别在于其成员的心理，特别是他们的价值观念、信念和趣味的不同。例如，尽管劳动阶层的消费者在取得丰裕的生活必需品方面存在障碍，但他们并不一定羡慕那些社会地位比他们高的人。在这些人看来，维持一种更高社会阶层的生活方式有时并不见得是一件值得为之努力的事情。一位蓝领消费者评论道："那些人的生活非常紧张，有更多体力或心力衰竭和酗酒现象。要维持他们所期望的地位、服装标准和生活水平肯定很难。我并不想处于他们的位置上。"这位蓝领工人的话代表了相当一部分人的价值观和行为取向。虽然幸福看起来依附于高贵的社会地位和财富，但事情并不是如此简单。一个人是否感到生活幸福在很大程度上取决于他本人的世界观和价值取向。

（二）在产品选择和使用上的差异

不同社会阶层的消费者所选择和使用的产品是存在差异的。一些研究表明，尽管各个阶层妇女都对时装感兴趣，但上层和中层的妇女比下层妇女在这方面的参与程度要高一些，表现为更多地阅读时装杂志、参观时装表演、与朋友或丈夫讨论时装，原因可能在于上层社会的妇女在时装的品位上不同于其他阶层的妇女。例如，中下层的消费者更加偏好T恤，当然T恤上须有名牌标志或所景仰的个人或群体的名字；而上层消费者则垂青于精致而有品位的服装，并不太在意什么"支持性"联系，即靠某种名称来衬托自己。

（三）在信息获取上的差异

信息搜寻的类型和数量也随社会阶层的不同而存在差异。处于最底层的消费者信息来源有限，对误导和欺骗性信息缺乏甄别能力，购买决策可能更多地依赖亲戚、朋友提供的信息。中层消费者比较多地从媒体上获得各种信息，而且会更主动从外部搜寻信息。随着社会阶层的上升，消费者获得信息的渠道也越来越多。不同阶层消费者偏爱的媒体也有很大的不同。越是高层的消费者，看电视的时间越少，因此电视媒体对他们的影响相对要小。相反，高层消费者订阅的报纸、杂志远较低层消费者多，所以，印刷媒体信息更容易到达高层消费者。就信息内容而言，社会地位越高的消费者，他们越关心国家大事，对新闻和时事更加关注。较低阶层的消费者则更多地收看体育节目，阅读反映各种小道消息的报纸、杂志。

（四）在购物方式上的差异

社会阶层对消费者的购买方式会有重要影响。人们会形成哪些商店适合哪些阶层消费者惠顾的看法，并倾向于到符合自己社会地位的商店购物。如果消费者所处社会阶层与他想象的某商店典型惠顾者的社会阶层相去越远，他光顾该商店的可能性就越小。较高阶层的消费者较少光顾主要是较低阶层消费者常去的商店；较低阶层的消费者则较多地去主要是较高阶层消费者惠顾的商店。同时，中层消费者较上层消费者去折扣店购物的次数频繁得多。

上层消费者购物时比较自信，喜欢单独购物，他们虽然对服务有很高的要求，但对于销售人员过于热情的讲解、介绍反而感到不自在。他们特别青睐那些购物环境幽雅、品质和服务上乘的商店，而且乐于接受新的购物方式。中层消费者比较谨慎，对购物环境有较高的要求，但他们也经常在折扣店购物，购物本身就是一种消遣。下层消费者由于受资源限制，对价格特别敏感，多在中、低档商店购物，而且喜欢成群结队逛商店。

（五）在休闲活动上的差异

社会阶层与消费者的娱乐和休闲活动选择具有密切的关系。一个人所偏爱的休闲活动通常是同一阶层或临近阶层的其他个体所从事的某类活动，他采用新的休闲活动往往也是受到同一阶层或较高阶层成员的影响。例如，较高阶层的消费者可能出入戏院、打桥牌以及观看大学的足球比赛。较低社会阶层的消费者则倾向于花更多的时间看电视，成为钓鱼爱好者，或喜爱露天电影等。

上层社会成员所从事的职业，一般很少涉及体力活动，作为补偿，多会选择要求臂、腿协调运动的活动，如慢跑、游泳、打网球等。下层社会成员倾向从事团体或团队性体育活动。中层消费者是商业性休闲和公共游泳池、公园、博物馆等公共设施的主要使用者，因为上层消费者一般自己拥有这一类设施，而低层消费者又没有兴趣或无经济能力来进行这类消费。

（六）在储蓄、消费和信用卡使用上的差异

储蓄、消费和信用卡的使用也与社会阶层地位有关。较高阶层的消费者具有更强的未来导向，并且自信在财务方面是聪明的，因而他们更愿意在保险、股票、不动产上进行投资。较低阶层的消费者更关心眼前的满足，他们的储蓄主要兴趣在于提高其未来财务上的安全系数（如退休或失业以后如何维持生活）。所以，在信用卡使用上，较低社会阶层的消费者倾向于在分期付款的购买中使用他们的银行信用卡，而较高阶层的消费者则完全按月支付他们的信用卡账单。这就是说，较低阶层的购买者倾向于使用他们的信用卡"今天购买，以后再付款"，否则便负担不起那些他们想要得到的商品；较高阶层的消费者使用信用卡只是把它当作现金的一种便利替代品。这表明，富裕消费者和非富裕消费者对于商业银行金融服务的需求是不一样的。富裕消费者在财务上更具冒险性，他们渴望货币市场基金、财务计划信息、税收建议、投资管理服务以及金融产品和服务。非富裕消费者一般只希望得到更多的传统金融产品和服务，如储蓄存单和优惠的贷款利率等。

❖ **小资料**

《红楼梦》中的妙玉，过去是大户人家的小姐，后来带发修行，住在贾府大观园里。有一次，贾母带刘姥姥去她的庵中喝茶，她嫌刘姥姥弄脏了她的茶杯，让人把那个茶杯扔出去不要了。那可不是个普通茶杯，而是一个成窑五彩小盖钟。明朝末年，一对成窑酒杯就值一百两银子，五彩是成窑中的精品，这个盖钟的价值可想而知，刘姥姥的几亩薄田都卖了，都不够买这个盖钟。这么贵重的盖钟，妙玉说不要就不要了。

（资料来源：快资讯网，2021-03-03）

第四节　消费习俗、消费流行与消费行为

从消费者角度来看，消费习俗与消费流行是一对矛盾的概念。习俗源于传承，而流行则始于变革。但二者也具有一定的相似之处，都是对于行为的模仿。所不同的是习俗是一种潜意识状态的模仿，也可以说是一种被动模仿，而流行则是一种主动追随的模仿。

春节习俗催
热消费市场

一、消费习俗与消费行为

风俗是指世代相传、长期形成的一种风尚，习惯是由于重复或练习而巩固下来的并变成需要的行为方式。风俗习惯也称习俗，它是一种社会现象；而消费习俗则是人们在日常消费生活中，由于自然的、社会的原因所形成的不同地区各具特色的消费习俗。消费习俗一旦形成，会对人们的日常消费行为产生直接影响。

◈**小资料**

　　绿色帽子在中国是一个非常尴尬的存在，但是远在欧洲西端的爱尔兰，每年的 3 月 17 日，整个国家都会变成一片绿色的海洋，人们头戴绿帽子，身着绿衣服，欢天喜地地庆祝他们的国庆节——圣帕特里克节，绿帽子在这一天是最受欢迎的饰物，人们更是戏谑地称这一天为"绿帽子节"。其实不只是节日，平时在大街上也经常能看到戴绿帽子的人。

（资料来源：微信公众号——谭老师地理工作室，2019-08-09）

（一）消费习俗的特点

　　消费习俗指一个地区或民族约定俗成的消费习惯，是整个社会风俗的重要组成部分。可以说，消费习俗代表了社会风俗的主要特征，因为人类绝大部分习俗的背后，都包含了消费这一条件。不同国家、不同地区、不同民族的消费者，在长期的生活实践中形成了各种各样的消费习俗。但消费习俗仍具有某些共同特征。

　　1. 消费习俗的长期性

　　一切消费习俗都是人们在长期的生活实践中逐渐形成和发展起来的。一种习俗的产生、形成与发展需要经过若干年乃至更长的时间。在社会生活的各个方面已经形成的消费习俗又会对人们的消费心理与消费行为产生长期的、潜移默化的影响。

　　2. 消费习俗的社会性

　　消费习俗的形成离不开特定的社会环境，是人们社会生活的组成部分，带有浓厚的社会色彩。消费习俗首先是由众多的社会成员在共同的社会生活中共同参与而形成的，而且社会环境因素、社会意识形态的变化也会使消费习俗产生一定程度的变化。因此，消费习俗的形成乃至发展变化都有着深刻的社会方面的原因。

　　3. 消费习俗的区域性

　　消费习俗是特定区域范围的产物，因而带有强烈的地方色彩。例如，在四川等阴冷潮湿地区，当地人素有吃辣椒、吃火锅的习惯；在西藏，以青稞、酥油、牛羊肉为主的食物结构使人们好喝砖茶；而我国北方较寒冷地区的居民喜饮烈酒；少数民族的消费习俗更是他们长期在特定的地域环境中生活而形成的民族传统和生活习惯的反映。消费习俗的区域性使我国各地区形成了不同的地域风情。

　　4. 消费习俗的非强制性

　　消费习俗的产生和流行往往不是通过强制手段来推行的，而是通过一种社会约束力量来影响消费者。这种约束虽无强制性，但具有强大的影响力，使置身其中的消费者自觉或不自觉地遵守这些习俗，并以此规范自己的消费行为。

（二）消费习俗的类别

　　1. 物质消费习俗

　　物质消费习俗主要由自然、地理、气候等因素影响而形成，主要涉及有关物质生活范畴。物质消费习俗与社会发展水平之间具有反向关系，即经济发展水平越高，物质消费习俗的影响力越弱。这类消费习俗主要包括以下 3 个方面：

　　（1）饮食消费习俗。在我国，除了前面介绍的口味习惯外，还有北方人以面食为主，南方人以大米为主的饮食习惯；沿海居民喜欢鲜活食品，内地居民喜欢冷冻食品。这些饮食习惯基本上是受供应条件限制而形成的，但近年来随着经济发展、科技进步以及运输业的发达，这种地域限制造成的习俗差异越来越小。

　　（2）服饰消费习俗。我国地域广阔，大多数少数民族按地域不同而聚居，因此也形成了各具特色的服饰消费习惯。东南地区与西北地区的服饰就有很大不同，如西北地区人们包头、束腰的习惯其他地区就没有，各少数民族的盛装打扮也是汉族所没有的。

（3）住宿消费习俗。受不同地区生活环境及经济发展水平差异的影响，人们住房建造与住宿方式也有很大不同。例如西北牧业地区，人们习惯于住蒙古包。随着经济的发展，可移动的蒙古包越来越少，但人们在建造固定住房和室内装修时仍习惯于采用蒙古包的建造装修方式。又如陕北地区，人们习惯于把住房建成窑洞式。

2．社会文化消费习俗

社会文化消费习俗特指受社会、经济、文化影响而形成的非物质消费方面的习俗。这类消费习俗较物质消费习俗具有更强的稳定性。

（1）喜庆类消费习俗。喜庆类消费习俗是社会文化消费习俗中最主要的一种形式，是人们为了表达各种美好感情，寄托美好愿望而产生的具有特定意义的消费活动习惯。例如我国庆贺春归、祝愿收获的春节，祈愿合家团圆的中秋节，西方的圣诞节、情人节、狂欢节等。

（2）纪念类消费习俗。纪念类消费习俗是为了纪念某个事件或某个人而形成的消费习俗。这类习俗往往与重要的历史人物有关，具有较强的民族性。例如，我国人民为纪念战国时期楚国诗人屈原而形成的端午节吃粽子的习俗，西方人为纪念耶稣诞辰而形成的圣诞节。

（3）宗教类消费习俗。这类消费习俗是由于某种宗教信仰演化而成的，大多与宗教教规、教法有着密切关系，因此宗教色彩深厚、约束力很强。例如伊斯兰教的开斋节、宰牲节，基督教的复活节，犹太教的成年礼等都属于传统的宗教节日。这些节日也都有特定的消费活动和习惯做法。

（4）文化类消费习俗。这类习俗是社会文化发展到一定水平而形成的，具有深刻的文化内涵。能够流传至今的文化消费习俗一般与现代文化具有较强的相容性。在我国较有影响的文化消费习俗主要是各种地方戏演出以及各具特色的文化活动，如以山东潍坊为代表的北方地区的放风筝习俗、南北地区风格各异的舞龙和舞狮活动等。

（三）消费习俗对消费行为的影响

消费习俗涉及的内容非常广泛，包括饮食菜肴、衣着服饰、传统观念、生活方式等方面。由于消费习俗是人们在长期社会生活中逐步形成的心理沉积，因此，它对消费者的行为产生着巨大的影响，多数消费者对消费习俗有顽固性的偏爱。

1．消费习俗促成了消费者购买行为的习惯性

受消费习俗的长期影响，消费者逐渐形成一种比较稳定的购买行为。这表现在消费者往往容易重复购买符合消费习俗的各种产品，比如临近端午节，人们就会购买粽子，临近中秋节就会购买月饼等。

2．消费习俗强化消费者的消费偏好

由于消费习俗带有强烈的地域性，特定消费习俗的长期影响使消费者形成了对地方风俗的特殊心理偏好，并有一种自豪感。这种偏好会直接影响消费者对产品的选择，并不断强化他们已有的消费习惯。例如，各地消费者对本地风味小吃的喜好、各民族人民对本民族服饰的偏好等，都会使消费行为发生倾斜。

3．消费习俗导致消费行为的变化趋缓

由于消费者对消费习俗的顽固性偏爱，当新的消费方式与消费习俗发生冲突时，改变旧有习俗中的不合理成分而代之以新的消费方式，将是一个长期而困难的过程。此时消费习俗对消费行为的变化起着阻滞作用，因为遵从消费习俗导致消费活动的习惯性和稳定性，将大大延缓消费者行为的变化速度。这对消费者适应新的消费环境和消费方式，具有消极影响。

总之，消费习俗对消费行为的影响是十分明显的。这要求企业在日常生产经营活动中，充分考虑不同国家、不同地区、不同民族消费习俗的差异，尊重目标市场消费者的消费习俗，更好地满足不同市场的需求，使企业得以更好地发展。

二、消费流行与消费行为

"流行"也称"时尚""时髦",是指社会上相当多的消费者在较短时间内,同时模仿和追求某种消费行为方式,使这种消费行为方式在整个社会中随处可见,从而使消费者之间相互发生连锁性感染并将此发展成为一种风气。流行的产生大致有 3 种原因:一是由于某种新产品的性能特点适合大多数消费者的需求、欲望,所以形成了流行。二是由所谓"时髦领袖"带头,而引发许多人的效仿,如影视明星、体育明星、政界要人的榜样作用。三是由产品的宣传所引起的。消费流行是社会流行的一项重要内容。当消费流行盛行时,到处都有正在流行的产品出售,众多不同年龄、不同阶层的消费者津津乐道于流行产品,各种各样的宣传媒介对此大肆渲染、推波助澜。总之,没有什么比消费流行更能引起消费者的兴趣。

(一)消费流行的含义

消费流行作为社会流行的一个重要组成部分,是指在一定时期和范围内,大部分消费者呈现出相似或相同行为的一种消费现象。具体表现为大多数消费者对某种产品或消费时尚同时产生兴趣,从而使该产品或消费时尚在短时间内成为众多消费者狂热追求的对象,消费者通过对所崇尚事物的追求,获得一种心理上的满足。此时这种产品即成为流行产品,这种消费趋势也就成为消费流行。消费流行的关键是某种消费行为方式具有新奇性,许多人竞相模仿和学习,从而使这种消费行为方式在整个社会随处可见,成为一种社会风气。

1. 消费流行对企业有重大的影响

企业推出的一种新产品能不能成为流行产品,具有一定的风险。一种产品成为流行产品之后,由于市场广阔,销量增长迅速,销售时间集中,能够在短期内给企业带来巨大的利润。但是如果对消费需求估计有误,导致产品大量积压,则会给企业带来很大的损失。因此企业在研制和开发新产品,希望它成为流行产品之前,需要对市场进行认真的调查和反复测试,掌握消费心理变化,切忌盲目生产。

2. 消费流行能够给市场带来巨大的活力

消费流行的产品是市场的重点、骨干产品,销售迅速、购买活跃,产销双方都能获得较高的利润。在流行产品的带动下,与此有连带关系的产品,以及其他许多类似产品也会得以大量销售,使市场购销活跃、繁荣兴旺。但消费流行也会给市场带来巨大的压力,如果生产不能及时满足市场需求,或由于流通环节阻塞,消费流行就会受到抑制。在紧俏心理的作用下,越是短缺的流行产品,人们越是急于购买,因此巨大的产品购买力给市场带来极大的压力和冲击。消费流行是一种重要的经济现象,我们研究消费流行的目的是要因势利导,促进经济的发展和生产水平的提高,同时追踪消费心理的变化轨迹,为市场营销和经济建设服务。

(二)消费流行的内容

消费流行的内容十分广泛,有物质流行和精神流行。从一般社会因素分析,消费流行的内容可以归纳为以下 3 个方面:

1. 物质的流行

物质的流行是指某种产品或服务的流行,它涉及消费生活中衣、食、住、行的各个方面。例如,时装、装饰品、化妆品、烟酒、鞋帽、汽车、保健食品、发型、家具和耐用消费品、住宅等。在物质流行中广告宣传起着特别重要的作用。

2. 行动的流行

行动的流行表现为人们行为活动方面的流行,如迪斯科、霹雳舞、太空舞、街舞等的流行。行动的流行受社会行为观念、文明程度等环境因素的影响较大。例如,各种快节奏舞曲的流行,就与人们开始逐步习惯于高频率、快节奏的生活观相适应。

3. 精神的流行

精神的流行是指由某种共同心理取向所反映出的思想、观念、风气等的流行。流行歌曲、畅销书等就属于这一类。《富爸爸，穷爸爸》一书出版当年就创下 300 万册的销售奇迹，这与国人对财富的认同和渴求心理密切相关。近年来兴起的吉祥数字热也是消费者观念的一大转变。过去分文不值的电话号码，由不同数字组成了所谓吉祥号码后，现在竟可卖出几万元的高价。用吉利谐音直译出的"可口可乐""金利来"等商品的大量出现，也正是因为它们迎合了消费者的心理意识。

上述几方面的流行是互相影响、互相制约的。思想观念方面的精神流行，往往是物质流行和行为流行的基础，而物质流行与行为流行又是精神流行的直接表现。就消费心理而言，物质流行更为重要，它是影响消费心理的直接因素。

（三）消费流行的动因及特征

消费流行作为一种社会现象，存在的时间一般较为短暂。今天的流行时尚不久就会被其他的消费时尚所代替，当年的流行时尚将被下一年的所取代。消费流行作为一种消费行为方式，要经历从发生、发展到消失的变化过程。

1. 消费流行的动因

由图 6-1 可知，流行具有周期性。在实际生活中，各类不同形式的消费流行并不是简单地按图中的单一线条发展的，而是交叉重叠、相互影响的。但是，同一类型的流行线条则是按单一循环进行，如服饰的流行，一般不会几种服饰同时流行，而大多是一种服饰流行；当人们对这种服饰的新奇感逐渐消失时，另一种新服饰的流行可能已经在酝酿之中了。每一次消费流行中所反映出的消费者心理和行为水平、强度方式都是不同的，它是多种社会因素共同作用的结果。

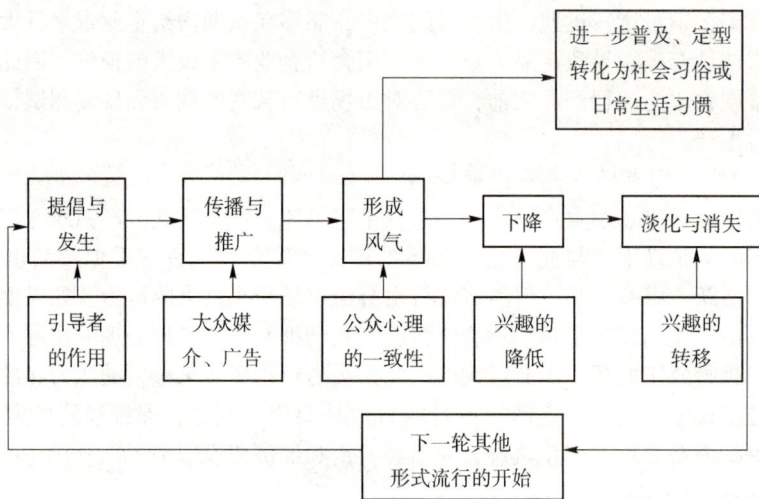

图6-1　消费流行的周期性

（1）社会文明程度。消费流行的产生和发展与社会生产力的发展水平、人类的文明程度密切相关。流行的渊源可以追溯到人类的远古时代。人类自从有了自己的文明，便有了与之相适应的流行。但是，由于当时人类的文明程度和生产力水平低下，流行的发展变化也十分缓慢，因此，当时的流行后来多形成社会风俗习惯，只是当社会化生产的程度大幅提高、社会产品数量大幅增长后，流行才成为一种十分复杂的社会现象。随着流行发展变化速度的加快和生命周期的缩短，消费流行的作用和影响力也越来越大。消费流行几乎渗透到人类活动的各个领域，其表现形式也越来越多样化、复杂化。消费流行往往以最快的速度反映社会现实状况，成为新的社会行为规范的先驱。

（2）个性意志的自我表现。消费者渴求生活多样化，追求新奇，乐于表现自我，具有竞争心理，这些都是人对个性意识追求的反映，而消费流行正是这种追求的产物。外界的客观事物总是在不断地发展变化，而产品的更新换代、推陈出新与这种变化正好相适应。消费者具有求新、求变的心理特征，大多数消费者都习惯于追求新、奇、变，以表现自己的身份、地位、爱好、兴趣和个性特点。随着时间的推移，原有的消费行为已被大家所熟悉，而原有行为中"新"的特点就不复存在了。这时，由于自身特性的作用，人类开始对原有的消费行为产生心理上的厌倦，转而追求更新的消费行为。如此循环，这便是消费流行的最主要的心理基础。

（3）从众与模仿。任何一种消费行为要形成流行趋势，是与一定时间、一定范围内消费者个人和群体的承认和参与密不可分的。在人类社会中，个体希望在行为上与群体中的多数人保持一致的从众心理和人类固有的模仿心理，成为促使某一消费行为流行的重要心理条件。当某一消费行为在一定环境中激发起众多消费者好奇、追求的心理时，众多的模仿者和不甘落后的从众者便纷纷仿效，于是，流行开始形成并且逐步扩大。例如，近年来普遍流行的网恋、追星等事件，就是从众与模仿行为的结果。人们常听到的网络流行语"美眉""青蛙"等，以及常见到的采用手机微信等流行通信方式的"拇指一族"等也与消费者的从众心理有关。一种有特色的服装，很快就会成为仿效者的时尚标签；一句新奇的用语如"搞掂""下课"等，很快就能变成人们的"口头禅"。这种从众心理和模仿行为，也是消费者在生活中寻求社会认同感和心理安全感的表现。服从多数人的心理趋势和个体自觉接受与模仿社会行为规范的倾向，是流行得以产生的重要条件。

（4）广告传播。信息现代化的加快及网络媒体的崛起，消费者产品意识与企业竞争意识的增强，从社会环境与消费心理两方面极大地促进了广告业的发展，也使之成为消费流行强有力的助推器。如脑白金的"今年爸妈不收礼，收礼只收脑白金"、平安保险的"中国平安，平安中国"及哈药六厂的系列广告，借助各种媒体迅速风靡全国大中城市。广告宣传的声势越大，传播越广，产品的知名度也越高，对消费者的心理影响就越强，产品也越容易流行。如果再伴之以良好的服务、上乘的质量及适中的价格，则产品流行的速度会更快，强度会更高，周期也会更长。

总之，消费流行受多种因素的影响和制约。可以说，社会文明程度影响和制约消费流行的水平和层次，个人意志的自我表现是影响和制约消费流行的内在动力，从众与模仿影响和制约着消费流行的方式，广告传播则影响和制约着消费流行的强度和范围。

2. 消费流行的特征

作为一种社会现象，消费流行同其他社会事物一样，有其自身的特征。

（1）从形成的速度上看，消费流行的兴起常常表现为一种具有强制性的爆发式扩展和向外延伸。

（2）从持续的时间上看，消费流行一般表现为较短的流行生命周期，即在不长时间内就会消失。当然，有时某种时尚也能保持较长时间，像牛仔裤的流行就长达几十年之久。如果消费流行能保持下去，则可能演化为一种新的社会风俗。

（3）从表现的形式上看，消费流行不像伦理道德那样具有社会压力感。它的传播依靠人的心理作用，表现为人们主动的自我追求、乐在其中的自觉行动。

（4）从影响的范围上看，消费流行如果始于社会名流、社会权威，则流行的速度更快、传播的范围更广。它对女性的影响比对男性的影响更大，对女性用品的影响比对男士用品的影响更为明显，对年轻人的影响比对老年人的影响大得多。

（5）从接受的对象上看，消费流行对消费者具有一定的选择性。一般最易接受者往往是年轻人，好奇心、好胜心较强者及外向型性格的消费者，而较为保守的人往往是流行的滞后接受者。

（四）消费流行的规律

消费流行是一种客观经济现象，有其自身的运动过程和发展变化的一般规律。了解和掌握消费流行的运动规律及消费者由此产生的心理效应，有利于企业引导消费，掌握市场经营的主动权。

1. 消费流行的地区传播规律

消费流行作为社会范围内的行为，按其地区范围的大小可划分为地区性流行、全国性流行、世界性流行等几种形式，这些形式所反映的是流行的地域性特点。消费流行在不同地域间的流动与传播，有其自身的规律性，主要表现为以下两种：

（1）消费流行从发达地区向不发达地区传播。由于消费的基础是经济发展水平，市场产品的多样化促成消费行为的多样性，产品更新换代的速度影响消费行为的转换速度，因此，消费流行总是从经济发展水平较高的国家或地区开始，然后向经济欠发达的国家或地区扩展和延伸。

（2）消费流行的波浪式传播。消费行为表现为在短期内爆发式地向外扩展与延伸。当一种消费流行由发达地区兴起并传播到欠发达地区时，随着欠发达地区流行的兴起，发达地区的流行趋势一般会随之而下降。这就形成了消费流行波浪式运动的传播趋势，这是由于消费者对原有流行产生厌倦心理的结果。

我国国内形成的消费流行，一般是从京、津、沪等发达地区开始，逐渐向中部地区转移，再进入西北地区，或是从东南地区向西北地区波浪式逐渐推移。

2. 消费流行的人员结构规律

消费流行作为人类的社会行为，反映出消费者消费需求的阶段性和阶层性的变化。消费者群体的构成形式及按群体层次传播的方式，形成了消费流行的人员结构规律。一般来讲，可形成以下两种基本的流行形式：

（1）自上而下扩展延伸。这是由社会上层、领袖人物、影视明星、社会名流等人物带头提倡的活动逐渐向社会下层传播，形成社会时尚或消费流行。例如，2001 年 APEC（亚太经济合作组织）上海峰会上，与会领导身穿唐装亮相，迅速引发了全国甚至世界范围内的"马褂热"。再如，影视明星、电视节目主持人的某种服饰、发型或新颖用语，都能很快形成全国的流行行为等，就是这种传播形式的佐证。

（2）横向扩展延伸。这种形式是由于社会生活环境变迁、消费观念变化，一种流行形式在社会中由消费者自发形成，之后为社会各阶层普遍接受。这种流行与社会经济发展的关系极大。如 20 世纪 80 年代以来，适应我国人民对美化生活环境的追求，而又受居住面积的限制，组合家具曾一度风靡全国。随着住房条件的改善，新颖的分立式家具又渐渐流行。

3. 消费流行的产品运行规律

产品在其自身发展过程中，由于市场环境、社会发展水平及消费者心理的影响，形成了自己的生命周期，即产品生命周期。从消费心理学角度考察，处于消费流行中的产品也有其自身的生命周期。它与一般产品的生命周期既有同质性，又有其自身的特点。

市场学中的产品生命周期分为 4 个阶段，即产品的市场引入期、成长期、成熟期、衰退期，其主要特点是产品在进入成长期和成熟期的过程中，利润与销售量、市场占有率呈平稳上升趋势，并且可维持一段较长的时间。而流行产品的生命周期，则分为流行酝酿期、流行发展期、流行高潮期、流行衰退期 4 个阶段。流行酝酿期的时间一般较长，消费者要进行一系列意识、观念以及舆论上的准备；在流行发展期，消费者中的一些权威人物或创新者开始做出流行行为的示范；进入流行高潮期，大部分消费者在模仿、从众心理的作用下，自觉或不自觉地卷入流行中，把消费流行推向高潮；流行高潮期过去以后，人们的消费兴趣发生转变，流行进入衰退期。

消费流行的这一周期性现象，对企业的发展具有重要意义。企业可以根据消费流行的不同阶段采取相应的策略：在流行酝酿期，通过预测，洞察消费者的需求信息，做好宣传引导工作；在流行发展期，则大量提供与消费流行相符的上市产品；在流行高潮期内，购买流行产品的消费者数量会大大增加，产品销售量急剧上升，此时企业应大力加强销售力量；进入流行衰退期后，企业应迅速转移生产能力，抛售库存，以防遭受损失。另外，随着产品更新速度的加快，消费流行的周期会越来越短，为此，企业应及时调整营销策略，以适应消费流行变化节奏越来越快的要求。

（五）消费流行对消费心理及消费行为的影响

消费流行的规律在很大程度上取决于消费者心理变化的过程。这种心理变化产生的效应，会极大地影响消费流行传播的地域范围、消费者群体范围和企业的市场营销活动。相反，消费流行也会在很大程度上从多个方面影响消费者的心理和行为。

在消费决策系统中，消费者心理活动过程具有一定的规律性。如在收集消费信息阶段，消费者的心理倾向是尽可能多地收集有关产品的信息，在比较中做决策。在购买后通过对产品的使用，产生购买后的心理评价。但在消费流行的冲击下，消费心理和行为会发生一些微妙的变化。

1. 影响消费者认知态度的变化

按正常的消费心理，对于一种新产品消费者开始往往持怀疑态度。按照一般的学习模式，消费者对这一事物有一个学习认识的过程。有些人是通过经验学习，有些人是通过亲友的介绍来学习，还有些人是通过大众传播媒介提供的信息来学习。当然这种消费心理意义上的学习过程，不同于正规的知识学习，它只是对自己感兴趣的产品知识予以接受。但由于消费流行的出现，大部分消费者的认知态度会发生变化，首先是怀疑态度消失，肯定倾向增加；其次是学习时间缩短，接受新产品的时间提前。在日常生活中，许多消费者唯恐落后于消费潮流，一出现消费流行，就密切关注其变化。一旦购买条件成熟，他们便积极购买，争取走入消费潮流之中。由此可见，消费者对流行时尚的认知态度发生了不同于一般产品的变化。实际上，这是消费流行强化了消费者的消费心理与消费行为。

2. 影响消费驱动力的变化

人们购买消费品，有时是出于生活需要，有时是出于社会交往的需要。这两种需要产生了购买消费品的心理驱动力与行为驱动力，这些驱动力使人们在购物时产生了心理动机和行为动机。一般这些购买动机是比较稳定的。当然有些心理动机也具有冲动性，如情绪动机，但这种情绪变化是与个人消费心理一致的，然而在消费流行中，购买产品的驱动力会发生新的变化。如有些人有时并没有产生消费需要，但看到很多人购买，也加入了购买产品的行列，对流行消费品产生了一种盲目的购买驱动力。这种新的购买驱动力可以划入具体的购买心理动机之中，如求新、求美、求名、从众心理动机。但有时，购买者在购买流行产品时，并不能达到上述心理要求，因此，只能说消费流行使人产生一种新的心理驱动力。

3. 影响消费心理的反向变化

在消费流行中，原有的一些消费心理也会发生反方向变化。因为在正常的生活消费中，消费者往往要在对产品的性能和价格评价和比较后才去购买。但是消费流行使这种传统的消费心理受到冲击。一些流行消费品很显然是因供求关系而抬高了价格，但消费者却常常不予计较而踊跃购买。相反原有的正常产品的消费行为有所减少，如消费者为了购买时装，对其他服装产生了推迟购买的消费行为。在正常的消费活动中，消费者购买消费品是某种具体的购买心理动机起主导作用，如购买消费品注重实用性和便利性的求实心理动机。但在消费流行中这种心理动机就会发生变化，从而对实用便利产生了新的理解。因为一些流行产品从总体上看具有原有老产品所有的功能，能给生活带来新的便利，特别是一些食品和家庭用品更是如此。这些消费者加入消费流行是心理作用强化的直接结果。

4. 影响消费习惯与偏好的变化

在消费活动中，有些消费者具有惠顾和偏好的心理动机。消费者由于长期使用某种消费品而对其产生了信任感，或者经常光顾印象好的商店，购物时非某品牌不买，形成了购买习惯。在消费流行的冲击下，这种具体的消费心理与消费行为发生了新变化，虽然这些人对老产品、老品牌仍有信任感，但整天接触流行消费品，而且不断受到亲朋好友使用流行消费品表现出的炫耀心理的感染，他们也会逐渐失去对老产品、老品牌的惠顾心理。这时，如果老品牌、老产品不能改变产品结构、品种、形象，不能适应消费流行的发展，那么它们的消费者中就会有相当一部分转向流行产品，从而使企业失去老客户。个人购物偏好心理是在消费生活中由于较长时间的习惯养成的，这种心理是建立在个人生活习惯、兴趣爱好之上的。在消费流行中，这种偏好心理也会发生微妙的变化。有时是消费者个人认识到原有习惯应该改变，有时则是因社会风尚的无形压力而使之动摇和改变。

总之，在消费流行的影响下，人们的消费心理和消费行为会或多或少地发生变化。但综合来看，消费心理变化的基础仍然是原有的心理动机强化或发生转移，它并未从根本上脱离原有的消费心理动机。因为消费流行具有来得快、去得快的特点，这就要求经营者看准市场动态，既要抓住机遇，又要谨慎经营。对企业来讲，由消费者心理活动促成并反过来影响消费者心理的消费流行，既是企业的市场营销机会，又是企业营销中的"陷阱"。因此，把握消费流行规律，研究消费者心理，对企业掌握市场动向具有决定性的作用。

第五节　购物环境与消费行为

虽然目前商品销售形式日趋多元化，网络购物等无实体店铺的销售方式越来越受欢迎，逐渐成为人们的日常行为，但这不能替代实体商店，因为实体商店具有自身的优越性及不可替代性，比如房、车等商品，人们还是愿意去实体商店购买。而在这个过程中，购物环境对消费者的消费行为起着非常重要的影响。

今天的你，有注意到自己的消费行为吗？

一、购物环境的含义

购物环境包括两个方面：一是硬环境，即商店的各种设施和装潢；二是软环境，即服务质量和服务态度。因此，购物环境是商店提供的一种客观状态。从客观方面来看，购物环境通过其空间、结构、灯光、色彩、人员促销、良好的服务来烘托出一种氛围；从主观方面来看，购物环境则是一定的气氛或情调，使消费者在购物过程中产生一种特殊的心理感受。

二、购物的物质环境与消费行为

物质环境可以包括很多方面，本书中的物质环境主要是指商店位置、橱窗设计、招牌和标志设计以及商品陈列4个方面。

（一）商店位置

俗话说："一步差三市"。与其他行业相比，商品流通企业的地理位置是商业企业成功的主要因素。商店选址要考虑到交通条件、人流量、客流流向规律等因素，总之尽量达到"天时""地利""人和"，只有这样才能不断地吸引消费者，获得长远的经济效益。比如，普遍、经常需求的产品，应设在居民区商业街中，辐射范围在300米以内，步行时间在10分钟以内为宜；周期性需求的产品，应设在商业网点相对集中的地区，如地区性商业中心或交通要道、交通枢纽的商业街；耐用消费品，就应设在商圈范围大、客流集中的中心商业区或专业性的商业街道。

（二）橱窗设计

商店橱窗是商店外观的重要组成部分，是以经营商品为主体，巧用布景、道具和画面装饰为衬托，并配合灯光、色彩和文字说明，进行商品介绍和宣传的工具。橱窗设计的好坏直接影响着消费者对商店和商品的第一印象，在设计橱窗时必须考虑消费者的心理特点，运用不同的技巧来吸引消费者驻足。一个好的商店橱窗，可以形象直观地向消费者展示商品，并激发消费者的购买欲望，进而促使消费者产生消费行为。

（三）招牌和标志设计

招牌就是商店的名字，是用以识别商店、招徕生意的商店牌号。招牌作为企业形象设计的一部分，是以文字、图形、色彩为基本要素的艺术创作。它是沟通企业、产品和消费者的桥梁，在精神文化领域以其独特的艺术魅力影响着人们的情感和观念。如果一个商店的名称取得好，不但使人一看就明白商店的性质、了解商店的经营特色，而且还可以给消费者留下深刻的印象，从而吸引顾客。

（四）商品陈列

商品的陈列是商店为了突出商品、吸引消费者的注意并方便消费者购买，对货架上的产品进行合理的搭配和摆放。合理有效的产品陈列，既可以激发消费者选购产品的欲望，又能增加消费者对商店的好感，同时还能减少销售人员的工作量（消费者提问次数减少），缩短交易的过程，促进产品的销售。还可以根据商品关联度来进行商品陈列，促进商品销售，这就是著名的"啤酒和尿布的故事"。

❋ **小资料**

你不可不知的超市商品位置摆放技巧！

调查发现，根据商品摆放位置的不同，商品的销售数量会出现很大的差异。

1. 热销的商品摆放尽量与视线平行

调查显示，销量最佳的物品摆放位置依次为与消费者视线平行处、齐腰处和齐膝处。其中，前者是超市货物摆放的最佳位置，可增加70%的销量。

2. 主推的商品放在主购物通道或展柜的右侧

超市的购物通道一般是足够宽、笔直平坦、少拐角的，这样可以尽可能延长消费者在超市的"滞留"时间，避免他们从捷径通往收银台和出口。

此外，还可以抓住人们惯用右手的习惯，将最想推销的商品放在主购物通道或展柜的右侧，消费者经过时，会被激起购买欲。一般来说，体积较大的商品常放在入口处附近，这样消费者会用手推车购买大件商品，并在行进中增加购买量。

3. 薄利多销的商品放在入口处

走进超市，迎面而来的应当是特价商品。一般来说，挨近入口的地方，放薄利多销、购买频率高的商品，可以吸引消费者进门，比如书本、拖鞋、毛巾等，而烟酒等贵重商品一般放在超市中间偏后区。

（资料来源：搜狐网，2017-08-10）

三、购物的情境环境与消费行为

购物场所的情境环境由其构筑的氛围表现出来，即商店的布置、装饰、环境体现出的总体印象。氛围可以创造出放松或忙碌、奢华或高效、友好或冷漠、整体或零散的感觉，以及有趣或严肃的心情。一个好的情景环境会给消费者愉悦、激奋的感知，延长消费者在商店内滞留的时间，增强消费者与营业人员相互沟通的意愿，激发购买欲望，进而产生消费行为。本书中的情境环境主要包括建筑特色、视觉因素、听觉因素及嗅觉因素。

（一）建筑特色

对于消费者而言，建筑物的特色是吸引他们的重要因素。因为有特色的建筑物总会给人们留下特别深刻的印象，激发人们潜在的购买欲望。现代化的建筑理念更注重具有人文特征、高档时尚的设计，其目的并不在于卖弄设计，而在于吸引消费者入内，使他们无论在什么季节，无论在白天还是夜晚，都能体验到一个美好而自然的购物环境。设计者通过色彩、材料的运用，创造出一个美观大方、新颖、简洁、明快的空间，体现出一定的文化内涵。因为文化是吸引人的最深厚的力量，它看不见摸不着，是一种氛围，一种感觉。

（二）视觉因素

视觉因素包括灯光、色彩等能为人的眼睛所感知的因素。灯光、色彩直接作用于消费者的视觉。营业厅明亮、柔和的照明，优美、和谐的色彩搭配可以充分展示店面，宣传商品，吸引消费者的注意力；可以渲染气氛，调节情绪，为消费者创造良好的心境；还可以突出商品的个性特点，增强刺激强度，激发消费者的购买欲望。因此讲求灯光照明、色彩设计的科学性和艺术性，是商店内部装饰的重要环节。

（三）听觉因素

心理学研究表明，人的听觉器官一旦接受某种适宜的音响，传入大脑中枢神经，便会极大地调动听者的情绪，营造出一种必要的意境。在此基础上人们会萌发某种欲望，并受到欲望的驱使而采取行动。优美、轻快的音响能够使人体产生有益的共振，促使人体分泌一种有益健康的生理活性物质，可以调节血液的流量和神经的传导，使人保持朝气蓬勃的精神状态。早在传统商业时代，叫唱或敲击竹梆、金属器具等就成为小商小贩招揽生意的独特形式。用音乐来促进销售，可以说是古老的经商艺术。但在使用音乐时应注意3点原则：音响度高低要适宜，要能体现商品性能、特色和经营特色，音响的播放要适时有度。

（四）嗅觉因素

嗅觉主要是关于购物环境中发出的气味的感觉。气味可以促进销售或阻碍销售。面包的诱人味道可以吸引爱吃面包的消费者。相反，烟味、霉味、消毒剂的气味会赶跑消费者。社会心理学家最近的实验表明：消费者在烤饼干的气味里多花钱改变一下口味的可能性是在没有气味的环境里的两倍。因此，购物场所里如果有令人愉悦的香味，例如销售化妆品、珠宝、时装处淡雅的香味，销售日用品处清新的水果香味，以及销售食品处诱人的烘烤味，都会增强消费者的购物舒适感并强化其购买欲望。

四、购物的服务环境与消费行为

现代消费者已不是单纯意义上的物质消费者，而是一个完整的感性消费者。他们的消费行为既强调个性又追随流行和时尚，既显现感性又崇尚理性。与此相适应的商场服务也必须由形式上的服务转移到内涵式服务，由初级的大众化服务竞争发展到深层次的个性化服务竞争，根据消费者不同的需求心理和行为采取的个性化、高层次的服务，体现在商品销售的全过程。

（一）营销人员的仪表风度

仪表即人的外表，包括容貌、服饰、发型、姿势、风度等，它在人们交往中起着很重要的作用，通常称为第一印象或首要效应，它不仅能给对方以不同的心理感受，而且能影响人们之间相互关系的发展。而对营销人员来讲，其仪表风度就显得尤为重要。具有良好的仪表、文明的语言、高超的技巧和周到的服务，可以对所接触的消费者和周围的环境气氛产生良好的影响，赢得消费者信赖、满足消费者多方需求，有利于买卖成交，也有利于树立企业良好的形象和信誉。

（二）营销人员的接待步骤与服务方法

在销售过程中，营销人员与消费者作为商品的卖方和买方，相互之间必然发生交往联系。如果他们之间的沟通、交往顺利，会有助于促成商品成交；反之，沟通、交往出现障碍，则可能中断交易，甚至导致人际冲突。因此，营销人员的接待步骤与服务方法要与消费者购买活动中的心理活动阶段相适应，并采取相应的服务方法，其基本过程可以用图6-2来表示。

寻找目标 → 感知商品 → 诱发联想 → 判定比较 → 选择购买 → 购买体验

观察 → 展示介绍 → 启发联想 → 诱导说服 → 促进购买 → 售后服务

———————— 营销人员与消费者心理的沟通 ————————

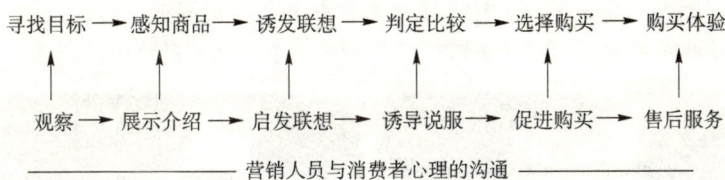

图6-2　营销人员的接待步骤

（三）全面优质服务对策

良好的营销服务，不仅会扩大商品的销售额，增加企业盈利，而且会增加消费者的信赖感，树立企业的声誉。从销售心理来讲，营销服务不仅包括营销人员的服务技巧、服务态度、服务方式，更重要的是要研究分析营销人员的行为会对消费者产生哪些影响，以及如何根据消费者的心理变化提供恰当服务，满足消费者的多种需求，进而刺激其购买欲望、产生消费行为。

本章小结

本章主要介绍了以下知识点：经济环境与消费行为；文化与消费行为；社会阶层与消费行为；消费习俗与消费行为以及消费流行与消费行为；购物环境与消费行为。经济方面主要因素主要包括：经济发展对消费行为的影响和产业结构的调整对消费行为的影响；文化是人类在社会发展的过程中所创造的物质财富和精神财富的总和，有时也特指社会意识形态以及与之相适应的制度和组织机构。文化又分为主文化和亚文化；社会阶层指的是某一社会中根据实际地位或受尊重程度的不同而划分的社会等级。社会阶层的决定因素有：职业、个人业绩成就、社会互动、拥有的财物、价值取向、阶级意识等；消费习俗是一个地区约定俗成的消费习惯，是社会风俗的组成部分。它具有长期性、社会性、地区性、非强制性等特点；消费流行是一种反映在市场中的经济现象，是指一种或几种商品由于受到众多的消费者欢迎，在一定时间内广泛流行，甚至成为消费者狂热的追求对象。了解了上述各因素的影响，企业的营销行为就具有了极强的目的性、目标性。

复习思考题

1. 影响消费行为的经济因素有哪些？
2. 划分社会阶层有哪些标准？社会阶层对消费行为有什么影响？
3. 文化的特征有哪些？它是如何影响消费行为的？
4. 大学生能否算作一个亚文化群？为什么？如果是，它具有哪些消费特点？
5. 什么是消费习俗？消费习俗对消费行为有什么影响？
6. 什么是消费流行？如何引导流行？
7. 影响消费行为的购物环境有哪些？

案例分析

"中国李宁"的品牌年轻化

从1990年创立到2016年走到末路边缘，李宁用了26年。而"中国李宁"从谷底重回辉煌，自信地站在消费者面前，却只用了短短4个月。这不是一次小概率事件，而是一场找准目标后的战役。

从2018年2月初亮相纽约时装周（图6-3），到6月再战巴黎时装周，来自中国的运动品牌李宁似乎在通过一次次刷屏让我们找到一种"国货当自强"的感觉。这一次"中国李宁"重回消费者的视线，并非是用常见的营销套路，而是走了一条与众不同的回归路线。

图6-3　李宁亮相纽约时装周

1. 坚持回归中国本土文化——"中国元素"

如果单纯地说"中国李宁"变得更时尚了、更潮了，变得更像是年轻人的品牌了，这只是大多数的人给李宁披上的一件"时尚年轻"外衣而已。事实上，"中国李宁"的出现，是在顺应如今这个消费时代下消费结构的一些变化。将品牌的核心回归到中国本土文化，这一点在近两年李宁发售的服饰系列上来看并不难发现。2018年2月在纽约时装周上的主题为"悟道"，再到6月巴黎时尚周2019春夏系列大秀以"中国李宁"为主题，无论从主题到设计，都将中国元素体现得淋漓尽致。

2. 用原创精神解构中国文化和品牌经典

从一个近期由第一财经商业数据中心发布的《"90后""95后"线上消费大数据洞察》中显示，"90后""95后"追求个性，更乐于享受品质，他们的消费行为与生活方式，也在重新定义着这个时代的潮流与时尚。

图6-4　李宁平面海报

2018年6月，"手拿大哥大的李宁"平面海报（图6-4）刷入了大多数人的信息流。这是李宁巴黎时装的一大主题——"90年代的中国"，更是李宁对经典致敬的一种态度，以此来唤起当下的"80后""90后"对于过往的一些回忆。

复古并不意味着陈旧，而是一种带有时间厚度的传承和全新表达，而大多数的复古都承载了过去某个时代的文化缩影。在李宁的巴黎大秀中，依然能看到20世纪90年代的中国元素，结合李宁品牌的体育基因，在T台上诠释了一场多元的视觉盛宴。

每个炙手可热的单品设计背后少不了元素设计的原创性。在这个充满了浓浓中国味道的秀里，随处可见"中国李宁"四个繁体字，为了呼应本次"中国李宁"的主题，字体设计是整场秀最重要的一笔，因为字体设计和其他设计几乎是同时开始的。使用典型的衬线体字型、繁体字以及红色的大字，仿佛瞬间回到了20年前。李宁亮相巴黎时装周如图6-5所示。

图 6-5　"中国李宁"亮相巴黎时装周

对于年轻消费者来说，不随大流，注重内心，审美独特是普遍存在的特征。单纯追求"潮流"无法满足当下年轻消费者多元化的需求，因为这是一个连"潮流趋势"都很碎片的时代，但对于年轻人衣品方面却有一个共同特征——他们比过去任何时候都更加关注原创设计师的作品。而"原创"是如今中国李宁的品牌中的一个重要的组成部分，也是让他成为当下年轻消费者关注焦点的一个重要因素。

3. 真正的品牌年轻化之路

每个品牌都在高喊年轻化，但真正知道"年轻化"的目的和意义的却不多。李宁曾经走错了，但好在现在找对了方向。

年轻不是一两句口号，也不是一两个标签，更不是浮于表面的某种标志性元素。而是一种年轻态度上的共鸣。

以前"李宁"二字是 20 世纪 90 年代的那群年轻消费者的态度，因为当时的李宁代表了中国体育在世界上的风姿，那是那个年代年轻消费者心里的骄傲。一句原本是原创，但让人误会是"借鉴"之作的"一切皆有可能"，是当时中国对世界的"叫板"或是"回响"。

时间一长，原有年轻的消费者逐渐老去，海外品牌进入中国市场后对消费者注意力的稀释，再加上李宁品牌本身的一些僵化，无法跟上更新一代年轻消费者的观念，导致它逐渐被消费者遗忘……

但对于中国李宁来说，"中国"就是能够打动当下年轻消费者的态度。他的作用如同那个时代的"李宁"，是在这个时代背景下，消费者内心激增的民族自豪感的一个外在表达。很多人都在说是它的设计感、时尚敏锐度让原来的李宁起死回生，但其实真正起作用的不是那些外在的表达，而是原来的那个李宁，聪明地给自己找到了一个绝佳的位置——"中国"。这两个字的力量，胜过无数条有态度的 Slogan（标语），因为它可以涵盖住任何一个时代下中国人的精神。

问题：

1. 简述"中国李宁"传递着怎样的文化。
2. 请从经济、文化、消费流行等角度，论述"中国李宁"在服装市场上的成功之道。

（资料来源：快资讯网，2019-01-19）

🌀 实训练习

运用走访调查法和对比法等研究方法调查学校附近各大购物中心的购物环境对消费行为的影响。

第七章

影响消费心理的产品因素

学习目标

1. 了解商品名称的作用，熟悉商品命名的心理策略；
2. 了解商标的心理功能，熟悉商标设计的心理策略；
3. 了解包装的心理功能及对消费者心理的作用过程，熟悉包装设计的心理要求；
4. 了解消费者品牌的心理作用过程，熟悉品牌的心理策略；
5. 熟悉新产品设计、新产品推广的心理策略。

建议课时

5 课时。

思维导图

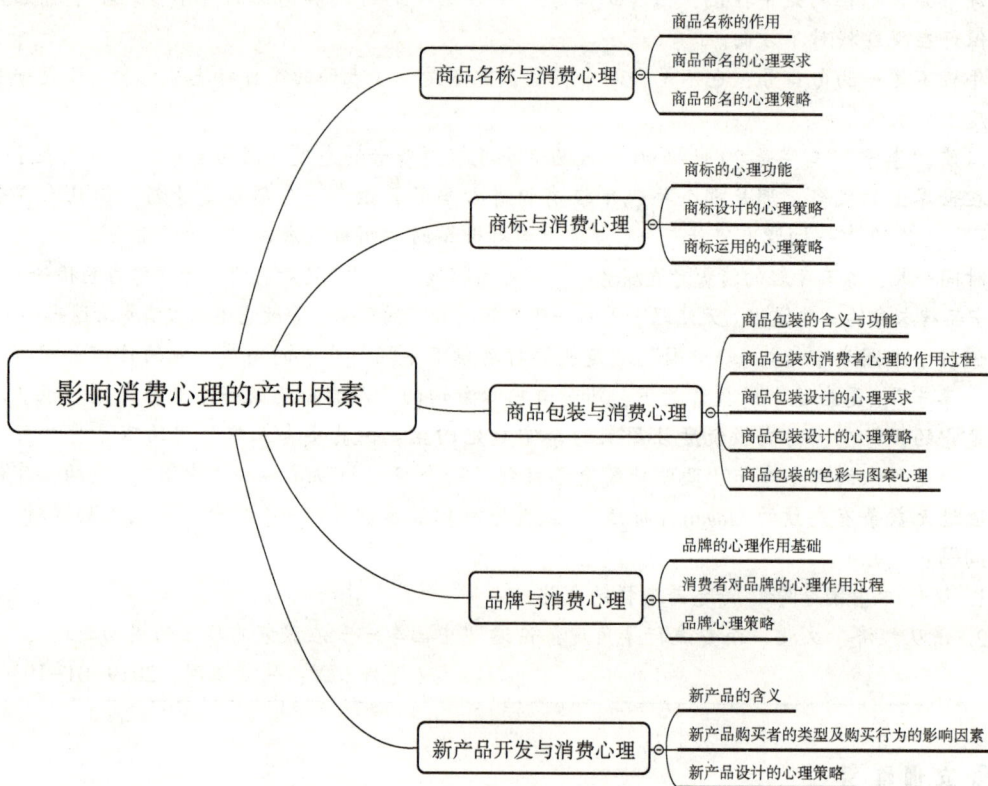

✉ **导入案例**

"王者荣耀之父" 姚晓光：让我们悄悄地超过暴雪

这是一款被《人民日报》狠狠怼过的游戏，这是一款单季度营收超过 60 亿元的游戏，这是一款业绩碾压 94%A 股上市公司的游戏。坐拥 2 亿用户，撑起腾讯财报的半壁江山……王者荣耀背后的团队一时风光无二，而其中领袖人物是王者荣耀之父：姚晓光。

姚晓光，江西南昌人，1993 年的一个夏天，从南昌大学对门的一家店里买回了一台 386。他从此踏上了奇妙的游戏之旅。进入大学不久，他成了国内最早的一批网民，以 NPC6 的 ID 开始行走网络。那年暑假，他用帮老师编写多媒体制作软件所得的 2 000 元报酬，买了一颗 MMX 200 芯片和一只小"猫"，开始了自己的拨号上网生涯。网上他最常去的地方是雅虎的游戏开发网环，在那里他认识了云风工作室（后来在网易工作了 10 年）、冰河工作室和金点时空的一批游戏制作爱好者，大家经常在一起畅谈游戏制作的理想。这时他还在研究《暗黑破坏神》，思考怎样才能编写出同样的效果。在同学的帮助下，姚晓光用 Visual Basic 和 DirectX 7.0 编写了一个模仿《暗黑破坏神》的 Demo（样片），场景中的人物可以在 8 个方向上行走，被物体遮挡后，物体会呈现半透明，他还在这个 Demo 中实现了最短寻路的 A* 算法。正是凭借这个 Demo，姚晓光找到了第一份游戏开发的工作。

大学毕业后，姚晓光有了更好的选择，电厂双职工的子女有着直接进入电厂的特权，凭借丰富的计算机知识，姚晓光被安排在了电厂的机房实习。但此时他已经把所有心思都放在了开发游戏上。北极冰（即日后的亚联游戏）的老总戴红通过网络发现了晓光的 Demo，便写了封电子邮件邀请他加入极致工作室，一起开发《网络侠客行》。北极冰开给晓光的工资是 5 000 元。2001 年开春，姚晓光来到福州，加入了一家名为"天晴数码"的公司，负责制作一款叫作《幻灵游侠》的回合制网游。在当时，姚晓光是公司第一名员工。

天美琳琅最早期的产品当属《QQ飞车》，这是腾讯第一款自主研发的竞速类休闲网游，奠定了琳琅天上工作室在腾讯内部的地位，同时也是现任天美工作室群总裁的姚晓光进入腾讯后的第一款游戏。当时腾讯旗下的游戏基本以代理为主，而《QQ飞车》的出现开始改变这一窘境。此后的几年中，腾讯接连拿下《地下城与勇士》《英雄联盟》《穿越火线》等全球性端游大作的代理，彼时自研已成鸡肋，直到手游兴起，姚晓光才看到了新的机遇。2012 年下半年，微信已经拿下 2 亿用户，无人可挡。马化腾出去演讲，说腾讯要做一个移动互联网开放平台。讲了很多，大家只记住一句话，"移动互联网最先规模化盈利的可能在移动游戏方面"。时任 COO（首席运营官）的任宇昕已经有所打算，腾讯的目的是先要开发 5 款精品，整合微信、手 Q 和应用宝的资源全力扶持，不容有失。谁来做？任宇昕看了一圈，没有比姚晓光更合适的人选了。姚晓光从腾讯上海要了一支专门研究手游，但几乎没有产品经验的团队，成立一个新的手游工作室，取名"天美艺游"。在此基础上，"天天系列"游戏诞生了，尽管开发周期只有 5 个月，还经常有各种突发情况。《天天爱消除》和《天天酷跑》接连在 2013 年 8 月和 9 月正式上线，而出乎很多人意料的是，这两款产品均大获成功。《天天爱消除》上线 10 天注册用户突破 4 000 万，日活跃用户达到 2 500 万，在微信的助力下大量用户迅速涌入。之后天美艺游也逐渐开发出更多的天天系列产品，《天天连萌》《天天飞车》《天天炫斗》《天天风之旅》《天天来塔防》《天天传奇》等，覆盖了跑酷、塔防、塞车等多种休闲游戏类型。时至今日，这个当初随 2013 年微信游戏平台启动而诞生的系列，"天天"这个名字被刻进了腾讯手游的基因中。

到了 2014 年 10 月，腾讯互娱开始进行组织架构调整，成立天美、光子、魔方、北极光 4 个工作室群，各个工作室群独立负责自主研发游戏产品的开发和运营。其中，琳琅、天美艺游、卧龙工作室都并入天美，由姚晓光总负责。而就在天美的第二年，他们上线了《王者荣耀》，甚至将原本的数值统统拿掉，转而进行英雄和皮肤的销售。后来的故事大家已经知道了，2017 年，腾讯一季度净利润创下近 145 亿的纪录，其中手游实现 129 亿元，同比增长 57%，《王者荣耀》当仁不让，成了一个恐怖的吸金怪兽。这个最初让姚晓光萌生创作游戏想法，到后来在盛大贴出超过暴雪的目标，如今已经梦想成真，据 App Annie 此前发布的 2017 年 5 月全球手游指数榜单显示，在收入排行中，《王者荣耀》成为全世界最赚钱的手游，位居榜首，已经将暴雪遥遥甩在后面。

（资料来源：微信公众号——正商参阅，2019-10-06）

商品是消费者从事消费活动的对象和载体，消费者的各种心理活动、需求动机、购买决策及购买行为都是围绕商品发生和进行的。消费者对产品的认可、接受与购买，决定了商品在市场上的前途，从而也决定了企业的竞争成败乃至生死存亡。为此，在营销实践中，企业必须在商品名称、商标、包装、品牌以及新产品开发等方面考虑消费者的心理因素。

第一节　商品名称与消费心理

一、商品名称的作用

在现实生活中，消费者对商品的认识和记忆不仅依赖商品的外形和商标，而且要借助于一定的语言文字，即商品的名称。在接触商品之前，消费者常以自己对特定名称的理解来判断商品的性质、用途和品质。由此可见，商品名称具有先声夺人的心理效应。所以，生产企业把商品生产出来后，赋予它一个恰如其分的名字，对推动商品进入市场、得到消费者的认可是十分重要的。其作用表现在以下几方面：

（一）标志作用

商品名称与实体结合起来就成了商品标志。取名得当就能产生名副其实、闻名如见物的效果。例如，"人参蜂王浆"就标志着该商品是由名贵中药——人参和高级滋补品——蜂王浆为主要原料制成的。

（二）显示作用

商品的名称通常与商品的功能和用途结合在一起，从其名可知其用，如金嗓子喉宝、克咳胶囊等。

（三）记忆作用

商品的名称通常都是简单、易于记忆的，消费者只需要记商品的名称而无须记商品的形体就可以知道商品，例如"全聚德"，提到此名，消费者都知道它是北京的著名烤鸭。

（四）传递作用

商品的名称是语言文字符号，所有企业要传递商品信息，不管用何种媒体、何种方式都必须借助商品的名称来完成。

（五）激发作用

商品的名称能恰当地对商品的形象进行描述，容易使消费者产生注意和兴趣，产生好奇心，从而激发其购买动机。如"驴打滚""老头乐"等。

二、商品命名的心理要求

在当今日益丰富的市场上，商品种类繁多，商品名称纷繁复杂，命名方法多种多样。要发挥商品名称对消费者心理活动的积极影响，在商品命名时必须符合以下要求：

（一）名副其实

商品命名是要用概括简洁的文字语言标识商品称谓、用途和特点，使其名称与实体特征相符，达到使消费者一目了然地了解商品用途的作用。例如，"热得快"电加热器，能使人一望而知其用途和特点，是在短时间内迅速加热的电加热器。再如，"电饭锅""山地车""打气筒""脚气灵""洗发水"等商品名称，也很好地体现了名副其实这一要求。

（二）便于记忆

一个易读易记、言简意赅的名称会减轻记忆的难度，缩短记忆的过程，有利于消费者记忆的保持。名称一般以 3~5 个字为宜，发音要易读、响亮、有韵味，文字要通俗易懂，尽量符合商品的适用范围和相关消费者的知识水平。例如，"娃哈哈"饮品给消费者的记忆就很深刻。此外，商品命名还应考虑商品的使用范围和相关消费者的知识水平。大众化商品的命名应通俗易懂，尽量避免冷僻、复杂、拗口、费解的词以及使用范围很小的方言土语，也不宜采用过于专业化的名称。一个难以发音或非常拗口的发音以及不易理解的商品名称，会使消费者购买时感到不便，踌躇退缩，影响购买行为的发生。

（三）引人注意

注意就是把心理活动指向并集中于特定对象的状态。当商品名称能瞬间引起消费者注意时，就会产生强烈的心理效应，促使其进一步去了解商品。所以生产者应根据商品适应范围内消费者的年龄、职业、性别、知识水平等所产生的不同心理要求，给商品命名，使消费者产生良好的印象，以引起他们的注意与兴趣。例如，女性商品名称应柔和优美、高雅大方，男性商品名称要刚柔相济、浑厚朴实，儿童商品名称则要活泼可爱、充满童趣。比如，中年女性的保健品"太太口服液"的名称就比较柔和易记。此外，商品命名还应注意名称的寓意和特色，含义好、有新意的名称能使人过目不忘或印象极深，例如，"金利来""小护士""狗不理""万利达"等。

（四）诱发联想

诱发联想是商品命名的一项潜在功能。它是通过文字与发音使消费者产生良好的联想，从而刺激其购买欲望。如可口可乐公司的"Sprite"饮料的中文译名为"雪碧"，该名称使中国的消费者联想到纷纷的白雪、清凉的碧水，产生晶莹剔透、清爽宜人的感觉。商品命名应新鲜脱俗、寓意深远、风趣幽默、内容丰富、情调动人，尽可能地激发消费者对美好事物的回忆和想象，加深对商品性能的理解，积极影响消费者的购买行为。

（五）避免禁忌

不同的国家、民族由于社会文化传统的差异，有着不同的消费习惯、不同的偏好和禁忌。所以，在给商品命名时，一定要考虑到消费者的民族风俗禁忌的心理要求。我国名牌商品"黑妹"牙膏因英文直译名为"Black sister"，在美语中含有种族歧视，出口到美国很不受欢迎。

三、商品命名的心理策略

（一）以商品的主要效用命名

依据消费者购买商品时的求实心理，在商品的命名时从其功能用途出发，突出其本质特征直接命名，如"竹盐牙膏""蛇油护手霜"等。

十大品牌命名
案例分享

（二）以商品的产地命名

主要是依据消费者的信任感而命名的。由于历史文化的沉积使某些地方出产的商品名声显赫，历史悠久，具有较高的知名度。因此，用产地命名的商品既能突出地方风味和特色，又能迎合消费者慕名购买的心理，能刺激消费者的购买欲望，产生良好的效果。如"北京烤鸭""贵州茅台""杭州丝绸"等。

（三）以商品的主要成分命名

其目的是突出商品的主要成分和主要材料，达到让消费者信任的感觉。如"人参蜂王浆""枸杞酒"等。

（四）以商品制作方法命名

从商品制作的加工过程出发，突出商品精良的工艺，以上乘的质量来增强消费者的信任。如北京著名的"二锅头"酒，既让消费者了解商品研制的艰辛和严谨，同时也满足消费者的求知欲。

（五）以名人命名

借用历史人物、当代知名人士或商品发明者、制造者的名字来命名，使消费者把商品与特定的人物联系起来，突出商品的品牌历史悠久、质量可靠、工艺独特、受名家推崇等，从而产生敬慕感、信任感。如"孔府家酒"等。

（六）以外来词语命名

以此来满足消费者求奇、求新、求异的心理要求。此命名多用于外来进口的商品。值得注意的是，在为商品命名时不管是直译还是意译，都要注意到不同民族的情感和民族传统文化，并要通达顺畅、寓意良好，使消费者见而不忘。

（七）以商品外形命名

在为商品命名时，结合商品的外在形象来命名，以此突出商品造型新奇优美的特点，达到吸引消费者注意和兴趣的目的。如"棒棒糖""喇叭裤"等。

总之，企业在为商品命名时，应将商品的名称与商品某一方面的特性联系起来，这样才能刺激消费者产生购买欲望，实现购买行为。

第二节　商标与消费心理

商标是依法经有关政府部门登记注册的商品品牌的全部或部分内容，简单地说，商标就是商品的标记，但它不同于其他标记，商标是一个法律概念。商标依法登记注册后就会受到法律的保护。在商品经济高度发达的今天，商标在诱导消费需求、促进销售方面的作用越来越重要。所以，重视商标的设计与应用，注意从心理学角度认识商标问题，具有非常重要的现实意义。

一、商标的心理功能

（一）识别功能

商标是商品的一种特定标志，它有助于消费者在购买商品过程中，辨认并挑选出他们所需要、所喜好的商品。同时，消费者可以通过商标来了解、记忆商品的生产经营单位，以便得到相关的服务，例如售后服务、索赔等。在现实消费活动中，很多消费者都是根据商标购买商品的。

（二）保护功能

商标一经注册登记后就受到法律的保护，任何假冒、伪造商标的行为都要受到法律的制裁。商标受法律保护的功能是非常重要的，它不仅维护了制造商和销售商的经济利益和企业形象，还保护了消费者的合法权益和经济利益。

（三）促销功能

商标作为某一具体商品质量、性能、价格和特点的标志和保证，长期积累之后就成为产品的信用象征，获得消费者的认同，成为消费者选择商品的依据。特别是著名商标，由于其知名度较高，企业具有完善的售后服务体系，消费者满意度较高，因而更能吸引消费者。

二、商标设计的心理策略

如前所述，商标具有多重的心理功能，因此在设计商标时应特别注意心理学的研究，要全面了解消费者的心理需求，使商标能较好地适应消费者的各种心理需求，并能有效地诱发消费者对商标的注意、兴趣、偏好和记忆。为此，可以采取以下策略：

（一）个性鲜明，富于特色

商标的设计要与众不同，切忌落入俗套，应以精巧的构思来突出个性，以显著性和奇特性昭示消费者。人们通常对特别的东西记忆深刻，为了使消费者从纷繁复杂的同类商品中迅速找到自己偏爱的商品，商标的设计应力求有别于其他同类商品。例如，"摩托罗拉"在商标设计上充分突出了个性和独特性，摩托罗拉将其字母"M"设计成棱角分明、双峰突出的"M"形，再赋予"飞越无限"的主题，令大众刮目相看。

（二）造型优美，文字简洁

除了法律规定的不能用作商标的事物外，商标的题材几乎可以取自宇宙万物。这无疑为商标设计者提供了广阔的创作空间。由于现代消费者不仅要求商标具有明确的标示作用，而且追求商标的美学价值。所以在设计商标时，应力求生动优美、线条明快流畅、色彩搭配和谐、富于感染力，以满足消费者的求美心理，使之对商标及商品产生好感。

此外，人们对简单而符合审美情趣的图形文字往往记忆深刻，所以商标语言应做到简洁鲜明、易记上口，商标图案也要简单明了，使人过目不忘。例如，美国著名品牌"耐克"的商标图案是一个小钩子，造型简洁有力、富于动感，一看就让人想到使用耐克体育用品后所产生的速度和爆发力，充分体现了耐克所经营的运动服装和运动鞋的特点。

（三）具有时代气息，反映社会的潮流趋向

商标的名称如果能结合特定的历史时期，反映时代的气息，甚至赋予一定的社会政治意义，就可以激起消费者的购买热情，顺应民心民意，从而赢得消费者的青睐。比如，2000年是世纪之交，在这一重大的历史时期，"联想"适时推出了千禧系列电脑，取得了很好的效果。

（四）与商品本身的性质和特点相协调

商标既是对商品所要传达信息的提炼和精确表达，也是商品的代名词，又起到提示和强化的作用。这就要求商标要准确地体现所代表商品的性质，突出商品的特色。例如，可口可乐公司的"雪碧"体现了这种饮料"晶晶亮、透心凉"的冰凉、清爽的特点，在炎热的夏季引起了广大消费者畅快的感觉。

（五）遵从法律规定，顺应不同国家、民族、宗教、地域消费者的心理习惯

各个国家的商标法都有明文规定不允许注册为商标的事物，如国徽、国旗和国际组织的徽章、旗帜、缩写等。例如，紫荆花曾被用作商品的标志，但是现在已经被禁止了，因为紫荆花现在是我国香港特别行政区的区徽图案。另外，由于不同的国家、民族、宗教、地域的消费者有着不同的心理习性，从而产生了很多不同的偏好和禁忌，在设计商标时也应予以充分考虑。例如，对于图案，不同的国家有不同的偏好。加拿大人忌讳百合花，喜爱枫叶图案。澳大利亚人忌讳兔子，喜爱袋鼠图案。

总之，优秀的商标设计应以巧妙的构思、鲜明的个性、丰富的内涵以及具有高度感染力和冲击力的表象，成为商品乃至企业的象征，使消费者产生深刻而美好的印象。

三、商标运用的心理策略

巧妙运用商标与商标设计一样是商标发挥其心理效应不可缺少的重要环节。因此，在使用商标时，应针对消费者的心理特点采取不同的心理策略。

（一）使用还是不使用商标

优秀的商标不仅起着区别不同厂家或商家的商品的作用，而且起着诱导消费心理，促进销售的作用。但是，对于消费者而言，并非所有的商品都需要商标，属于下列情况的商品就不需要使用商标：一是商品本身属于无差别商品，如电力、天然气、木材等。二是一些差异较小的日常生活必需品及鲜活商品，如食用盐、蔬菜、肉、蛋等。三是一些临时性或一次性生产的商品，如纪念品。随着人们生活水平的提高，消费者对此类商品也开始认商标购买，如鸡蛋、脐橙等，这些产品的生产经营者也开始重视商标策略。

（二）使用制造者商标还是销售者商标

一般情况下，商标是商品制造者的标记，产品的质量特性是由制造者确定的，如"健力宝""海尔""娃哈哈"等我国驰名商标中大都为制造者商标。一些大型的零售商和批发商也开发出他们自己的商标，如世界著名的零售商沃尔玛、家乐福、希尔斯等都拥有自己的商标品牌。在制造者具有良好的市场声誉，拥有较大市场份额的条件下，应多使用制造者商标。相反，当销售者商标在某一市场领域中拥有良好的信誉及庞大的、完善的销售体系时，利用销售者商标也是有利的。

（三）使用统一商标还是独立商标

统一商标是指企业生产的若干类产品都使用同一种商标。对于那些享有良好声誉的著名企业，全部产品采用统一商标可以充分利用其名牌效应，使企业所有产品都畅销，而且企业宣传介绍新产品的费用开支也相对较低，有利于新产品快速、顺利地进入市场。如美国通用电气公司的所有产品都用 GE 这个商标，在全世界获得广泛的认知度。但是，使用统一商标时，低档劣质产品会给高档高质量产品带来不良的影响，尤其是当该企业的各种产品质量有明显差别时，这种策略会影响企业整体的声誉。独立商标是企业对不同产品采用不同的商标。例如，广州宝洁公司的洗发用品就有飘柔、海飞丝、潘婷等商标，洗涤剂有汰渍、碧浪等商标，香皂有舒肤佳、激爽等商标。采用独立商标，为每种产品寻求不同的市场定位，有利于增加销售额和对抗竞争对手，还可以分散风险，使企业的整体声誉不致因某种产品表现不佳而受到影响，但是这也加大了企业的广告宣传费用。

⊠ **小案例：**

小米行 LOGO 设计费花了 200 万元，仅仅变圆了吗？

小米公司，在 2021 年 3 月 29 日晚的春季新品发布会上，宣布开始启用新 Logo（图 7-1），升级品牌识别系统。小米表示，新标识不只是外形的改变，更是内在精神的升级。设计理念是"Alive"（生命感设计），形状是从圆形到正方形之间，最适中的形状，同时 xiaomi 的标识也变得更圆润了。网传，设计费花了 200 万元。不要简单看 Logo 这个外形框，这个框是用严谨的数学公式 $|x|^n + |y|^n = 1$ 推导出数个版本，然后精选出了其中一个！在"Alive"设计理念之下，具备"超椭圆"数学之美的小米新 Logo，不再局限于画面的一角，仿佛有了生命。这一 Logo 的设计者著名设计大师原研哉说，他希望这个 Logo 就像一个生动的表情符号，在不同的环境里，表情可以有些细微的变化。生命设计感，就是原研哉为小米提出的设计理念。

图 7-1　小米 Logo

（资料来源：腾讯网，2021-04-20）

第三节　商品包装与消费心理

商品包装是商品构成要素的一个组成部分，失之便会降低商品的价值，破坏商品的完美性。商品包装对于保证商品质量、价值、促进商品销售具有重要的作用。商品经济越发达，商品包装的作用越突出。消费者在购买商品时会受到包装的影响，商品包装被誉为"无声推销员"是不为过的。因此，应注意对商品包装与消费心理方面的研究，以帮助企业制定正确的包装策略。

一、商品包装的含义与功能

（一）商品包装的含义

包装是指各类用于盛装或包裹商品的容器或材料。按包装在商品流通中所起的不同作用，可将包装分为运输包装和销售包装。运输包装又称为外包装，它的主要作用是在商品的流通中保护商品。销售包装又称为内包装，是指接触商品并随商品进入市场销售的包装。除了保护商品这一基本作用外，这类包装还具有宣传介绍商品、美化商品、方便消费者携带及使用等作用。此处对包装认知心理的研究是专指商品的销售包装。一般来说，商品销售包装由商标（品牌）、造型、颜色、图案和材料等要素组成。

（二）商品包装的心理功能

随着超级市场和货仓式商场等新型零售方式的不断涌现，消费领域的自我服务越来越多，商品包装正逐渐成为"无声的推销员"，即商品包装不仅要说明商品的品质、产地、重量、功用等问题，而且要代替售货员向消费者推销商品。如果商品的包装能一下子吸引消费者，包装上的宣传广告能抓住消费者的心理，包装上的各种说明能解答消费者的疑问，就有可能使消费者产生购买动机。由此可见，包装对消费者心理有较大的影响，甚至可以左右他们对商品的认识和感受。为此，有必要深入研究包装的心理功能，使其在商品的销售中发挥积极的作用。

1. 识别功能

消费者在选购商品时，通常第一眼看见的是商品的包装，而不是商品本身。当商品的质量不容易通过产品本身辨别的时候，人们往往会凭包装做出判断。它不仅可以说明产品的名称、品质和商标，介绍产品的特效和用途，而且可以展现企业的特色。消费者通过包装可以在短时间内获得商品的有关信息。包装是产品差异化的基础之一，一个设计独特、新颖大方并且具有强烈的视觉冲击力色彩的包装可以使本企业产品有别于其他同类产品，方便消费者进行分辨和挑选。

2. 便利功能

一个结实、适用的包装可以有效地保护商品，安全可靠的包装有利于商品的长期储存及延长商品的使用寿命，开启方便和能重新密封的包装便于消费者使用。总之，根据实际需要，设计合理的包装能使消费者产生安全感和便利感，方便消费购买、携带和使用商品。

3．审美功能

具有艺术性、审美性的包装能使商品锦上添花，使消费者赏心悦目，有效地促使消费者购买。相反，制作粗糙、形象拙劣的包装直接影响着消费者的选择，即使商品本身质量功能优越，也乏人问津。

4．增值功能

包装作为商品整体的一个组成部分，同样能显示其拥有者的身份和地位。尤其是对于一些礼品和高档商品，考究的包装可以激发购买者的社会性需求，适应消费者炫耀心理和求美心理，使他们在拥有商品的同时感受到身份地位的提高，内心充满愉悦。

5．联想功能

联想是指感知或回忆某一事物时，连带想起其他的有关事物的心理过程。好的包装能使消费者产生美好的联想，从而加深对商品的好感。例如，雪碧饮料以绿色的瓶子，配以绿色底色和白色浪花的图案，可以使消费者看一眼便产生凉爽怡人的感觉。

二、商品包装对消费者心理的作用过程

（一）唤起注意

包装的首要功能即是通过给予消费刺激，引起消费者的无意注意。作为消费刺激的重要表现形式，不同包装物给予消费者的刺激强度有明显差异。为使产品包装引起消费者的无意注意，需要不断提高包装的刺激强度。

（二）引起兴趣

包装除了要引起消费者的无意注意外，更重要的是引起消费者对商品的兴趣，从而产生有意注意。消费者的年龄、性格、职业、文化、经济状况不同，对包装装潢的兴趣也会有所不同。这就要求设计包装时要研究消费者的兴趣偏好，不仅要使包装与商品的风格一致，还要符合消费者的价值标准。

（三）启发欲望

启发欲望其实就是刺激需求。消费者产生购买动机后，其购买行动的最终实现还要取决于对刺激物的感受。包装是使商品的味道、性能、使用方法等特性在潜在消费者中形成好感的最好手段。

（四）导致购买

导致购买是包装的最终目的。别具一格的包装往往会使消费者爱不释手，可以促使其产生试用的意念。一旦消费者对商品形成深刻印象，就有可能导致购买行为的发生。

杜邦定律

✉ 小案例：

"×××品牌猫爪杯"营销分析

2019 年 2 月 26 日，×××品牌猫爪杯发售，这款早已在网络上走红的杯子毫无意外地受到众人的青睐。价格从最初的 199 元炒到 700 元、1 000 元不等，即使有人愿意以 3 倍的价格购买，仍一杯难求。随后有人为了争夺猫爪杯，甚至动上了拳脚的视频在网上流传开来。网友感叹：这不是杯子，这是圣杯战争。是败者的鲜血，是胜者的奖杯。

"一杯难求""圣杯之战"局面的出现无疑宣告着×××品牌此次猫爪杯的大获成功。我们一起看看×××品牌猫爪杯是如何成功营销的。

（1）限量销售，物以稀为贵，按照×××品牌最初计划，2019 年 2 月 26 日至 2 月 28 日，每天上午 10 点，出售 500 个猫爪杯。由于数量有限，杯型设计独特可爱，且在微博、

抖音等平台，该款杯子早已拥有不低的知名度，在消费群体心中留下独特印象。×××品牌给出的售价 199 元，对于忠实用户来说，这个价格在能接受的范围内，值得购买。

发售当天，有人在×××品牌门店前苦苦排队几小时；有人搭起帐篷彻夜苦守。你以为这样就能获得圣杯了？ NO！一家×××品牌门店可能仅仅拥有两三个猫爪杯，就算你排队几小时甚至熬夜苦守，到头来也只能失望而归。

由于物以稀为贵，在众人想得却不可得时，有人看见了商机。在××电商平台上，该款猫爪杯从原价 199 元炒到了 799 元甚至是 1 000 多元。"因争夺猫爪杯大打出手""网警善意提醒""×××品牌官方宣布补货"等消息推动了舆情于当日 17 点至 18 点到达高峰。

（2）"双微一抖"联合发力，猫爪杯未售先火。2018 年，互联网营销出现了一个新词，"双微一抖"。微博、微信、抖音因用户数量庞大，成为不少品牌线上营销的选择。此次×××品牌猫爪杯发售消息、杯身独特设计等相关消息早已在"双微一抖"中传播开来，在抖音上，猫爪杯在发售前已成为追捧的"网红款"。

（3）杯身设计凸显少女感，抓住目标消费者心理，猫爪造型、樱花粉对年轻女性充满吸引力。吸猫成为现代生活的一种潮流，尤其在年轻群体中，×××品牌此款杯子在倒入有颜色的饮料后，栩栩如生的猫爪拉近与吸猫群体的距离。网上围绕"猫爪杯"杯身展开的话题有造型、可爱、樱花杯、少女心等。其中猫爪造型的话题讨论数量远高于其他。

（资料来源：微信公众号——识微企业商情分析，2019-02-27）

三、商品包装设计的心理要求

针对商品包装的心理功能，在进行包装设计时就应注意心理学原理，努力设计符合消费者心理的、为消费者所喜爱的，从而有助于刺激消费者购买欲望的包装。为此，应注意以下基本要求：

（一）突出商品形象

大多数消费者都有求实心理，他们在选购商品时一般比较关心商品的使用价值。因此在设计包装时必须突出商品形象，注意运用多种手段直接或间接地反映内装商品的特性，并尽可能显示商品的真实形象，提供消费者需要的有关商品的信息。只有突出商品形象的包装才能适应消费者的求实心理，获得消费者的信任，促进购买。这一要求对于挑选性强的商品尤为重要。

（二）强化便利功能

设计商品包装是除去应注意消费者的求实心理外，还应注意消费者追求便利的心理，具体包括商品携带便利、使用便利、存放便利、保管便利等。设计商品包装时务必强化其便利功能，如便于携带的折叠式包装，便于开启的拉环式包装，便于使用的一次用量包装，便于存放的悬挂式包装，便于保存质量的密封式包装等。例如，袋装茶叶为消费者提供了一种更方便饮用、便于携带的商品。以前茶叶包装或是包装纸简单包装，或是茶叶筒罐装，不利于人们外出携带和冲泡。袋装茶叶的包装是将茶叶化整为零，分别装入小过滤纸袋中，然后分为 10 袋、20 袋……100 袋装入设计精美的包装盒中，消费者不再为如何带茶叶而伤脑筋了，因而受到人们的欢迎。包装设计应跟上生活的变化，要处处考虑消费者的需求。

（三）具有艺术魅力

包装是商品的外衣，也是商品给予消费者的第一印象，为使包装能够吸引消费者，应特别注意设计的艺术性。包装图案色彩要美观，工艺制作要精细，要具有较高的艺术价值和欣赏价值，要能满足消费者求美心理的需要。精心设计具有艺术性和趣味性的包装，可在一定程度上激起消费者的兴趣和购买欲望。如我国出口到英国的 18 头莲花茶具，包装是光身瓦楞纸盒，既不美观，又难以让人知道里面装的是什么，销路一直不好。后来，加制了一个精致的美术包装，上面印有彩色实物照，套在原包装外面，使茶具销路大增。

（四）表现时代特色

包装设计是一种典型的现代化艺术工作。消费者对包装的欣赏不仅仅是美观，更强调其时代特色。因此，在包装设计上还要特别注意应用现代科学技术，反映时代风貌，尽显艺术美，满足消费者求新、求变的心理。包装的形式、包装的材料、包装的图案造型、包装的工艺制作等都应力求具有现代风格，具有强烈的时代感。即使传统风格的包装，也不能摒弃现代技术的运用。

（五）注意差别化与适度性

消费者的个性特征有很大差异，对客观事物的反映有明显区别，因此在包装设计上还要注意差别化，要针对购买对象的性别、年龄、职业、民族、国籍、兴趣、爱好等的不同设计不同的包装，以充分满足各类消费者的需求。另外，在讲求包装质量的同时还应注意避免造成喧宾夺主的局面，这样同时也会造成消费者的不信任，从而制约包装功能的正常发挥。

四、商品包装设计的心理策略

设计商品包装，还应灵活运用各种具体策略。

（一）按照不同消费水平设计包装的策略

消费者的收入水平不同，以及经济负担、生活方式的不同，必然会显示出不同的消费水平。商品包装应适应消费水平的差异，满足消费者的不同需求。

1. 等级包装策略

对于质量、档次不同的同类商品可以相应设计不同质量、档次的包装。一般做法是将同类商品划分为高、中、低三个档次，然后为高档商品设计高贵华丽、制作考究的高档包装，为中档商品设计美观大方、制作精细的中档包装，为低档商品设计经济实用、物美价廉的包装。

2. 复用包装策略

复用包装即可供消费者反复使用的包装。按这种策略设计的包装除了用作企业出售商品的包装外，还可以为消费者提供其他用途。复用包装通常设计成盒、包、杯、瓶等形状。包装的第二个用途主要是作为玩具、工艺品储物器等。这种策略较好地适应了消费者一物多用的心理，因而具有较强的促销功能。

3. 特殊包装策略

对某些特殊商品可以进行包装的专门设计。这种包装策略一般适用于名贵中药材、珍稀艺术品、古董字画、珠宝首饰等稀缺、昂贵商品的包装设计。特殊包装一般选用名贵木材、金属、锦缎等上等材料，制作十分考究，构思设计具有独到之处。因此，包装本身就是一件珍贵的艺术品。特殊包装用以显示商品价值的与众不同，以此满足消费者的炫耀心理，吸引特定消费者的购买。

4. 礼品包装

为适应消费者参加社会活动和进行人际交往的需要，可以对商品进行礼品化的包装。礼品包装应当装饰华丽，色彩鲜艳，突出热烈欢快的喜庆气氛。礼品包装应尽量充分体现商品的价值，以显示送礼人的情谊并为使用者所喜爱。

5. 简易包装

这是指包装设计力求结构简单、成本低廉的做法。简易包装是在保持包装基本功能的前提下，力求经济、便利、合理。简易包装的用料主要是纸袋、纸盒、塑料袋等，一般用于日用杂品、蔬菜、粮食等家用的普通消费品。简易包装策略适用于一般水平的消费者的求实、求廉、求变心理，具有广泛的用途。

6. 赠品包装

在包装物内放有附赠的小礼品即为赠品包装。比如在食品盒内附赠小玩具或小图片，在化妆品盒内附赠小刷子，在洗发液包装瓶外附赠一小瓶等都属于这种策略的应用。

（二）按照不同消费习惯设计包装的策略

人们的消费习惯具有相对稳定的特点，一旦形成某种习惯便不会轻易改变。针对不同的消费习惯进行包装设计，也会有很好的效果。

1. 惯用包装策略

对于某些消费者长期使用的商品，已经形成了比较固定的包装形式，便可以坚持采用传统的包装。比如，对于鱼、肉罐头多采用铁盒包装；对于鞋帽多采用纸盒包装等。采用惯用包装策略便于消费者记忆与识别商品，符合消费者的传统观念，也易于为消费者所信赖，因此，一般不要改变。

2. 分量包装策略

按照商品数量、大小的不同设计包装即为分量包装。分量包装能够适应不同消费者的消费习惯和对商品数量的需求，而且适合现代人对生活质量的要求，具有很高的科学性。比如，汤料、调味品、快餐食品等可以按照一人用、二人用、三人用等进行规范的分量包装，非常方便消费者使用。对于新上市产品来说，分量包装还可以促使消费者试用产品，从而有助于新产品的销售。

3. 配套包装策略

用途相同而种类不同的多种产品可以组合在一个包装物内，比如，婴儿用品的配套包装、家庭常备药品的配套包装、儿童玩具配套包装等。恰当而合理的配套包装，便于消费者购买和使用商品，适应了消费者的求变心理。

4. 类似包装策略

对于企业生产的各种产品都可以采用完全相同或非常相似的包装形式。采用这种策略不但可以节省包装设计与制作费用，而且可以使消费者很容易地识别某一企业的产品，适应某些消费者的惠顾心理，培养企业与消费者的感情，扩大企业的市场影响和产品的销售。

5. 纪念品包装策略

这是指为在旅游地点销售的纪念品进行特殊包装的做法。旅游纪念品的购买者主要是外地的或外国的旅游者。因此，商品包装应适应购买者珍藏商品以作纪念的愿望，包装的图案和造型务必突出旅游地点的特殊标记，并且应制作精良，提高商品的纪念价值。

（三）按照消费者性别、年龄差异设计包装的策略

性别、年龄不同的消费者，其消费习惯和消费心理都有很大的区别，因此在包装设计上也应充分考虑并适应这种差异。

1. 男式包装策略

对于男用商品可以在包装设计上体现男性消费者的心理要求。男式包装通常以黑色、灰色等厚重色为基调，造型设计要刚劲、粗犷、挺拔，装饰应力求简单，线条应粗重，以体现成年男性的成熟与稳健。

2. 女式包装策略

由于女性比较敏感、细致，由此针对女性消费者的心理特点进行包装设计的做法是十分明智的。女式包装应与男式包装具有鲜明的对比性，造型要精巧，线条要柔和，色彩要明快，总体结构要精致、漂亮，以适应女性消费者的求美心理。另外，女式包装设计还应特别注意变化性，符合社会流行要求，满足现代女性消费者的追求时尚心理。

3. 老年包装策略

在包装设计中尊重老年人的心理特点，可以更好地满足老年人的需要。包装设计的总体要求是突出实用性与传统性，方便携带和使用。包装造型宜简单，避免过多的装饰，尽量采用传统风格的色彩与图案。文字说明要全面、真实。老年包装策略要适应老年消费者的求实心理与传统消费心理。

4. 青年包装策略

青年消费者对新事物反应灵敏，求新、求变、求奇心理比较普遍，喜欢标新立异，而且模仿力强，因此，在设计青年用品包装时要讲求科学性与流行性。要注意采用最新科技成果，在包装材料、方式、制作方面都力求创造性和多样性，以吸引青年消费者。

5. 少儿包装策略

对于主要为少年儿童消费的商品，其包装设计应针对少年儿童的心理特征。具体要求是要形象生动、色彩鲜艳，具有一定的知识性和趣味性，以吸引少年儿童的兴趣。少年儿童具有强烈的好奇心与求知欲，模仿能力强，但辨别能力较弱，因此在少儿商品包装设计上要注意科学性与可靠性，切忌对少年儿童进行误导。

⊠ **小案例：**

××××品牌又出"台词瓶"，停不下来，一年一花样

夏天来了，××××品牌继续拿瓶子开刀，展开其新一年的营销传播计划。

继2013年推出的"昵称瓶"、2014年推出的"歌词瓶"后，2015年，××××品牌又将推出集经典电影和电视中的经典台词的"台词瓶"。

据悉，瓶身上的台词均出自中外经典及热门电影电视剧，包括《甄嬛传》中的"臣妾做不到啊"，《还珠格格》中的"山无棱天地合才敢与君绝"，《阿甘正传》中的"生活就像一盒巧克力"，《乱世佳人》中的"不管怎样，明天又是新的一天"，《集结号》中的"下辈子还做兄弟"，《万万没想到》中的那句"万万没想到"等49句台词。

而不同于以往的"昵称瓶"都是传统红色包装，此次黑色包装的零度产品也将首次加入这一活动中来，包括300毫升、330毫升、500毫升和600毫升的易拉罐及PET包装。

从"昵称瓶"到"歌词瓶"再到"台词瓶"，××××品牌毫不费力地将大众喜爱的文案搬到自家的瓶身上，做了一次次精彩且接地气的营销战略，深受广大年轻潮人们的喜爱。下面让我们来回顾一下××××品牌瓶子上的营销文案。

2013年的夏天，××××品牌推出昵称瓶，昵称瓶在每瓶上都写着"分享这瓶××××，与你的_____。"这些昵称有白富美、天然呆、高富帅、邻家女孩、纯爷们、有为青年、文艺青年、小萝莉等。这种昵称瓶迎合了中国的网络文化，广大网民喜闻乐见，也让所有消费者乐于去寻找专属于自己的瓶子。

继"昵称瓶"后，"歌词瓶"上的歌词则大多来自当下最受欢迎的明星和他们的热门单曲，包括周杰伦的《听妈妈的话》，梁静茹的《勇气》，五月天的《我和我最后的倔强》和巴西世界杯主题歌中文版的《由我们主宰》。可以看出，其选择的歌词考虑了不同年龄段人群对流行歌曲的认知区别，歌词既有"70后"熟知的"阳光总在风雨后"，也有"80后"熟知的"我一直有双隐形的翅膀"，还有"90后"和"00后"都喜欢的"时间都去哪儿了"。有适合女性的"因有自信所以美丽"，也有适合男性的"做个好汉子"；有适合表白的"蝉鸣的夏季我想遇见你"，也有适合分手的"好心一早放开我"；还有适合表达友谊的"有今生今生做兄弟""记得找我我的好朋友"。虽然应用场景不同，但它们共同的特点都是非常具有正能量，感情充沛，充满青春活力。

××××品牌为什么一次次和瓶子"过不去"，在瓶子上"大做文章"？最耐人寻味的原因就是营销者看中了这个创意可以真正推动人们去消费产品。

无论是"昵称瓶""歌词瓶"还是"台词瓶"，采用的这些文案一方面跟年轻人文化接近，另一方面在社交媒体下，人们往往很喜欢拥有自己的标签，找到自己的族群。如果

某一个圈层的人群被激发，那么传播效果是加倍的，拉动消费就不在话下了。

除此之外，刻在瓶子上的文案，使每瓶产品都拥有了自己的独特标签，每个产品也自然变身"自媒体"，在货架上直接与消费者沟通，并运用在社交媒体上流行的网络圈层，激发消费者间的自发分享、快乐传播。每一个产品都具有社交功能，可以用来表情达意。

××××品牌一贯以新颖的活动挑动消费者的神经，在传递快乐的同时，也夯实自己在市场中无可替代的位置。

（资料来源：媒体资源网，2015-05-18）

五、商品包装的色彩与图案心理

（一）关于色彩心理

色彩是包装设计中的一项基本要素，具有很强的心理功能。不同的色彩会引起人们不同的视觉效应，同时还导致不同的心理活动。因此，在包装装潢设计中应注意对色彩的心理学研究，充分发挥色彩的心理功能。

1. 充分利用色彩的象征意义

一般来说，每种色彩都有其心理上的象征意义，因此在包装装潢设计中要充分利用各种色彩的象征意义，以满足消费者不同的心理追求。例如，红色象征热烈喜庆，可给人以强烈刺激，宜用于节日、庆典、礼品、食品、鲜花等的包装装潢；黄色象征柔和、优美、欢快，给人以亲切、美好的感觉，同时还具有秋季硕果累累的含义，可用于食品、工艺品、装饰品的包装装潢。

2. 巧妙利用消费者的颜色错觉

实际上，色彩给人的心理感觉是多方面的，各种颜色除了具有一般性的象征意义外，还可以使人产生某种错觉，利用颜色错觉设计包装装潢可能会产生意想不到的效果。例如，黑、红、橙色会给人以重的感觉，蓝、黄、白会给人以轻的感觉。对于用途不同的商品也可以利用颜色错觉进行包装装潢设计，以引导消费者对商品用途和品质的认可。比如，矿泉水的包装选用白色或透明色，会使消费者对水的纯度感到放心。

（二）关于图案心理

图案是包装装潢设计的另一项基本要素，也具有非常重要的心理学意义，应充分注意图案心理的正确运用。

创意包装设计之
年度10大案例

1. 充分利用各种基本图形的心理效应

例如，垂直线条可给人以直接、通达的感觉，水平线条给人以安定、平直的感觉，斜线使人感觉运动和变化，曲线给人活泼、稳重的感觉，多样化的图形给人以内容丰富的感觉，对比图形会使人感到存在明显差别，等等。在包装装潢设计中要针对商品的不同特性、用途，正确运用各种图形的心理学意义，以满足消费者的各种心理追求。

2. 巧妙利用消费者的图案错觉

其基本原理与关于色彩错觉的运用一样，由于图形的变化会使人产生视觉上的错觉，因此也就会产生不同的心理感受。利用视觉错觉设计包装，可以满足消费者的某种心理愿望，产生较好的刺激作用。例如，扁形的容器显得比圆柱形的容器大，粗底的瓶子显得比垂直的瓶子容量大，图形简单的包装比图形复杂的包装感觉上要大等，这些都可以在包装设计中加以运用。但是错觉运用要巧妙，还要根据消费者的特性合理运用，避免消费者的不信任感。

第四节　品牌与消费心理

在现代市场经济中，品牌已被公认为是企业极为重要的无形资产，其价值甚至远远超过企业的有形资产。消费者熟知的"可口可乐"这一品牌，其价值高达 760 亿美元，是世界上价值最高的品牌。"万宝路"其价值亦高达 331 亿美元。此外，"奔驰""苹果""雀巢"等知名品牌都价值不菲。这些品牌之所以价值不菲，是因为它们已在消费者心中树立了稳固而持久的良好形象。消费者只要看到这些品牌，内心充满激情，真想马上拥有这些品牌的商品。在现实生活中，品牌与消费活动具有密切的联系，时刻影响着消费者的购买心理。这是由于在消费者接受的外部刺激中，商品是最具直接意义的刺激物，而品牌作为商品特性的综合、抽象体现，能以其鲜明的标志或口号、匠心独具的设计、对自身外观及内在功用的阐释加强对消费者的刺激，激发其购买欲望。

一、品牌的心理作用基础

品牌是一种名称、术语、标记、符号或设计，或它们的组合，用以识别一个或若干个生产者（或销售者）的产品或服务，并使之与竞争对手的产品或服务区别开来。当代社会，随着科技的进步和生活水平的提高，人们的消费需求已经从低级的生理、安全需求上升为尊重、自我实现等高层次需求。消费者购买商品时，不再单纯是为取得商品的使用价值，而是同时要求获得心理和精神上的满足。这种精神层面的高层次需要是通过品牌消费来实现的。消费者对于品牌的精神诉求可以分为以下 3 类：

（一）品牌的象征意义

消费者心理和精神需要的内容之一是社会象征性需要，也就是人们的一种认识自我、表达自我并且期待得到他人和社会肯定的需要。这种需要根据表达对象的不同又可以分为两种。

1. 自我个性的表现

每个人内心深处都对自己有一个定位，也就是自我形象。比如，有的人认为自己大胆时尚，是引领时代潮流的领先者；有的人则认为自己沉稳审慎，有独立见解，不随波逐流；还有的人认为自己品位高雅，与众不同等。正是由于诸如此类的自我描述，使消费者在购买商品时，总是寻求那些能表现自我形象的商品。例如，乘坐奔驰可以表现主人的庄重和成功；佩戴斯沃琪（Swatch）手表则可以凸显主人对潮流的敏感。

2. 自我价值的实现

自我价值的实现是指消费者通过购买和使用商品，向外界表达自我、证明自我的价值。"野马"汽车最初是为追求刺激的青年人开发的一款车型，但是上市后，有很多老年人争先购买。公司调查发现，这些老年人希望驾驶"野马"车表现自己仍然年轻且富有活力，以及在社会中的作用。吸烟的人相信能够通过不同的香烟品牌来传达自己的某些想法和追求。

品牌的象征意义是这两种需要实现的基础，它是指在消费者心目中，品牌所代表的与特定形象、身份、品位相联系的意义和内涵。在这里，品牌不再是一种符号、图形，而是一种精神、意义的载体。品牌可以体现消费者的文化、知识水平、生活方式、消费习惯、社会地位、名气声誉等。在一定意义上，品牌象征是商品品牌赋予消费者表达自我的一种手段。

（二）品牌的情感意义

品牌的情感意义来源于消费者的情感需要。情感是与人的社会性需要和意识紧密联系的内心体验，具有较强的稳定性和深刻性。情感对消费者的影响是长久深远的。

品牌的情感意义是指在消费者的心目中，与品牌相联系的审美性、情感性文化意蕴。它巧妙地构建了一种生活格调、文化氛围和精神世界，引导人们通过移情作用，在商品的消费中找到自我，得到慰藉，获得情感上的寄托和心理共鸣。在这方面，可口可乐的品牌堪称经典。可口可乐公司经过长期的研究得出结论："名牌的背后是文化"，因而可以锻造品牌的文化内涵，使可口可乐成为美国的精神象征。正如一位美国的报纸编辑所说："可口可乐代表着美国的全部精华，喝一瓶可口可乐就等于把这些美国的精神灌注体内，其瓶中装的是美国人的梦。"

（三）品牌文化

品牌文化是凝结在品牌中的经营观、价值观、审美观等审美形态以及经营行为的总和。品牌的文化价值使品牌具有了人格化的魅力，从而使消费者对其产生情感共鸣。

⊠ **小案例：**

中国校园市场联盟发布了《2016 中国校园市场发展报告》，报告显示，2016 年中国大学生消费市场总规模达到 6 850 亿元，形成了以基础生活消费为主，数码产品其次，教育培训与文化娱乐并存的局面。在这份消费报告中，除去一些日常费用和三餐之外，大学生的主要消费力都集中在了数码产品方面，手机消费更是达到了数码类整体消费的一半左右。报告称，在大学生主要的消费支出中，以手机、电脑为代表的数码产品年度消费总规模分别达到 537 亿元、363 亿元。

以手机为例，平均购机价格达到 2 465 元/台，1 000~3 000 元价格区间占比接近 6 成，其中 1 001~2 000 元价格区间的消费占比最多，达到 30.07%，2 001~3 000 元价格区间居其次，占到 27.99%，而 5 000 元以上的消费占比达到 12.72%，位于第三。而在大学生持有手机品牌份额的调查中，苹果排名第一，占比为 19.84%，第二名为 OPPO，占比 17.49%，第三名为华为，占比 15.56%，vivo 和小米分别位列第四和第五，占比分别为 14.49% 和 9.18%。而三星、魅族、乐视、金立、360，分列第六到第十。此外，中国校园市场联盟还发起了一项评选，选出 2016 年大学生最喜爱的品牌。经过 24 万大学生的投票，在手机品牌分类中，OPPO 被评选为 2016 年度大学生喜爱的手机品牌，排名前五的品牌中，还包括 vivo、小米、魅族和华为。

（资料来源：互联网数据资讯网，2017-05-10）

二、消费者对品牌的心理作用过程

科技的进步，经济的发展，使人们的生活水平不断提高，人们的消费需求也从基本的生理、安全需要逐渐上升到受人尊敬、自我实现等高层次的需求。人们在追求产品使用价值的同时，还希望获得心理和精神上的满足，而这种较高层次的需求在很大程度上是通过购买某一品牌的商品来实现的。

（一）品牌的认知过程

品牌的认知过程是指消费者认识、了解、确信并接受品牌的过程，是品牌发生作用的心理基础。消费者只有形成对某一品牌的认知，才能从品牌中实现自我形象、社会象征、情感等方面的需要，才能通过品牌体现自身的生活方式、文化艺术品位、社会地位、声誉、名望等。消费者形成品牌认知过程的基础是品牌所包含的价值、文化和个性。

（二）品牌的情感过程

消费者形成品牌认知后，会进一步对品牌产生情感。在这一过程中，品牌忠诚度已成为企业关注的焦点。这是由于品牌忠诚度的提高是企业长期赢利的唯一的也是最重要的驱动力。品牌忠诚度包括两方面的内容：行为忠诚度和情感忠诚度。行为忠诚度是指消费者在实际行动上能够持续购买某一品牌的产品，这种行为的产生可能源于消费者对这种品牌内在的好感，也可能是由于购买冲动、促销活动、消费惯性或者该品牌市场覆盖率高于竞争品牌等其他与情感无关的因素促成的。情感忠诚度是指某品牌的个性与消费者的生活方式、价值观念相吻合，消费者对该品牌已产生了感情甚至引以为豪，并将此作为自己的朋友和精神寄托，进而表现出持续购买的欲望和行为。消费者能否在较长时期内表现出持续的购买行为在很大程度上取决于情感忠诚度。由品牌情感转化为品牌忠诚的关键是激发消费者的情感意识。因此，企业要注重增加品牌的文化含量，还要长期与消费者进行情感沟通，使消费者与品牌之间建立一种持久的依存关系。

三、品牌心理策略

制定品牌策略时要考虑消费者心理，以使自己的品牌为大众所接受、所认可，最终达到不断发展壮大的目的。

1. 产品线扩展策略

产品线扩展是指企业在现有的产品类别中增加新的产品项目时，仍沿用原有的品牌。这种新产品往往都是现有产品的局部改进，如增加新的口味、功能、包装、规格、风格等。通常企业会在这些商品的包装上标明不同的规格、不同的功能特色或不同的使用者。产品线扩展的原因是多方面的，如满足新的消费者的需要，可以充分利用过剩的生产能力，推出更多的花色品种以刺激消费者的购买欲望和对抗竞争者，为了得到更多的货架位置等。产品线扩展策略也有一定的风险，即随着产品线的不断加长，会淡化品牌原有的个性和形象，增加消费者认识和选择的难度，销售收入不足以冲抵开发和促销成本。虽然该企业总的销售收入增加，但并未吸引竞争对手的消费者，而仅仅是本企业同一种产品线中新老产品的自相消长。

2. 品牌延伸策略

品牌延伸策略是指企业利用现有的成功品牌推出新产品。这种策略在我国较为常见。例如，杭州娃哈哈集团将"娃哈哈"儿童营养口服液这一闻名遐迩的成功品牌"娃哈哈"应用到果奶、八宝粥、饮用水、童装等产品上，使这些产品一推出，在很短的时间内便被广大消费者所熟知和认可。采用品牌延伸策略，不仅能较快地提高新产品的市场认知率，并能为企业大大节省新产品导入市场的费用，还能有效地消除消费者对新产品的抵御心理，缩短新产品与消费者的心理距离，使新产品更易为消费者所认同和接纳。但是，实施品牌延伸策略一定要注意策略的准确和到位，否则品牌延伸一旦失误或失败，不仅会使新产品难以在市场上立足，而且可能会影响企业原有产品的销路，更为重要的是可能破坏品牌的市场知名度、美誉度和顾客忠诚度，使企业蒙受重大损失。

3. 多品牌策略

多品牌策略是指对同种产品采用两个或两个以上的品牌。这种多品牌策略可以使企业占据更多的货架，给企业组织结构带来刺激和效率，同时每种品牌的产品承担的风险也相对较小。此外，通过品牌的不同定位，可以吸引追求不同利益的消费者，增加消费者的选择。由于各个品牌互相独立，互不影响，即使品牌之间出现竞争也是企业内部的竞争，不会损害整个企业的利益。但是该策略的品牌推广成本较大。

⊠ **小案例：**

宝洁公司是最早开拓并实践多品牌策略的公司。其洗发水品牌就有6个：飘柔、沙宣、海飞丝、潘婷、伊卡璐、润妍。这不禁让人产生疑问，宝洁为什么推出这么多个洗发水品牌呢？为什么不集中精力做一个品牌？那样可以省下许多广告费。细心的人自会发现，6种洗发水强调的特性不相同，飘柔强调发质柔顺，海飞丝强调去屑，潘婷强调营养修护，沙宣强调专业，走美容院路线，伊卡璐强调能唤醒睡美人的香味，润妍强调自然之美。如果只推出一种洗发水品牌，就算把这个品牌做得无可挑剔也肯定会有人不喜欢，但如果同时做多个品牌，大部分消费者总能从中找到一个中意的。而6种洗发水品牌强调的6个不同功能各适合不同的消费者，这就是品牌战略的效果了。对于营销人员来说，针对消费者心理自然有意想不到的收获。

（资料来源：豆丁网，2017-12-05）

4. 新品牌策略

新品牌策略是指企业在推出新产品时，采用新的品牌名称。当原有的品牌不适合新产品或对新产品来说有更合适的品牌时，企业需要设计新品牌。例如，春兰集团以生产空调著名，当它决定开发摩托车时，采用春兰这个女性化的名称就不太合适，于是采用了新的品牌"春兰豹"。又如，原来生产保健品的养生堂开发饮用水时，使用了更好的品牌名称"农夫山泉"。实施新品牌策略所需的新品牌导入费用会比较高，企业应该量力而行。

小米：多品牌策略显效 打造科技长板备战 5G

5. 品牌的情感策略

在我国这个具有几千年民族传统文化的社会中，消费者的个性特征普遍表现为注重感情，注重家庭温馨和谐，亲情无时无刻不体现在人们的生活中，并深深地影响着人们对事物的评价和选择。因此，企业应通过极富人情味的诉求方式，激发消费者的情绪、情感，满足消费者的情感需求，进而使之萌发购买动机，实现购买行为。由此可见，一般的品牌策略能够改变消费者对企业的态度，而品牌的情感策略能够促使人们因为这样的感情而采取购买行动，甚至形成信赖某种品牌的观念进而长期购买。

⊠ 小案例：

品牌怎么做 Social？看看奥利奥这波花式营销

随着年轻消费势力进场，各企业将"品牌年轻化"提到重要的战略位置。近期，一向深谙营销之道、很会玩的奥利奥，借势风头正劲的街舞风玩了一波花式营销。其实，不止于街舞营销，奥利奥最近还发起了 DJ 台以及 AR 游戏两波营销攻势。奥利奥营销活动"高举高打"的背后，源于其欲强化"玩在一起"这一全新品牌理念，以建立它与年轻消费群体之间的情感联结与深度交互。

1. 舞在一起，泡出花样！经典品牌资产的全新演绎

进入 2018 年，随着"两微一抖"特别是时下流量新宠抖音成为营销标配，以及街舞营销风起，广告圈借势街舞短视频进行品牌营销的案例并不少见，一向嗅觉灵敏的奥利奥自然不会错过这阵风。近日，奥利奥在官微上发布了一组街舞及一组手指舞短视频。有必要一提的是，奥利奥发起的这波街舞、手指舞短视频绝不是盲目跟风，而是其将这一时下风靡的品牌营销形式与奥利奥的产品特性进行紧密贴合的结果。

长期以来，"扭一扭，舔一舔，泡一泡"这句经典的广告语是众多"80 后""90 后"心中对奥利奥品牌形象的最大认知。此番，奥利奥推出的短视频中，身着蓝衣的舞者通过一组 Popping（机械舞）和一组时下流行的手指舞，再将奥利奥"扭、舔、泡"这一标志性的品牌广告语"焕活"，让它不再是一句单纯的广告语，变成了可以跟受众互动的一种全新形式，极具创新精神，使品牌形象更加鲜活、丰满。除此之外，奥利奥还在官微上发布了街舞挑战赛，吸引了大量受众。

2. 奥利奥 AR 游戏机，可以吃的游戏机

2018 年 3 月，奥利奥结合 AR 识别技术，只要打开支付宝 AR 扫一扫，消费者就可以扫描每一块奥利奥饼干，开启游戏体验。并且，扫描不同形态的饼干就能解锁不同的小游戏，游戏多达 18 款。

为了集齐 18 款游戏，很多粉丝自发研究并在个人社交账号上发布了大量的游戏攻略。除此之外，因为游戏的创新性和可玩性高，让野生玩家们自己摸索了不少解锁玩法，诞生出了一大波优质 UGC（用户原创内容）主动传播扩散奥利奥游戏。游戏"解锁"的创意为奥利奥创造了更多互动的空间，让受众从探索中获得满足感。这在提升互动深度和频次

的同时，还深化了品牌"玩在一起"的品牌理念。并因参与游戏方式的设定，让这次奥利奥AR游戏机的活动，叫好又叫座，在活动期间线下销量更是达成双位数增长，市场份额也大大增长，更重要的是，品牌渗透率三年来第一次正向大幅增长，显示了优秀的"吸粉"到"带货"的转换。

除了以上的游戏设定，奥利奥AR游戏还成功撬动起粉丝经济。在活动的后续环节中，王源定期发布解锁攻略，与粉丝更进一步互动交流，为活动集聚粉丝流量，并实现在打造社交话题的同时带动产品销量，扩大活动传播势能。据了解，奥利奥趁此活动推出的内含"游戏设备"奥利奥饼干和品牌大使王源的专属游戏周边限量王源游戏盒，同时在线下也设置了王源限量促销区，吸引了大量粉丝在线下参与购买和互动，大大增强了品牌的曝光量，形成线上线下双核驱动的营销闭环。

据悉，在奥利奥AR游戏传播期间直接触达了6亿的支付宝用户，参与互动的独立用户数每日达万次，相关微博主要话题阅读超10亿次。除了在社交媒体上取得极大的关注度外，活动期间发售限量版的游戏盒在电商渠道发布时更是取得了一秒售空的盛况。同时在线下方面促销专区的设置，也真正做到了从线上+线下的双渠道打通，将"带货"这个词真正地落地，完美地完成了把流量转化为销量的品牌愿景。不得不说，奥利奥的这波AR游戏营销活动在粉丝运营上极为成功，极大地调动起了粉丝的参与和互动热情。而对于奥利奥品牌而言，活动极强的趣味性和互动性使奥利奥与更多的消费群体建立深度互动与情感连接，赋能奥利奥品牌年轻化转型。

3. 新晋微博蓝V，花式追热点

奥利奥除了在营销活动方面可圈可点之外，在双微平台的运营方面也是频出亮点，深化品牌年轻化+与粉丝"玩在一起"的理念，这块不安分的小饼干更是花式追起了热点，各种设计感很强、脑洞大开的热点海报，也是让粉丝大赞。科技感、潮流感、小清新等最热门的设计元素，全部融进了这一块小小的饼干中。凭借着这一连串的组合拳，奥利奥成为最活跃的品牌蓝V之一，并被粉丝亲切地称为"世界第一可爱小饼干"。奥利奥以优秀的内容以及良好的社交媒体运维能力，成功地在受众心中重塑年轻的品牌形象。

4. 深入洞察年轻消费人群，奥利奥加速品牌年轻化

随着泛娱乐时代的到来，如何利用娱乐营销模式为品牌或产品获取、转换潜在消费者，以及和消费者进行深入的沟通互动，成了众品牌在当前阶段的重要课题。无论从受众定位、策略制定还是实施效果来看，奥利奥从2018年以来的营销活动，表现都堪称优秀。众所周知，新一代消费者品牌好感度的建立，不仅来自产品，更来自品牌本身的"人格魅力"：能否通过营销运作唤起消费者的共鸣？能否与受众深度互动？而奥利奥的一系列举措，无疑实现了对受众的精准定位：快速把握年轻消费人群的脉搏，深入洞察年轻群体的消费需求。进入中国市场20多年的奥利奥，一直在探索各种营销玩法，AR、定制包装、线下数字互动、街舞（手指舞）短视频、跨界游戏及音乐领域……通过充满创意而有趣的娱乐营销玩法，充分贴近年轻消费群体，完成品牌属性年轻化的蜕变，加速品牌年轻化转型。

品牌与产品一样，有着自己的生命周期，唯有不断地进行年轻化迭代，才能保持品牌活力，不被用户抛弃。同时，随着经济消费主体逐步年轻化，品牌产品与营销的迭代更新也被赋予了更高的标准和要求。而早早布局发力品牌年轻化营销的奥利奥，无疑将更具竞争优势，也能以更好的姿态去面对当下的年轻消费者。种种玩法脑洞大开的背后，正是奥利奥不老的精神所在。

（资料来源：搜狐网，2018-06-13）

第五节 新产品开发与消费心理

一、新产品的含义

（一）新产品的概念

在现代营销理论中，新产品的概念是从整体产品的角度来理解的。从营销学的角度而言，整体产品包含 5 个层次，即核心产品、一般产品、期望产品、附加产品和潜在产品。在整体产品中，任何一个层次的更新和变革，都会使产品区别于原有产品，有了新的结构、功能、品种或增加了新的服务，并给消费者带来了新的利益，这样的产品都可视为新产品。

（二）新产品的分类

按照新产品的改进程度，通常可将其分为以下 3 类：

1. 全新产品

全新产品是指运用新技术或为满足消费者某种新的需要而发明的产品。这类新产品的上市，一般会引起消费者消费方式和心理需求的变化，使消费者改变过去的使用习惯和消费方式，建立全新的消费行为。例如，电视机、个人电脑、微波炉等刚面世时就属于全新产品。

2. 革新产品

革新产品是指在原有产品的基础上采用新技术或新材料，使产品性能有了重大突破，或将原单一性能产品发展成为多种性能及用途的产品。这类新产品一般会给消费者带来新的利益和心理上的满足感，会使消费者部分地改变消费行为和习惯，因而对消费者心理影响较大。例如，全自动洗衣机就是在原有的洗衣机基础上变革而产生的革新产品。

3. 改进产品

改进产品是指在原有产品基本用途不变的情况下，对其成分、结构、性能或款式、规格等进行改进而生成的新产品。例如，普通香皂增加了杀菌功能。改进产品对消费者原有的消费心理与习惯影响较小。

二、新产品购买者的类型及购买行为的影响因素

（一）新产品购买者类型

由于心理需求、个性特点及所处环境等的差异，不同消费者对新产品接受的快慢程度会有所不同。美国学者 E. M. 罗杰斯根据这一差异，把新产品购买者划分为以下 5 种类型：

1. 革新者

任何新产品都是由少数革新者率先使用的，这部分消费者一般约占全部购买者的 2.5%。他们极富创新和冒险精神，收入水平、社会地位和受教育程度较高，多为年轻人，交际广泛且信息灵通。他们人数虽少，但有示范、表率作用，因而是新产品推广的首要对象。

2. 早期购买者

早期购买者是继革新者购买之后，马上购买的消费者。这部分消费者一般约占全部购买者的 13.5%，他们追求时髦、渴望变化，有一定的创新和冒险精神。他们一般社会交际广泛，活动能力强，在乎被人尊重，喜欢传播消息，常常是某个圈子的公众意见领袖。人数较少但有一定权威性，对带动其他消费者购买有重要作用。

3. 早期大众

早期大众一般约占全部购买者的 34%。他们有较强的从众、仿效心理，乐于接受新事物，但一般比较谨慎。由于这类消费者数量较多，而且一般在产品成长期时购买，因而是促成新产品在市场上趋向成熟的主要力量。

4. 晚期大众

晚期大众约占全部购买者的 34%。这部分消费者态度谨慎，对新事物反应迟钝，从不主动接受新产品，直到多数人采用新产品且反映良好时，他们才会购买。

5. 守旧者

守旧者约占全部购买者的 16%，是采用新产品的落伍者。这部分消费者思想保守，拘泥于传统的消费行为模式，其社会地位和收入水平一般较低，当新产品过时后他们才会购买，或最终拒绝购买。

（二）影响新产品购买行为的心理因素

影响消费者购买新产品的因素多种多样，既有新产品本身的因素，又有消费者自身的收入水平、职业特点、性别、年龄等社会和心理因素。

1. 消费者对新产品的需要

需要是指没有获得某些基本满足的感受状态，是消费者一切行为的基础和原动力。新产品能否满足消费者的需要，是其购买与否的决定性因素。由于不同消费者有不同的需要内容和程度，因而对新产品的购买行为也各不相同。目光敏锐的企业应当善于发现消费者的潜在需要，从而有效地引导和创造消费。例如，索尼随身听在产品上市之前就已有众多粉丝热切期待购买。

2. 消费者对新产品的感知程度

消费者只有对新产品的性能、用途、特点有了基本的了解后，才能进行分析和判断。当消费者确信新产品能够为之带来新的利益时，其购买欲望就会受到激发，进而采取购买行为。消费者的感知能力直接影响其接受新产品信息的准确度和敏锐度，从而带来其购买行为的时间差异。

3. 消费者的个性特征

消费者的兴趣、爱好、气质、性格、价值观等个性心理特征差别很大，这直接影响了消费者对新产品的接受程度和速度。性格外向和富于冒险精神的消费者，往往比性格保守、墨守成规的消费者更易于接受新产品，而且接受的速度更快。

4. 消费者对新产品的态度

这是影响新产品购买行为的决定性因素。消费者在感知新产品的基础上，通过对新、旧产品的比较、分析，形成对新产品的不同态度。如果消费者最终确信新产品具有某些特点，能为其带来新的利益及心理上的满足，他就会对新产品持肯定态度，进而产生购买行为。企业往往通过顺应消费者的既有态度而促进新产品的销售；但有些时候，企业可能需要在成本允许的情况下去改变人们的态度。例如，速溶咖啡刚刚推出时购买者寥寥无几。商家通过研究发现，家庭主妇对这种产品持否定态度，认为使用它会给人留下"懒惰主妇"的印象。于是商家专门针对这一点进行广泛的宣传，通过改变人们的态度而使产品得以畅销。

三、新产品设计的心理策略

消费者整体水平的提高，使其心理欲求在购买行为中所起的作用越来越重要。消费者是否购买某一新产品，常常取决于新产品能否满足其心理需求。因此，企业在设计新产品时必须适应消费者不断变化的心理。具体而言，企业应从以下 8 个方面研究设计：

人性化产品设计不只有日本，22 张照片看全球脑洞设计，极度舒适

（一）根据消费者的生理需求进行新产品功能的设计

产品的基本功能，就是产品的基本价值，是消费者购买新产品的出发点。满足消费者的生理需求是设计者在新产品功能设计中首先应考虑的因素。近年来，在产品功能设计方面出现了以下几种趋势：

1. 多功能

即增加产品给消费者带来的功能，例如，能与电脑相连的数码相机、可以上网及拍照的手机等。

2．自动化

自动化产品，如全自动洗衣机、洗碗机等智能型家用电器，为消费者快节奏的生活带来了许多便利。

3．绿色产品

随着环境污染的加剧，人们对无公害、无污染的绿色产品的需求明显增加，如绿色装饰材料、无公害蔬菜等都越来越受到人们的青睐。

4．健康型产品

随着生活水平的提高，人们对自己和家人的健康更加关注。具有补钙、补锌、补充维生素，有助于睡眠、帮助消化等功能的各种保健品，逐渐受到人们的青睐。

（二）按照人体工程学的要求进行新产品结构的设计

与人体生理改造和生命发展相适应的产品，在消费过程中给人以安全感和舒适感，可以减轻人体疲劳，加速人体机能的恢复。因此，在设计新产品时，应当按照现代人体工程学的原理，根据人体各部位的结构特征、生理机能以及使用环境等进行综合设计。例如，座椅的设计应根据人们腿部的长短确定高矮，根据人们腰部的特征确定靠背的倾斜度，根据手臂的长短和关节部位安置扶手。这样，才能使人们姿势安稳，肌肉放松。

（三）根据消费者的个性心理特征进行产品个性的设计

消费者的个性特征对其购买动机有重要影响，因此在设计新产品时还要考虑产品的独特个性，使新产品与众多同类产品有显著的差异。这些特点具体表现为以下几个方面：

1．体现威望的个性

体现威望的个性即体现消费者的社会威望或表现其个人成就，如高档手表、名牌服装、豪华轿车等。为此，设计时应选用上乘或名贵的原材料，产品款式应豪华精美，并保证一流的工艺和质量。

2．标志社会地位的个性

某些产品是专供社会某一阶层使用的，是这一阶层成员的共同标志。使用者可以借此表明自己属于该社会阶层或集团的身份。不同的社会阶层，其消费习惯及心理特征也有着明显的差别。因此，在设计新产品时，应当充分考虑特定阶层消费者的工作环境、经济收入、社会地位及消费习惯和消费心理。

3．显示成熟的个性

在不同的年龄阶段，人们的生理与心理成熟程度不同，在进行新产品设计时，应注意适应不同年龄阶段消费者的成熟程度，以满足其生理和心理要求。

4．满足自尊和自我实现的个性

马斯洛的需求层次理论表明，当人们的基本物质需求得到满足后，会产生精神需求。人作为社会中的一员，一方面渴望得到他人的认可和尊重，希望在社会交往中给人留下良好的印象；另一方面还要求不断提高自身的知识水平和能力，充分发挥内在潜力，以求得事业上的成功与个人价值的实现。为此，人们会刻意寻找有助于增强自我价值实现的产品，如装饰品、美容用品、学习用品及有助于提高某方面技能的专门用品等。在设计这类产品时，应以美观协调、特色鲜明为原则。

5．满足情感要求的个性

随着人们生活节奏的加快，消费者在强调产品实用性的同时，越来越注重情感消费。如表达友情、亲情，寄托希望、向往、追求、情趣、格调等。某些产品如工艺品、玩具等，因其设计新颖、造型别致而蕴含丰富的感情色彩，能够满足消费者的情感需求，因而受到消费者的青睐。这类产品的设计应强调新、奇、美、趣、雅等特点。

（四）适应时代潮流进行产品的设计

时代潮流是一种反映多数人意愿的群众性、社会性的行为趋向，在一种新的时代潮流中，大多数人都有向往、追求的意愿，因此在产品设计上也应体现流行时尚，以吸引更多的消费者。时尚产品的流行，一方面反映了社会文化和科学技术的进步，另一方面也反映了消费者渴望变化的心理倾向。有些消费者对具有特色的新产品极具热情，喜欢带头使用新产品，由此形成了时尚产品流行的源头，这部分消费者被称为"消费带头人"。他们首先购买和使用新产品并引以为荣，他们的消费行为起到了宣传示范作用，能够引起其他消费者的模仿购买，并逐步形成消费流行高潮。因此，要满足消费者追求时尚流行的心理，产品设计应贵在出新，同时应当注意时尚产品流行周期逐渐缩短的趋势，在设计时应善于捕捉时尚源头，及时发现和把握流行趋向。

四、新产品推广的心理策略

为了保证新产品在市场上获得成功，除了要设计出能满足消费者生理和心理需要的商品外，还要运用正确的策略去推广。

（一）遵循消费者接受新产品的心理过程，开展相应的推广工作

消费者接受新产品的心理过程大致包括知晓、兴趣、评价、试用和采用阶段。在不同的阶段，消费者的心理活动也不同，企业应有的放矢进行推广。在知晓阶段，由于消费者对新产品不甚了解，略知一二。对此，企业推广的重点应是全面详细地介绍新产品，介绍新产品从功能到效用能满足消费者的哪些需要，从而激发其购买兴趣。评价阶段的重点应放在解答消费者疑惑的问题上。当消费者少量购买试用并亲自体会和验证了新产品的质量、功效、用途等实际效果之后，企业要注意跟踪服务，正确处理消费者的各种异议，进行信息反馈，利于新产品的改进和完善。采用阶段要进一步提高消费者的满意度，培养其忠诚度，使该商品树立良好的品牌形象，让它成为新产品的义务宣传者，起到消费示范作用。

（二）瞄准最先和早期购买者，培养积极的消费示范作用

虽然最先和早期购买者在消费者中占的比率较小，新产品的推广仅靠他们难以形成销售高潮，但他们的消费示范作用对中晚期购买者有很大的影响力。企业要善于利用这种资源，可以在该群体中优选有影响力、有一定威信的消费者作为重点对象培养，给予他们有关新产品的更多知识，提高其满意度；加强与他们的沟通，解决他们的异议，总结他们的体会，增强他们的兴趣，使他们成为新产品的舆论引导者，从而加速新产品的推广。

（三）重视新产品的潜在购买者，推动新产品进入销售高潮期

企业可以从购买次数、购买数量、购买者心理的稳定程度和对新产品品牌态度等方面对潜在购买者进行分析，建立好消费者档案，加强市场研究，尽快推动新产品的销售。

（四）采用灵活多样的推销方式

在新产品的推广过程中，许多企业总结出了一些有效的推销方法。比如，示范表演法、样品试销法、合作推销法、印刷品推销法、网络推销法等。企业要根据新产品的特点、目标群体的特征及分布等，采用灵活有效的方法，进行新产品的推广。

⊠ **小案例：**

斯沃琪，唯一不变的是我们一直在改变

为了在手表市场上站稳脚跟，斯沃琪始终保持与时俱进的风格。最关键的是，斯沃琪的设计师并不是坐等灵感，跟随潮流，而是洞悉先机，预先估计即将出现的潮流。事实上，整个创作过程于一年前已经开始：首先产生基本的意念，然后按照大家共识的工作原则加以发展。这种由生产上的要求主导的创作动力，是斯沃琪享有"潮流先锋"美誉的

原因之一。正如斯沃琪一直强调的风格："我们唯一不变的是我们一直在改变。"公司每年都要向社会公开征集钟表设计图，根据选中的图案生产不同的手表系列，其中包括儿童表、少年表、少女表、男表、坤表、春天表、夏天表、秋天表、冬天表，后来又推出了每周套表，从星期一到星期日，每天一块，表面图案各不相同。由于公司的产品不断翻新，迎合了社会不同层次、不同年龄、不同爱好、不同品位人士的需要，因此深受广大消费者的欢迎和喜爱，销售量年年攀升，市场份额不断扩大，公司的效益自然也越来越好。

在新品推广上，斯沃琪同样显示了它的独到之处，其新产品发布会简直是一场无比精彩的"腕上时装秀"。优美的音乐、绚丽的灯光、美轮美奂的场面、千挑万选的模特、精心设计的时装……所有这一切都是为了衬托斯沃琪的风采——青春、时尚、与众不同。

本章小结

商品名称具有标志、显示、记忆、传递、激发等作用。商品命名须符合名副其实、便于记忆、引人注意、诱发联想、避免禁忌等心理要求。商品命名可采取以商品的主要效用命名、以商品的产地命名、以商品的主要成分命名、以商品制作方法命名、以名人命名、以外来词语命名、以商品外形命名等心理策略。

商标是依法经有关政府部门登记注册的商品品牌的全部或部分内容，简单地说，商标就是商品的标记。商标具有识别、保护、促销的心理功能。商标设计的心理策略主要是个性鲜明，富于特色，造型优美，文字简洁，具有时代气息，反映社会的潮流趋向，与商品本身的性质和特点相协调，遵从法律规定，顺应不同国家、民族、宗教、地域消费者的心理习惯。商标运用的心理策略有使用还是不使用商标、使用制造者商标还是销售者商标、使用统一商标还是独立商标。

包装是指各类用于盛装或包裹商品的容器或材料。商品包装具有识别、便利、审美、增值、联想等心理功能。包装对消费者心理的作用过程为唤起注意、引起兴趣、启发欲望、导致购买。商品包装设计的心理要求突出商品形象、强化便利功能、具有艺术魅力、表现时代特色、注意差别化与适度性。包装设计的心理策略可采取按照不同消费水平设计包装的策略，按照不同消费习惯设计包装的策略，按照消费者性别、年龄差异设计包装的策略。包装还应注意色彩与图案心理。

品牌是一种名称、术语、标记、符号、设计或它们的组合，用以识别一个或若干个生产者（或销售者）的产品或服务，并使之与竞争对手的产品或服务区别开来。消费者对品牌的心理作用过程包括品牌的认知和品牌情感过程。品牌心理策略有产品线扩展、品牌延伸、多品牌、新品牌、品牌的情感策略等。

新产品是指有新的结构、功能、品种或增加了新的服务，并给消费者带来了新的利益的产品。新产品包括全新产品、革新产品、改进产品。新产品购买者的类型有革新者、早期购买者、早期大众、晚期大众、守旧者。影响新产品购买行为的心理因素包括消费者对新产品的需要、消费者对新产品的感知程度、消费者的个性特征、消费者对新产品的态度等。新产品设计的心理策略：根据消费者的生理需求进行新产品功能的设计、按照人体工程学的要求进行新产品结构的设计、根据消费者的个性心理特征进行产品个性的设计、适应时代潮流进行产品的设计。新产品推广的心理策略：遵循消费者接受新产品的心理过程，开展相应的推广工作，瞄准最先和早期购买者，培养积极的消费示范作用；重视新产品的潜在购买者，推动新产品进入销售高潮期；采用灵活多样的推销方式。

复习思考题

1. 商品命名的心理要求和心理策略是什么？
2. 商标有哪些心理功能？商标设计和运用的心理策略有哪些？
3. 商品包装的心理功能是什么？消费者对包装有哪些心理要求？
4. 消费者对品牌的心理作用过程是怎样的？
5. 新产品推广的心理策略有哪些？

案例分析

今日之娃哈哈，用妇孺皆知一词来形容并不过分。可这样一个别出心裁而又能赢得消费者好感的产品名称的由来，却鲜为人知。

当初，工厂与有关院校合作开发儿童营养液这一冷门产品时，就取名之事花费了很大精力。他们通过新闻媒介，向社会广泛征集产品名称，然后组织专家对数百个应征名称进行了市场学、心理学、传播学、社会学、语文学等多学科的研究论证。由于受传统营养液起名习惯的影响，人们的思维多在素啊、精啊、宝啊之类的名称上兜圈子，谁也没有留意源自一首新疆民歌的娃哈哈3个字。

厂长宗庆后却独具慧眼地看中了这3个字。他的理由有三：其一，娃哈哈三字中的元音 a，是孩子最早最易发的音，极易模仿，且发音响亮，音韵和谐，容易记忆，因而容易被他们所接受。其二，从字面上看，哈哈是各种肤色的人表达欢笑喜悦之欢。其三，同名儿歌以其特有的欢乐明快的音调和浓烈的民族色彩，唱遍了天山内外和大江南北，把这样一首广为流传的民族歌曲与产品商标联系起来，便于人们熟悉它、想起它、记住它，从而提高它的知名度。一言以蔽之，取这样一个别致的商标名称，可大大缩短消费者与商品之间的距离。宗厂长的见解得到了众多专家的赞同。商标定名后，厂里又精心设计了两个活泼可爱的娃娃形象作为商标图形，以达到商标名称和商标形象的有机融合。

俗话说，创名牌容易，护名牌难。这是因为，只要是名牌商品，恐怕十有八九都会出现假冒品。

有鉴于此，娃哈哈在产品尚未投产的时候，便先行做了商标注册。这样做的考虑是，我国商标从申请到核准注册，一般需要一年左右时间，这样，许多名牌商品的商标还未完全注册下来，就已被假冒伪劣品冲击得一塌糊涂。娃哈哈未生，先办户口，其他厂家如果假冒，就可以通过法律手段加以制止，还可以防止别的企业抢先注册。

在申请注册商标时，厂里还考虑到，由于商标图案较小，如果其他厂家注册其他商标而采用相似的包装图案，同样可能引起消费者的误认误购。因此，他们在注册商标的同时，将包装上的主要图案也注册了，从而起到了全包装图案注册的作用，使他人难以仿冒。

这样做的目的，无非是获得在国内独家生产娃哈哈儿童营养液及其系列产品的权利。虽然其他厂家能生产同类产品，但却不能打娃哈哈的牌子。尽管如此，仍有防不胜防之处。随着娃哈哈儿童营养液迅速畅销，市场上出现了与娃哈哈相近或相似的牌号，如娃娃笑、娃娃乐、娃娃灵、娃娃宝、娃娃壮骨精、乐哈哈等，生产同类产品，引起消费者误认误购。

现实使娃哈哈的决策者们认识到，仅为自己的独生孩子起好名字不够，还必须为其兄弟姐妹的名字全部报上户口，即进行防御性商标注册。现在，这家企业已注册了系列防御性商标娃娃哈、哈哈娃、哈娃娃，而且陆续在相关商品类别上注册娃哈哈和它的兄弟姐妹商标。这，实在不失为一种有效的自我保护手段。

酒香还得勤吆喝。娃哈哈商标一经国家商标局注册，企业便利用报纸、广播、电视等大众传播媒介进行了大规模的广告宣传，以期先声夺人，占领市场。这一招果然见效，在许多地区，一些侵权或变相侵权产品始终难以打开销路，因为消费者就认娃哈哈。正是通过这几年的广而告之，形成了处处可见娃哈哈的良好销售环境。

商品包装的刻意改进，也成了有效的宣传手段。为一改过去产品商标不引人注意、不便认读的状况，公司的设计者们扩大了娃哈哈的文字和图形，使之占据包装的大部分面积，醒目突出，让消费者在购买和饮用商品时，首先认准商标，强化其对娃哈哈的印象。久而久之，娃哈哈在消费者心目中便自然取代了儿童营养液，甚至成为这类商品的代名词。

问题：娃哈哈是如何从消费心理的角度考虑商品名称、商标及包装的？

实训练习

1. 去附近的百货大楼或超级市场观察商家是如何对新产品进行推广的，分析其采用了哪些心理策略。

2. 在网络上搜索几个国内著名企业的商品，试分析其商品包装对消费者心理的影响。

第八章

影响消费心理的价格策略

学习目标

1. 了解商品价格的心理功能；
2. 掌握消费者价格心理，熟悉影响消费者价格心理的因素；
3. 掌握商品定价的心理策略；
4. 掌握价格调整的心理策略。

建议课时

5 课时。

思维导图

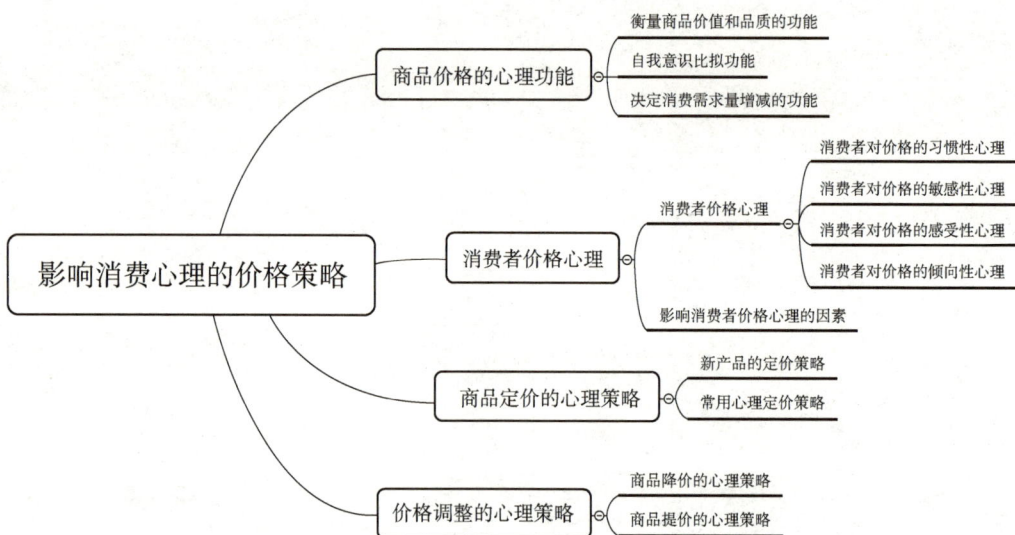

导入案例

　　重庆公司的中国炒面终于问世了，这个渗透着母亲的心血、被鲍洛奇念念不忘的美味食品堂而皇之地走进了美国各地的超级市场。鲍洛奇用广告宣传为中国炒面添上了一层神秘的东方色彩，再加上富有刺激性的意大利口味，使爱好新奇的美国人完全被征服了。喜爱思考的鲍洛奇没有陶醉在最初的成功之中，他站在超级市场的货架旁给自己提出了又一个难题：下一步该怎么办呢？怎样才能保持这种旺销势头呢？苦苦思索的鲍洛奇突然想到一个十分有趣的故事。有一对收入不高的夫妇非常喜欢高雅的生活情调。一天，他们从杂志上看到了一个作为广告背景的古玩钟，非常喜爱。他们终于在展览厅里发现了它，标价是 750 元。他们在那儿犹豫了很久，终于打算用 600 元买下。这价格对于他们的收入来说，仍然是十分昂贵的。丈夫在和那位售货员谈价时，灵机一动说出了250元的价格。他们原来没有抱任何希望，没想到，那售货员同意了！挂钟美丽极了，给房间添了不少情调。但夫妇二人却常常忧心忡忡，夜里都会起来看看，生怕那只钟会随时崩溃。夫妇俩时时都在产生怀疑，这么漂亮的钟怎么可能只卖250元呢？

鲍洛奇从这个故事中悟出了心理价格的奥妙。他想，自己决不应该去做那位钟表售货员。重庆公司既要向顾客提供优质产品，还要让顾客购买之后产生自豪与满足。鲍洛奇还进一步发现，任何新商品在市场上出现，消费者都会估以较高的心理价格。这种价格与产品成本无关，只与外观、宣传、社会风尚有联系。在超级市场的货架上，同一类型的产品价格高的反而更畅销，这就是消费者的心理所起的作用。而且购买不同价格的商品还往往标志着购买者的不同身份和地位。

鲍洛奇仔细地分析了中国炒面的销售对象——中等收入家庭，他们的收入并不丰厚，但虚荣心却比较强，总想在亲友中保持富裕者的形象。经过这一悉思索和考察，鲍洛奇果断地定出了提价促销的经营谋略。同时改进了设计包装和商标，将中国炒面同类产品中的最高价格推向市场。产品提价之前，鲍洛奇已做了大量的广告宣传，让消费者认为吃中国炒面是家庭地位的某种象征，是三餐之外的最佳营养食品。提价后的中国炒面包装新颖，品质优良，又一次出现了销售高潮。由于定价超过成本很多，重庆公司获得了高额利润。时隔不久，鲍洛奇又传出中国炒面要再一次提价的消息，消费层中的投机心理占了上风，人们纷纷购买储存，中国炒面几乎脱销。不久，稍有改装的中国炒面再出现在货架上时，价格真的做了较大变动。市场调查表明，人们不仅没有意识到价格的昂贵，反而认为它本身就应该是这样的价格。鲍洛奇的心理价格赢得了市场。他认为重庆公司那时还是一个资金有限的小公司，经不起"薄利""降价"的市场竞争，只能走这着险棋。鲍洛奇深知质量上的任何差错，都会使辛辛苦苦建立起来的优质产品信誉遭到毁灭。因此他反复告诫员工，自己也日夜守在生产线上。当他要外出时，便把检查质量的重任托付给母亲，要母亲亲自品尝每一批产品的口味。遇到不合格的原材料，鲍洛奇宁肯将其全部销毁，决不允许进入生产线。尽管这种损失有时几乎超过同期产品的利润，但鲍洛奇也在所不惜。

席卷全美的经济大萧条来临了，为了渡过难关，几乎所有的产品都在大幅度降价，亏本抛售，市面上到处招摇着降价推销的大幅广告。重庆公司的产品却坚持原价出售，而且摆在市场醒目的地方。那是公司最艰难的时期，工厂几乎全部停产。鲍洛奇这个做法又一次赢得了消费者的信任，当经济开始缓慢回升时，中国炒面又一次迅速占领了食品市场。中国炒面的成本其实很低，鲍洛奇却将这个普通食品成功地打入了优质名牌产品的行列，在十余年间，创造了超过2亿的营业额。鲍洛奇一直念念不忘那只美丽的挂钟，反复地让自己回答同一个问题："那只美丽的钟到底应该标价多少才最合理？"

（资料来源：尹宝虎编著，《一代天骄——世界著名企业家成功典范》，人民中国出版社1998年版）

价格是人们选择商品的一个重要因素，商品价格对于消费者行为具有极为重要的影响作用。一件商品的定价高低、变动情况都会引起消费者各种不同的心理感受及购买行为，同时也直接涉及消费者和工商企业双方的切身利益。企业的经营以获取利益为目标，在商业经营的领域里，应考虑整体利益的获得，就各项商品而言，其价格并非绝对等于成本加利润。价格的确定，除了要考虑成本与利润之外，还要考虑竞争态势、市场地位、消费者心理、品牌形象以及公司策略等复杂因素。低价并非无往不利，高价也并非窒碍难行，要视所有相关因素互动结果而定。

第一节　商品价格的心理功能

以货币来表示的商品或劳务的价值就称为该商品或劳务的价格。在商品经济条件下，任何商品或劳务只有定出价格，供需双方才能进行交易。价格作为一个客观因素，对消费者的购买心理必定产生影响，从而影响消费者的购买行为，这种影响作用，我们称为价格的心理功能。

一、衡量商品价值和品质的功能

在现实生活中，价格是消费者用以衡量商品价值和品质尺度的工具。由于对商品信息了解的非对称性，以及消费者购买行为的非专业性，消费者在选购商品时，总是自觉或不自觉地把价格同商品品质及内在价值联系起来，把价格作为衡量商品品质优劣和价值大小的最重要尺度，认为商品价格高，则意味着商品的质量好，价值大；商品价格低，则说明商品的质量差，价值小。所谓"一分钱，一分货""便宜没好货，好货不便宜"，便是这种心理的具体反映。在现代市场中，由于生产技术的突飞猛进，商品品种越来越多，新产品不断出现，一般的消费者都感到对商品的优差难以辨别，更难知道哪种商品的价值是多少。因此，一般都在心理上把商品价格看成是商品价值和品质的代表。这样就不可避免出现一件衣服几十元无人问津，在价格后面加个零衣服却顺利地被卖出去的尴尬场景。

❖**小资料**

价格与价值的关系

价格是商品同货币交换比例的指数，价格也是价值的货币表现。因此，价格与价值之间就存在客观的等值原则。从某种意义上而言，价格与价值存在3种可能性：①价格与价值等值——物有所值；②价格比价值低——物超所值；③价格比价值高——物无所值。在商品经济时代，任何一个消费者对价格与价值之间的关系非常敏感，对物无所值的商品，消费者就会失去购买的兴趣；相反，如果任何一个商品物有所值，甚至物超所值，那么消费者就会趋之若鹜。按这个原则，任何一个商家必须提供这样的商品，才能赢得消费者。

资料来源：道客巴巴，2013-04-13）

二、自我意识比拟功能

商品价格本来是商品价值的货币表现，其作用是有利于商品交换。但从价格心理的角度看，它还有另外一种作用，即购买者把商品价格作为自我意识比拟的心理作用。也就是说，商品价格不仅具有劳动价值的意义，也具有社会心理价值的意义。原因在于购买者通过联想与想象，把商品价格与个人的愿望、情感、个性心理特征结合起来，通过这种比拟来满足心理上的要求或欲望。这种自我意识比拟包括多方面的内容功能，主要表现在以下几个方面：

（一）社会经济地位的比拟

有些人购买商品时，追求高档名牌，以显示个人的身份地位，否则会认为有损于自己的形象。有些人为了在其所处的环境和社交圈子里显示其优越于别人，不惜花数万元购买瑞士镶嵌着大量黄金钻石的手表，或者花很多钱去购买法国巴黎时装店昂贵的服装；而有些人则认为朴素大方才与自己的身份地位相符。持后一种观点的人中，有些人虽然经济收入较高，但出于某种心理需要，也经常购买大众化的商品。因此，企业在其经营过程中，一方面应努力树立名牌，另一方面还应生产不同档次的产品，以满足不同消费者的心理需要。

奢侈品行业洞察报告

❖ **小资料**

麦可思研究院发布的《2019 大学生消费理财观数据》显示，2019 年，中国在校大学生每月平均花销（不含学费、家庭与学校间往返交通费）达到了 1 197 元，其中，形象消费所占比重最高，达 62%，其次是社交娱乐消费和学习消费。

2019 年"双 11"期间，大学生平均花费 1 012 元。除基本伙食费外，包括鞋服、首饰、化妆品、美容美发等在内的形象消费，成为每月总消费比重前 3 位中大学生选择比例最高的一项，占比达到了 62%。其次为，包括恋爱、聚会、旅游、看电影等活动在内的社交和娱乐消费，占比为 51%，学习上的消费则排到第三位，占到 50%。而从购物时的考虑因素来看，大学生们为价格敏感型群体。数据显示，69% 的大学生在购物时主要考虑价格，其次为质量（60%），第三位为功能（50%）。数据显示，大学生的生活费主要来自"父母或亲戚提供"（70%），其次是"打工兼职或创业"（56%）。而对于自己手中的生活费，53% 的被调查大学生认为生活费能够满足需求，且有结余。30% 的大学生生活费刚好满足需求。同时，数据显示，93% 的大学生会对生活费的使用进行计划和安排。调查分析："一方面因为当前大学生生活费本身较宽裕，另一方面也可能因大学生对生活费进行了精打细算。"此外，也有 17% 的大学生认为生活费不够花。其中，14% 的大学生认为生活费偶尔不够用，3% 的大学生则认为生活费经常不够用。而当生活费无法满足需求时，有 55% 的大学生会选择向父母、亲戚求助。选择放弃消费的比例为 27%。调查数据显示，37% 的大学生会选择信用消费或分期付款。具体来看，在被调查大学生中，66% 的大学生通过余额宝等金融产品形式进行理财，44% 大学生选择传统的银行定期存款理财，选择股票（12%）、P2P 网贷（5%）的比例较低。大学生们在选择理财产品时，最看重的因素是收益（71%），其次是风险（57%），第三位因素是购买金额门槛（43%）。总体来说，在理财方面，大学生手头余钱有限，承担风险能力低，偏好低门槛的稳健型理财方式。

（资料来源：麦可思，《2019 大学生消费理财观数据》，2019-12-06）

（二）文化修养的比拟

有些人购买商品是为了显示自己有文化、有修养，不管商品是否真正需要，只要达到心理上的满足即可。例如，明明自己不看书，却购买高档书架，里面装上精装的书籍；明明自己对书画不感兴趣，甚至一窍不通，却购买名人书画挂在家中，其只是为了得到心理上的安慰，而不考虑所购商品的使用价值。

（三）生活情操的比拟

有些消费者购买商品是为了显示自己具有高雅的生活情趣，即使不会弹钢琴，也买来放在家里作为摆设；即使对音乐不感兴趣，也去听音乐会；即使不懂收藏，也花巨资买来古董摆在家里，等等，以期人们给予"生活情趣高雅"的评价。

价格所具有的自我意识比拟的心理机制，同消费者自身的价值观、生活态度和个性心理特征直接相关，因而它的表现形式往往因人而异，千差万别。但是，无论消费者把商品价格作为自我意识的比拟是有意识的还是无意识的，都有一个共同点，就是他们都重视商品价格的社会价值。

三、决定消费需求量增减的功能

商品价格对消费者需求的影响很大，商品价格高低对需求有调节作用。一般来说，在同等条件下，当商品价格上涨时，消费需求量将减少。当商品价格下跌时，消费需求量将会增加。但在市场经济发展中，商品价格对需求的影响，还受消费者心理因素的制约。如当一种产品的价格下降时，人们不一定增加购买而是产生疑虑心理，担心商品质量；或怀有期望的心理，等待继续降价等。所以会出现商品降价反而抑制购买行为的现象。当价格上涨时，人们不一定减少购买，有时会产生紧张心理，担心价格继续上涨，所以会在储备动机的支配下大量或重复购买，以致出现商品涨价反而刺激购买行为的现象。当然这种调节功能，还取决于商品的种类和消费者对此商品的需求程度。

价格对需求的影响受商品需求弹性的制约，需求价格弹性是指价格变动的比率所引起的需求量变动的比率，即需求量对价格变动的反应程度，即当价格每增加 1% 时，需求量下降的百分比。根据需求的价格弹性的大小，我们把商品分为富有弹性、缺乏弹性、单位弹性、无弹性和完全弹性等 5 种情况。对于需求对价格富有弹性的产品，价格是调整需求数量的主要因素，在适当的时候，可以采取降价的方法增加需求数量，也可以提高产品的价格以减少市场对产品的需求。这类产品主要是指非人民生活必需品，如服装。对于需求对价格无弹性的产品，由于市场对这类产品的需求数量不决定于产品价格的高低，企业可以采取提高价格的方法增加企业的利润。这类产品主要是指人民生活必需品，如粮食、对于单位弹性的产品，因其价格变化与数量变化同步，在制定价格政策时，一般不会采取什么措施。

❖ 小资料

吉芬商品

"吉芬商品"是以英国经济学家吉芬的名字命名的。早在 1845 年，爱尔兰爆发了一次大饥荒，农产品的价格急剧上涨。令人奇怪的现象发生了——土豆、肉和奶酪的价格都已经很高，按常理讲，它们的消费量都应该降低，实际上肉和奶酪的情况确实如此，唯独土豆的销量却一反常态，大大增加。

吉芬仔细研究了这种现象。他发现，由于土豆在当时爱尔兰人的生活支出中占有很大的份额，在大饥荒里生活大大恶化，人们为了生存，被迫大大减少了对肉和奶酪的消费，而把节约下来的钱花在相对而言还算便宜的土豆上。自此以后，人们就把这种价格上涨反而使销量增加的商品称为"吉芬商品"。

其实，生活中的"吉芬现象"并不少见。最突出的就是这几年来的房市。房价涨得越来越快，而买房子的人却越来越多，许多没钱的人也在想方设法购买，借钱、按揭、攒钱……无不希望自己"有房一族"的美梦早日成真。在股市上也经常看到"吉芬现象"。当某一种股票持续上涨的时候，经常看到的局面便是人们争相抢购这种股票，以便能够赶上"牛市"多赚一笔。相反地，当一种股票的价格持续下跌的时候，购买它的人反而很少，而拥有它的人也都希望尽快抛出，以便避开"熊市"。另外，日常生活中还有一种所谓的"雨伞现象"。刚下车的乘客突然遇到大雨，早有准备的小贩趁机推销自己的雨伞，而且价格明显超出平时。结果是价格虽然上涨了，雨伞却卖得不错。

那么，归根结底，"吉芬商品"是不是违反一般的商品需求定律呢？需求定律的定义是"在其他条件不变时，需求价格与需求量呈反向变动关系"。这里需要指出它的前提，即"其他条件不变"。这个不变其实涵盖了关于需求的许多概念，如"需求弹性"和"供给弹性"。以上述"雨伞的需求量上升"为例，雨伞销量的上升，关键原因不是价格上涨，而是由于天空突降大雨，即"需求定律"的"其他条件"已经发生变化了。这时"需求弹性"急剧降低，对价格已经不再敏感。在这种情况下，只要价格还不是高得离谱，人们就会购买。试想如果雨并不是很大，人们可以赶到商店再去购买的话，小贩们的高价雨伞自然就无人问津了。这一道理对于爱尔兰的饥民同样适用。土豆价格上涨而需求量反而上升，是因为人们收入所限只能去选择土豆。同时，在饥荒的压迫下，他们预期价格还会再涨，于是就去抢购。从这一点上说，"吉芬现象"并不等于推翻了需求定律。

（资料来源：豆丁网，2016-03-02）

通过以上分析可以看出，商品价格的心理功能是比较复杂的。因此，企业要认清消费者的商品价格心理功能对购买行为的影响，以使商品的价格最大限度地为消费者所接受。

第二节　消费者价格心理

消费者价格心理是消费者在购买活动中对价格认识的心理现象，它反映出消费者对价格的知觉程度和个性心理。

一、消费者价格心理

（一）消费者对价格的习惯性心理

有些商品价格在长期的营销活动中，逐步形成某种程度的固定性，消费者对此也形成一种购买习惯，在价格上形成为买卖双方都能接受的习惯价格。消费者对商品价格的认识，是从多次的购买活动中逐步体验的，并形成了对某种商品价格的习惯性。习惯价格不仅给营销活动带来方便，同时在价格心理上还起着稳定性和合理性的作用。这种习惯往往支配着消费者的购买行为，成为消费者衡量商品价格是否合理的一个尺度。对形成习惯价格的商品，消费者往往十分敏感。

消费者判断商品价格时，往往以习惯价格为标准，在习惯价格以内，就认为是合理、正常的，超过上限则认为太贵，低于下限会对质量产生怀疑。消费者的价格习惯一经形成，往往要维持相当长的时间，以支配自己的购买行为。当商品价格变动时，往往会迫使消费者对价格经历一个困难的，由不习惯、不适应到习惯和比较适应的过程。消费者用"习惯"的标准，评价、比较和决定购买。违背习惯的标准会使他们产生疑虑，在心理上难以接受或导致行为变动。如果同一商品在市场上有多种价格，消费者便会对习惯价格产生信任和认同，而对其他价格产生怀疑和拒绝。因此企业要了解价格的习惯性心理对消费者购买行为的主要影响，在制定和调整商品价格时，对那些超出消费者习惯性价格范围以外的商品要特别慎重，一定要弄清这类商品的价格在消费者心目中的价格上限和下限的幅度。价格超过了上限，就应千方百计地让消费者了解其商品的优秀品质；价格低于下限，则要想法打消消费者对此类商品是低档货或质量较差的顾虑，促使其尽快由不习惯转为习惯，从而实现购买。

（二）消费者对价格的敏感性心理

价格的敏感性是指消费者对商品价格变动的反应程度。因为价格的高低和变动直接关系到消费者的切身利益，所以消费者对价格的变动一般很敏感。消费者对价格变动的敏感性，既有一定的客观标准，又有消费者在长期购买活动中积累的实践经验以及在他们心目中形成的一种心理的价格尺度，因而具有一定的主观随意性。

消费者对商品价格的心理反应程度的强弱与该商品价格变动幅度的大小通常按同方向变化。但违反这种心理变化的情况也经常发生。有些商品即使价格调整幅度很大，消费者也不会产生强烈的心理反应，其原因是消费者对各种商品价格变动的敏感性不同。一般来说，消费者对经常购买的日用品价格变动很敏感，对购买次数少的高档消费品价格变动则比较迟钝。越是与日常生活密切相关，购买频率越高的商品，消费者对其价格敏感性越高，反应越强烈。相反，非生活必需品，购买频率低的商品，对其价格敏感性就低，反应相对迟缓。如便宜的蔬菜可使消费者加倍购买，而降价的杂牌录音机却引不起消费者的购买兴趣。一般来说，当商品价格轮番上涨之初，必定会使消费者反应强烈，并产生心理抵抗。但久而久之，消费者的心理承受能力可能逐渐增强，慢慢适应价格上涨而变得有些"麻木"，这时消费者反而会对价格的下降表现较为敏感。

消费者对价格变动的敏感性，也称为价格意识，常以消费者对商品价格记忆的准确性为标准。美国的调查资料表明：价格记忆的准确率与收入水平呈负相关，即收入越低者，对价格记忆的准确性越高；收入越高者，对价格的记忆越不准确。

◈ **小资料**

为什么一样的降价幅度带来不一样的消费行为
——敏感度递减规律的经济学原理、例子、启示

　　敏感度递减规律，是指随着获得或损失数额的增大，其边际心理价值却会随之减小。刘一水的移动硬盘坏了，需要买一个新的。他先是上网搜了搜，发现有两个地方的价格比较接近，一个是中关村的海龙某店，300 元；一个是离家不远的苏宁店，350 元。刘一水兴冲冲地拿起公交卡，直奔中关村去了。后来，他想换一台电脑，看中了笔记本电脑款式和型号后，又一次面临选择：中关村海龙某店报价 6 550 元，离家不远的苏宁店报价 6 600 元。这一次，刘一水想了想，直接去了苏宁店。

　　为什么同样是节省 50 元，刘一水却采取了不同的方案呢？

　　面对同样的选择，为什么第一次刘一水决定为了 50 元而跑一趟腿，第二次却放弃了？再看一个例子，一个消费者去人大双安店买手表，有两款手表同时在打折。第一款原价 6 000 元，打完折后是 5 000 元；第二款原价是 3 000 元，打完折后是 2 000 元。这个消费者想了想，最终还是买了第一款。实际上这两款手表打折后的价格差额都是一样的，为什么大多数消费者还是倾向于购买比较贵的那款呢？

　　在行为经济学上，这涉及一个"敏感度递减"的规律。当商品价格比较低时，消费者对于价格变化的绝对值就会敏感很多；而当商品价格比较高时，消费者对于价格变化的绝对值并不是很敏感。

　　因此，在市场竞争中，如果商家需要采用价格竞争策略，就要考虑到该商品的基础价格。基础价格比较高的商品，要想吸引更多的消费者，就需要更大幅度地降价才能显出效果；相反，基础价格比较低的商品，只需很小幅度的降价就可以创造更多的购买行为。

（资料来源：多空道，2021-03-04）

（三）消费者对价格的感受性心理

　　价格的感受性是指消费者对商品价格高低的感受和知觉程度。商品价格的高低是相对而言的，一般来说，消费者对商品价格高低的印象是通过 3 种途径获得的：

　　（1）通过与市场同类商品价格比较。这是最简单、最明了，并普遍使用的一种判断商品价格高低的方法。

　　（2）通过商品本身的外观、重量、包装、使用特点、使用说明、品牌、产地等进行的比较。

　　（3）通过与同一售货现场内的不同类商品的价格比较。

　　值得注意的是，消费者在判断价格的过程中，往往出现错觉，判断出来的价格也往往是不正确的。有的商品绝对价格高一些，消费者反而会觉得便宜；有的商品绝对价格相对低，消费者却又觉得很贵。造成他们错觉的主要因素如下：

　　（1）商品出售过程的环境、气氛和购买时的气氛，还有商品本身的外观、包装、功能等因素。

　　（2）消费者对商品需求的迫切程度。

　　消费者对商品价格的感受性心理在他们购买商品时的反应是普遍的，营销企业应当重视这种心理现象，在组织商品销售过程中，加强对销售环境、销售气氛、商品陈列、商品装潢的研究，以获得较好的销售效果。

（四）消费者对价格的倾向性心理

　　消费者对价格的倾向性心理是指消费者在购买过程中，对商品价格所表现出的倾向。由于

人们的生活环境、经济地位、文化素质、价值观念等不尽相同，消费需求具有多样性、变化性、发展性等特点，不同的人在购买商品时呈现出多元化的特征，即使是同一个人在不同时期对商品的需求也是有差异的。不同类型的消费者对商品的档次、质量、品牌要求不一，因此在购买活动中对商品价格的选择表现出明显的不同倾向。

商品的价格一般有高、中、低档的区别，价格高的商品通常具有商品价值较高、品质好的特点，价格低的商品，相对则价值较低，品质也较差。由于消费者群体中不同类型的消费者具有不同的商品选择的倾向性，因此有的消费者喜欢追逐价格高、功能先进、款式漂亮、新颖的名牌商品；有的消费者比较喜欢价格适中，具备一定功能的比较实在的商品；还有的消费者则喜欢价格较低，但经济实惠的廉价商品。例如，目前高中低档的手机各有销路：这些不同的选择倾向，实际上是不同消费心理的反映。倾向于选择高价的消费者认为商品的质量、性能与商品的价格品牌密切相关；而倾向于选择低价的消费者，则认为质量、性能与商品的价格、品牌差异不大，只要能够买到经济实惠的商品就满意。

因此，企业必须根据消费者的不同层次的需要，生产不同档次的产品，更好地满足消费者的需求。

❖ 小调查

你买电脑和手机的心理价格是多少?

你买电脑的心理价格是（　　）。

A. 3 000 元以下　　　　　　　　B. 3 000~4 000 元
C. 4 000~5 000 元　　　　　　　D. 5 000~10 000 元

你买手机的心理价格是（　　）。

A. 1 000 元以下　　　　　　　　B. 1 000~2 000 元
C. 2 000~3 000 元　　　　　　　D. 3 000 元以上

小案例：

麦当劳早餐时段的鲜煮咖啡是可以免费续杯的，但麦当劳设置了小杯 9 元和大杯 10.5 元两个价格。刚看到这个价格可能觉得有些奇怪，既然能续杯，为什么还设置大杯价格。其实这两个价格是为两种人群准备的。

第一种人时间充裕，肯定选小杯的合适，价格便宜，喝完再续杯。第二种人时间紧，没时间续杯，但他只多花 1.5 元，就能买到一杯比小杯多不少的咖啡。通过两种价格，两种人都觉得非常划算。麦当劳用一个看似多余的设置，既满足了不同消费者的需求，还让两拨人都感觉自己赚了，获得了非常好的用户体验。

（资料来源：百家号——富日记，2019-03-29）

二、影响消费者价格心理的因素

影响消费者价格心理的因素是多方面的，如消费者的经济状况、市场竞争状况、国家宏观政策、消费者的时间等。在此，我们仅对消费者的个人经验和经济收入、商品的出售场所、类别、购买时间等几个方面进行简单的分析。

（一）消费者的个人经验

消费者的个人经验往往是自身感官的接受，形成对某种商品某个价位的知觉与判断。消费者多次购买了某种价格高的商品回去使用后发现很好，这就会不断强化他的"价高质高"的判断和认识。当多次购买某种价格低的商品，发现不如意，这同样会增强他的"便宜没好货"的感知。

（二）消费者的经济收入

消费者的经济收入是影响消费者价格心理的主要因素。一般来说，收入越高、越能接受较高的价格，反之则不然。例如，一双价格上百元的棉袜，对一个收入在 5 000 元以上的人来说不觉得特别昂贵，而对于月收入不足 1 000 元的人来说，却是很贵的；节假日花上数万元出国旅游，对于年薪几十万以上的人来说可以接受，而对于年薪不足 3 万的工薪阶层来说却是一种奢望。因此，不同的经济收入使消费者对价格的感受和判断差异很大，企业必须根据消费者收入的不同特点，向市场推出不同收入层次的产品和服务。

（三）商品的出售场所

同样的商品以同样的价格分别在不同的场所出售，消费者往往对同样的价格有不同的判断。有人曾经做了这样一个对比实验：把某大商场一件价值 2 600 元的名牌西服和地摊上一件价值 500 元的西服去掉标签互换，结果在地摊上卖的名牌西服没有卖出去，而地摊上的西服在大商场却以 1 600 元钱卖掉了。

（四）商品的类别

同一种商品因不同的用途，可划入不同的商品类别。消费者对不同类别的商品评价标准不同，因而对商品价格的感受也不一样。

（五）商品的购买时间

购买时间不同，消费者对价格的判断也是不同的。例如，红玫瑰的价格在平时 1~3 元，而在情人节要售到 10 元左右，并且消费者仍欣然接受。通常节假日购买的商品比平时贵。再者人们普遍认为季节性商品在淡季时应打折销售，人们在夏季选购羽绒服，如与冬天的价格一样，则心理上就很难接受。因此，企业应该适应消费者在不同购买时间的心理接受情况，在不同的时间制定不同的价格。

（六）消费者对商品需求的紧迫程度

当消费者急需某种商品而又无替代品时，价格即使高一些，消费者的感受和判断也会趋于可接受。例如，春节期间急盼着回家团圆的人，对于高价票也会购买，导致贩卖火车票的情况出现。

第三节　商品定价的心理策略

商品定价的心理策略是根据消费者心理，是运用心理学原理，依据不同类型的消费者在购买商品时的不同心理和不同需求来制定价格，以诱导消费者增加购买，扩大企业销量。企业在制定价格时不仅要考虑成本、需求、竞争等因素，还应注意社会心理因素的影响。一种商品价格的推出，只有满足消费者的心理需要，得到消费者的认可，才是成功的价格。因此，企业必须应用心理学原理，研究消费者的价格心理，这样才能制定出既让消费者满意，企业又能获得利润的价格策略。

一、新产品的定价策略

新产品的定价由于没有同类商品价格可供参照，因此是较为困难的。新产品的定价在保证既收回成本，又获取一定的利润，还让大多数消费者认为"公平"且能够接受的原则下，常常运用以下策略：

（一）撇脂定价策略

撇脂定价策略是在新产品刚刚投放市场时，把价格定得很高。在新产品进入市场初期，还没有竞争对象和替代物，企业可能采取较高价格出售，以便获得高额利润和尽快回收新产品的研制、开发费用。随着时间的推移，尤其是竞争对手进入市场后，可以酌情逐步降低价格。这种方法就如从鲜奶中撇取油脂一样，因此而得名。这种策略通常适用于能更好地满足消费者需要，需求量较大，需求弹性较小，仿制较难的新产品，是针对消费者求新、求奇、好胜等心理。

这种定价法的优点：单位产品利润大，短时间内即可收回投资，当竞争者跟上来时，企业已获得了丰厚利润；能提高新产品的身价，能使消费者产生质量优良的印象，更有利于吸引求新消费者的注意；可以随时调价，在竞争中处于主动，如销路不理想时，通过降低价格，可以扩大销路。

这种定价法的不足：以高价投入市场，可能会出现产品形象尚未树立，而销售增长缓慢的不利形势；畅销、高价带来的高额利润会诱使大批竞争者进入市场，造成价格猛跌直至无利可图。例如，"二战"后美国一家制造商，从阿根廷引进了圆珠笔，成本仅为50美分，作为圣诞礼物隆重推出，后经大力宣传，身价百倍，售价高达20美元。以后有了众多竞争者，卖价则降至0.25美元。

高利润必然带来激烈竞争，因此想在市场上独占鳌头，必须迅速申请专利，或努力降低成本，以排斥竞争者。产品卖高价，只有消费者接受高价时，才能实现经营者的高利润；而要消费者接受高价，还得创造一系列的条件。因此，采用这种策略必须十分谨慎。

⊠ **小案例：**

××品牌冰淇淋一个球的价格一般在38元左右，不同口味价格也会有所不同。单球圣代参考价格为31元/份，鲜果烈焰冰淇淋甜品参考价格为79元/份，东方情怀冰淇淋甜品参考价格为68元/份，迷你杯参考价格为：68元/个，脆皮条为68元/个。1996年，第一家××品牌冰淇淋专卖店在上海开业。那一年，人均国内生产总值为5 569元，即便是沿海富庶的广州，城镇职工年均工资为11 813元。啃盐水棒冰的快乐0.7元就能买到，又甜又清爽的绿豆棒冰只要1.2元，当时最新潮的娃娃头雪糕，也只用花1元钱。冰激凌带来的快乐，来得廉价又简单。

但××品牌冰淇淋颠覆了人们对冰淇淋的想象。冰激凌，不再局限于3元以内就能买到的简单快乐。在××，一个最便宜的冰激凌球也要25元，一份"梦幻天使"78元，一份豪华的主题冰激凌，动辄上百元。

（资料来源：什么值得买，2020-07-27）

（二）渗透定价策略

渗透定价策略是在新产品进入市场初期，以较低的价格出售。这种方法一般适用于一些低档品、生活必需品、市场已有类似代用品、消费者对价格较为敏感或易于仿制的新产品，是针对消费者求实、求廉、求利等心理的。这种定价策略的初期，竞争对手感到得益不大，不想积极仿制，待到消费者使用习惯又非用不可，并且找不到类似的代用品时，把价格涨到一定高度。此时消费者虽有不满，但也只能无可奈何地接受了。

这种定价法的优点：企业以薄利多销迅速吸引大批消费者，在短时期内打开产品销路；对竞争者诱惑不大，可减少竞争，使企业获得并保持较高的市场占有率；可使企业经营稳定，获得长期利润。著名美籍华侨陈嘉庚先生，20世纪30年代曾被誉为世界胶鞋大王。他生产的胶鞋刚问世时价格往往低于成本，直到商品成为名牌时，才逐步把价格提高，最后仍赚了大钱。

这种定价法的不足：新产品开发投资一般较大，要较长时间才能收回投资，这时如竞争企业将性能更好的新产品投放市场，企业就会无利可图；采用这种策略，提价时可能会引起消费者的反感和抵制，影响销售和企业信誉。

⊠ **小案例：**

　　小米手机一经面世，就给广大用户树立了"高性能，低价格"的品牌印象，旗舰机型只卖 1 999 元，小米 2A、MAX 等更是降到了 1 699 元、1 499 元，更不用提定位更低端的红米系列了。一方面，小米通过自己浓厚的社区基因给自己的用户打上了手机发烧友的标签，在此前提下，又有如此有竞争力的价格护航，撒豆成兵，迅速占领了市场，尔后凭借越发成熟的产研供系统，手机生产与分销的单位成本会随生产经验的积累而下降，可谓是渗透定价的完美执行者了。

（资料来源：搜狐网，2017-12-30）

（三）反向定价策略

　　这是一种先定价格后组织生产的"量入为出"的反向策略。它是以零售价格为依据倒算出新产品成本和其他所需费用的控制范围，而后再去组织生产。这种方法不是以产品定价，而是依价格定产品的质量和功能。这种策略一般适用于日用品和技术要求不高的商品，适应大多数消费者的需要。

　　这种定价法的优点：

　　从消费者的实际支付能力和心理价格出发，旨在建立较稳固的产品信誉，增强消费者的购买信心。采用该方法，企业首先要正确估计消费者对某种商品的价值观念，然后制定价格并预测出在该价格水平下的需求量，进而估算生产量、投资额及单位成本等。华侨企业家林昌横，早年到巴黎继承父业，把当时只有 6 名工人的小厂发展成了法国第二大皮件厂，产品不仅畅销法国，而且远销德国、瑞士、以色列和非洲等地，他的生财秘诀就是运用反向定价策略。林昌横生产的皮带，是根据法国人的高、中、低收入水平定价的。低档货适合低收入者的需要，价格在 50 法郎上下，用料是普通牛羊皮，这部分人较多，就多生产些。中等货定在 100～300 法郎。高档货适合高收入者的需要，就在 600～800 法郎范围内定价，选料精良，有鳄鱼皮、蟒皮等，由于这些人较少，就少生产些。有些独特花色的贵重皮带，定价就不封顶。因为对有钱的人来说，只要喜欢，价格再高也会购买。这样既扩大了市场，又能得到较多的盈利。

　　可见，商品定价必须适宜，恰到好处。若把中低档商品定价过高，一般消费者将不予问津；若将高中档产品定价过低，消费者反而认为质次而不愿购买。因此定价既要考虑消费者的需要，又要考虑消费者的实际支付能力。企业在将新产品投放市场时，无论采取何种策略，都是机会与风险共存的。要想成功，还得根据市场信息与产品情况，结合本企业的经营经验，不失时机地做出选择。

二、常用心理定价策略

（一）尾数定价策略

　　这是一种给商品定一个带有零头尾数的非整数价格，如 9.9 元，而非 10 元。求廉求实是消费者的普遍心态，非整数价格虽然和整数价格很接近，但给予消费者的心理信息却是不同的。

　　（1）可以使消费者产生便宜的心理错觉，尾数可使消费者感到价格保留在较低一级的档次，从而减轻心理抵抗感。比如飘柔洗发水定价为 9.9 元，就让消费者感到价格只是 9 元多，而不是 10 元。

　　（2）尾数价格会给人以精确感和信任感，可使消费者相信企业在科学、认真地定价，制定的价格是合理的、有根据的。

　　（3）给消费者一种数字寓意吉祥的感觉，使消费者在心理上得到一定的满足。

　　尾数定价策略的应用十分广泛，由于不同国家、不同地区的消费者具有不同的价格心态和风俗习惯而做法各异。如美国在 5 美元以下的价格，末位是 9 最受欢迎；在 5 美元以上的价格，末位是 95 销售情况最佳。日本多用 50、80、90 日元为尾数。而在我国，某些数字的发音、含义对某些地区或某类消费者群具有特殊的意义，将其巧妙地运用于定价中，可以激发消费者的情感，给予其心理上的满足。比如，我国有些消费者喜欢 8 的末位数定价，象征着"发"，另一些消费者喜欢 9 的末位数定价，象征着"长久"。同时，在定价中也要避免使用消费者忌讳的数字，大多数消费者不喜欢 4 的末尾数定价，因为 4 是死的谐音。

⊠ 小案例：

化零为整——小数定价法在图书销售中的反运用

长期以来，非书店（包括新华书店）的会员在购书时是不享受优惠的，使书店在很多读者的心理上形成一道价格屏障。"4P"关于价格有一种定价方法是小数定价法。现实中我们留心就会发现，如今的图书定价很多都是采用"小数定价法"——"××.××"元，从消费心理学的角度来讲，出版社这样的定价显然是通过小数让消费者（读者）深信其价格的合理性，而其结果是买方和卖方在信任其价格的同时往往对这些零钱（小数）而犯难。

如果书店在对非会员读者销售这些书的时候，把小数部分的价格去掉，只按照整数部分的价格进行销售，从读者的利益来说他们享受了优惠，而从书店的利益来说则避免了纯粹打折促销的单调性。虽然有些书的定价（如 4.90 元）在去掉小数的部分后甚至要赔本，但仔细分析我们会发现，只要定价是"10.××"以上的书，优惠措施就不会超过10%，所以总体来讲这样的优惠比会员的 10%（或更多）的优惠对书店来说更合理。

总体而言，去掉小数进行销售，既给了消费者实惠又能给他们提供方便（不用为零钱发愁），说明书店能够从消费者的立场考虑去做服务营销——为消费者创造价值。

（二）整数定价策略

这是给商品定整数价，不要零头的定价方法。一般来说，适宜于整数定价的商品，是那些高价值的商品、珍贵的礼品以及为了便于计算的小商品等。如把若干种小商品搭配成 5 元货、10 元货等，不仅在销售时减少许多找零的麻烦，而且会给购买者带来合算、便宜的感觉，有利于促进购买。这就是为什么 2 元店、8 元店、10 元店等都经营不错的原因。又如美国一家汽车制造商曾公开宣称：要为世界上最富有的人制造一种大型高级豪华轿车，车内有电视、立体音响设备、视听电话、酒吧和洗澡间等，价格定为整数 100 万美元。这一昂贵的超高级轿车，引起了世界各地富翁的极大兴趣，公司的订货簿不仅填满了，而且还大有供不应求之势。

（三）声望定价策略

声望定价策略是利用消费者对某些商品的信任和求名心理而使用的定价策略。企业在自己的长期经营实践中，其产品和服务在消费者心目中树立起较强的声望，能够以较高的价格出售。不少高级名牌产品和稀缺产品，如豪华轿车、高档手表、名牌时装、名人字画、珠宝古董等，在消费者心目中享有极高的声望和地位，价格越高，心理满足的程度也越高。如金利来领带，一上市就以优质、高价定位，对于有质量问题的金利来领带他们决不上市销售，更不会降价处理。给消费者这样的信息，即金利来领带绝不会有质量问题，低价销售的金利来绝非真正的金利来产品，从而极好地维护了金利来的形象和地位。又如德国的奔驰轿车，售价 20 万马克；瑞士莱克司手表，价格为五位数；巴黎里约时装中心的服装，一般售价 2 000 法郎；我国的一些国产精品也多采用这种定价方式。当然采用这种定价法必须慎重，一般商店、一般商品若滥用此法，弄不好便会失去市场。

人们购买这些产品看重的不仅是它的质量，还有它在人们心目中享有的声誉及它所蕴含的象征意义——身份、地位、名望等。当消费者购买此类商品时，心理上会觉得自己的身份地位提高了，寻求高贵、自豪与炫耀的心理得到了满足。

企业在采用这种心理定价策略时应该注意高价格要与产品的品牌、质量与性能相协调，企业的产品必须是高档名牌、品质优良的一流产品。另外在制定高价格的同时，还应考虑到购买者的接受能力，否则价格过高，会影响产品的销售。

⊠ 小案例：

一文读懂飞天茅台的价格秘密

从建厂开始，茅台酒销售价格由主管部门核定。

20 世纪 80 年代以前，价格远远低于价值。

20 世纪 80 年代后，国家对茅台酒价格做了较大上调。

1992 年，随着国家价格体系改革与市场经济发展的需要，加上茅台酒生产规模的扩大，产品更多样化，酒厂对产品价格有一定的灵活处理权，零售价一直走高。

1. 中华人民共和国成立—20 世纪 80 年代：价格较稳定

1981 年，国家核定出厂价为 8.4 元/瓶。

1986 年，国家核定出厂价为 9.54 元/瓶。

1987 年，国家核定出厂价为 14 元/瓶。

1988 年，国家核定零售价为 100 元/瓶（此后国家逐步放开价格）。

1989 年，国家核定零售价为 106 元/瓶。

2. 20 世纪 90 年代：价格较稳定

1992 年，核定零售价为 128 元/瓶（此后酒厂有一定的定价权）。

1994 年，核定零售价为 150 元/瓶。

1996 年，核定零售价为 168 元/瓶。

3. 2000—2017 年：价格大变化

2000 年，出厂价为 155 元，零售价在 220 元左右。

2001 年 8 月—2002 年，出厂价提高 18%，为 173 元；零售价在 260 元左右。

2003 年 10 月，出厂价提高 20%，为 268 元；零售价在 320 元左右。

2004—2005 年，出厂价未涨，为 268 元；零售价在 350 元左右。

2006 年 2 月 10 日，出厂价提高 15%，为 308 元；零售价在 400 元左右。

2007 年 3 月 1 日，出厂价提高 16%，为 358 元；零售价在 500 元左右。

2008 年 1 月—2009 年 12 月，出厂价提高 22%，为 439 元；零售价在 650 元左右。

2010 年 1 月 1 日，出厂价提高 13%，为 499 元；零售价在 1 000 元左右。

2011 年 1 月 1 日，出厂价提高 10%，为 619 元；年初零售价 1 200 元左右。

2011 年年底上升到 2 000 元左右。

2012 年 9 月 1 日，出厂价提高 33%，为 819 元；零售价在 2 300 元左右。

2013 年出厂价 819 元基本没变，零售价在 1 519 元左右。

2014 年出厂价仍为 819 元，但零售价跌破 1 000 元。

2015 年出厂价仍为 819 元，一批价不低于 850 元。

2016 年上半年零售价在 880~1 000 元，下半年价格一度突破 1 000 元。

2018 年 1 月 1 日出厂价提高 18.3%，至 969 元；指导价为 1 499 元/瓶，零售价 2 000 多元。

2019年指导价为1 499元/瓶，零售价2 000多元。

从2013到2017年茅台都没有提价，这几年可以看作茅台的调整期。茅台的销售结构已经调整完毕。针对近期白酒行业的提价潮，李保芳说，茅台酒价格是不可以随便动的，我们一定要保持定力和底气。我们不必为别人在提价过程中速度比我们快而去忧愁，我们要做的就是做好品质，做好市场基础。

4. 茅台的价格稳定器：神奇的茅工比

最后从经济数据分析，这是茅台市价的定海神针。24%～29%的茅工（飞天茅台价格/全国平均工资）比，让茅台没有像其他名酒一样大起大落。茅台定价如表8-1所示。

表8-1 茅台定价

年份	每月平均工资	茅台零售价格	当年厂价	当年提价	茅工比
1958年	38元	3.3元/斤			8.7%
1978年	58元	7元/斤			12%
1986年	96元	8元/瓶，外加120元侨汇券			8.3%
1990年	178～781元	200元/瓶			25%
2000年	781元	220元/瓶	185元		28.2%
2003年	1 170元	320元/瓶	268元	23%	27.3%
2005年	1 530元	350元左右/瓶	268元	未涨价	22.9%
2007年	2 077元	500元左右/瓶	358元	16%	24.1%
2008年	2 408元	650元左右/瓶	438元	22%	27%
2011年	3 096元	1 200元左右/瓶	619元	10%	38.7%
2012年	3 500元左右	2 000元左右/瓶	819元	33%	57.1%
2014年	4 164元左右	1 000元左右/瓶	819元	未涨价	24.0%
2015年	4 134元	1 199元/瓶	850元	未涨价	29.0%
2016年	4 134元左右	1 000元左右/瓶	819元	未涨价	

根据北京圣雄品牌策划独家发现的飞天茅台价格的公式——茅工比测算发现，飞天茅台的涨价破百元价位在1987年128元，破三百元价位在2003年320元、破五百元在2007年、破千元在2011年、破两千元在2012年。飞天茅台的价格异常期间主要是在2011及2012年，这也是中国白酒行业最疯狂的两年，也就是四万亿刺激下造成的异常，其他时间的茅台价格控制一直比较稳定，飞天茅台及平均工资比稳定在24%～29%。可以说从中华人民共和国成立以来到1990年前，飞天茅台的价格相较于全国每月平均工资，都占到了平均工资的10%左右，1990年以后飞天茅台的价格相较于全国每月平均工资达到了20%，从此茅台一直保持在这个位置，因此其高端性也始终保持不变。

其中表现最突出的时间是在2002年后开始，价格一路高歌成为黄金十年的标杆，2002年的中国白酒刚刚经历了1998年亚洲金融危机的调整，行业经过了1998年到2002年的4年盘整之后，由酒鬼酒及水井坊品牌拉开了中国白酒高端化的道路，由此也催生了国窖1573、舍得、红花郎、青花汾酒、蓝色经典等一系列中高端白酒品牌，而茅台、五粮液也是在这样的背景下开启了快速提价的道路，从此以后以飞天茅台、水晶五粮液为首的两大中国高端白酒品牌走向了神坛，成为中国白酒产业的风向标。

利用茅工比这个公式，我们可以清晰地判断飞天茅台的价格水平，如果超过茅工比的空间，那么囤积者就要小心谨慎了。当前飞天茅台的价格在3 000元，以2018年全国平均工资7 850元计算，当前茅工比为38.2%，如果按照茅台制定的标准价格1 499元销售，则茅工比为19.1%，由此看来3 000元零售价是超过了24%~29%的稳定区间，1 499元零售价又低于这个茅工比区间，因此茅台的价格注定控制不下来，这种状况只会造成飞天茅台更加稀缺，因为1 499元买到的人最少可以赚10%利润出售，合理的茅台价格应该是2 000元左右。因此，目前控价失败的根源在于，市场没有按照长期的价格稳定器在炒作，限制零售价制造了稀缺性，造成市场更加紧俏，所以零售价合理价格在2 000元的飞天茅台，直奔3 000元大关。这是茅台价格的秘密所在，尊重这个规律，茅台的价格和成长空间将无可限量。（本文所提及产品仅指普通"五星"或"飞天"茅台）

（资料来源：雪球网，2019-09-03）

珠宝定价

某珠宝店主易麦克特购进了一批由珍珠质宝石和银制成的手镯、耳环和项链。与典型的绿松石造型的青绿色调不同的是，珍珠质宝石是粉红色略带大理石花纹的颜色。就大小和样式而言，这一系列珠宝中包括了很多种类，有的珠宝小而圆，式样很简单，而有些则要大一些，式样别致、前卫。与以前的货相比，易麦克特认为这批珍珠质宝石制成的首饰的进价还是比较合理的。他对这批货十分满意，因为它比较独特，可能会比较好销。在进价的基础上，加上其他相关的费用和平均水平的利润，他确定了一个价格，他觉得这个价格应该十分合理，肯定能让消费者觉得物超所值。

这些珠宝在店中摆了一个月之后，销售统计报表显示其销售很不好，易麦克特十分失望，不过他认为问题原因并不是在首饰本身，而是在营销的某个环节没有做好。于是他决定试试其他几种销售策略。令店中某种商品的位置有形化往往可使消费者产生更浓厚的兴趣。因此，他把这些珍珠质宝石装入玻璃展示箱，并将其摆放在该店入口的右侧。可是位置改变后，这些珠宝的销售情况仍然没有什么起色。他认为应该在一周一次的见面会上与员工好好谈谈了。他建议销售小姐花更多的精力来推销这一独特的产品系列，并安排了一个销售小姐专门促销这批首饰。他不仅给员工们详尽描述了珍珠质宝石的特征，还给他们发了一篇简短的文章以便他们能记住并向消费者做介绍。不幸的是，这个方法也失败了。

就在此时，易麦克特准备外出选购产品。由于对珍珠质宝石首饰销售状况感到十分失望，他急于减少库存以便给更新的首饰腾出地方来存放，于是他决心采取一项重大行动，将这一系列珠宝半价出售。临走时，他给副经理留下了一张字条，告诉她："调整一下那些珍珠质宝石首饰的价格，所有价格都×1/2。"

回来的时候，易麦克特惊喜地发现该系列的所有珠宝已销售一空。"我真不明白，这是为什么，"他对副经理说，"看来这批首饰并不合消费者的胃口，下次我在新添宝石品种的时候一定要慎之又慎。"而经理对易麦克特说，她虽然不懂为什么要对滞销商品进行提价，但她惊诧于提价后商品出售速度惊人的状况。易麦克特不解地问："什么提价？我留的字条上是说价格减半啊。""减半？"副经理吃惊地问，"我认为字条上写的是该系列的所有商品的价格一律按双倍计"。结果，副经理将价格增加了一倍而不是减半。

思考：为什么珠宝以原价两倍的价格出售会卖得这么快？

（案例来源：百度文库，2018-01-18）

（四）招徕定价策略

这是一种有意将商品按低于市场平均价格的价格出售来吸引消费者的定价策略。消费者对低于一般市价的商品，容易感兴趣和激起购买欲望。一些销售者往往利用这种心理，有意把几件商品的价格定低，以此吸引消费者来购买商品，借机扩大连带销售，开拓销路。原因在于：前来买"低价商品"的消费者，通常有这样的心理，这件商品便宜，别的商品一定也便宜。于是在不知不觉中买了其他的商品。有些商店在节假日或季节更替时实行"大减价"，也是属此定价法。从几种"低价商品"看，商家不赚钱，甚至赔本，但从总体经济效益看，还是有利的。日本创意药房在将一瓶200元的补药以80元超低价出售时，每天都有大批人潮涌进店中抢购补药，按说如此下去肯定赔本，但财务账目显示出盈余逐月递增，其原因就在于没有人来店里只买一种药。人们看到补药便宜，就会联想到其他药也一定便宜，促成了盲目的购买行动。

二元店

采用招徕定价策略时，必须注意以下几点：

（1）降价的商品应是消费者常用的，最好是适合于每一个家庭应用的物品，否则没有吸引力。

（2）实行招徕定价的商品，经营的品种要多，以便使消费者有较多的选购机会。

（3）降价商品的降低幅度要大，一般应接近成本或者低于成本。只有这样，才能引起消费者的注意和兴趣，才能激起消费者的购买动机。

（4）降价品的数量要适当，太多商店亏损太大，太少容易引起消费者的反感。

（5）降价品应与因伤残而削价的商品明显区别开来。

⊠ 小案例：

快递起步价10元，电商却总是做9.9包邮的活动，他们亏不亏？

不少人有网购的经验，遇到"双11""618"这种大促也会消费上一笔。但你有没有发现，我们去快递驿站发快递的起步价是10元，很多电商却总是做9.9包邮的活动。按照常规想法，这显然不合理，那么电商们到底亏不亏呢？他们又是如何进行操作的？据澎湃新闻报道，其实店家不会亏，而且经过对多名店家和对电商从业分析师的了解，即便是9.9元包邮，商家及快递公司都是挣钱的，主要有以下三点原因：

第一点是薄利多销，严控源头。看似亏本经营，其实还是挣钱的。据了解，不管是便宜到9.9元的五双袜子，还是牙膏、面盆、剪刀这些生活日用品，其成本都把控得非常低。商家有比较完善和性价比极高的进货渠道，从批发商手中成批量批发过来再转手倒卖赚差价，刨去成本价与快递公司运费的价格，每样商品多少还是能挣一点。举例说明，某电商平台9.9元包邮的五双袜子，其成本控制到5元，运费假设控制在3元左右，到头来还能挣个1元钱左右。这类爆款月销量都在10万左右，一算还是能挣很多钱的。聚沙成塔，集腋成裘，即便是小本买卖一旦量大了还是稳赚不赔的，走的就是一个薄利多销的经销观念。

再者就是商家与快递公司的合作，和单个寄件不同，商家会将快递的成本损失减少到最低。对快递从业人员进行随机访问后得出，对于量大的商家，快递公司均采用月结的方式，根据各个地方的实际行情，将价格压到最低。一些网点的快件多，其在总公司的话语权就重，能给到一个极其低廉的内部价。这样一来通过计算，即便是很多商家在活动搞促销时大搞9.9元包邮，绝对是不亏本的。

第二点是流量至上，流量为王。商家宁愿亏本引流，为的就是能吸引到消费者赚人气。当今社会是一个流量社会，大到明星演唱会，小到电影宣传、新店开张，都需要流量与人气宣传，电商网购同样也是一个需要拼流量的平台。不少网购平台店主表示：很多商品低价包邮并不是为了赚钱，而是为了积攒人气、提高商品曝光率。平台不允许刷单刷评论的行为，而其他一些获取流量的成本又很高，打广告效益不高还不如索性倒贴点钱搞促销。一些爆款月销量能达到几十万，赚了人气，以后再有活动再稍稍抬高价格，买的人多了自然也就赚了。这从根源上来说还是一个比较经典的销售思维，先把顾客吸引过来引流，再通过截流回流的方式把顾客的心留住，毕竟做生意还需要靠回头客，回头客多了商品自然也就好卖了，这样也就不存在亏不亏的问题了，还省下了不少打广告的费用。

第三点是捆绑销售，多种选择。不少商家坦言除了薄利多销和引流的观念，很多低价包邮商品还有其他手段，比如捆绑其他商品一起销售。不少人买牙膏看到的是9.9元包邮没错，但是如果搭上3条毛巾一起贩售，价格还有一个满减或者调整，而买牙膏的人极有可能也需要毛巾。牙膏不挣钱，如果毛巾成本控制得低，商家同样是能挣到不少差价的。

除此之外，不少商品在通过包邮活动积攒人气之后，在以后的活动里把价格提上去，很多顾客并不知情，即便打了折也是在提高价格之后再进行打折，反而赚得更多。有些商品还有不同规格，应对不同层次需求的客户。在老百姓眼里不仅有量大从优，物美价廉的观念，还有不少人认为商品便宜没好货，贵有贵的道理，样式多了，选择也就多了，这样无形之中就提高了商品曝光率。

对于9.9元包邮商品卖家亏不亏大家都应该有一定的了解了，那必定是不亏的。这些商品也不能说质量上有问题，只是商家用以经销的一种高明手段，人气与薄利多销就是他的套路。毕竟是由供求市场决定的，既然有需要9.9元包邮的客户人群，它就能适者生存。常见的还有满100包邮、江浙沪包邮、满300减30等，这些都是电商平台从业者十几年的经营手段。

（资料来源：微信公众号——荣婷财经，2021-03-11）

（五）习惯定价策略

习惯定价策略是按照消费者的习惯心理制定价格。消费者在长期的购买实践中，对某些经常购买的商品如日用品等，在心目中已形成习惯性的价格标准，比如一瓶矿泉水2元，一块肥皂3元左右等。对不符合其标准的价格则易引起疑虑，从而影响购买。

（六）认知价值定价策略

认知价值定价策略以消费者对商品价值的感受及理解程度作为定价依据。这种定价策略的关键在于正确判断消费者的觉察价值，如果商品价格大大高于其觉察价值，消费者会感到难以接受；相反，如果价格远低于消费者觉察价值，也会影响商品的形象。

⊠ 小案例：

世界6大"奢侈品"，一斤土豆2 500元，一个西瓜42 000

（1）法国鹅肝是料理，是经过特殊的喂养而挑选出来的肝，并不是我们中国炖的大鹅，料理鹅肝的要求往往很高，体型太小的鹅是喂不出大的鹅肝的，而且鹅肝的颜色也很重要，稍微差一点可能都不行，有破损的鹅肝更是不可以的。将鹅肝两面煎一下，再经过处理就可以了。别看鹅肝只有一点，实际上价格一点不便宜，价格在 200~300 欧元，也就是 1 500~2 300 元，只有一块鹅肝而已，也真的是奢侈品了。

（2）黄唇鱼也是世界级的"奢侈品"，黄唇鱼的数量比较稀少，而且是中国特有的鱼种，但是现在属于国家的二级保护动物，目前 10 公斤左右的黄唇鱼都很难找到，更不要说是 20 公斤左右的了，而在 2017 年，捕捉到一个 122 公斤左右的黄唇鱼，最终售卖到 28 500 元一斤，大家自己算算这个庞大的数字吧，在世界上这样的例子都很少有，说它是奢侈品中的奢侈品都有人承认！

（3）黑皮西瓜起源于日本，而日本的西瓜本来就很贵，所以当这个西瓜流传出来的时候，就更贵了。这个西瓜价格高也有原因，是因为其味道和口感都是上乘。曾经有一个例子，就是一个重达 17 磅（约为 15.4 斤）的大黑皮西瓜，最终售价为 4.2 万元左右，可以说是相当贵了，其价格高的一个原因就是产量低，一年只能产几十个。真正的物以稀为贵！

（4）蓝鳍金枪鱼，蓝鳍金枪鱼一直被称为刺身中的佼佼者，不仅仅是因为其口感比较好，更是因为太稀有。蓝鳍金枪鱼被广大消费者知晓，只要听到哪里可能会有蓝鳍金枪鱼，他们都会去尝试，而价格更是贵到张不开嘴，尤其是现在它已经被世界列入红色极危物种了。

（5）鱼子酱，被称为世界三大顶级食材之一的鱼子酱，和松露、鹅肝并列，而在鱼子酱之中的阿尔马斯更是稀有中的稀有，这种鱼子酱都来自 100 多岁的白色鲟鱼，被大家称为陆地上的"人参果"。因为稀有珍贵，所以能吃到的人非富即贵，曾经的一次价格更是超出人们的预期，达到了 25 000 美元，折合成人民币大概是 17 万元。

（6）La Bonnotte 土豆，相当珍贵，因为产量极其稀少，一年就只有几十吨，所以价格非常高。而且其非常柔软，不能用机器或者是别的东西去挖，只能用人工去挖，所以价格达到了一斤 2 500 元左右。

（资料来源：看点快报，2019-06-14）

（七）分级定价策略

分级定价策略是把不同品牌、规格及型号的同一类商品划分为若干个等级，对每个等级的商品制定一种价格，而不是一物一价。这种方法简化了购买过程，便于消费者挑选。不足之处在于等级间的价格差不好把握。若差价过小，消费者会怀疑分级的可信度；若差价过大，一部分期望中间价格的消费者会感到不满意。

（八）最小单位定价策略

最小单位定价策略是指企业把同种商品按不同的数量包装，以最小包装单位量制定基数价格，销售时，参考最小包装单位的基数价格与所购数量收取款项。一般情况下，包装越小，实际的单位数量商品的价格越高，包装越大，实际的单位数量商品的价格越低。最小单位定价策略的优点比较明显：一是能满足消费者在不同场合下的不同需要，如便于携带的小包装食品、小包装饮料等；二是利用了消费者的心理错觉，因为小包装的价格容易使消费者误以为廉价，实际生活中消费者很难也不愿意换算出实际重量单位或数量单位商品的价格。

对于质量较高的茶叶，就可以采用这种定价方法，如果某种茶叶定价为每 500 克 150 元，消费者就会觉得价格太高而放弃购买。如果缩小定价单位，采用每 50 克为 15 元的定价方法，消费者就会觉得可以买来试一试。如果再将这种茶叶以 125 克来进行包装与定价，则消费者就会嫌麻烦而不愿意去换算出每 500 克应该是多少钱，从而也就无从比较这种茶叶的定价究竟是偏高还是偏低。还可用较小单位商品的价格进行比较。例如，"每天少抽一支烟，每日就可订一份报纸"。

（九）折扣定价策略

折扣定价策略是指在特定的条件下，为鼓励消费者购买，以低于原定价格的优惠价格向消费者销售商品。折扣价格策略的形式主要有下面几种：

（1）数量折扣策略。根据消费者一次或累计购买的商品数量或金额给予折扣。例如，某超市销售苹果，一次性购买10公斤以上者给予10%的优惠；某百货商店当日累计消费额达2 000元以上者给予5%的优惠；等等。

（2）季节折扣策略，是指消费者在淡季购买产品而给予的价格折扣。季节性折扣的目的是鼓励消费者在淡季购买季节性商品，以减轻企业仓储压力，合理安排生产，做到淡季不淡，充分发挥生产能力。

这5种打折促销的技巧，可实现销量提升又不贬低产品的价值

（3）新产品推广折扣策略。这是为了打开新产品的销路，鼓励消费者积极购买新产品而制定的优惠价格。

（4）现金折扣策略，也叫付款期限折扣策略，即对按约定日期付款的消费者给予不同的折扣优待，比如，企业给那些当场付清货款的消费者的一种减价策略。

⊠ **小案例：**

日本东京银座美佳西服店为了销售商品采用了一种折扣销售方法，颇获成功。具体方法是这样的：先发一个公告，介绍某商品品质性能等一般情况，再宣布打折扣的销售天数及具体日期，最后说明打折方法：第一天打九折，第二天打八折，第三、四天打七折，第五、六天打六折，以此类推，到第十五、十六天打一折，这个销售方法的实践结果是，第一、二天顾客不多，来者多半是来探听虚实和看热闹的。第三、四天人渐渐多起来，第五、六天打六折时，顾客像洪水般拥向柜台争购。以后连日爆满，没到一折售货日期，商品早已售缺。这是一则成功的折扣定价策略。妙在准确地抓住了顾客购买心理，有效地运用折扣售货方法销售。人们当然希望买质量好又便宜的货，最好能买到二折、一折价格出售的货，但是有谁能保证到你想买时还有货呢？于是出现了头几天顾客犹豫，中间几天抢购，最后几天买不着者惋惜的情景。

（资料来源：百度文库，2013-12-19）

第四节　价格调整的心理策略

企业在经营过程中受各种因素的影响，经常会对价格进行调整。价格调整可分为两种情况，一种是降低价格，另一种是提高价格。由于消费者对价格变动十分敏感，无论是提价还是降价，都应该科学地应用商品价格调整的心理策略。

一、商品降价的心理策略

降价虽然激发消费者的购买欲望，能够促进产品销售，但也会给消费者的心理带来一定的负面影响，他们会认为：便宜没好货；便宜货有损购买者的自尊心和满足感；可能有新产品即将问世，才降价抛售老产品；降价商品可能是过期商品、残次品或低档品；商品已降价，可能还会继续降，暂且耐心等待，买更便宜的商品。因此，商品在降价时也要注意采取以下心理策略：

（一）说明降价的原因

造成商品降价的原因有诸多方面，例如，企业生产能力过剩，需要扩大销售又不能通过改进

产品和加强销售来达到目的；在强大的竞争压力下，企业市场份额下降，不得不降价竞销；企业的成本费用低于竞争对手，试图通过降价来提高市场份额。

商品降价一定要师出有名，企业应向消费者说明原因，使消费者容易接受；而且不能过于频繁地降价，否则，会造成消费者对降价不切实际的心理预期，从而持币观望等待价格一降再降，或者对商品的正常价格产生不信任感。

（二）选择降价的时机

降价时机选择得好，会大大刺激消费者的购买欲望；选择不当，则会因无人问津而达不到目的。降价时机要视具体商品和企业的具体情况而定。对于时尚和新潮商品，进入流行阶段后期就应降价；对于季节性商品应在换季时降价；对于一般商品，进入成熟期的后期就应降价；市场领导品牌率先降价，作为竞争对手采取跟进策略；重大节日降价酬宾，如国庆节、春节等；商家庆典活动降价，如新店开张、店庆等；其他特殊原因降价，如商店拆迁等。

（三）降价幅度适当

降价幅度要适宜，幅度过小，不能激发消费者的购买欲望；幅度过大，企业可能会亏损，或造成消费者对商品品质产生怀疑。经验表明，降价幅度在10%以下时，几乎收不到什么促销效果；降价幅度至少要在10%～30%，才会产生明显的促销效果。降价幅度超过50%时，必须说明大幅降价的充分理由，否则，消费者的疑虑会显著增强，反而不敢买。

同时，必须坚持一步到位原则。少数几种商品大幅降价，比起很多商品小幅度降价的促销效果更好。要把降价前后两种价格标签同时挂在商品上，以证明降价的真实性。

⊠ **小案例：**

价格歧视：降价促销的底层逻辑

有3位想吃冰淇淋的顾客。土豪出价10元；白领出价8元；而小学生零花钱只剩6元。如果你是老板，冰淇淋成本5元，怎么定价合适呢？如果追求利润卖10元，只有土豪买得起（损失客户：白领、小学生）你能赚5元。如果追求销量卖6元，三人都会买，但利润太低只赚3元。如果定中间价8元，能赚6元（损失客户：小学生）。难道最多只能赚6元吗？当然不是，其实可以赚最高利润9元。具体做法是：分别卖土豪10元，卖白领8元，卖小学生6元，可是问题来了，不会有人主动把他愿意支付的最高价告诉你。那怎么办呢？答案就是：给优惠设置重重障碍。企业通过区分消费者是否愿意付出时间成本或被限制选择权，窥视其支付意愿。

1. 优惠活动

用时间成本区分消费者。电商网站上充斥着各种优惠信息：积分返现、买2免1、满199减20、满399减50、优惠券、定金立减……消费者想要获得最低价，不仅要通晓所有优惠规则，还要知道"满减和积分能不能同时使用？""特价商品是否参加买2送1"等复杂信息。甚至网上还会流传每年"双11"的优惠攻略。既然降价可以提升销量，为什么企业不简化流程直接打折呢？这是因为，企业需要通过规则复杂的活动来区分愿意付出时间研究优惠信息的"穷人"和不在乎优惠信息直接下单的"富人"，让他们都支付了他们愿意支付的最高价格。例如，大晚上不睡觉抱着手机抢秒杀，就为了便宜20元的"穷人"和宁愿多花钱也懒得搜集优惠券的"富人"相比，前者就能以更低的价格买到同样的商品。（说明：本文的"穷人"与"富人"是指消费者对待某件商品的支付意愿，并非单指经济状况。虽然经济状况会影响支付意愿，但并非唯一因素）除了占用消费者的时间，还有其他方法吗？

2．限制购买

通过限制主动权区分消费者。买打折的衣服可能要等到换季，为什么不能想要的时候立刻拥有？为什么 IPhone 一样的配置，土豪金要贵一些？为什么买一送一往往都是赠送指定商品？这可能也是一种商家区分"富人"和"穷人"的手段。通过限制消费者主动权（限制下单时间、限制购买品类），从而达到区分消费者支付意愿的目的。想要低价，"穷人"只能在"双 11"下单；想要低价，"穷人"只能在参加活动的几款商品中选择。而"富人"更有可能情愿不参加活动，随心在任何时候买自己想要的任何商品。

我们不应该把价格歧视看作是不良商家"欺骗"消费者的恶劣手段。从某种意义上说，正是因为价格歧视，才让一些收入偏低的人群也能享受到更高品质的商品。例如文章开头的小学生，虽然只有 6 元，却能和土豪一样尝到美味的冰淇淋。

企业降价促销的原因有很多，价格歧视只是其中一种。但无论基于何种原因的促销活动，客观上都可会引发价格歧视现象。

（资料来源：简书，2017-11-16）

二、商品提价的心理策略

提高价格通常会对消费者利益造成损害，引起消费者的不满。商品价格的提高理论上会抑制消费者的购买欲望，挫伤其购买积极性，减少实际购买需求。但是，在现实生活中，涨价也可能使消费者产生如下心理：商品涨价，可能是因其具有特殊的使用价值，或优越的性能；商品已经涨价，可能还会继续上涨，所以要买涨不买落；商品涨价，说明它是热门货，有流行的趋势，应尽早购买。因此，消费者可能也会做出与之相反的各种反应，出现"买涨不买跌"的现象，在营销实践中，成功的提价可以使企业的利润增加。

采取提价策略，企业应当掌握的消费者心理包括：消费者的品牌忠诚度很高，他们忠诚于某一特定品牌，不会因价格上涨而轻易改变购买习惯；消费者相信商品具有特殊的使用价值或具有更优越的性能，是其他产品所不能替代的；消费者有求新、猎奇、追求名望、好胜攀比的心理，愿意为自己喜欢的商品支付高价；消费者能够理解价格上涨的原因，能容忍价格上涨带来的消费支出的增加。

一般商品价格的提高会对消费者利益造成损害。因此消费者通常会对商品提价持消极的心理反应，从而影响商品在市场上的销售。但是，在营销实践中，企业经常迫于各种原因而不得不提价，因而掌握提价的技巧对企业来说就非常重要。

（一）说明提价原因

商品提价有各方面的原因，比如，由于通货膨胀，物价上涨，企业的成本费用提高，企业不得不提高产品价格；企业的产品供不应求，不能满足其所有消费者的需要，在这种情况下企业就可适当提价；资源稀缺或劳动力成本上升导致产品成本提高，企业必须提高产品价格。

企业应通过各种渠道向消费者说明提价原因，做好宣传解释工作；帮助消费者寻找节约途径，组织替代品的销售；提供热情周到的"增值服务"，尽量减少消费者的损失等，以求得消费者的谅解和支持，提高消费者信心，刺激其消费需求和购买行为。

（二）选择提价时机

为了保证提价策略的顺利实现，可选择以下几种提价时机：商品在市场上处于优势地位，不会因提价而造成市场份额被竞争者抢走的局面；商品刚上市时采取低价渗透策略，现在商品已进入成长期阶段；季节性商品到达销售旺季；竞争对手率先提价。总之，掌握好提价时机，看准火候，否则，很容易使竞争对手有抢占市场的可乘之机。若企业提价失败后想再恢复原价，后果将更加严重。

（三）提价幅度适当

提价幅度不应过大，幅度过大会损失一大批消费者。但是，提价幅度并没有统一的标准，一般视消费者的价格心理而定。国内一般以5%为提价幅度界限，认为这样符合消费者的心理承受能力。而在我国当前不成熟的市场背景下，某些商品以30%甚至更高的提价幅度出现，也能引起消费者购买行为。但是，企业应尽可能避免大幅度提价情况的出现。

企业可以采用直接提价，也可以采用间接提价，企业应尽可能多地采用间接提价，把提价的不利因素减少到最低程度，使提价不影响销量和利润。

总之，商品价格的调整引起的心理反应非常复杂：既可能激发消费者的购买欲望，促使商品需求增加；也可能抑制其购买欲望，导致商品需求减少。因此，在实际市场营销活动中，应针对不同商品、不同消费者群体的实际情况，在明确消费者心理变化的趋势下，仔细分析各种因素的影响，准确把握消费者的价格心理，事先做好市场预测工作，采取行之有效的调价策略，以便达到扩大销售总额、增加利润的目的，保证企业营销活动的成功。

❖ 小资料

涨价后净利仍暴跌90%：海底捞为何不能涨价？

或许是树大招风，有关海底捞的消息近来是接二连三在媒体和网络上引起人们的关注。继海底捞用味伴侣代替牛肉粒引发人们热议之后，一则海底捞预期2020年度净利润相较2019年下降约90%，一度登上微博热搜榜的消息又呈现在人们面前。2020年4月正值疫情严峻之时，海底捞因"一片土豆1.5元，一碗米饭7元钱"被吐槽，网友直呼"实在吃不起了"，上了热搜。据称，在被网友纷纷吐槽之后，海底捞发布道歉声明，将价格恢复如前。

这就给人们提出一个问题，在不少物品价格上涨并没有引发人们关注之下，为何海底捞涨价，能引发人们乃至社会较大的反响，并因大家吐槽，让海底捞不得不恢复原价？据海底捞官方对外发布的数据，截至2020年2月，海底捞员工数已达122 405人。以往的数据还表明，尽管海底捞的翻台数，也即餐桌重复使用率下降到了2020年上半年的3.3次/天，但其最高的2018年则是5.4次/天，是不少同类行业难以企及的。海底捞不管是在一线城市，还是二线或以下城市，其受欢迎程度是较高的。每次到海底捞用餐，都会发现人们排队等待的现象。而在人们排队等待过程中，海底捞提供炒黄豆等小吃类的东西，以及女士可以免费修指甲等，曾被当作海底捞不同于其他餐饮业的特色而宣扬，甚至备受顾客欢迎。

对于海底捞2020年度净利润相较2019年下降约90%，《长江日报》的报道认为，海底捞深陷安装摄像头的旋涡可能是诱因。在包间里安装摄像头可能会给海底捞带来一定影响，但不足以让海底捞净利润一下子就下降90%。其背后肯定有其他原因。

除了海底捞涨价被消费者吐槽，不得不改回原价，有可能是海底捞净利润下降的原因外，还有一个重要的原因是海底捞开店节奏的加快，导致其经营成本上升。据《长江日报》报道，"2020年上半年，海底捞新开门店173家，全球门店总数从2020年年初的768家增至2020年6月末的935家，其中868家门店分布在中国164个城市"。而据说，"海底捞管理层表示未来2~3年将增加上千家门店"。

一年新开店 160 多家，这速度恐怕是没有多少餐饮经营者可以比拟的，也恐怕不是普通人能够想象得到的。新开店的增加，当然也需要经营人员的增加，也即人力成本随之也要上升。所以，海底捞净利润的下降也就不足为奇了。

通过上述分析可以确认，海底捞新开店速度的加快，新开店数的快速增加，是其净利润降低的重要原因。而海底捞不能涨价，恐怕也可以从新开店数快速增加中找到端倪。因为，海底捞新开店越多，在社会上的影响也就越大，尤其是对消费者带来的影响，肯定会随着其开店数量的增加而增加。因此，海底捞涨价或降价，都会在不少消费者中造成影响。加之互联网的扩大效应，海底捞涨价被关注也就在情理之中了。

海底捞不能涨价，其中重要的原因之一是新开店数量的快速增加。那么，按照"海底捞管理层表示未来 2~3 年将增加上千家门店"这个速度，将来海底捞会不会"作茧自缚"，受自己店多而不能随意涨价的束缚，从而利润大幅度降低，而让自己走向自己良好愿望的另一面呢？

（资料来源：今日评论，2021-03-09）

本章小结

价格是消费心理中最敏感的因素。深入研究价格对消费者的心理影响，把握其价格心理特性，是企业正确制定价格策略的基础和前提。价格的心理功能主要有衡量商品价值、自我意识比拟、调节消费需求。

价格心理，是指消费者在购买过程中对价格刺激的各种心理反应及其表现。它是由消费者自身的个性心理和对价格的知觉判断共同构成的。消费者的价格心理特征主要有习惯性心理、敏感性心理、感受性心理、倾向性心理和逆反性心理。

商品定价的心理策略是根据消费者心理，运用心理学原理，依据不同类型的消费者在购买商品时的不同心理和不同需求来制定价格，以诱导消费者增加购买，扩大企业销量。新产品的定价策略主要有撇脂定价策略、渗透定价策略和反向定价策略。常用心理定价策略主要有尾数定价策略、整数定价策略、声望定价策略、招徕定价策略、习惯定价策略、认知价值定价策略、分级定价策略和折扣定价策略等。

消费者的心理随着商品价格变动而变化，因而，企业无论是降价还是提价，都应清楚认识到各调价方式的优点和不足，选准适当的时机进行价格变动，以免超越消费者对价格变动的心理接受程度。

复习思考题

1. 什么是商品价格？商品价格有何心理功能？
2. 消费者的价格心理是怎样的？影响消费者价格心理的因素有哪些？
3. 商品定价的心理策略有哪些？
4. 简述价格调整的心理策略。

案例分析

"朵彩"价格策略案例分析

竞争，是市场活动的常态。对于价格战来说，不降不等于不参与。"不降价"，是"朵彩"参与价格战的最积极的一种反应。冷面应对、以静制动，是勇者与智者的选择。

1. 区隔，或者死亡

除了价格，你还有优势吗？有，只要你能够让产品在消费者的心智中实现"区隔"（"差异化"）。特劳特的"定位"理论最核心的思想，就是区隔市场、焦点经营。任何一个品牌（产品、服务或企业），都必须在目标受众的心智中，占据一个特定的位置，形成有别于竞争者的价值，并维持好自己的经营焦点。如果你更热衷于品牌延伸，如果你忽视自己与对手的区隔，那么你就是在等待死亡。

2. 彩棉，贵族感——以顾客为导向，区隔式定价

彩棉珍贵稀少，是现代生物高科技的产物，颜色素雅高贵，直指高收入高知阶层，给人以贵族感。没有贵族感的彩棉就不是彩棉，舒适感、贵族感，区隔定位、区隔定价，这就是"朵彩"！

3. 理解价值定价法——坚守消费者大脑里的阵地

所谓"理解价值"，也称"感受价值""认知价值"，是指消费者对某种商品价值的主观评判。理解价值定价法是指我们以消费者对商品价值的理解度为定价依据，运用广告宣传与品牌定位来影响消费者对商品价值的认知，形成对我们有利的价值观念，再根据商品在消费者心目中的价值来制定价格。推行理解价值定价法的前提是建立在整体营销战略定位的基础上的。先有品牌区隔再有价格区隔。理解价值定价法的关键和难点，是找准产品在消费者大脑中的位置。这就是品牌区隔！精、准、狠的品牌定位区隔以及消费者对有关商品价值理解的准确资料是产品成功定价的重要依据。消费者追求的是产品带来的感受与实际利益，而商人则追求利润。无论是终端消费者还是分销商，他们都是我们的顾客，把握了顾客的需求，就等于知道了这个市场的底牌。销售的过程是一个谈判的过程，把握了对方的心理底线，你才能果断地喊出有利于自己的价格。对方的心理价位是多少，我们的价格就定多少。"朵彩"定价直指消费者的内心，用特劳特的定位理论来解释，就是"定位"——在消费者的大脑里培养、并坚守一块我们独有的阵地！"朵彩"通过整体品牌运作以及"天然彩棉、植物羊绒、纤维皇后"的品牌诉求，引导了消费者对彩棉价值的认知。在坚持高档次、高品位的同时，推行多层次价格体系，在2003年与彩棉产品、非彩棉产品的市场竞争中取得了显著的效果。这个结果不仅使经销商获得了更多营业利润，同时，还有助于"朵彩"树立彩棉内衣第一的品牌地位。

4. 需求差异定价法——细分再细分，进攻性的定价法

从根本上来说，随行就市定价法是一种防御性的定价方法，它在避免价格竞争的同时，也抛弃了价格这一竞争的"利器"。产品差别定价法则反其道而行之，它是指企业通过不同的营销努力，使同种同质的产品在消费者心目中树立起不同的产品形象，进而根据自身特点，选取低于或高于竞争者的价格作为本企业产品价格。因此，产品差别定价法是一种进攻性的定价方法。需求差异定价法不仅适用于产品零售价的设计，对整个分销网络链的价格设计同样具有重要指导意义。2003年，"朵彩"选择的是保暖内衣这个细分市场作为市场切入点。不同的气候地理条件以及经济文化因素，产生了不同的消费需求。不同年龄、性格、职业的人群也有着不同的消费需求。根据市场需求的差异，在零售价统一的基础上，分别制定不同区域、不同级别经销商的代理门槛与价格政策，对产品销售的促进与渠道资源整合起了很重要的作用。

5. 冷面应对价格战

名牌保暖内衣19元/件？对"名牌保暖内衣19元/件"的海报，惹得众多市民纳闷：如此低

的价格，是怎么做出来的？质量能否得到保证？近年来，保暖内衣市场出现了一个奇怪的现象：彩棉内衣大唱主角。据一些大型商场销售统计，"朵彩"的彩棉保暖内衣日销售额都在 10 万元左右，周末甚至突破 20 万元，几乎占保暖内衣市场的半壁江山。尽管一些保暖内衣促销活动一波高过一波，但以倡导"非化学、无污染"的"朵彩"彩棉保暖内衣却始终不采取降价措施，销售依然火爆。

面对低价销售的保暖内衣，很多消费者却拿不定主意，商家如此疯狂降价，质量到底如何呢？很多消费者认为降价的内衣是去年的存货。有消费者说："现在内衣价格战打得这么厉害，完全让我们消费者无从下手，以前卖二三百元的内衣不到 20 元就能买到，真是不可思议。"

问题：

1. 名牌是否就应该高价？
2. 价格应该怎样定价才能不失名牌的意义？
3. 你认为朵彩的定价策略怎样？为什么？

实训练习

1. 你在购买商品时最在意的因素是价格吗？你是否经常购买低价商品，请你讲一讲你购后的心理感受。
2. 请分析一下自己在购买某种商品时的价格心理。
3. 去附近的超市观察并分析一定时期某一种或某几种商品价格的变动对人们购买心理、购买行为的影响及企业的心理定价策略。

第九章

促销与消费心理

学习目标

1. 掌握广告的心理功能及心理策略；
2. 了解客户对待推销的心理反应类型，掌握顾客异议的类型、心理根源及其转化；
3. 了解营业推广的特征和类型，掌握营业推广的心理策略；
4. 了解消费者公众的心理特征，掌握公共关系心理策略。

建议课时

6 课时。

思维导图

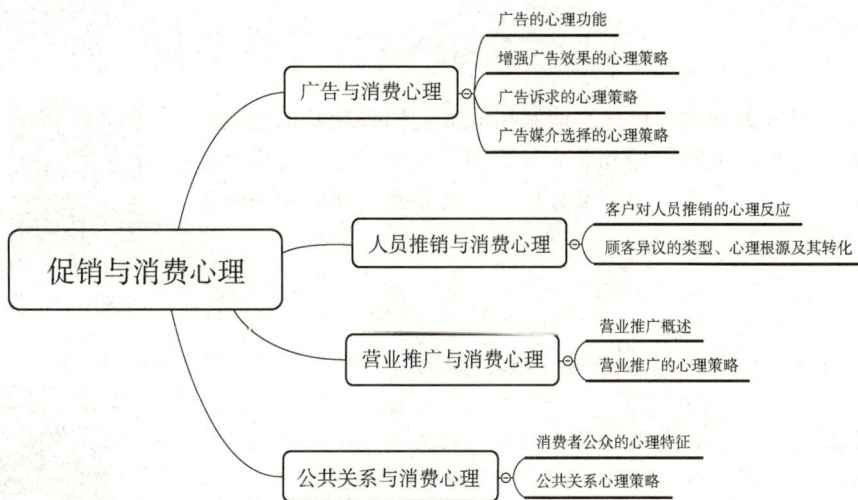

导入案例

《2019 年上半年中国综艺节目广告营销白皮书》是由九合数据对综艺广告市场进行的跟踪研究，主要从市场、媒体、内容、行业、品牌 5 个维度阐述了 2019 年上半年中国综艺节目广告营销环境现状及未来发展趋势，先后受到中国广告协会、中国传媒大学广告学院、中广协广播与电视委员会等机构与专家的悉心指导，并在采纳了行业意见领袖及资深从业人员的建议后，结合翔实客观的数据分析为大家提供市场参考。

本报告主要观点如下：

1. 市场

根据九合数据分析，中国综艺节目市场领跑广告市场。2019 年上半年中国综艺节目广告市场规模接近 220 亿元，较上年同期增长 16.12%，环比增长 10.15%。2019 年上半年中国综艺节目植入品牌数量达到 546 个，产品数量达到 697 个；品牌数同比增长 15.19%，产品数增长 22.06%；品牌数量环比增长 9.4%，产品数量增长 8.2%。

2. 媒体

网络综艺节目广告同比上升 15%，引领视频广告市场的增长。2019 年上半年同比上涨 56.05%，环比上涨 20.09%，网络视频综艺的价值正在被广告主认同。

3. 内容

真人秀类节目数量占据近半数视频综艺节目，广告创收超过半数，最受广告主青睐。2019 年上半年品牌植入的第一大综艺类型，共计 84 档节目，市场规模几乎占据整个综艺市场的一半，吸纳品牌数超过 50%。

4. 行业

快消和网服行业是综艺广告市场的主要赞助商，超过 8 成，保持稳定增长。乳制品、网服、食品、美妆及饮料等 12 个行业，在 2018 年上半年、2018 年下半年、2019 年上半年，分别占据整个市场份额的 82.6%、87.4%、87.6%。

5. 品牌

大品牌是综艺节目广告营销的风向标。纵观 2018 年上半年、2018 年下半年、2019 年上半年，TOP10 品牌平均每年赞助 20 档综艺节目广告，广告合作规模分别占据整个植入市场的 29.7%、28.1%、28.6%，且 TOP10 品牌的植入规模在持续扩大，可谓得 TOP10 品牌者得天下。

（资料来源：广东卫视，2019-07-30）

促销就是企业通过与消费者的信息交流来引起人们的兴趣并说服他们试用其产品的活动。促销有人员促销和非人员促销。人员促销是指派出推销员进行推销活动；在非人员促销中，又分广告、营业推广和公共关系等多种方式。

2019 年上半年度中国综艺节目广告营销白皮书

第一节　广告与消费心理

广告要想获得成功，必须符合消费者的心理与行为特点，必须满足广告受众的心理需求，广告界大量的事实也证明"广告即心理战"。

一、广告的心理功能

营销广告在现代商业生活中的地位非常重要，五彩缤纷、变化多端的广告使人目不暇接，大有无处不在、无时不有、无孔不入之势。

麦当劳 64 年经典营销案例大赏

（一）广告的概念

广告有广义和狭义两种解释。广义的广告是指唤起大众注意某事物，并诱导于一特定方向所使用的一种手段。狭义的广告是指商业广告，它是一种以传播和承载商品信息为基本功能的信息传播活动，同时具有一切经济活动所共有的"投入产出"特征，即通过广告宣传获得效益。所以，广告是一种面向目标市场消费者和社会公众的支付费用的传播行为，是广告主有计划地通过媒体传递商品和劳务信息以促进销售的公开宣传形式。

依云矿泉水广告

（二）广告的心理功能

广告的心理功能是指广告对消费者所产生的作用和影响。在商业界有一种说法：推销商品而不做广告，犹如在黑暗中送秋波。这也说明广告在营销组合中的重要作用。广告作为促成企业与消费者之间联系的重要媒介，具有以下心理功能：

1. 认知功能

认知功能是指营销广告向消费者公开传递有关商品的商标、品牌、性能、质量、用途、使用和维护方法、价格、购买时间与地点、服务的内容等信息，使消费者对其有所认识，并在头脑中形成记忆、留下印象。消费者通过广告可以得知商品的商标、性能、用途、使用与保养方法、购买的手续、时间和地点等信息。广告采用多种传播渠道和形式，能够打破时间、空间的限制，及时、准确地将产品信息传输给不同地区、不同层次的消费者，从而影响广大消费群体，增强他们对产品和服务的认知。

2. 诱导功能

良好的广告或以理服人或以情动人，它可以吸引消费者的注意，建立或改变他们对于企业或产品原有的偏见或消极态度，争取好感和信赖，激发其潜在的购买欲望，劝导和说服消费者实现购买行为。

广告的诱导功能有以下两层含义：

（1）唤起消费者美好的联想，给消费者以某种美的享受，从而改变其对商品的态度，激发其购买欲望和动机。

（2）能迅速有效地吸引消费者的注意力，进而激发其对新产品的兴趣和向往，形成新的消费需要，促进购买实现。

3. 教育功能

广告不仅指导消费，而且影响人们的消费观念、文化艺术和社会道德。文明、健康的广告，对于扩大消费者的知识领域、丰富精神生活、陶冶情操、引导消费者树立合理的消费观念、丰富人们的精神生活、进行美育教育和促进社会公德等都有潜移默化的作用。具体来说包括以下两个方面：

（1）增加消费者的产品知识。好的广告以其科学、文明、健康、真实的内容和表现形式，使消费者增长相关的商品知识，开阔视野，使消费者能够正确地选购和使用商品，并引导消费者树立合理的消费观念。

（2）给消费者以美育教育。设计巧妙、制作精良的广告，通过各种各样的表现形式，使消费者在获得信息的同时，能够丰富精神文化生活，得到美的享受。

4. 便利功能

现代社会，人们的生活节奏越来越快，面对无数的产品，特别是层出不穷的新产品，如果没有广告的介绍和指引，消费者无疑会无所适从。广告能及时、反复地传播产品信息，便于消费者收集有关资料，在较短的时间内对各种产品进行较为详尽和有效的对比，为购买决策提供依据，从而为消费者节约搜寻和购买产品的时间和精力。

5. 促销功能

促销功能是广告的基本功能。广告是促销组合中重要而不可或缺的因素。广告通过对产品的宣传，把有关信息传递给目标消费者，从而达到引起消费者注意和产生购买动机的目的。

45%的消费者都会记错你的广告，那广告还有用吗？

然而并非任何广告都能具备上述的功能，获得良好的社会效果。许多消费者对那种司空见惯的"王婆卖瓜，自卖自夸"式的广告具有抵触心理。我国学者对北京218户居民进行了调查，结果表明对电视广告完全相信其宣传内容的仅占16.3%，大部分相信的也不过31.3%，完全不相信的有11.4%，而40.9%的人则只相

信其中的一小部分。另一个统计数字表明，用心看电视广告的只有 21.7%，感到厌烦不愿看和无所谓的占 34.4%，相当一部分（占 43.9%）也只看感兴趣的。

⊠ **小案例：**

2020 年的广告，为何令人越来越"上头"？

如今新媒体时代，不断变化的市场环境、企业营销与广告媒体，致使广告形态变得千姿百态——传统媒体广告、互联网广告与线下广告等。复盘 2020 年广告形式的变化，你会发现，直播电商广告、短视频、影视中小剧场插入式广告正霸占品牌商广告投放的主要渠道。然而，2020 年什么类型的广告更受市场青睐呢？什么类型的广告成为 2020 年金主们的"心头好"？广告未来发展趋势又是什么呢？

2020 年，对于许多行业而言是"本命年"，广告行业也不例外。2020 年上半年，广告业受疫情影响增速出现应急式下滑，但随着消费线上化趋势的增长，不少品牌方的广告支出在 2020 年下半年呈现了增长态势。2020 年前 3 季度中国广告市场花费变化如图 9-1 所示。

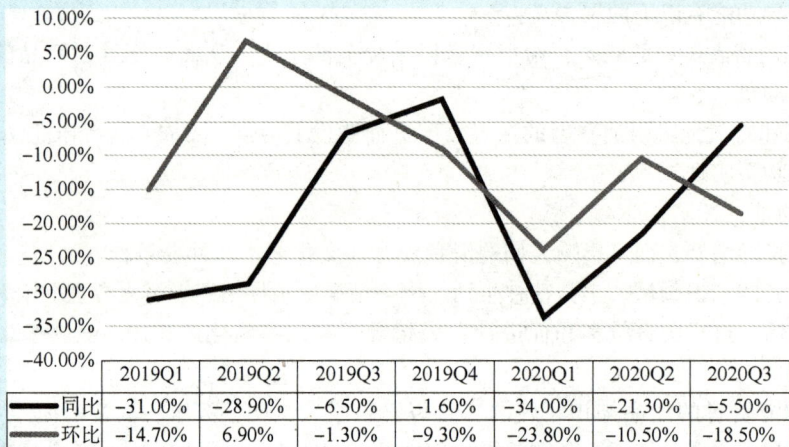

	2019Q1	2019Q2	2019Q3	2019Q4	2020Q1	2020Q2	2020Q3
同比	−31.00%	−28.90%	−6.50%	−1.60%	−34.00%	−21.30%	−5.50%
环比	−14.70%	6.90%	−1.30%	−9.30%	−23.80%	−10.50%	−18.50%

图 9-1　2020 年前 3 季度全国广告市场花费变化

也是从 2020 年二季度开始，各品牌开始纷纷发力，企图打造"出圈"爆款广告。这也使越来越多令人"上头"的广告出现在大众视野中，例如，"歪嘴战神"短视频网文广告、《乘风破浪的姐姐》中"梵蜜琳"小剧场植入式广告、微信朋友圈内魔性减肥产品效果广告等。

多种多样式的广告，以热点、魔性、共鸣、上头的方式，覆盖至更多的人群，同时让大家高呼广告让人"欲罢不能"。

其实较于 2019 年，2020 年的广告更为流行的形式是：小剧场植入式广告与效果广告。

(1) 小剧场植入式广告逐步替换"创可贴"明星推荐类广告形式。

(2) 效果广告逐渐替代产品展示类品牌广告。

首先，以视频平台为代表的展示类广告开始注重内容的"创意"，小剧场植入式广告开始走俏于市场。电影、电视剧中植入式广告不单是"创可贴"与明星推荐广告了，而是转变为"小剧场"植入式的广告；同时，短视频中剧情式广告也逐步成为网文行业的"心头好"，"歪嘴战神"系列网文广告火爆就是最好的佐证。而这类小剧场植入广告主要特点为：相较于之前视频类广告，其时长加长，内容也更加符合剧情或更具创意，具有新奇、洗脑等特点。其次，效果广告在市场中发挥越来越重要的作用。例如，直播电商广告、社交电商广告正走俏市场。而微信朋友圈效果广告浪潮背后透露出的是，品牌商在广告营销上更加注重转化率了，直接目的就是在社交流量上做生意。因此，在不断变化的市场环境与广告媒体下，广告形式变得愈发多样化了。那么，广告发展至今，小剧场式广告与效果广告为何受到当今市场的青睐？为何互联网广告会发生这类变化？这种新鲜玩法有何优势呢？

广告商的"心头好"是什么？以效果与内容为王。

据国家市场监督管理总局数据显示，2008—2019 年我国广告规模持续增长，增幅最高的年份为 2012 年，同比增长 50.3%；增幅最低的年份为 2017 年，同比增长 6.3%；2019 年，中国广告市场规模为 8 674 亿元，较 2018 年同比增幅达到 8.6%。

另据 QuestMobile 数据显示，视频与短视频广告依旧为主要品牌商行业重要广告投放渠道，而短视频广告集中度也进一步提升。2019 年第一季度至 2020 年第三季度中国互联网市场规模变化如图 9-2 所示。

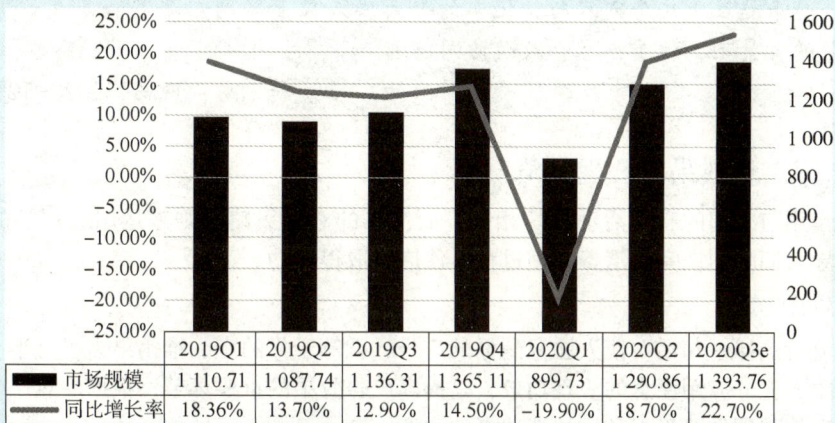

	2019Q1	2019Q2	2019Q3	2019Q4	2020Q1	2020Q2	2020Q3e
■ 市场规模	1 110.71	1 087.74	1 136.31	1 365 11	899.73	1 290.86	1 393.76
━ 同比增长率	18.36%	13.70%	12.90%	14.50%	-19.90%	18.70%	22.70%

图 9-2　2019 年第一季度至 2020 年第三季度中国互联网广告市场规模变化

可见，中国广告行业市场规模虽然呈现逐年增长趋势，但增速并不高。那么，为何 2020 年广告业依旧能逆势增长且短视频广告等投放渠道成为广告商的主渠道呢？

原因在于，2020 年疫情加速国内数字化进程，短视频与直播平台等线上平台迎来风口，这也同时推动视频、短视频广告依旧为主要品牌商的主投放渠道。而上文也复盘了 2020 年流行的广告的内容形式，而它们为何受到当今市场的青睐呢？

目前而言，广告行业以"内容"与"效果"为王。

首先，对于广告行业内的"金主"而言，新消费时代下它们更需要"确定性"营销结果，也就是效果广告。随着市场流量竞争的加剧，流量焦虑使内容营销经历着转化焦虑，因此广告商开始注重效果广告。这时，在转化率上更具优势的效果广告正成为大家的不二之选。而效果广告第一要基于流量高的场景，第二是要基于用户专注度更高的场景，所以直播电商与社交平台等媒介逐渐成为效果广告的场景，越来越多品牌商就将生意做到短视频直播平台、微信朋友圈以及微博内。另外，互联网巨头等在疫情期间依旧维持或加大了效果广告的投入，可见效果广告对广告主们的重要性。据悉，2020 年一季度，美团、阿里、京东的广告收入分别增长 45%、31%、27%。其次，随着互联网普及程度的加深，用户对普通产品类广告的耐受度显然已不足，所以内容成为广告主们关注的重点。目前来讲，虽然广告形式变得多种多样了，但这并不能吸引用户的目光，所以大多广告商开始在时间与内容上下功夫。由此，广告的内容开始变得新颖、猎奇甚至洗脑；时长也变得越来越长，植入的方式也愈加让人猝不及防，由此小剧场植入式广告正逐步成为大家的心头好。

综上所述，在短视频与直播带货风口下，小剧场植入式广告与效果类广告正逐渐成为广告商的"心头好"。而在以内容、效果为王的今天，未来广告行业趋势又是什么呢？

市场规模有望突破1万亿元，互联网广告是真"香"吗？根据前瞻产业研究院预计，2020年全年，广告行业市场规模接近9 200亿元，随后逐年稳步增长，到2022年，广告行业市场规模有望突破1万亿元。可见，广告业未来潜力还是十分巨大的。那么，随着2020年即将进入尾声，广告行业未来又将走向何方呢？

据艾瑞咨询预测，5G、AI、大数据等技术的发展将进一步促进优质广告内容产生以及广告精准投放。可见，数字化浪潮将进一步推动互联网市场的前进，传统媒体也将加速线上化转移的进程。

由此可见，未来围绕互联网广告发展依旧是广告主与媒体方这两方面；但可预见的是，在当今越来越注重广告内容与转化率的今天，未来互联网广告趋势是在解决广告主、媒体方问题的背景下，注重内容、效果协同前进。

（资料来源：网易，2020-12-26）

二、增强广告效果的心理策略

广告的作用与人们的心理活动密切相关，而广告的心理策略，则是运用心理学的原理来策划广告，诱导人们顺利地完成消费心理过程，使广告取得成功。

（一）引起注意

广告界流行这样一句话：使人注意到你的广告，就等于你的产品推销出去了一半。可见在商业广告设计中，充分应用注意的心理功效，是提高广告效果的重要环节。根据注意产生的原因及特点，广告宣传与创作要吸引和维持消费者的注意。

> ⊠ **小案例：**
>
> 20世纪90年代初，在方便面的广告大战中，"康师傅"方便面以"好吃看得见"一语深入人心。"统一"牌方便面知难而进，以古喻今，广告画面上出现一位古代戎装勇士，威风凛凛地喊出"统一面"，给人以热烈的情绪感染，取得了初步成绩。这种宣传持续了一段时间以后，企业又推出了与前一广告格调不同的画面：一男一女像拉家常一样，娓娓道出各自喜欢"统一面"的理由，不知不觉中缩短了与消费者的距离。
>
> 请分析"统一"牌方便面是如何成功地利用广告引起消费者注意的。
>
> （资料来源：道客巴巴，2009-10-02）

（二）促进联想

广告的时间和篇幅都是有限的，仅靠直接印象取得的广告效果也是有限的。只有通过各种手段，激发有益的联想，才能加强刺激的深度和广度。这是有意识地增强广告效果的重要手段。联想能够使人们扩大和加强对事物的认识，引起对事物的兴趣，使消费者产生愉悦的情绪，对形成购买动机和促成购买行为有重要影响。无论是哪种联想，都可以帮助人们从别的事物中得到启迪，促成人的思维活跃，引起感情活动，并从联想中加深对事物的认识。

在商业广告中充分发挥联想的心理功能，必须以充分地研究广告目标市场的消费习惯、消费水平和消费趋势为基础，掌握广告目标消费者的心理需求，从而有针对性地利用各种易于创造和激发联想的广告因素，使广告信息取得联想效果，适应消费者的知识经验和审美欲求，使之产生对产品的信服、向往，刺激其产生有益的共鸣和感情冲动，从而增强其信心，实现消费行为。

⊠ **小案例：**

美国4位前总统出镜代言，只为打一个广告

据海外媒体报道，美国政治从20世纪80年代至今一共产生了8任总统。从卡特开始算起，历经里根、老布什、克林顿、小布什、奥巴马、特朗普、拜登，除了里根和老布什已经病故外其余人都健在。

2021年3月12日，美国民众在电视上看到了一个非常震撼的"广告"，除了拜登和特朗普外，其他4名前总统共同出镜，同框拍摄了一个广告。这种"豪华天团"也让不少人目瞪口呆，有人戏称卡特、克林顿、小布什和奥巴马几个人的"出场费"加起来甚至能达到几十亿美元，堪称是史上成本最高的广告，但随后政府组织出面解释称，这只是一则公益广告。

广告采用了一种非常"土味"的拍摄方法，先是展示了包括卡特（卡特的年龄不适合接种疫苗，不知道他究竟有没有接种）在内的4个人接种画面，还有他们的夫人接种疫苗的画面，没有任何配音。第二则广告比较滑稽，几个人出场一人一句广告词，像是在推销某种饮品。小布什对着镜头说："现在让科学告诉你，只有疫苗才是你和家人不被疾病感染的方法！"奥巴马紧接着说："每个人努力，我们国家尽快结束疫情推动社会经济发展，迈出重要一步！"克林顿的台词则非常简短："这是我们的机会！"最后96岁高龄的卡特来了个收尾："现在，看你的了！"

没想到这种非常"老式"的风格广告词颇受观众好评，加上之前已经直播接种疫苗、且"广告词"比他们任何一人都多的拜登，在世的总统每个人都为疫苗做了代言，只有特朗普除外。美国民众在评论区表示："非常酷，从来没有看到过任何一个让我如此热血沸腾的广告，这真是令人激动"，还有人干脆留言："我以前坚决拒绝接种疫苗，现在我已经改了主意。"

（资料来源：腾讯网，2021-03-13）

（三）增强消费者记忆

广告运用记忆原理，使人们在实现购买时能记起广告内容，并起到指导选购的作用。记忆是人们在过去的实践中所经历的事物在头脑中的反映。对于广告信息的记忆，是消费者思考问题、做出购买决策的必不可少的条件。广告应该具有帮助人们记忆广告内容的功能，因为消费者在接受广告信息之后，即使对某一产品产生了良好的印象，一般也并不立即去购买。广告的视听元素如果难于记忆，其刺激功能就不能充分发挥，广告的效果也就不理想。因此，在广告设计中有意识地增强易于为消费者记忆的效果，是非常必要的。

⊠ **小案例：**

恒源祥广告

2008年2月6日（除夕）晚上开始，一则著名毛纺品牌"恒源祥"的电视广告在全国多家电视台的黄金时段播出，1分钟的时间里，广告背景音原本是单一的"羊！羊！羊！"，

现已经有了12生肖同伴，从"鼠！鼠！鼠！"到"猪！猪！猪！"，这个长达1分钟极其富有"羊！羊！羊！"光荣传统的经典广告让听过的国人基本都感慨万分。据说有想砸电视机、想撕羊毛衫的，也有感动得热泪盈眶不能自已的，甚至还有坚定拥趸要求该公司创造继"12生肖版"后的"水浒108将"版的。总之，该公司表示，"宁愿被骂不能被忘！"。

（资料来源：腾讯网，2008-02-17）

（四）增进情感

消费者的情感状态直接影响着他们的购买行为导向。积极的情感体验，如满意、愉快、喜爱等，能够增进消费者的购买欲望，促进购买行为；而厌烦、冷漠、恐惧等消极的情感体验则会抑制消费者的购买行为。一则好的广告，应该有助于促进消费者形成以下积极的情感：

1. 信任感

广告通过自身的媒介行为激发起消费者对所宣传商品的信赖心理。消费者对广告的信任，是产生购买欲望的前提条件。如果不存在值得信任的宣传内容，购买则无从谈起。实事求是、客观公正的广告，往往能达到增加消费者信任感的目的。

2. 安全感

消除消费者对商品的不安全心理，增强心理安全感是广告宣传的重要内容。广告应该让消费者感到产品安全可靠，保证无毒、无害、无副作用，并有益于身体健康。食品、药品、保健品的广告尤其应注意这一点。

农夫山泉——
大自然的搬运工

3. 美感

爱美是人类的天性，美是促使人类社会生活丰富的心理因素。广告应该应用语言、色彩、画面等手段增强宣传内容的艺术性，使消费者赏心悦目，得到美的享受。

4. 亲切感

广告宣传要设身处地为消费者着想，表现出对消费者的关心、爱护，或者创造一种温馨的意境，从而给人以亲切感，使消费者加深记忆，达到增加信任的目的。

5. 好奇感

好奇心是人们认识事物、探求真理的一种内在驱动力，是一种大众心理。广告若能利用这一心理，激发起消费者的好奇心，就能有效地吸引消费者的注意，大大强化宣传效果。

三、广告诉求的心理策略

诉求是指外界事物促使人们从认知到行动的心理活动。广告诉求就是告诉人们有哪些需要，如何去满足，并敦促他们为满足需要而购买商品。

（一）理性心理诉求策略

理性诉求是指广告侧重于运用说理的方法，直陈商品或服务的质量、价值或性能等方面的信息，表明产品可能给消费者带来的显著利益，表达方式上注重晓之以理、以理服人。比如，高露洁牙膏广告说明牙膏中的双氟能防止儿童龋齿；力士柔亮营养洗发水广告强调其含有全新去屑配方OCTO（吡啶酮乙醇胺盐），能有效去除头屑；娃哈哈AD钙奶广告则宣传"要补钙，维生素D不可少"。理性诉求的广告往往因为重点突出、信息全面而具有很强的说服力。理性诉求的基本思路是：明确传递信息，以信息本身和具有逻辑性的说服加强诉求对象的认知，引导诉求对象进行分析判断。理性诉求的力量，不会来自氛围的渲染、情感的抒发和令人眼花缭乱的语言修饰，而来自具体的信息、明晰的条理、严密的说理。

✉ **小案例：**

20世纪40年代，速溶咖啡脱颖而出，在市场上初露头角。照理，速溶咖啡不仅品质高、口味好，而且饮用方便，不需烧煮，上市后一定会大受欢迎。然而，事实却与此相反，这种速溶咖啡投入市场后，消费者反应冷淡，销路不畅。厂方市场营销人员会同广告人员、消费者心理学专家对此进行调查研究，分析结果发现，毛病出在广告上。由于广告词一味强调速溶咖啡的快速简便，使众多家庭妇女产生偏见，认为只有那些懒惰的、生活无计划的、邋遢的人才去购买速溶咖啡。症结找到了，广告设计人员立即改变过去广告的中心内容，从强调使用简便这一特点，转向突出新潮咖啡与新鲜咖啡同样具备美味、清香、质地醇厚的特点，并配上一幅广告画：一杯美味的咖啡，后面高高地堆着褐色的咖啡豆，上书"100%的真正咖啡"。新的广告问世后，立即引起人们的关注，人们的偏见慢慢地消除了，速溶咖啡迅速地打开了销路，成为西方咖啡消费的主流。20世纪80年代初，雀巢咖啡迅速地打开了咖啡消费市场，"味道好极了！"如此引人涎下的广告言词宣传使产品很快受到中国消费者的欢迎。

（资料来源：百度文库，2020-01-06）

（二）情感诉求心理策略

每个人都有非常强烈的情感需要。人人都需要爱、幸福、快乐，人人都有喜悦或悲伤的时刻。现代广告充分利用人的这种情感需要，并在广告中将这种情感表达出来，这就是情感诉求。情感诉求是指广告制作者通过极富人情味的诉求方式，去激发消费者的情绪、满足其自尊、自信的需要，使之萌发购买动机，实现购买行为。比如，麦氏咖啡的"麦氏咖啡，情浓意更浓"、小霸王游戏机的"望子成龙"以及孔府家酒的"孔府家酒，让人想家"等广告都属于情感诉求。情感诉求在物质商品极度丰富化、商品同质化的现代社会非常普遍，特别是现代消费者工作繁重、精神紧张，情绪情感需要得到某种程度的释放，借助具有优秀创意的广告，既能缓解情绪又能促进销售。

✉ **小案例：**

优乐美广告词大全

场景一：咖啡厅
语晨：我是你的什么？
杰伦：你是我的优乐美啊！
语晨：原来我是奶茶啊！
杰伦：这样，我就可以把你捧在手心了。
杰伦：爱她，当然要优乐美！

场景二：巴士站
语晨：永远有多远？
杰伦：只要心在跳，永远就会很远很远……
语晨：你心跳蛮快的嘛！
杰伦：这是个秘密，因为你是我的优乐美！

场景三：巴士站
"浪漫是什么味道？"

"浪漫就像透明的椰果，回旋在优乐美奶茶浓浓的温馨里。"

"越喝越有滋味。"

"优乐美奶茶温馨浪漫的滋味。"

场景四：杰伦独白

白雪覆盖来时的路，却抹不掉有你的回忆。

（回忆）语晨：永远有多远？那时你总是爱问个不停。

（回忆）语晨：原来我是奶茶啊！

（回忆）杰伦：这样，我就可以把你捧在手心了。

（回忆）语晨：我是你的什么？

（现实）杰伦：你永远是我的优乐美。

场景五：海岛站

Yang Ji Yeon：哇！好幸福哦……

杰伦：相信我，我也会让你成为幸福的人。

Yang Ji Yeon：啊？为什么不是最幸福？

杰伦：有了你，我才是最幸福的啊！

场景六：学校

语晨：你喜欢我什么啊？

杰伦：喜欢你优雅、快乐，又美丽。

语晨：你是在说优乐美奶茶啊！

杰伦：你就是我的优乐美啊！

场景七：语晨独白

想起和你一起的日子，空气中弥漫着优乐美奶茶的香甜。

手心里，捧着我们的约定，等待你的归来。我永远是你的优乐美。

经典广告语：第一次牵手的幸福，捧在手心的挚爱。

四、广告媒介选择的心理策略

广告媒介包括报纸、杂志、广播、电视、户外广告和直接函件等一切能使广告接受者产生反应的手段和方法。但不同的广告媒介在消费者中所能激起的反应程度是不同的，因此如何选择最适合于消费者心理诉求的媒介，就成了广告心理策略的第一个问题。

不同的媒介具有不同的特点。报纸具有消息性、新闻性、可信性和可保存性的特性，因而，可以用来发布消息性广告和企业新闻广告。此外，由于报纸版面安排上具有并列性功能，可以把两个或多个广告并列在一起，从而产生比较效果，更易受到读者注目。杂志的特点较之报纸，具有更深入的消息性，适合于对商品或服务做详细的说明。此外，杂志还具有选择特定阶层的特性，因此，适合于做以该阶层为目标消费者的心理诉求广告。同时，杂志的新闻性也比报纸深入得多，可以插入多页式新闻性或消息性广告。广播的特点是随身性、消息性，电视则有形象性的特点。电视具有引起视觉、听觉反应的两重功能和传播速度快的特点。因而，广播、电视就如挨家挨户推销商品的推销员。

近年来，因特网作为广告媒体，以超常的增长速度，独特的诉求方式，受到世人瞩目，它具有即时互动、生动的表现手法、持久性和可检索性、信息容量大、传播范围广、针对性强等优点。

☒ **小案例：**

俗话说，酒香不怕巷子深，但当巷子深到从内蒙古一直延伸到海南岛时，只有中央电视台可以帮助你迅速把货铺到天涯海角。蒙牛的传播策略中，广告通路聚焦于中央电视台，蒙牛当年起步时，拿出启动资金的 1/3 做广告，第一年就选择投到中央电视台，2004 年蒙牛乳业更以 3.1 亿的天价坐上央视 2004 年黄金段位"标王"的交椅。

在中央电视台做广告，不仅传播范围广，而且见效快，在很大程度上节约了蒙牛追赶其他几个主要竞争对手的时间成本，也正因为蒙牛一开始就选择中央电视台，使蒙牛成为中国的蒙牛，而不仅仅是一个地域性的品牌，中央电视台成为其快速成长的强大助推器。蒙牛选择中央电视台还看重了它的权威性，对于蒙牛放大品牌传播效应，最大限度地提升品牌形象，积累品牌价值，在最短时间内塑造出一个全国性的强势品牌具有极大的帮助作用。

当然，在现在众多媒体纷纷崛起的局面下，蒙牛开始日益重视媒体的组合搭配，以求将宣传的效应进行积累，收到最好的传播效果。以蒙牛酸酸乳的宣传为例，湖南卫视、安徽卫视等强档媒体也变成了蒙牛宣传的主战场，其宣传攻势丝毫不弱于央视，而且新兴的网络媒体也发挥了极为重要的作用，几乎各大网络媒体上均出现了关于"超级女声"及蒙牛的大量宣传报道，新浪网还专设了蒙牛酸酸乳"超级女声"活动特区，让网友在第一时间可以获知"超级女声"的最新资讯、参加有奖游戏、参与选手的视频聊天、发表自己对参赛歌手的看法。由于网络媒体在吸引年轻人，加强与受众的互动，提高他们参与的积极性方面有着其他媒体无法比拟的优势，"超级女声"的红火在很大程度上得益于网络媒体的推波助澜。

（资料来源：豆丁网，2016-08-01）

邮寄函件是近年来兴起的一种广告方式，其特征是能够针对收信人的选择性意识诉求，使人产生亲切感。它能够十分准确地针对某一程度的特定阶层进行选择，为消费者提供单独阅读的机会。

其他媒介，如交通广告，具有移动性、重复性和引人注目的特点，而户外广告的特点是反复多次的接触容易形成潜意识。

从"没有蛀牙"到"放开笑放手做"，高露洁实战演绎品牌年轻化攻略

第二节　人员推销与消费心理

人员推销是指企业通过派出营销人员与一个或一个以上可能成为购买者的人交谈，做口头陈述，以推销商品，促进和扩大销售。营销人员通过说服使其购买企业产品或服务的社会组织和个人就是客户。

一、客户对人员推销的心理反应

（一）客户对待人员推销的心理期望

客户在接受推销人员推销过程中，主要有两大需要：

1. 物质利益需要

客户与推销人员的接触、洽谈，是对推销的商品和服务有了潜在需要。在推销过程中，客户期望的是能以较低的价格购买所需要的商品或服务，寻求购买的最大效用。只有他们的利益得到了，双方才能达成交易。

火车推销员的 10 句文案，轻松月入 3 万，句句经典！

2. 社会心理需要

客户在购买商品的有用性的同时，还期望在推销过程中获得多种心理上的满足。包括与高素质的推销人员交往，获得友谊的需要；得到推销人员及相关人员的尊重，在购买中提高威望与地位的需要；在挑战性的购买决策中，自我表现、自我实现的需要；还包括不受令其讨厌的推销人员的打扰、寻求安宁的需要等。

（二）客户对待推销的心理反应类型

不同的客户对待推销人员有着不同的心态，依据客户对推销人员的态度可将客户划分为不同类型：

1. 趾高气扬型

这一类型的客户经常拒人于千里之外，盛气凌人，不可一世。应对策略：对此客户可提供特别服务，但须坚定立场。

2. 过于自信型

这一类型的客户主要特征是不时地打断推销人员的谈话，以显示自己的知识，在推销人员有机会提出自己的建议前，他常常说"不"。应对策略：让客户尽量发表意见，伺机再提出自己的看法及意见。

3. 挑三拣四型

这一类型客户经常不断地挑剔你的公司或产品，提出种种不合理的要求。应对策略：探询对方不满意的原因所在，一一予以详解，用事实来支持自己的论点，并且少谈题外话，以免节外生枝。

4. 冲动任性型

这一类型的客户往往很冲动，决定下得很快，不待推销人员有说话的机会，就下论断道：我没兴趣。应对策略：将客户引至别处，单独商谈，以免影响其他客户的购买心理。当对方说"不"时不要立刻让他离去，以较缓和的声调与之洽谈。

5. 口若悬河型

这一类型的客户喜欢闲聊，常使推销人员在销售过程中被不相干的事情干涉。应对策略：推销人员遇到这一类型的客户时，要随时注意将谈话拉回主题，并由对方的谈话找出更多的意见来推销，态度要和善，但不可过于热情，选择适当的时机结束推销。

6. 沉默寡言型

这一类型的客户只注意听别人说话，不表示意见，对推销人员的话不做反问，无动于衷。应对策略：先引导对方谈些自己的专长，再引起他对商品的兴趣，鼓励他说出自己的想法。

7. 畏首畏尾型

这一类型的客户购买经验不够，对产品不熟悉，所以很不容易下判断。应对策略：以和善的态度给对方安全感，明确地说明商品的各项情形，并提出保证及业绩、经验。

8. 急躁易怒型

这一类型的客户特征是脾气急躁，易于发怒。应对策略：最好由异性来应付，说话要简单明了，营造愉快的气氛。

9. 疑神疑鬼型

这一类型的客户疑心病很重，不轻易相信人。应对策略：推销人员对这一类客户要耐心解释，详细说明，提出各项说明文件及保证，以取信对方。必要时可以让老客户做见证人来进行促销。

10. 神经过敏型

这一类型的客户尽往坏处想，任何一点小事，都会引起他的不良反应。应对策略：推销人员多听少说，神态上要表示出重视对方的样子。不要随便开玩笑，以免说错话，而使对方信以为真。

二、顾客异议的类型、心理根源及其转化

顾客异议是指顾客对推销人员、推销品或推销活动所表现出的各种怀疑、否定或反面意见。正确对待并妥善处理顾客异议是推销成功的关键。

（一）顾客异议的类型

1. 需求异议

需求异议是指顾客认为不需要产品而形成的一种反对意见。它往往是在推销人员向顾客介绍产品之后，顾客当面拒绝的反应。例如，一位女顾客提出："我的面部皮肤很好，就像小孩的一样，不需要用护肤品""这种产品我用不上""我已经有了"，等等。这类异议有真有假。真实的需求异议是成交的直接障碍。推销人员如果发现顾客真的不需要产品，那就应该立即停止营销。虚假的需求异议既可表现为顾客拒绝的一种借口，也可表现为顾客没有认识或不能认识自己的需求。推销人员应认真判断顾客需求异议的真伪性，对虚假需求异议的顾客，设法让他觉得推销产品提供的利益和服务，符合顾客的需求，使之动心，再进行营销。

2. 财力异议

财力异议是指顾客认为缺乏货币支付能力的异议。例如，"产品不错，可惜无钱购买""近来资金周转困难，不能进货了"，等等。一般来说，对于顾客的支付能力，推销人员在寻找顾客的阶段已进行过严格审查，因而在营销中能够准确辨认真伪。真实的财力异议处置较为复杂，推销人员可根据具体情况，或协助对方解决支付能力问题，如答应赊销、延期付款等，或通过说服使顾客觉得购买机会难得而负债购买。对于作为借口的异议，推销人员应该在了解真实原因后再做处理。

3. 权力异议

权力异议是指顾客以缺乏购买决策权为理由而提出的一种反对意见。例如，顾客说："做不了主""领导不在"，等等。与需求异议和财力异议一样，权力异议也有真实或虚假之分。推销人员在寻找目标顾客时，就已经对顾客的购买人格和决策权力状况进行过认真的分析，也已经找准了决策人。面对没有购买权力的顾客极力推销商品是营销工作的严重失误，是无效营销。在决策人以无权作为借口拒绝推销人员及其产品时放弃营销更是营销工作的失误，是无力营销。推销人员必须根据自己掌握的有关情况对权力异议进行认真分析和妥善处理。

☒ **小案例：**

巧妙地化解顾客异议

在推销过程中，化解顾客提出的异议是一件比较麻烦的事。"我无权决定购买"，理由冠冕堂皇且很有分量，但齐先生却巧妙地化解了这个异议。

齐先生是一位烹调器的推销员。一次他在向一位家庭主妇做了产品介绍后，约好第二天再去拜访她。到了第二天，这位家庭主妇虽然在家等着他的拜访，但听了他对产品进一步的说明后便说：还要再想一下，这件事还要同丈夫商量后再决定。这时齐先生虽然知道这次成交的机会不大，但他走前想要确定这位妇女，是有意拖延，还是确有理由不买，是真的要同丈夫商量一下，还是打发他走。于是他说："这很好，我到晚上再来，可以吗？"主妇拖延着不置可否。于是，齐先生提出："让我问你一个问题，什么时候你丈夫带食品回家？"她反问："你这是什么意思？他根本不带食品回来。"齐先生问道："那谁买呢？"她说："我买。"齐先生问："你经常买吗？"她说："当然。"齐先生说："食品很贵吧？一星期的食品将花费你20元或25元，是吗？"她说："什么20元或25元！应当是120元或125元，你大概从来没买过食品吧？"齐先生说："是的，让我保守一点估计，你每星期

花费在食品上至少 50 元，可以吗？"她说："可以。"接着，齐拿出一个笔记本，对顾客说："夫人，你每星期花费 50 元买食品，一年如以 50 个星期算，那将花费 2 500 元（边说边在本上写下 50×50）。你刚才告诉我，你已结婚 20 年了，这 20 年来，每年 2 500 元，共花费了 50 000 元（写下），这是你丈夫信任你让你买的。你总不会每次把食品都给他看吧！"她听后笑了。齐先生说："夫人，你丈夫既然信任你让你用 50 000 元钱买食品，他肯定会让你再花 400 元买烹调器，以便更好、更省时地烹调 50 000 元食品吧？"就这样，齐先生卖出了一套烹调器。

思考：齐先生采用了怎样的技巧来化解顾客异议？

（资料来源：百度文库，2020-07-22）

4. 价格异议

价格异议是指顾客以推销产品价格过高而拒绝购买的异议。无论产品的价格怎样，总有些人会说价格太高、不合理或比竞争者的价格高。例如，"太贵了，我买不起""我想买一种便宜点的型号""我不打算投资那么多，我只使用很短时间""在这些方面你们的价格不合理"以及"我想等降价再买"。当顾客提出价格异议，表明他对推销产品有购买意向，只是对产品价格不满意，而进行讨价还价。当然，也不排除以价格高为拒绝营销的借口。在实际营销工作中，价格异议是最常见的，推销人员如果无法处理这类异议，营销就难以达成交易。

❀ 小资料

有人曾对世界各地参加推销研究班的推销人员进行了调查，调查结果揭示了顾客提出价格异议的动机主要有以下几个方面：顾客只想买到便宜产品；顾客想利用这种策略达到其他目的；顾客想比其他顾客以更低的价格购买推销品；顾客想在讨价还价中击败推销人员，以此显示他的谈判能力；顾客想向众人露一手，证明他有才能；顾客不了解商品的价值；顾客想了解商品的真正价格；顾客想从另一个供应商那里买到更便宜的产品；顾客还有更重要的异议，这些异议与价格没有什么联系，他只是把价格作为一种掩饰。

（资料来源：钟立群主编，《现代推销技术》，电子工业出版社 2008 年版）

5. 产品异议

产品异议是指顾客认为产品本身不能满足自己的需要而形成的一种反对意见。例如，"我不喜欢这种颜色""这个产品造型太古板""新产品质量都不太稳定"。还有对产品的设计、功能、结构、样式、型号等提出异议。产品异议表明顾客对产品有一定的认识，但了解还不够，担心这种产品能否真正满足自己的需要。因此，虽然有比较充分的购买条件，就是不愿意购买。为此，推销人员一定要充分掌握产品知识，能够准确、详细地向顾客介绍产品的使用价值及其利益，从而消除顾客的异议。

6. 推销者异议

推销者异议是指顾客认为不应该向某个推销人员购买推销产品的异议。有些顾客不肯买推销产品，只是因为对某个推销人员有异议，他不喜欢这个推销人员，不愿让其接近，也排斥此推销人员的建议。但顾客肯接受自认为合适的其他推销人员。比如，"我要买老王的""对不起，请贵公司另派一名推销人员来"，等等。推销人员对顾客应以诚相待，与顾客多进行感情交流，做顾客的知心朋友，消除异议，争取顾客的谅解和合作。

7. 货源异议

货源异议是指顾客认为不应该向有关公司的推销人员购买产品的一种反对意见。例如，"我用的是某某公司的产品""我们有固定的进货渠道""买国有企业的商品才放心"，等等。顾客提出货源异议，表明顾客愿意购买产品，只是不愿向眼下这位推销人员及其所代表的公司购买。当然，有些顾客是利用货源异议来与推销人员讨价还价，甚至利用货源异议来拒绝推销人员的接近。因此，推销人员应认真分析货源异议的真正原因，利用恰当的方法来处理货源异议。

8. 购买时间异议

购买时间异议是指顾客有意拖延购买时间的异议。顾客总是不愿马上做出决定。事实上许多顾客用拖延来代替说"不"。推销人员经常听到顾客说，"让我再想一想，过几天答复你""我们需要研究研究，有消息再通知你"，等等。这些拒绝很明显意味着顾客还没有完全下定决心，拖延的真正原因，可能是因为价格、产品或其他方面不合适。有些顾客还利用购买时间异议来拒绝推销人员的接近和面谈。因此，推销人员要具体分析，有的放矢，认真处理。

❖ 小资料

顾客异议的 19 个信号

(1) 不愿收取名片。
(2) 不愿拿取印刷物、商品目录。
(3) 推销人员请对方看某一处或说明书上某一商品要点时，对方将视线投于他处。
(4) 推销人员想请对方来实地操作机器，但对方将手缩回。
(5) 推销人员将身体往前一步时，对方便立即往后退一步。
(6) 故意将文件堆满整个办公桌，不让推销人员有放置任何印刷物及商品目录的地方。
(7) 推销人员请对方试吃时，对方故意抽烟而拒绝试吃。
(8) 交谈时，将视线置于他处。
(9) 突然间开始整理公司内部，或并无任何要事而不断地使唤属下。
(10) 双臂互相交叉置于胸前，且双手手指不停地乱动。
(11) 一会儿握紧拳头，一会儿又将手放松。
(12) 将握紧拳头的手压于张开手指的手掌上，并且双手轮流握拳做此动作。
(13) 不断地将手放入口袋，或用手指轻拍桌面，有时焦急起来，手指拍打桌面的速度也随之加快。
(14) 用置于桌下的脚轻拍地面。
(15) 抽动面颊的肌肉、紧皱眉头，或抽动眉头。
(16) 抽动嘴唇、咬牙，或脸色忽而苍白、忽而变红。
(17) 交谈的声音忽大、忽小。
(18) 声音阻塞于咽喉上，或抽动咽喉。
(19) 交谈时，头部忽高、忽低。

(资料来源：豆丁网，2015-12-24)

(二) 顾客异议产生的心理根源

顾客异议产生根源很多，但最主要的根源来自心理方面。对顾客的心理障碍进行分析，将有助于推销人员对顾客异议实施转化。

1. 顾客的认知障碍

顾客的认知障碍主要表现为：推销人员的建议与顾客所持观点相距太远，以致显得明显对立，因而使说服遭拒绝。从接受心理上分析，当一个人接触他人的观点时，如果觉得与原来的认知结构不一致，就会在心理上引起不同的反应。

2. 顾客的情绪障碍

任何人的心理活动在不同时期，都有理智占上风和情绪占上风的交替过程。理智占上风时，他能尊重事实，接受正确的建议；情绪占上风时，他会从主观愿望出发排斥他人观点，形成情绪障碍。

3. 顾客的行为障碍

顾客有时候会对产品各种属性或交易问题表现出一种态度或已采取某种行为；这时，当推销人员建议与顾客不一致时，顾客就不愿意改变原来的态度或行为，拒绝被说服。

（三）顾客异议转化的心理策略

1. 价格异议转化的心理策略

处理价格异议应注意如下原则：第一，以防为主，先发制人。根据事先掌握的顾客资料，对顾客可能提出的价格异议做出正确判断，不等顾客讲出来，就先对顾客要提出的异议进行化解。第二，先价值，后价格。为防顾客提出价格异议，推销时应先向顾客讲清产品的价值，即能给顾客带来哪些利益和实惠，使顾客认识了产品价值后，再谈及价格。顾客对产品的购买欲望越强，对价格考虑得就越少。第三，多谈价值，少谈价格。价格是个敏感的话题，提及价格易出现僵局。最好的方法就是多谈产品的价值，少谈产品的价格，多强调产品对顾客的实惠，能满足顾客的需求。第四，掌握好提出价格的时机。若推销人员不主动提出价格问题，当顾客提出价格问题时，尽量拖延。例如，顾客在购买皮件时，因对所用材料缺乏了解，产生价格异议。推销人员在解释时，就应说明材料上的差异，及其如何辨别真假。顾客说："我在别的商店看到一模一样的手提包，只卖 25 元。"推销人员："当然卖 25 元了，那是合成革的。皮件材料有真皮，也有合成革的，从表面看两者极为相像。您用手摸摸，再仔细看看，比较一下，合成革提包哪能与真皮提包相提并论。"

处理价格异议时，具体技巧有如下几种：

（1）多介绍产品优点。一般来说，产品价格必定与产品的优势相关，优势产品其价格必高，但顾客并未认识到产品的优势。

（2）缩小单价，推销人员可将报价的基本单位缩至最小，以隐藏价格的昂贵性。例如一箱饮料 36 元（每箱 20 小瓶），可将报价缩小为每瓶 1.8 元。顾客听到报价不同，其心理感受则不同。

（3）强调受益，推销人员的着眼点应放在使用价值上，应着重强调所推销的产品在节省原材料、降低物耗及制造、维修费用低等方面的优势。

2. 货源异议转化的心理策略

许多货源异议都是由于顾客的购买经验与购买习惯造成的，推销人员在处理这类异议时可采用以下策略：

（1）锲而不舍，坦诚相见。

顾客如果有比较稳定的供货单位，有过接受推销服务不如意甚至上当受骗的经历时，对新接触的推销人员怀有较强的戒备心，由此而产生货源异议。推销人员应不怕遭受冷遇，多与顾客接触，联络感情，在互相了解逐渐加深的情况下，顾客容易对推销人员敞开心扉，说出自己的顾虑和期望，此时推销人员就可以对顾客进行具有针对性的解释和劝说，最终促成交易。

（2）强调竞争受益。

顾客常会提出已有稳定的供货单位或者已经习惯某种产品，从而拒绝接受新产品和服务。此时推销人员应指出不论是个人或者公司，在购买产品的时候采用单一来源的方法具有很大的风险性，如果供货单位出现问题，将会导致顾客因购买不到所需产品而影响生活或者生产。为了抵御风险，顾客应当采取多渠道策略解决其购买需要。这跟我们投资理财时会采取多元投资方式以降低风险是一个道理。

（3）提供例证。

在解决货源异议时，推销人员为了说明其推销的产品是质量可靠、渠道合法的产品，可以向顾客提供一些第三方的客观证据来消除顾客疑虑，例如，厂家的代理授权证书、企业营业执照、质量管理体系认证证书、产品质量鉴定报告、获奖证书以及知名企业、知名人士的订货合同或者使用记录等资料。由于这些证据顾客可以通过其他渠道进行求证，有利于顾客消除顾虑，促进购买。

✉ **小案例：**

处理异议后成交

有些办公用品，如各类纸张、颜料等都是无法重复使用的商品，它们需要量大、价格低、消费者在购买时不会左思右想，只要质量过得去一般就满足了，所以拍板做决定往往出自一些不确定的因素，或是购买手续方便，或是一时情绪冲动。

小黄为一家公司推销新型打印纸时，一般客户还没听说过这种产品，虽然该公司产品的质量人人信得过，但消费者用惯了其他品牌的打印纸，谁都没兴趣为买这点小东西而多跑几个厂家，多比几家货。小黄最初上门推销时，除了一个客户正巧旧打印纸用完，为了偷懒不去商店才买下一批以外，其余的客户都摇摇头说："我们不需要。""我可以用你的打印机吗？"第二天，小黄来到客户办公室寒暄之后，第一句就这么问。客户怔了怔，便点点头："当然可以。"得到了允许，小黄就把自己带来的打印纸夹到打印机里，然后在电脑前坐了下来，在屏幕上输入这么一行字："您用普通打印纸，能打出这么清晰的字吗？"接着便发出打印命令。小黄从打印机上取下打印纸拿给客户看："您不妨把它跟您用的普通打印纸比较一下。不用多说，您就会相信我们的新型打印纸一定适合您。"客户仔细地比较了一番，非常信服地看着小黄："你们的质量的确一流。"说完后，爽快地向小黄订购了一批为数不少的新型打印纸。以后几天，小黄满怀信心地来到前些天说不需要的客户那里，也用同样的办法推销，结果客户都纷纷愿意购买新型打印纸。

思考：小黄最初上门推销时，碰到的是哪一种顾客异议？小黄又是如何处理异议的？

（资料来源：百度文库，2020-07-22）

3. 购买时间异议转化的心理策略

在推销活动中，在推销人员进行详细的产品介绍之后，顾客经常会提出购买时间异议拖延成交的时机。实际上，顾客借故推托的时间异议多于真实的时间异议，他们主要是为了对所购产品进行更多的比较或者为了争取更大的价格或者服务优惠。针对这种异议，可以采取以下几种策略进行应对：

（1）货币时间价值法。

一般来说，物价的变化会随着时间的推移而上扬。推销人员可以结合产品的情况告诉顾客：未来产品的供求关系很有可能会发生变化，随着物价水平的上升，顾客可能要花费更多的金钱来购买同等数量的商品，而且拖延购买不仅费钱，还要费时、费力，增大顾客的机会成本和时间成本，不符合现代社会"时间就是金钱，效率就是生命"的观念。

（2）良机激励法。

主要是采用对顾客有利的机会激励顾客，使其不再犹豫不决，当机立断，拍板成交。例如，可以说"目前正值展销期间，在此期间购买可以享受20%的优惠价格""货已经不多了，如果你再犹豫的话，就可能被别人买去了"。但要注意的是，使用这种方法必须确有其事，不可虚张声势欺诈顾客，否则将适得其反，欲速则不达。

（3）潜在风险法。

这种方法是利用顾客意想不到，但又很可能发生的一些潜在风险对顾客施加影响。例如，可能会发生厂家调价、原材料涨价、宏观政策调整、市场竞争格局改变等情况，使顾客认识到存在的这些不确定因素可能给自己带来的损失，促使顾客尽早做出购买决定。

（4）竞争诱导法。

推销人员向顾客指出购买该产品将会使顾客在某些方面获益，而且这些好处已经在他的竞争对手那里得到了证实，顾客如不尽快购买推销产品，将会在与同行的竞争中处于不利位置。这种方法可以打破顾客心中假定的竞争均衡格局，引起顾客对其所处环境的关注，从而促使顾客为了改变其所处形势而做出购买决定。

第三节　营业推广与消费心理

一、营业推广概述

（一）营业推广的概念

营业推广又称为销售促进，是指在短期内采取一些刺激性的手段（如赠券、折扣等）来鼓励消费者购买的营销活动。营业推广可以使消费者产生强烈的、即时的反应，从而提高产品的销售量，但这种方式通常只在短期内有效，如果时间过长或过于频繁，很容易引起消费者的疑虑和不信任。

（二）营业推广的特征

作为一种短期的促销方式，营业推广一般具有以下特征：

1. 营业推广促销效果显著

在开展营业推广活动中，可选用的方式多种多样。一般来说，只要能选择合理的营业推广方式，就会很快地收到明显的增销效果，而不像广告和公共关系那样需要一个较长的时期才能见效。因此，营业推广适合于在一定时期、一定任务的短期性的促销活动中使用。

2. 营业推广是一种辅助性促销方式

人员推销、广告和公关都是常规性的促销方式，而多数营业推广方式则是非正规性和非经常性的，只能是上述促销方式的一种辅助手段，它一般不能单独使用，常常配合其他促销方式使用。营业推广方式的运用能使与其配合的促销方式更好地发挥作用。

3. 营业推广有贬低产品之意

采用营业推广方式促销，似乎迫使消费者产生"机会难得、时不再来"之感，进而能打破消费者需求动机的衰变和购买行为的惰性。不过，营业推广的一些做法也常使消费者认为卖者有急于抛售的意图。若频繁使用或使用不当，往往会引起消费者对产品质量、价格产生怀疑。因此，企业在开展营业推广活动时，要注意选择恰当的方式和时机。

（三）营业推广的作用

企业之所以对营业推广倍加青睐，是因为在日益剧烈的市场竞争中，营业推广发挥着独特的作用。

1. 加速新产品市场导入的进程

当消费者对刚进入市场的新产品还不够了解，不能做出积极的购买决策时，通过有效的营业推广措施，如免费试用、折扣优惠等，可以在较短时期迅速让消费者了解新产品，促使消费者接受产品，从而加速市场导入的进程。

2. 强化消费者重复购买的行为

消费者对某一产品的首次购买，并不一定保证其再购。但是通过销售积分奖励、赠送购物券等多种推广形式的运用，则可以在很大程度上吸引消费者重复购买，进而养成对该产品的购买习惯。

3．刺激消费者迅速购买

通过运用价格优惠、附赠品等多种方式，形成强烈的利益诱导，可以在短期内刺激消费者的购买欲望，加速消费者的购买决策，从而在短期内迅速扩大企业的销售额。

4．抵御竞争者的促销活动

当竞争对手展开大规模促销活动时，可以有针对性地选择营业推广的手段，抵御和反击竞争者的促销行为，保持消费者忠诚度，维持本企业的市场份额。

二、营业推广的心理策略

营业推广要有效进行需符合消费者的消费心理，可采用以下策略：

（一）免费赠送

免费赠送是使消费者免费获得企业赠送的物品或利益的推广方法。采用这一类方法，对消费者的刺激度和吸引力最大。免费赠送主要包括免费样品、附赠品、赠品印花。免费样品是将产品免费赠送给预期消费者试用和消费的促销方式。在开拓新市场和新产品导入过程中，免费样品的促销方式消除消费者接受时的种种障碍，激发消费者的购买欲望。附赠品是消费者在购买时获赠本产品或其他物品的促销方式。附赠品可以采用加送本产品以及在原价基础上加大包装量的方式，也可以采用附赠本企业其他产品的方式。附赠品对于强化消费者购买欲望、新产品导入和市场开拓都有积极的作用。赠品印花是通过消费者收集赠券、标签、购买凭证等印花获赠有关物品的促销方式。采用赠品印花的方式可以促使消费者持续购买，培养消费者的忠诚度。

> **⊠ 小案例：**
>
> 保护传统文化最好的方式，就是让它流行起来！说起最近哪个博物馆最火？那一定要数送王一博滑板的敦煌博物馆了！不仅把自己送上了热搜，阅读量更是高达4.4亿次！所以这款滑板到底长啥样呢？我们一起来看看！滑板一共有两块，一块青色为底、一块红色为底，两块板面上分别是不同的飞天造型，设计师以莫高窟里的壁画为原型，进行了重新设计和绘制，将传统艺术与现代极限运动相结合，搭配复古的色彩，可以说非常酷了！不仅如此，滑板的正面还有王一博名字的专属字样，并且这块滑板为专属定制，仅有两块，不量产！
>
> （资料来源：腾讯网，2019-11-04）

（二）优惠券

优惠券作为对某种商品免付一部分价款的证明，持有者在购买本企业产品时免付一部分货款。优惠券可以邮寄，也可附在商品或广告之中赠送，还可以向购买商品达到一定的数量或数额的消费者赠送。这种形式有利于刺激消费者使用老产品，也可以鼓励消费者认购新产品。

品牌吸引粉丝出奇招——盘点15个成功的社媒赠品活动案例

（三）现场演示

现场演示促销法是指制造商安排经销商对企业产品进行特殊的现场表演或示范，以及提供咨询服务。表演者由制造商精心培训过的代表担任，代表制造商形象。现场演示可以吸引消费者入店参观和购买，因此会增强经销商对企业产品的信心。通常新产品打入市场时，采用此促销方法，有利于迅速提高产品知名度。任何新产品，即使是先进产品，要想被消费者所接纳，首先必须取得消费者的了解和信任。因此制造商在大批量生产以前，选择目标市场进行"新产品演示"就十分必要。

（四）价格折扣

折扣优惠是企业对消费者折扣让利的促销方法。通过折扣优惠，使消费者在购买过程中以

较少的价格获得更多的产品和利益。

（五）有奖销售

有奖销售主要取决于机会和运气。比如，有的商场在搞促销活动期间，凡是购买多少金额就可以参加现场抽奖。更有的商场别出心裁，举办"免费购物半小时"活动，即在当天的某半个小时内（这个时段是通过某种方式随机产生的），消费者根据购买商品的发票和电脑小票，得到商场的退款。

⊠ **小案例：**

《囧妈》牵手今日头条，一次载入电影史的博弈对局

这个春节，应该会被电影史载入史册。没有春节档的春节，寒风笼罩下一片肃穆，在新型冠状病毒的肆虐下，全中国的老百姓的心拧成一团。

本来已经无望于春节的电影人们，纷纷撤档。徐峥逆流而上，带着《囧妈》牵上了张一鸣的手，请全国人民免费看电影，暖热了在疫情下的人心。

院线电影乘上流媒体的快车，也引发了电影行业巨大的地震，余波不断。

这个春节，武汉很难，中国电影很难，中国人民更难，但光明仍在，希望不断。

2019年12月，在武汉疫情还没有遍布全国的时候，春节贺岁档已经开始进行预告片、主题曲、推广曲等相关资料的投放，并开始进行各色路演。

但是谁也没有想到，疫情暴发得这么快，对于所有人来说猝不及防。扑面而来的疫情炒热了N95口罩，也给所有的春节档电影泼了一盆冷水。这是徐峥、陈思诚等所有电影人完全没有意料到的情况，而对于《囧妈》背后最大的投资方欢喜传媒来说，无异于是晴天霹雳。2019年11月，欢喜传媒发布公告称，全资子公司欢欢喜喜与横店影业就电影《囧妈》签订了一份保底发行协议。双方约定，保底票房为24亿元。换句话说，《囧妈》票房至少达到24亿元，才会同意支付欢喜传媒6亿元的制造费用，超出24亿元的票房盈利部分，两家分别按35%和65%的比例分成。而作为徐峥囧系列三部曲的《囧妈》在定档时，十分看好春节巨大的流量。但春节档的挑战并不是那么容易，前有陈思诚探案系列的《唐人街探案3》一骑绝尘，后有崛起的国漫IP《姜子牙》后起之秀，想要在春节档拿下24亿元的票房，对于主打家庭温情喜剧的《囧妈》来说实属不易。

其实这一点在预售票房就有所显现，《唐人街探案3》预售票在上映首日就达到了2亿，虽然位居第二的《姜子牙》和《唐人街探案3》相比有断崖式的下滑，上映首日票房为3 944.4万。而《囧妈》在猫眼的预售票房的统计中上映两天票房仅为4 108.2万，和《唐人街探案3》差了1.6亿的票房，仅为其1/6。

这样的数据对于欢喜传媒来说，不得不为之担忧。毕竟在24亿元对赌协议中，如果票房并没达到，欢喜传媒将拿不到6亿元的制造费用，而此前欢喜传媒投资《囧妈》共3.5亿元，以这样的数据来预估，欢喜传媒可能惨赔。

特别是遇上新冠肺炎疫情，2020年的春节流量并不被看好，甚至影视股集体跳水。

春节前4天，《囧妈》宣布提档大年三十。徐峥口碑暴跌，一时间被影院工作人员骂得狗血淋头，另外一边的竞争对手陈思诚的"不干折损同行的事为产业尽所能"一条微博明嘲暗讽。即使后来徐峥百字道歉信，也没能挽回多年积累的好口碑，反倒是道歉中拉带他人引起新一轮的骂战。可是，还没等网友把徐峥骂上热搜，春节撤档的消息已经铺天盖地。除了《囧妈》外，《唐人街探案3》《姜子牙》《夺冠》等7部春节档影片纷纷宣布撤档。

　　这是第二次春节档影片全线撤档，而第一次则是非典肆虐全国时。春节撤档，对所有电影人和电影片方都是一个巨大的打击。非典时期撤档的《炮制女朋友》《紫蝴蝶》，分别是由赵薇和章子怡主演，但就是在这样强大的明星效应下，由于延期上映的原因，票房一路遇冷，直接让片方惨赔。

　　而就在短短的 24 个小时内，徐峥坐上了今日头条这辆刚出发的过山车，带着他一路狂奔。

　　大年三十上午，徐峥联手字节跳动将《囧妈》上线流媒体的事实公之于众，今日头条以 6.3 亿的价格买下了《囧妈》线上独播，并且免费向公众开放。消息一出，原本口碑暴跌的徐峥，从人人喊打到"我欠徐峥一张电影票"，口碑和路人缘直线上升，好评一波接着一波。此外，截至收盘前，港股欢喜传媒大涨 43.07%，收报 1.96 港元，一天内市值暴涨 18.6 亿港元。

　　而这一次《囧妈》上线今日头条、抖音、西瓜视频等流媒体平台，引起的行业地震足以让往后十年的电影人心有余悸。但这样的新形式在全球也并非没有先例。Netflix 也曾经一度想将院线电影与自己的网络平台同步播放，2014 年 Netflix 牵手 IMAX 公司合作共推《卧虎藏龙 2：青冥宝剑》，2015 年 3 月花费 1 200 万美元购买的新片《无境之兽》提供线上点播服务，并尝试进行影院同步网络上映。这两次尝试均被包括 AMC 在内的顶级院线联合抵制，Netflix 想掀起电影行业的地震终被制止。Netflix 这一想法被还未远逃美国的贾跃亭在中国尝试过一次，2015 年 11 月乐视作为影片《消失的凶手》的出品方计划将为其全屏影视会员带来提前一天"超前点映"。但乐视在最后一步刹住了车，"为了消弭误会，维护影院院线利益，乐视影业与乐视会员部门经过紧急协商，决定停止即将举办的线上点映活动"。

　　有了乐视的前车之鉴，《囧妈》在一天内迅速攀上今日头条，加之疫情下全国大部分影院关停的推力下，直接完成了贾跃亭未完成的梦。

　　此次和《囧妈》这次网络上线，对于参与对赌协议的保底方横店影业来说，不仅损失了 1.5 亿宣发费，终止保底发行的合作又是雪上加霜。

　　而横店影业所在的浙江省电影行业在当晚率先发布关于电影《囧妈》网络首播的声明，称全国影院为电影《囧妈》放映投入相当大的费用，此次"《囧妈》行为"，给全国影院带来重大损失。

　　在浙江省电影行业发声没多久，上海、南京、徐州、苏州、无锡等多地电影行业从业人员也联合发布《关于电影〈囧妈〉网络首播的联合声明》，谴责《囧妈》网络首播是"破坏行业基本规则"的行为，而欢喜传媒则是"置他人利益而不顾"。

　　其实这些声明条款就是对《囧妈》越过院线在流媒体上映导致电影行业改革的讨伐。对于各地电影行业的联合讨伐，《囧妈》和今日头条暂未回应。

　　就像是一部电影本该使电影制作方、出品方和影院三方受益，但今日头条联合《囧妈》打破了这一局势，开启了电影上线的全新模式。

（资料来源：西安新闻网，2020-01-29）

第四节　公共关系与消费心理

　　公共关系是社会组织以现代传播沟通为手段，以建立互利合作的公众关系为重点，以塑造良好的组织形象为目标的管理科学与经营艺术。对公众了解的程度，对公众心理规律的掌握程度都直接关系到公关活动的成败，公关界无数实例也无不证明"公关战"即"心理战"。

一、企业公共关系对消费者公众的影响

要建立良好的公共关系，公关主体要与各类公众建立良好合作关系，其中最主要的就是消费者公众。企业公共关系对消费者公众具有以下影响：

（一）企业良好的信誉和形象是吸引消费者的基础条件

现代社会，企业之间的竞争不仅是技术和经济实力的竞争，而且是企业信誉的竞争。企业信誉不仅是企业文明经商、职业道德的反映，也是企业经营管理、工艺设备、技术水平、人才智力等企业素质的综合反映。

企业形象，是公众对于企业的总体评价，是企业的表现与特征在公众心目中的反映。认知度、美誉度与和谐度是评价企业形象的基本指标。认知度是指一个企业被公众认知、知晓的程度，包括被认识的深度和广度两个方面；美誉度是一个企业获得公众赞美、称誉的程度；和谐度是一个企业在发展运行过程中，获得目标公众态度认可、情感亲和、言语宣传、行为合作的程度，是企业从目标公众出发开展公共关系工作获得回报的指标。良好的企业形象是企业无形的资产和财富。消费者在购买选择过程中，会倾向于购买信誉高、形象好的企业生产的产品，企业树立了良好的信誉和形象之后，又能促进消费者对本企业的信任和依赖；或者通过消费者相关群体之间的口碑宣传，更多的消费者会对本企业的良好信誉和形象取得认同，久而久之，就会形成一定的消费者忠诚。

（二）双向信息交流与沟通是掌握和引导消费者公众心理变化的基本手段

公共关系是企业运用传播手段，与社会公众沟通信息，在公众中树立良好企业形象、建立信誉的过程。传播是人们之间共同分享信息的活动，既包括传递信息的过程，又包括接收信息的过程，是双方建立共识、共知、共感的过程。信息传递的基本环节是表达和理解。公共关系的信息交流必须是双向的、全面的，必须是建立在掌握公众信息，了解公众信息需求的前提之下的信息交流。所传递的信息应该是真实的、能够满足消费者需要的、能够引起消费者关注并参与讨论的。与此同时，公共关系信息交流必须敏锐地反映外界信息，同时将企业的信息及时向外界传递。此外，还要讲究传播技巧，传播者素质和传播经验是决定传播是否取得预期效果的首要因素。信息交流与沟通一方面可以密切企业与消费者的感情与业务联系，使企业形象价值越来越高，另一方面能进一步了解消费者需求，推动企业提供更加适销对路的产品和更优质的服务。

（三）企业公关有助于及时解除消费者公众的疑虑

消费者公众的购买疑虑来自多个方面，包括产品质量、产品价格、售后服务等方面。有些疑虑是由于推销人员不能有效证明产品该方面信息而产生的，或者企业没有及时处理消费者投诉导致其在重复购买的过程中产生疑虑。因此，消除消费者公众的疑虑应做到对症下药。如果是由于前者造成的疑虑，企业应及时出具相关证明，如产品保证书、售后服务维修保证书以及价格最低的承诺书等。而对于后者，企业要做到及时处理消费者投诉，在稳定老顾客的同时，缩小影响。

（四）通过消费教育培养消费者忠诚

培养消费者忠诚是许多企业消费者管理工作所追求的目标。而培养消费者忠诚的途径之一就是企业要坚持长期的消费教育和消费引导，在消费者中培养起本企业产品和服务的崇拜者，使之成为企业的忠诚消费者。比如，通过广告或其他媒介的宣传，让消费者知道如何去辨别相关产品的真伪，帮助消费者正确识别企业产品的防伪标识；对于新产品和新的服务项目，则要通过消费教育培养消费者新的消费观念或新的消费需求。

（五）强化能促进消费者行为的学习过程和决策过程

在消费心理学中，把增强某种商品与消费者反应之间的联系叫作强化。消费者由于强化的

原因，可能对某种事物学习得更快，也可能使他停止某种学习；强化既可使他再次产生某种行为，也可能使他对某种商品产生过几次购买行为后突然中断。消费者行为的强化因素很多，不仅包括产品本身的特点，还包括一种人际关系的因素，即消费者与推销人员之间的关系是否融洽。通常，消费者喜欢再次到服务态度好的商店购买产品，对于那些曾经给了他们难堪的商店，除了他需要的产品只在这家商店才有之外，他们很难再次光临。

二、企业公共关系心理策略

（一）增强消费者的认知

消费者对企业的认知是指他们对企业行为的知觉、印象、记忆、想象、判断和理解。消费者对企业形象的认知和信息接受，是消费者心理活动的开端。企业形象一方面取决于企业自身的行为，另一方面也取决于消费者对它的认知程度。要增强消费者对企业的认知，应从以下几个方面开展工作：

1. 增加企业透明度

企业透明度是指企业的管理决策及其日常行为能被公众感知的程度。消费者只有对企业活动看得清、看得准，才能在全面认知的基础上与企业保持良好的合作关系。在企业公共关系工作中，增加企业的透明度，必须提倡"玻璃屋式"的经营管理做法，以便让广大消费者更详细地了解企业的全貌。

2. 努力培养企业的特色

一般来说，企业特色越明显，就越容易引起消费者的注意，而且越能在消费者心目中留下深刻的印象。尤其现在消费者挑选商品的余地越来越大，企业要让消费者在众多企业中选择自己的产品，就应该逐渐培养起企业自身所独有的特色。企业经营活动的每一个方面都可以形成特色，比如产品、企业形象等。

3. 重视企业给消费者的直接印象

企业留给消费者的印象有：真实的企业形象、想象的企业形象和隐含的企业形象。真实的企业形象存在于消费者与企业的直接接触中，想象的企业形象存在于广告宣传与推广活动中，隐含的企业形象存在于企业从事的某些象征性行为中。宣传广告或其他象征性活动对促进消费者印象有一定的效果，但其作用是间接的，而且如果可能，最终将被真实的企业形象所取代。因此，企业的公共关系不但要善于开展广告宣传，还要善于督促企业的相关部门注意给消费者留下良好的直接印象，让消费者亲身体验和实地掌握企业在产品和服务方面提供的可靠信息。

4. 重视消费者对企业产生的第一印象

从消费者的认识规律来看，人们对认知对象留下的第一印象很重要，即所谓先入为主的心理现象，属于一种心理定式。消费者对某企业有良好的第一印象，以后很可能长时间保持这一印象；反之，如果消费者对该企业的第一印象很差，以后很难改变这种不良印象。

5. 增强与消费者的沟通交流

企业与消费者的沟通可以采取面对面的直接交流形式，也可以采取非面对面的间接交流形式。直接面对面的交流，比如定期或不定期的新老顾客茶话会，会上企业代表与顾客畅所欲言，为企业的发展献计献策等。非面对面的间接交流形式较多，比如企业会定期向消费者邮寄广告、贺卡和意见征询表等资料，一方面将企业的信息即时传递给消费者，另一方面通过抽奖、有奖竞猜、获赠免费纪念品等形式提高信息的回复率，即时掌握消费者的信息，为以后双方进一步沟通提供条件。

（二）激励消费者的动机

消费者动机是消费者为了满足一定的需要而产生的兴趣、意愿和期望。企业要激励消费者的动机，可以运用以下策略：

1. 树立良好的企业信誉

树立企业信誉的公共关系工作可以分为进取型、预防型和治疗型三种类型。进取型即积极树立企业信誉，扩大企业的影响；预防型即消除各种可能有损于企业信誉的隐患，保持企业的良好信誉；治疗型即当出现企业信誉受损害的情况时，采取有效的补救措施，转变消费者态度，挽救和恢复企业的信誉。

2. 联络消费者公众的感情

企业要重视对消费者的感情投资，尤其是对企业的忠诚消费者，适当的感情投资是对他们长期支持企业的一种回馈，也是为了满足消费者最基本的一项心理需求。在日常工作中，感情投资不受时空条件的限制。与有形的物质联系相比，情感投资产生的作用更持久。企业开展感情投资，可以通过参加适当的社会活动来实现。如赞助社会公益活动，不仅可以向外界展示企业实力，还可以在感情上缩小与消费者的距离。

（三）转变消费者的态度

消费者对于企业的态度不是天生的，而是受社会环境影响以及在日常生活中经过学习逐渐形成的。企业可以通过各种宣传、沟通活动，逐渐改变消费者的态度。但要注意的一点是，除非必要，企业不要"明目张胆"地去改变消费者的态度，即不能明确指出消费者的错误之处，那样做也许对企业没有任何好处。

1. 克服消费者公众对企业的偏见

消费者公众的偏见必然导致不正确的态度。因此要转变消费者因偏见而产生的不利态度，应从消除偏见做起。首先需研究不同消费者对企业经营的哪些方面最敏感，或者是企业采取哪种做法最容易消除消费者的偏见。其次是通过增加透明度的方法，使消费者在必要的时候能够更全面地了解企业。

2. 利用权威的力量转变消费者的态度

权威就是在处理和解决问题时，对消费者的态度和行为有影响的人物。尊重权威是人们普遍具有的一种心理。企业在公共关系活动中所启用的权威应该是企业界、经济界、金融界或政府部门的权威人士，这些人虽然数量较少，但却可以起到短期内聚集公众舆论的作用。他们的评价往往会在很大程度上影响公众态度。

3. 通过参与企业活动转变消费者的态度

吸引和邀请消费者参加企业活动，相互之间通过直接接触，可以提高消费者对企业的认知水平，增强与企业的感情联系，因而有利于转变消费者的态度。

4. 推广企业为消费者服务的形象

当今世界上的卓越企业，不论其从事何种行业，都一律以"服务业"自居，以争取社会各界的信任和支持。这些企业以追求优质的服务为最高目标，同时，我们毫不讳言，企业收入的主要来源是靠向消费者提供服务。

5. 正确对待消费者的投诉

从某种意义上说，恰当地处理消费者投诉是最重要的售后服务。一个企业不能一方面在广告和促销活动上花巨资来达成交易和建立消费者忠诚，而另一方面又对消费者的合理投诉置之不理。

（四）注重社会整体效益

社会整体效益包括社会经济效益、社会生态效益和社会精神文明建设三个方面。企业经营所追求的经济效益要与社会经济效益保持一致，两者如果出现相互违背的情况，尤其当企业为了追求企业经济效益而损害社会经济效益时，不仅会使消费者的利益受到损害，而且会危及企业的长期发展。从长远来看，企业的生产经营活动不能损坏社会生态环境，即不能以损坏环境为前提为企业谋求利润最大化。

☒ 小案例:

加多宝"对不起"式营销走红网络

"对不起,是我们无能,卖凉茶可以,打官司不行。"……2013年2月4日,四则以哭泣孩童为主画面的"对不起"文案出现在加多宝官网的微博上,经过上亿粉丝发酵,引发从名人到草根的共鸣。有意思的是,此前,广州市中级法院刚对加多宝集团下达诉中禁令,要求加多宝在判决前就立即停止使用"全国销量领先的红罐凉茶改名为加多宝"等广告语。

2013年2月1日,广药集团在广州召开新闻发布会,宣布在与加多宝的广告纠纷中获得初步胜利。当天,加多宝发布了三点声明为"全国销量领先的红罐凉茶改名为加多宝"等广告语辩护。

"你一拳、我一脚"之后,加多宝在2013年2月4日又出奇招。"对不起,是我们太笨,用了17年的时间才把中国的凉茶做成唯一可以比肩可口可乐的品牌""对不起,是我们无能,卖凉茶可以,打官司不行"……四则"对不起"系列文案出现在加多宝官网的微博上,网民评论纷纷:"营销团队很强""加多宝和王老吉的微博之战完全是非对称的啊""明着看是道歉、自嘲,暗中却是宣传了自己又嘲讽了竞争对手"。在网络名人以及网友的推波助澜下,"对不起"迅速发酵成为一个网络事件。

新浪数据显示,发布后短短数小时内,"对不起"系列微博的转发量已超过17万次,覆盖粉丝数逾3亿。

这组海报想要传递的信息和意图非常明显,那就是示弱示弱再示弱,自己已经在与广药这个巨型国企的争斗中收获一肚子的苦水和委屈,却仍然向消费者表示歉意,没能"保护"好这个凉茶品牌。这是一个将受众心理抓得非常准的案例,加多宝频频通过广告或赞助以平民快消品的姿态出现在消费者眼前,而广药则背负了"国企"这样一宗极具中国特色的"原罪",前者扮演的角色一旦表现出遭到后者"欺凌"的势态,很容易受到第一波围观者的同情,再借助自媒体的传播机制向外感染。

针对"对不起"微博营销,加多宝初衷如何,又希望达到什么样的效果呢?加多宝市场部负责人表示:"在我们看来,加多宝的微博就是一个人的形象,他热爱凉茶事业,期望将最正宗的高品质产品奉献给消费者,当他面对一些问题时,同样会无奈、会伤心、会期待被理解。此微博仅是我们面对当前情况的一种情感表达,并没有什么效果预期,但必须承认,现在网上的火热情况是始料未及的。"

尽管该事件的网上热度也许超过加多宝的预期,但加多宝在网络营销上的确下了颇多力气。正如该营销负责人强调的,"懂得用户产生共鸣的能力即是品牌永续发展的最大资产;想尽一切办法进入顾客的心智,即是加多宝占领73%市场份额的制胜秘诀"。

事实上,"对不起"系列并非加多宝近期在网络营销上的唯一的案例。在"改名版"广告遇阻后,加多宝还是想尽办法让消费者们大声叫出这个名字来。

近期在北京朝阳大悦城,加多宝上演了一出"你敢喊我就敢送"的互动营销活动。消费者只需对着经过改装的自动贩售机大声喊出"过年来罐加多宝"并达到一定分贝,就能获得一罐凉茶。为此,加多宝专门打造活动网站,通过在线录音上传并分享至微博的方式组织抽奖,扩大事件影响力。

(资料来源:观察者网,2013-02-07)

📖 本章小结

本章主要分析了促销组合与消费心理的关系。

广告的心理功能主要有认知功能、诱导功能、教育功能、便利功能、促销功能。广告的心理策略是运用心理学的原理来策划广告，诱导人们顺利地完成消费心理过程，使广告取得成功。常用的心理策略有：引起注意、促进联想、增强记忆和有效诉求。

人员推销是指企业通过派出推销人员与一个或一个以上可能成为购买者的人交谈，做口头陈述，以推销商品，促进和扩大销售。不同的客户对待推销人员有着不同的心态，依据客户对推销人员的态度可将客户划分为不同类型。顾客异议是指顾客对推销人员、推销品或推销活动所表现出的各种怀疑、否定或反面意见。顾客异议主要有需求异议、财力异议、权力异议、价格异议、产品异议、推销者异议、货源异议、购买时间异议等。顾客异议产生的心理根源包括顾客的认知、情绪、行为障碍等。顾客异议转化需采取相应的心理策略。

营业推广又称为销售促进，是指在短期内采取一些刺激性的手段（如赠券、折扣等）来鼓励消费者购买的营销活动。营业推广可以使消费者产生强烈的、即时的反应，从而提高产品的销售量。营业推广常用的心理策略有免费赠送、优惠券、现场演示、价格折扣和有奖销售等。

公共关系是社会组织以现代传播沟通为手段，以建立互利合作的公众关系为重点，以塑造良好的组织形象为目标的管理科学与经营艺术。要建立良好的公共关系，公关主体要与各类公众建立良好合作关系，其中最主要的就是消费者公众。因此，我们必须了解企业公共关系对消费者公众的影响及企业公共关系心理策略。

🎯 复习思考题

1. 广告有哪些心理功能？广告的心理策略有哪些？
2. 客户对待推销的心理反应类型有哪几种？
3. 顾客异议产生的心理根源是什么？如何转化顾客异议？
4. 企业公共关系的心理策略有哪些？

🎯 案例分析

脑白金促销

不管消费者、业内人士对脑白金有着怎样的非议，但是，作为单一品种的保健品，脑白金以极短的时间迅速启动市场，在 2~3 年内创造了十几亿元的销售，而且持续了近 10 年不倒，堪称保健品中的"佼佼者"。

从操作手法上，脑白金和三株、太阳神、沈阳飞龙等曾经红极一时的保健品大体雷同，首先是给产品一个独具的"功效包装"，然后就是铺天盖地的"电视广告+发软文+炒新闻"，增强市场的注意力，提高产品的知名度。如果说有不同，那就是脑白金扎扎实实的网络和终端跟进与管理，这是脑白金更持久的一个很重要的原因。脑白金网络和终端主要体现在两个方面：一是，终端开发和维护管理。明确厂家和经销商的责权利，保证经销商利益。例如，明确不同终端的厂家和经销商的供货范围；二是，大中型终端销售的"推、拉"管理。"拉"的方面，要求大、中型终端必须有横幅、大 POP（卖点广告）、招贴画、在门口挂新产品介绍牌等宣传品，保证终端氛围；"推"的方面，对大、中型终端营业员和导购员进行严格的公司和产品知识培训，经常举办营业员参加的产品知识有奖联谊会、有奖促销问答以及设立产品陈列奖，使营业员主动、细致地向顾客推荐产品。脑白金从产品和品牌诉求定位、整合传播以及终端销售协同的系统性方面，堪称国内保健品营销的典范。"送礼就送脑白金"的广告语使脑白金作为礼品已是家喻户晓。此后又推出"脑白金里有金砖"，使脑白金不仅有了"健康品"的内涵，更有了带来意外财富的希望，进一步提高了顾客的消费兴趣。

　　问题：脑白金促销是如何迎合消费者的消费心理的？

实训练习

1. 在媒体中找出两则广告诉求不当的例子并加以分析。
2. 模拟各种顾客异议转化的场景。

第十章

新型营销方式与消费心理

学习目标

1. 了解大数据的含义、特征、营销价值及大数据下营销趋势的变化；
2. 了解网络营销消费者的心理特征，掌握网络营销的心理策略；
3. 掌握微信营销方式及心理策略；
4. 了解网络社区的作用及常用的网络社区营销模式，掌握网络社区营销策略。

建议课时

6 课时。

思维导图

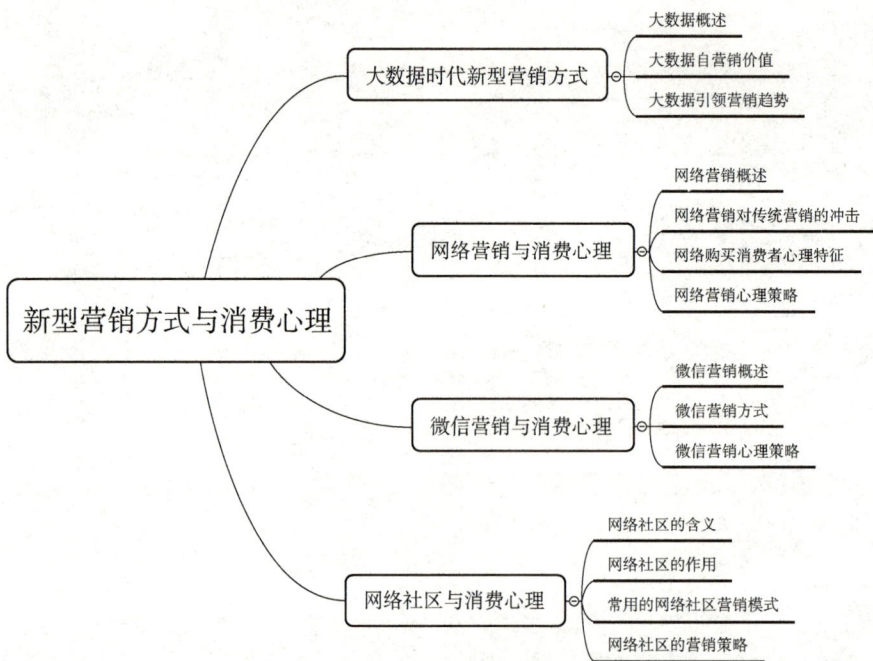

导入案例

    小李妈妈的生日快到了，小李想送一部手机给妈妈作为生日礼物。小李在京东、淘宝上搜索了手机信息。结果这几天他打开京东、淘宝，页面上出现的都是手机产品信息，连上网打开浏览器推送的都是手机广告。更奇怪的是出现的手机信息跟小李搜索时用的关键词信息类似，好像网络读懂了小李的心思。小李以前不喜欢广告，可现在看到这些自己要了解的手机产品信息，忍不住点进去看看。

互联网、大数据的运用，使企业可以通过网络平台收集消费者信息，掌握消费者的需求，及时捕捉消费者心理状态，准确地为消费者推送信息，提供产品及服务；也给企业营销带来了挑战，促使企业更新营销方式来吸引消费者。

第一节　大数据时代新型营销方式

大数据告诉你，流量明星们在春晚上都是怎么"营业"的？

一、大数据概述

（一）大数据的含义

大数据（Big Data），又称巨量资料，其规模巨大到无法通过人脑，甚至主流软件工具来收集和处理，需要更新的处理模式，才能实现对海量数据的收集、管理、内在价值挖掘与分析，并从对海量数据的处理中，获得更强的决策能力、洞察发现能力和流程优化能力。总之，大数据是一种海量、高增长率和多样化的信息资产。

2015 年 8 月 19 日，国务院常务会议通过的《促进大数据发展行动纲要》对大数据进行了全新界定：大数据是以容量大、类型多、存取速度快、应用价值高为主要特征的数据集合，正快速发展为对数量巨大、来源分散、格式多样的数据进行采集、存储和关联分析，从中发现新知识、创造新价值、提升新能力的新一代信息技术和服务业态。

（二）大数据的特征

关于大数据的特征，可以用 4 个"V"来描述：规模性（Volume）、多样性（Variety）、高速性（Velocity）和价值性（Value）。

1. 规模性

大数据的特征首先体现为"数量大"，存储单位从 GB 到 TB，直至 PB、EB 或 ZB。随着信息技术的高速发展，数据开始爆发性增长。社交网络（微信、微博等）、移动网络、各种智能终端等，都成为数据的来源。淘宝网会员每天产生几十 TB 的商品交易数据。

2. 多样性

大数据的数据类型繁多。每时每刻都在产生的大数据包括各种网络日志、视频、图片、地理位置信息、聊天信息、支付信息、浏览数据等。而各类数据的综合分析往往能产生意想不到的结果。例如，在抗击新冠肺炎疫情的战役中，大数据扮演着不可或缺的角色。确诊病例信息、人口迁徙数据和物资供应管理的背后，有一张不可见的数据之网，将个体、组织与平台相连接。通过对飞机、高铁、长途巴士、私家车以及高速收费站等各种公共交通工具与交通设施等大数据的分析，能有效帮助国家与政府部门进行准确的预测、评估和控制。小小的健康通行码向我们展现了一个大数据应用的具体场景，它是政府在疫情特殊时期采用信息化、智能化识别管理技术形成的个人出入通行的电子凭证。大数据平台强化疫情防控大数据分析，结合重点医院、重点商圈、重点景区、重点校园和重要交通枢纽等区域，深化人口流动伴随关系分析，有效提供疫情分析数据，支撑疫情期间人员预警处置。

3. 高速性

与以往的档案、广播、报纸等传统数据载体不同，大数据的交换和传播是通过互联网、云计算等方式实现的，远比传统媒介的信息交换和传播速度快捷。数据输入、处理与丢弃立刻见效，几乎无延迟。数据的增长速度和处理速度是大数据高速性的重要体现。例如，为了帮助考生更好地备考，百度高考作文预测通过对历年的高考作文题及作文范文、海量年度搜索风云热词、历年新闻热点等原始数据与实时更新的"活数据"进行深度挖掘分析，以"概率主题模型"模拟人脑思考，反向推导出作文主题及关联词汇，从而为考生预测出当年高考作文的六大命题方向。与人脑不同的是，百度所掌握的数据比 30 年教学经验的名师要多很多，除了作文题目，还有历年热点新闻数据、现有数据和实时数据相结合组成了作文预测的大数据库，再通过技术百度发掘出其中的内在关联，提供素材，供考生灵活运用，提升考生知识储备。

4. 价值性

这也是大数据的核心特征。大数据最大的价值在于通过从大量不相关的各种类型的数据中挖掘出对未来趋势与模式预测分析有价值的数据，并通过机器学习方法、人工智能方法或数据挖掘方法深度分析，发现新规律和新知识，并运用于农业、金融、医疗等各个领域，从而最终达到改善社会治理、提高生产效率、推进科学研究的效果。

> ❖ **小资料**
>
> "年味地图"，是美团大众点评通过挖掘自身在本地生活服务领域 13 年来积累的海量数据推出的一项数据可视化品牌项目。作为中国 O2O（Online to Offline）业界首个吃喝玩乐实时大数据产品，"年味地图"于 2015 年春节期间首次推出，2016 年全面升级。涵盖餐饮、住宿、旅游和电影 4 大板块，通过全新的可视化呈现方式，实时、动态展现全国 34 个省市、376 个地级市在吃喝玩乐住方面的不同习俗和消费特征。
>
> （资料来源：搜狐网，2016-02-15）

二、大数据的营销价值

（一）分析用户特征行为，找出用户需求

在激烈的市场经济环境下，大多数行业都是处于买方市场，永恒的中心是用户。随着大数据技术的全面兴起，企业要生产出适销对路、符合消费者需求的商品，需通过大数据技术准确分析出用户的特征和行为，进而找到用户的真实需求。只有正确、合理地运用大数据，才能为决策提供有利的数据支持，才能使产品更受欢迎，达到最佳营销效果。

（二）为精准营销推送信息提供支撑

对于企业的生存和发展来说，营销起着至关重要的作用。以大数据技术为支撑，能够为企业提供精准的营销信息，确保企业制作出合适的营销内容，寻找出潜在用户，优化客户资源，确保营销活动做到有的放矢。大数据的多平台信息推送，能够很好地对潜在用户进行信息全覆盖，从而帮助企业告别信息粗放推送的旧模式，多、快、好、省地用强大的营销选项抓住消费者的心，成功打赢一场信息化营销战。

（三）引导产品及营销活动，投用户所好

在当今数据爆炸的时代，数据背后代表的是大量的消费者和用户。对于企业来说，掌握了庞大和充分的数据，就能够对核心数据进行整理和分析，从而得到最优化的价值信息，并为产品提供生产和营销指导，投用户所好，获得用户的喜爱，成为市场最大的赢家。

（四）查找重点客户，改善用户体验

如何在庞大的客户群体中寻找到重点客户，改善用户体验，是摆在每一个企业面前的一大难题。大数据发挥着重要作用，网络具有强大的记忆功能，能够让每一个消费者的行为都被记录下来，形成数据，使企业能够将看似毫无联系的数据实现有关联的整理，从而将主要精力用于重点发展客户，改善用户的体验。

> ❖ **小资料**
>
> 当一位顾客开玩笑地通过某社交软件向牛排连锁店订餐送到机场（他将在一天工作之后抵达该处）时，牛排店就开始了自己的社交秀。首先，分析社交软件数据，发现该顾客是本店的常客，也是某软件社交红人。根据该顾客以往的订单，推测出其所乘的航班，然

后派出一位身着燕尾服的侍者为该顾客提供晚餐。这一事件通过那位深受感动的顾客在社交软件上叙述之后，很快成为人们热议的话题，进一步树立了牛排连锁店良好的形象。

（资料来源：赵明辉，彭小东主编，《一本书读懂大数据营销》，重庆出版社2015年版）

（五）发现新市场和新趋势，对市场决策分析提供支持

市场环境变幻莫测，要想真正立于不败之地，占据有利地位，就必须懂得与时俱进，紧跟市场潮流。大数据的预测功能不仅对发现新市场和新趋势有着巨大的作用，还能够从收集和整理以往消费者的行为中找出有用的用户信息，为市场预测和决策分析提供支持，展现出其强大而又精准的预测功能。

三、大数据引领营销趋势

大数据能量无穷，它将引导未来的商业走向，塑造商业潮流，决定更远的商业趋势。而在市场营销领域，大数据将引领以下8种营销趋势：

（一）以数据推动内容营销

内容营销是不需要做广告或做推销就能使消费者获得信息、了解信息，并促进信息交流的营销方式。它通过印刷品、数字、音视频或活动提供目标市场所需要的信息，而不是依靠推销。但是现在，企业用多种方式发布内容，包括微博、微信或电子邮件。如果营销人员能够有效使用数据来分析各种不同内容模式的营销效果，就能更敏锐地洞察到哪些内容能够将潜在消费者转化为真正消费者。

（二）创造有意义的个性化

个性化可以是营销人员在发送一封自动推送的邮件时，在邮件开始写上对方的姓名。但我们说的个性化，含义要更宽广，也更有意义。当营销人员运用大数据导向的技术来分析个人特征及其浏览记录来识别潜在消费者，并以此为基础在适合的时间以适合的渠道向潜在消费者自动发送适合的内容时，大数据才算真正发挥了它的市场价值。

（三）数据整合

公司网站的数据展示出消费者的一面，电子邮件数据库则展现了其另一面，而电子商务往来以及财务部门的历史支付信息又从另一个角度诠释了消费者的形象。数据导向、消费者导向的公司正致力于将这些数据整合，以获得对消费者全方位的了解。

（四）领悟物联网

思科预计，从飞机上的喷气式引擎到居民家中的冰箱，2020年全球有500亿台联网设备。数据导向、消费者为先的公司将能有效利用这些数据来分析其产品的运行情况，以获取产品的最佳维护时间和最佳优化方式。

（五）开展预测型分析

可以使用大数据来梳理成百上千条消费者信息，以发掘这些消费者的共性特征。例如，某公司通过大数据找到了其潜在消费者是否愿意购买本公司路由器的一个决定性因素——他们是否已经签署了办公地点的租赁协议。如果没有大数据，这样一个非直观因素是很难被发现的。

（六）改善归因

一直以来，营销人员都明白自己的努力能够为公司带来收益。如今不同的是，运用成熟的归因模型，营销人员能够评估他们一系列市场活动的成果，包括展示、邮件、调研以及社交媒体计划，并找出对收益有所贡献的最佳途径。营销人员可以终止那些收效甚微的市场活动，将更多资源投入高效盈利的途径上。

（七）破解移动营销的密码

社交网络正在破译一种密码——如何利用大数据在移动端直接面向目标群体进行市场营销活动。数据可以赋予营销人员这样的能力：将可兼容移动端的网页和邮件提供给来访者。另外，通过移动端进行的支付活动日益频繁，商业活动将产生越来越多的数据可供营销人员参考。

（八）培养潜在消费者更加容易

即使是在不知道潜在消费者电子邮件的情况下，新技术的应用也能使营销人员更好地识别网站访问者，从而通过各种各样的线上渠道进行潜在消费者培养。整个过程不必再依赖于电子邮件往来，更加简便有效。营销人员能够在更多领域接触各种各样的新技术，并且可以利用移动端、归因理论、内容营销和其他的市场途径，更好地开展工作。而连接所有新技术的纽带只有一条——数据。

数据为王，大数据时代的营销之道

第二节　网络营销与消费心理

一、网络营销概述

电商环境下网络购物消费者心理分析与营销

（一）网络营销的含义

网络营销是依托网络工具和网上资源开展的市场营销活动，是将传统的营销原理和互联网特有的互动能力相结合的营销方式，它既包括在线上针对网络虚拟市场开展的营销活动，也包括在线下以传统手段开展的服务于网络虚拟市场的营销活动。

网络营销不单纯是网络技术，而是一种新型的市场营销方式；网络营销不单纯是网上销售，而是企业现有营销体系的有力补充和完善。网络营销首先是用互联网替代了报刊、邮件、电话、电视等中介媒体，其实质是利用互联网对产品的售前、售中、售后各环节进行跟踪服务，它自始至终贯穿于企业经营全过程，包括寻找新客户、服务老客户，是企业以现代营销理论为基础，利用互联网技术和功能，最大限度地满足客户需求，以开拓市场、增加盈利为目标的经营过程。

（二）网络营销的特点

1. 跨时空性

通过互联网能够超越时间约束和空间限制进行信息交换，因此使脱离时间限制达到交易成为可能，企业能有更多的时间，在更大的空间中进行营销，以达到尽可能多地占有市场份额的目的。

2. 高效性

网络营销利用电脑储存大量的信息，可以帮助消费者进行查询，所传送的信息数量与精确度，远远超过其他传统媒体；同时，能够适应市场的需求，及时更新产品陈列或调整商品的价格，因此能及时有效地了解和满足消费者的需求。

3. 互动性

企业可以通过互联网向消费者展示商品目录，通过连接资料库提供有关商品信息的查询，可以和消费者进行双向式的沟通，还可以搜集市场情报以及进行产品测试与消费者满意度的调查等。

4. 经济性

网络营销使交易的双方能够通过互联网进行信息交换，代替传统的面对面的交易方式，可以减少印刷与邮递成本，进行无店面销售而免交租金，节约水电和人工等销售成本，同时也减少了由于多次交换带来的损耗，提高了交易的效率。

5. 整合性

在互联网上开展的营销活动，可以完成从商品信息的发布到交易操作和售后服务的全过程，这是一种全程的营销渠道。此外，企业可以借助互联网将不同的传播营销活动进行统一的设计规划和实施，从而避免由于不同传播渠道中的不一致性产生的消极影响。

> ❈ 小资料
>
> 2019 年 1 月，临近春节，一个名为《啥是佩奇》的短片在网络上走红，一时间成为刷屏的爆款短视频。佩奇是一部外国儿童动画片中的角色，在国内也有着较高的热度，在短片中，一位农村老人听说城里的儿子一家要回村里过年，孙子很想要一只"佩奇"，于是马上行动开始寻找佩奇，并发出了"啥是佩奇"的疑问。而在询问和寻找佩奇的过程中，发生了一系列令人捧腹大笑的笑话，在历经波折后，老人终于亲手焊接出了一个佩奇"硬核手办"。这个充满土味和温情的视频很快在网络上走红，虽然观众们在看完视频后才意识到这居然是一个广告视频，是为即将上映的《小猪佩奇过大年》电影进行造势宣传。但随着视频的火爆传播，其推广电影的目的也达到了。
>
> （资料来源：微信公众号——网络营销案例库，2019-11-05）

二、网络营销对传统营销的冲击

传统营销致力于建设、维持和依赖层层严密的渠道，在市场上投入大量的人力、物力、财力，这一切在网络时代将被看成无法负担的奢侈和摆设。在网络时代，人员推销、市场调查、广告促销、经销代理等传统营销手法，将与网络相结合，并充分运用互联网上的各项资源，形成以最低成本投入，获得最大市场销售量的新型营销模式。

（一）对标准化产品的冲击

作为一种新型媒体，互联网可以在全球范围内进行市场调研。通过互联网厂商可以迅速获得关于产品概念和广告效果测试的反馈信息，也可以测试消费者不同的认同水平，从而更加容易地对消费者的行为方式和偏好进行跟踪。

在互联网迅速发展的今天，产品由标准化形式衍生出了多种形式，特别是易于网上交易的虚拟产品，如网络游戏产品。

（二）对营销组织的影响

由于网络营销是通过网络实现营销的工作，不需要大量的营销人员，只需要少量人员对电脑订单进行处理，因此网络营销不但可以减少营销人员的人数，也将改变企业的管理层次，同时，企业也增加了专门从事网络营销的人员。

（三）对企业运营的冲击

传统营销中的采购环节，过去是通过采购员去各地考察采购，而网络采购的实现使企业可以足不出户在网络上寻找供应商，不但效率高而且成本低，方便货比三家。信息化运营也减少了企业大量的办公费用，文件可以通过网络传输和存储。通过网络在线洽谈还可以节省大量的通信费用，信息化的管理和运行也将缩短劳动生产周期，加快企业新产品的开发，降低成本，提高企业的核心竞争力，网络营销销售额的增加将会促使传统的中间商从事一些售后服务等其他相关工作。与此同时，企业还需要考虑建立物流配送体系实现网络营销，保证服务质量，提高消费者满意度。

（四）对传统客户关系的影响

网络营销具有超前性，这就需要企业更多考虑如何利用网络引导和挖掘潜在消费者，争取新的消费者，留住老的消费者，扩大消费者群，建立和谐的客户关系。因此，在网络环境下，如何与散布在全球各地的消费者群保持紧密的关系，并正确掌握消费者的特性，再通过对消费者的教育和对本企业形象的塑造，建立消费者对于虚拟企业与网络营销的信任感，是网络营销成功的关键，需要不断地探索和创新，通过网络有效地影响消费者，并建立虚拟社区拉近企业和消费者的距离，让消费者成为企业忠实的朋友，树立企业良好的网络品牌。

（五）对跨国营销战略的影响

传统营销在开展海外业务时，一般通过建立分公司和代表处等方式开展本地业务，由于网络营销不受地域限制，一个网站可以把商品卖到世界各地，但也要面对语言、文化、基础设备和配送问题。不同地区消费者的特点并不相同，这就需要企业制定的跨国营销战略也随之改变，做到全球化思考，本地化运作，否则必将影响企业的长远发展。

网络营销并非独立的，而是企业整体营销策略中的组成部分，线上营销与线下营销相结合形成一个相辅相成、互相促进的营销体系。网络营销有很多优势，传统营销也有其难以取代的特点。传统营销并不会因为网络营销的到来而终结，至少在相当长的时间内两者会共存。只有两种营销实现整合，才能使企业的整体营销策略获得最大的成功。传统营销是企业实施网络营销的基础。企业的网络营销对象主要有两个：企业网站本身和企业品牌。网络营销与传统营销整合的成功与否，将在很大的程度上取决于在网络上能否提供足够多的、传统媒体无法提供的新颖服务，吸引并留住访问者，迅速提高网站的流量，增加网站品牌价值和增强品牌知名度。同时，也应认识到虽然网络营销和传统营销的方法并不相同，但两者的目的都是要更好地满足消费者，使企业获得更大的利润，让企业持续发展。因此，企业在开展业务时不必严格区分两者，网络营销可以通过传统媒体进行促销和发布广告，传统营销也一样可以通过网络开展售后服务和进行客户关系管理，只有把两者有机地结合起来，取长补短，发挥各自的优势，才会促进企业的快速发展。

三、网购消费者心理特征

现今市场营销已经由关注商品推广开始转向对消费者的培养，这是一种由卖方市场转向买方市场的趋势，消费者开始主导市场，在现今媒介推广方式越来越发达，商品展示平台越来越多样化，商品种类越来越丰富的情况下，消费者的心理也越来越让商家难以捉摸，并呈现出新的特点和发展趋势，这点在网络营销中表现得更为明显。

（一）个性化的消费心理

目前，市场上的商品可谓琳琅满目，丰富多彩，尤其是购物网站对商品的展示更是如此。在这种情况下，消费者秉持着个性消费的心理，他们会以"自我"为中心，挑选和购买自己喜欢的商品。现在的消费者追求新颖独特的商品，力求自己与其他消费者有所区别，希望能达到与众不同的目的，购物网站强大的商品展示平台和完善的搜索引擎系统恰恰满足了这类消费者的需求。

（二）追求文化品位的消费心理

传统的营销学理论认为，消费者的消费习惯和消费动机受民族文化和社会传统的影响，不同文化背景下的人们会选择不同的商品和服务，并且他们选择和购买商品的方式也会有所不同。但是由于电脑的普及和网络的高速发展，这样的情况已经不复存在。在网络世界里，不同地域的消费者可以接受其他地域的文化冲击，并且他们同时也接受最新的商品信息，从而选择能够彰显自己文化品位的商品和服务。

（三）方便、快捷的消费心理

目前，在城市范围越来越大，交通越来越拥挤的情况下，出门购物已变成了一件要耗费很多时间成本的事。对于工作忙碌的现代人来说，他们购物动机更倾向于追求方便和快捷。而互联网这个媒介就可以让消费者足不出户购遍全球，网络的及时性满足了现代消费者对便捷的需求。

（四）躲避干扰的消费心理

在实体店购物时，消费者往往惧怕推销人员过于热情的推荐和服务。如果可以选择，消费者更倾向于轻松、自由的购物氛围。而网络购物让消费者可以根据自己的需求任意搜寻需要的商品，遇到不满意的商品或卖家也可以自由地退出该网店，这点大大地满足了消费者的情感需求，也避免了商家对消费者造成的干扰。

（五）物美价廉的消费心理

价格是消费者购买决策时的一个重要考虑因素。消费者往往秉持货比三家的心态对自己心仪的货物进行挑选。如果消费者选择传统的购物方式，即去实体店购买商品，若想做到货比三家，通常不太方便且要耗费很长的时间。但是网络购物恰恰解决了消费者的这个难题，网购消费者利用网站提供的搜索引擎可以很方便地搜寻同类商品的价格，从而可以轻易地做出购买决策。并且网店的经营不用支付高额的店租，这样也降低了网店经营的成本，将减少的成本回馈到消费者身上，消费者就可以买到更便宜的商品。

（六）"孩童化"的消费心理

网购消费者通常是一个追求个性的群体，他们对商品有自己的看法，往往更能接受并追求新鲜事物。但是这种新鲜商品的更新速度往往比较快，是一种短寿命商品。网络消费者的注意力很容易转移，会经常从一个网站跳转到其他站点，这是一种充满好奇却缺乏耐心的表现，这种消费习惯类似于儿童的性格，新事物总能唤起这类消费者的消费兴趣，而兴趣又不能持久保留，这是一种"孩童化"的消费心理。

（七）从众的消费心理

人们生活在不同的社交圈里，会有一种希望与所处的社交圈同步的心理，这就造成了一种从众的消费心理，既不愿突出，也不愿落伍。这种心态造就了很多后随消费者群，当某种商品的消费达到40%以后，就会产生该消费品的销售热潮，这种后随消费者群是一个很大的顾客群。

（八）消费的主动性增强

在社会分工日益细化和专业化的趋势下，消费者在面对日益增多的商品选择的同时，消费的风险也随之上升。由于网络的出现，消费者消费的主动性增强，他们可以在网络上搜索所需商品的各种信息，例如型号、性能、价格等，尤其在许多大额或高档的消费中，消费者往往会主动通过各种可能的渠道获得与商品有关的信息并进行比较和分析。

（九）消费者直接参与生产和流通的全过程

传统的商业流通渠道由生产者、商业机构和消费者组成，其中商业机构起着重要的作用，生产者不能直接了解市场，消费者也不能直接向生产者表达自己的消费需求；而在网络环境下，由于网络的互动性很强，消费者能直接参与到生产和流通中来，与生产者直接进行沟通，减少了不必要的中间环节，从而减少了市场的不确定性。

（十）网络消费仍然具有层次性

在网络消费的开始阶段，消费者往往偏重于精神产品的消费，并且趋向于消费便宜的商品。但到了网络消费的成熟阶段，消费者在完全掌握了网络消费的规律和操作方式，并且对网络购物有了一定的信任后，就会从侧重于精神消费品的购买转向日用消费品的购买，并且消费额度会逐渐增大。

四、网络营销心理策略

企业的根本目的是通过提供产品或服务，满足消费者的需求，从而获得生存和发展。网络时代的企业，其提供的产品和服务也必须适应消费者的需求，根据消费者网上购物的心理变化趋势去制定有效的营销策略。

（一）努力提供个性化的产品与服务

为每个消费者提供不同的产品或服务，对于传统营销来说简直是天方夜谭。但是互联网的最大功能是交互性，除了将产品的性能、特点、品质，以及服务内容充分加以显示外，更重要的是以人性化与消费者导向的方式，针对个别需求做出一对一的营销服务。所以，企业应充分利用网络的一对一和交互式功能加强与消费者的沟通，进一步了解消费者需求及其变化，提供附加值高的信息，引导消费者在网上参与产品设计，共同创造和满足个性化的需求。这样自然就提高了消费者的满意度。例如著名的 LEVIS 公司就利用互联网销售定做牛仔裤，得到了良好的回报。

（二）建立产品与企业信誉

信誉是网络销售的前提，谁会在网上购买自己从来没听说过或者质量不可靠的产品呢？如何确认消费者需求的真实性也是网络营销现阶段所面临的难题，这都可归结为信誉问题。另外，在建立企业门户网站过程中，网站的知名度、服务质量等条件，也是一种品牌的营造。产品信誉、企业信誉在进行网络营销的过程中是一个长期性的、战略性的问题。通常，企业可以从以下几个方面树立信誉：

1. 优质的服务

应随时为消费者提供真正需要的、方便的、优秀的服务。

2. 良好的运作

包括向消费者提供最低价位的产品及服务，同时尽量避免给消费者添麻烦。

3. 不断创新

不仅要求向消费者提供质量最好的产品，还要求向消费者提供更有新意、更有特色的产品，为消费者带来更多的利益。

（三）提高企业员工素质和服务效率

网络营销要求员工特别是营销和网络管理人员不仅具有先进的技术知识，还要在市场营销方面具有独当一面的能力，不但要有收集、整理、分析信息的能力，还要有强烈的服务意识和沟通的能力。因此，企业要注意吸引和培养复合型人才，提高员工综合素质。

网络营销对企业的组织结构和服务效率也提出了更高的要求。网络的特点要求企业对外界特别是消费者的反映必须迅速及时，为此企业要与电子商务认证机构、金融部门和各类物流公司建立良好的合作关系，以保证身份认证、支付结算、物流配送的安全、快捷、方便，同时要建立更加快捷迅速、服务周到的售后服务机制。

（四）做好网站建设

网站是企业进行网络销售的基础，企业通过自己有特色的网站，一方面可以树立企业形象，另一方面可以吸引新顾客，沟通老顾客，而这一点又直接影响到网络营销的效果。因此，作为企业"脸面"的网站建设必须注意以下几点：

1. 特色经营

如果一个网站内容没有特色，那么它很快就会被淹没在互联网的汪洋中，要想网站在用户心中生根，就要靠特色吸引人。因此，主页的版面设计、编排必须围绕企业的目标顾客群，而不只是一些绚丽的图片和空泛的文字说明。

2. 信息内容的更新与发展

网站内容的更新包括信息的更新和栏目的调整，信息的时效性很强，需求随时更新，使消费者及时了解和获取企业及产品的信息。栏目的调整主要指栏目的增减，使栏目更有特色，内容的发展是指在原有的基础上向纵深发展。

3. 可靠的信息质量保证

质量是企业的生存之本，这是商界的准则，同样，网站上的信息质量也是需要特别重视的问题。信息不准确所带来的负面损失是巨大的，这要求网站经营者必须制定出一套有效的信息质量考察和认证体系。同时精良和专业网站的设计，如同制作精美的印刷品，会大大刺激消费者的购买欲望。

4. 加强网站的推广与宣传

优秀网站同样需要辅之以成功的推广。利用搜索引擎互惠链接等方法大力宣传企业的网站，具有针对性的广告会大大提高企业的知名度；也可以通过电视广告、新闻媒体等传统方式来扩大企业网站的影响。

5. 及时回应消费者的需求

网络化经营的企业对于消费者反馈必须及时反应，建立消费者信息反馈系统，设专门职能部门处理，利用视频邮件、线上答疑等方式与消费者做双向沟通。如利用线上聊天的功能，举行消费者联谊会，通过沟通交流增强感情。

（五）消除消费者对网上购物安全性的疑虑

网上购物的安全性包括相关的法律、政策、技术规范以及网络安全，加速商品防伪网络系统工程的建设和提高网络营销网站的信誉程度，是网上交易的关键。为此，第一，政府有关部门要加快现行法规的修改步伐，制定相关的电子商务法律，通过法律解决网络营销中发生的各种纠纷；第二，要制定相关的电子支付制度、网络营销规约，对其中引起的纠纷做到有章可循、有法可依、有据可查；第三，要建立完备的法律体系和权威的认证机构，维护整个网络营销的交易秩序，促使更多的人放心地在网上购物。

第三节　微信营销与消费心理

三只松鼠公众号
的微信营销案例

一、微信营销概述

（一）微信营销的含义

微信营销是移动营销的重要体现，是互联网时代网络营销模式的一种升级，随着微信的火热已成为当前我国网络营销的利器。微信不存在距离的限制，用户注册微信后，可与周围同样注册的"朋友"建立一种联系，用户订阅自己所需的信息，商家通过提供用户需要的信息，推广自己的产品，从而实现点对点的营销。微信一对一的交流方式具有良好的互动性，精确推送信息的同时更能形成一种朋友关系。基于微信的各种优势，借助微信平台开展消费者服务营销已成为继微博之后的又一新兴营销渠道。

（二）微信营销的特点

作为一种新兴的营销工具，微信营销颇受企业和个人青睐，相对于其他营销方式而言，微信营销具有以下5个特点：

1. 成本低廉

一般而言，传统的电视、报纸、广播、电话及互联网的营销方式都需要企业投入大量的资金成本，而目前微信的所有功能均为免费，企业基于微信展开的微信营销活动仅需支付流量费用，相比传统营销活动费用大幅减少。

2. 曝光率高

手机短信和电子邮件的群发越来越受到用户的抵制，容易受到屏蔽，而微信公众号是用户自主关注的，微信平台发送的信息能百分之百地到达用户。此外，与微博营销相比，微信营销号的信息曝光率更高。在微博营销过程中，除少数得到高频转发率的微博信息能收获较高曝光率之外，大部分信息极易在海量微博信息中被淹没。

3. 即时性强

基于移动互联网的发展和移动设备获取的便利性，人们越来越热衷于通过智能手机获取来自世界各地的信息。相对于个人电脑而言，智能手机不仅能实现各种功能，而且方便携带，用户可以在第一时间接收并反馈信息，这就为企业进行微信营销取得良好效果奠定了基础。

4. 互动性强

从某种意义上来说，微信的出现解决了企业在管理用户关系上的难题。当用户想把对产品或进店服务的体验及个人提出的建议告知企业时，企业微信公众号就能为其提供平台。只要用户一发送信息，微信客服就能即时接收，并对信息做出相应回复和解释。企业与用户通过微信能够进行快捷且良好的互动，有利于维护用户关系，进而提升营销效果。

5. 针对性强

微信营销属于"许可式"营销，多数企业都是先发展老用户，然后再通过老用户的口碑传播及自身宣传等方式将潜在用户加进微信公众平台，只有这些用户在关注某个企业微信公众平台之后，才会接收到它们的信息，而愿意对其做出关注行为的用户往往都是企业的目标人群，因此这种营销方式针对性较强。

二、微信营销方式

微信为免费应用，同时具有操作简便、功能强大、用户量大的特点，自面世之日起，用户得到迅速扩张，成为我国最热门的即时通信软件。作为拥有巨大营销价值的工具，微信逐步推出收费营销业务，帮助商家增强营销效果。根据不同的功能可以将微信营销分为以下几种方式：

（一）通过 LBS 定位功能进行营销

LBS（基于位置服务）是通过电信、移动运营商的无线电通信网络或外部定位方式获取移动终端用户的位置信息，在地理信息系统平台的支持下，为用户提供相应服务的一种增值业务。微信的 LBS 功能最初是为用户寻找添加好友，该功能应用在营销方面能够帮助商家找到目标用户。商家可以免费利用"附近的人""摇一摇"功能，了解商家附近的潜在用户，精准投放促销信息。位置上的便利能够吸引用户入店消费，这种方式为许多无法支付大规模广电宣传的小商家提供了有效的营销渠道，特别是通过"摇一摇"功能可以搜索到 1 千米以内的用户，奔驰、肯德基等商家曾通过该功能与用户进行良好的互动。

微信朋友圈是一个好友分享自己生活状态的地方，同时也是商家营销的地方。微信针对本地商户推出一项新功能——自定义打点辐射，帮助本地商家进行营销，即在门店所在城市任意选择某个地点为圆心，将广告投放到半径 0.5~5 千米的圆形区域微信用户中。相对于之前根据指定商圈投放的定向方式，自定义打点辐射可以帮助广告主高效笼络自定义区域内的潜在用户。这就是说，本地商家既可以根据自身店铺的营运能力，精确地将广告投放到周边的潜在用户，也可以摆脱地理距离的限制，根据自身对潜在用户的了解，将广告投放到全城任意一个潜在用户众多的地点。如 19tea 是主打鲜果茶和软欧包的烘焙饮品品牌，通过朋友圈广告吸引了用户的关注。19tea 选择了多点小范围辐射投放，以店铺周围华骏花园、尚东美御等 8 个居民区作为锚定点，在半径 1~2 千米的圆形区域内进行广告投放。此外，广告还结合餐饮美食，年龄性别等精准地在目标区域内笼络喜爱美食的年轻女性。这种多点小范围辐射，避免了不必要的资源浪费，高效找到了目标用户，完美展现了店铺对周围区域的影响力。最终，广告还获得 109 351 次的总曝光次数，卡券领取达到了 1 800 张，帮助新店吸引了大量客流。

（二）通过扫描二维码功能进行营销

二维码又称 QR Code，QR 全称 Quick Response，是近年来移动设备上流行的一种编码方式，它是用某种特定的几何图形按一定规律在平面（二维方向）上分布的黑白相间的图形记录数据符号信息的。它具有信息容量大、编码范围广、容错能力强，译码可靠性高、可引入加密措施和成本低、易制作、持久耐用的特点。二维码是微信用来连接线上和线下的方式。商家将自己的公众号二维码放在商店内，用户通过扫描二维码成为商家会员，商家就可以对用户进行精准营销。

例如，用户到达一家餐饮店，用微信的"扫一扫"功能扫描二维码，就可以了解该店的菜单，并可随时把下单的菜品传递到服务台或厨房，不需要服务员现场点单，同时可以获得今日优惠信息，如 VIP 折扣券、代金券等，系统将自动计算应付金额。用餐完毕后用户可以通过手机对菜品和服务进行评价，系统将自动积分。

（三）通过朋友圈进行营销

微信朋友圈是每一个微信用户都会关注的地方，因为微信好友会通过朋友圈展示自己的生活状态。朋友圈的关注度很高，因此可以作为营销工具使用，商家可以在朋友圈上投放广告，利用用户和朋友之间的关系传播商品信息。

朋友圈营销最主要的形式是用户通过将商家的信息分享到朋友圈来获得一定优惠。商家利用用户的朋友圈将商品或者企业的信息传递给用户的亲朋好友，层层转发，以取得滚雪球式的营销效果。在微信朋友圈分享红包、集赞等方式是最经常使用的方法，随着红包和集赞数的逐步增多，礼品或奖励逐步增大。例如，用户在小红书上购买了商品就可以获取商家的折扣优惠，但用户只能将折扣优惠的二维码分享至朋友圈，再由朋友扫二维码获取。这种方式能利用用户有效地将小红书的应用分享至更多的人群，吸引目标用户的到来。

现在有许多人做微商，他们利用朋友圈向好友推广产品，由于微信好友一般是互相认识的，所以这样的营销效果比较好。但是也要看到微商的朋友圈往往会被屏蔽，而这直接影响营销效果。所以在进行朋友圈营销时要先了解朋友圈的好友是哪一类人，哪一类人会成为自己的潜在用户，而哪一类人不会，必要时要将朋友圈设置分组，让对产品感兴趣的用户看到信息，没有兴趣的用户则看不到。同时要注意刷屏的数量，在有效的上网时间推广即可，避免微信好友产生抵触心理。

（四）微信公众号平台营销

微信公众号是商家为了向用户展示企业形象、服务、信息而推出的，微信公众号需要用户自主订阅，因此商家可以精准化地向用户进行营销，增强营销的效果。这也使微信公众号平台成为越来越多的商家争相发展的地方。

你的微商朋友们每天在朋友圈"叫卖"，真的有用吗？

微信公众号一般分为两种：一种是企业微信账号，另一种是非企业微信账号。企业微信账号一般的营销方式为推送营销。也就是当用户关注了该微信公众号后，该公众号就会在一定的时间推送相关内容，如文章、活动、游戏等，用户可以根据自己的需求阅读或参与。这种方式有利于与用户建立亲密且深入的互动关系，维护、提升企业的形象。例如，京东商城经常将优惠促销信息、活动等推送在公众号中，让用户时常关注到相关内容，引起购物欲望。

❖ 小资料

艺龙旅游网致力于成为酒店预订专家，它提供全球大约 30 万家酒店的预订服务。据统计，艺龙旅游网的注册会员人数已经超过 1 000 万，其中 86% 的会员都是 25~45 岁的中青年，这些人群拥有智能手机，有使用微信的习惯。因此，艺龙旅游网在微信推出公众号之后，立即将微信营销纳入企业营销方式之中，实际产生了不错的效果。2013 年 3 月，艺龙旅游网在其微信平台上策划了一次营销活动，活动名称为"与小艺一站到底"，内容为答题赢大奖，规则如下：艺龙 3 月 5—8 日每天在微信平台上发布 15 个题目，3 月 11 日晚上 12 点前用户每天都有一次机会作答，当点击"开始"后用户立即对题目进行作答，作答过程中只需要回复正确答案相对数字即可，答题结束后微信平台会统计出答题的正确率与耗时，每日积累。奖励是：累积答题耗时最少且准确率最高的人将获得价值 5 000 元的旅游大奖，第 2 至第 7 名以及第 11、111、1111、11111 名都可以免费领取到一张婺源景区的门票。艺龙的该项活动还通过其他平台大力推广，据后来对后台真实数据的统计，每日活动参与的用户活跃互动频次高达五六十万，订阅微信的用户也增加了几万，艺龙的企业形象也由此得到提升。

　　企业公众号还有另外一种营销方式，即客服式营销，将微信与用户服务系统相结合，满足用户在售前、售后、售中的服务，将微信打造成客服平台。比如滴滴出行服务号，可以在公众号中找到客服，用户可以就其疑问联系在线客服解答。

　　目前这两种形式的微信公众号都得到了用户的欢迎，但是服务号由于更能给用户提供价值，更受到用户青睐，因为不仅能推送信息，而且能解决用户的问题，这样提供"一站式"服务的平台能更好地做营销活动。

　　当然目前也有许多个人的微信公众号，有些个人通过向网友分享好用的信息、好笑的内容等大众所喜欢的内容积累粉丝量。通过设置公众号发广告盈利的一般是自媒体账号，即把微信当作自媒体运营，发送相关内容，在赢取粉丝后发广告盈利。一般自媒体微信账号所发的内容质量较高，是某一领域某一行业的专业知识，得到该领域相关人员的认可，例如"逻辑思维"是资深媒体人罗振宇的公众号，它每天推送罗振宇的 60 秒音频，分享各种有趣的内容，丰富用户的知识面。这个公众号的受众主要是想读好书、多读书的细分人群，在短时间内向他们提供一些好书以及一些好的文章，迎合了受众需求，在积累一定粉丝量后，该公众号也适时推出一些推广信息。

（五）"漂流瓶"式营销

　　微信用户一天有 20 次扔"漂流瓶"的机会。用户可以在把文字或语音进行编辑之后把"漂流瓶"扔向"大海"。微信"漂流瓶"为不同地方的陌生人提供了交流机会。微信官方可以对"漂流瓶"的参数进行更改，使合作商家推广的活动在某一时间段内抛出的漂流瓶数量大增，增加用户捞到的概率。

> ※ **小资料**
>
> 　　招商银行在微信营销发起了一个"微信爱心漂流瓶"活动，所有使用微信的用户都可以应用"漂流瓶"功能捡到他们所抛出的瓶子，只要用户对这个瓶子进行相应的回复，该行便会通过"小积分，微慈善"这个平台为患有自闭症的儿童提供相应的帮助。这个活动不管是对于用户，还是对于发起活动的银行来说，都是非常有意义的。用户仅仅是动动他们的手指就可以让儿童得到帮助，这不仅让用户献出了他们的爱心，更让这个世界充满了温暖。招商银行通过微信销售这种方式让有些缺陷的儿童得到关爱，这不仅是企业献出了一份力量，更让广大用户看到了企业的责任心，看到了企业对于儿童的关爱，同时这种方式拉近了银行和用户的距离，用户能够从中认识到该银行，了解该银行。

三、微信营销心理策略

　　微信可以说是拥有智能手机用户的必备软件，它有效连接了好友。因此，基于庞大用户群的微信营销有着巨大的营销价值。但是，只有微信营销的策略运用得当，才可以给企业带来好处，如果策略使用不当则有可能给企业带来负面影响。所以对于企业而言，掌握微信营销心理策略尤为重要。

（一）整合媒体资源，加强用户认知感

　　成功的营销，能够为企业特定的用户群主动提供足以满足甚至超出他们需求的服务。因此，

微信营销以"服务用户"为核心准则，以"用户满意"为目标。企业的微信服务可以从提升用户体验入手，为了让用户在关注企业微信公众平台后拥有愉快的体验感，商家可以尝试丰富信息表现形式，控制信息发送频率，完善信息反馈质量。

1. 整合线上媒体

QQ、微博、论坛都是拥有大量用户群体的平台，并且许多用户容易因为某种爱好、某种专业、某种需求聚集在一起。因此，可以利用这些平台用户群的共性进行宣传推广。如可以在比较有影响力的高质量的 QQ 群里宣传企业或产品，将企业的 Logo、海报、微信公众号二维码以图片或文字的形式在 QQ 群里进行宣传，分享标有企业 Logo 二维码的有用资料，或者在 QQ 群里解答群成员疑惑，积极与目标群体交流，让群用户提高对企业或产品的好感度。还可以让微博大 V（拥有众多粉丝的微博用户）为企业代言，提高大 V 粉丝对企业的认可度，增强产品影响力，这是最直接的宣传方式。也可以通过与大 V 的微博信息交流来进行宣传，企业将 Logo 作为自己的头像，昵称为企业名字，企业与大 V 的交流越多，在微博中出现的次数越多，就越有助于达到推广宣传的效果。

除去上面两种，还有一种有效的宣传推广方式，就是与相关行业协会进行交流。每个行业都有自己的行业协会，或者至少有企业之间的交流平台。例如，通过积极参与行业门户网站和论坛的建设，无论是以广告的形式还是以行业信息提供者的身份出现在行业门户网站和论坛上，对企业的宣传都大有益处。因为能关注行业网站和论坛的用户几乎都是对这个行业有需求的潜在用户。

2. 整合线下媒体

扩大户外的海报、横幅、宣传单、报纸等媒体资源宣传，在醒目的位置设置微信公众号二维码，方便用户加入。特别是在线下店面开展通过扫二维码参与现场打折等活动，增强企业微信公众平台的关注度，加深用户对企业的印象，吸引用户的再次消费。例如，艺龙旅游网曾与多个酒店、机场合作，以各种奖励为诱饵，鼓励用户通过"扫一扫"方式成为他们的新增订阅用户。这种方式极大地促进了艺龙旅游网粉丝数量的激增。因此，显眼位置的横幅、等车时消磨时间的报纸等，都应成为宣传的利器，越是实用的产品宣传效果越有效。

（二）强化服务意识，关注用户体验感

企业在进行微信营销之前，就应当意识到微信用户不仅仅是他们的营销对象，更是他们友好的朋友。因此需要通过优质的服务意识让用户感受到尊重，感到满意。只有这样才能提高用户体验的愉悦感，也让营销的效果更好。

1. 通过丰富的信息表现形式让用户感受到企业的用心

微信的表现形式，包括文字、图片、语音、视频等，但目前企业微信向用户推送的信息往往都是图文形式，很少出现音频和视频类信息。目前，受众处于信息化时代，每天都需要接收海量的信息，不可能花很长时间去理解每条信息，他们都希望能够快速且准确地接收与反馈信息。如果使用语音或视频播报信息，用户只需轻轻一按，即可享受收听或观看的快感，这不仅可以缩短用户解读时间，还能够减少误读概率。比如"罗辑思维"公众号的推送方式，每天在早上 6 点就会收到资深媒体人罗振宇的 60 秒语音推送。早上 6 点是许多上班族开始新的一天的时间，许多人在这一时间洗漱、吃早餐等，而这一时间正是人们碎片化的上网时间，选择在这个时间推送大大增强了用户的收听概率，60 秒的音频所占的时间较短，并且人们可以通过收听语音的内容简单明了地确认今天的主题是否符合自己的兴趣，再回复关键字收看具体的文章。"罗辑思维"每天 6 点的 60 秒音频一方面让用户保持了好奇，另一方面提高了用户的体验感。"罗辑思维"的成功，可以为许多企业所借鉴，但需要注意的是，企业确定选择利用微信公众平台向用户传播音频或者视频信息时，除考虑音频和视频的接收质量之外，还要确保受众接收信息所需耗费的流量及时间尽可能少，因为只有这样，用户才能有更加美好的视听体验。

2. 控制信息发送频率

很多企业急于让用户了解产品信息，频繁通过微信公众号向他们发起"信息轰炸"，假设用户每天都接收到同一个企业微信所推送的营销信息，而且还是大同小异的产品促销信息或者无用的干扰信息，久而久之就会取消对企业微信公众号平台的关注，并且会对整个企业产生抵触的负面情绪。当然，这并不是说企业不要在微信公众号平台上发送信息，不与用户沟通互动，因为若企业微信满足不了用户的基本信息需求，自然也会被取消关注，所以企业利用微信发送信息应该把握好度，既不能过多，也不能过少。据调查，企业每隔两三天向用户发一次信息最适宜，此外，企业在选择微信公众平台信息发送时间点前，应该摸清哪个时间段是粉丝活跃度最高的，并尽量在那些期间传播信息，减少被刷屏的可能性。当然，因为微信公众号推送信息有时会遇到网络问题，信息的到达会出现一定的滞后性，所以企业也可以略提前一点进行信息群发。

3. 完善信息反馈质量

众所周知，信息接收的及时性及信息交流的互动性，是微信营销所具有的两大明显优势。用户可以在微信平台上畅所欲言，随时保持与企业的沟通交流，而愿意在微信平台上发送信息的用户往往是消费过企业产品的老用户，或者是对企业产品具有强烈购买欲望的潜在目标用户，这些用户对于企业发展而言至关重要。因此，在微信公众号平台的运营过程中，企业一定要注意提高用户信息回复的质量，让用户感受到企业对他们的重视。虽然现在根据用户发送过去的信息关键字，微信公众号平台在大多数情况下都能够智能化地给出自动回复，但是时常会出现答非所问及干脆没有回应的现象，这不利于拉近用户与企业的关系。其实，企业可以尝试雇佣一些员工，让他们专门负责微信平台上用户留言的回复与管理，如杜蕾斯微信公众平台专门设置 8 人陪聊组，以使每个用户的信息都能得到人性化的反馈，其实用户的要求并不多，哪怕一句简单的"谢谢您""您的建议对我们很有帮助"，或者"这个问题我们一定会尽快给你回复"，都会让用户感到企业的亲近感，并提高对企业的忠诚度。这也就要求微信客服具有亲切的态度，即使是遇到多位用户在同一时间段与其交流，也能做到耐心，细致地为每一位用户提供服务。

（三）突出平台价值，增强用户依赖感

在微信营销过程中，公众号平台在企业与用户之间起着桥梁的作用。要使微信营销的效果更好，需要增加用户的依赖感，让用户主动关注企业微信公众号平台，并心甘情愿地一直待在微信公众号平台上，同时积极向自己的亲朋好友推荐。用户对微信公众号平台依赖程度的增强取决于平台对用户的价值，即通过企业微信公众号平台，用户获取需求上的满足感。因此，企业可从提高信息内容的实用性、添补信息内容的独特性、加强信息内容的热点性 3 个方面入手，以突出微信公众号平台的价值，进而增强用户对平台的依赖感。

1. 提高信息内容的实用性

随着微信公众号的普及，微信用户拥有微信公众号的数量越来越多，根据 2015 年微信公众号关注用户行为分析，多数（60%）受访者关注 6~20 个微信公众号。受访者关注的微信公众号中 50% 为兴趣爱好类（如运动、美容、服饰、俱乐部等）和新闻资讯（如城市新闻、名人新闻、娱乐新闻等），其次是个人服务类（18%，如信用卡查询账号、快递包裹查询账号等）公众服务类（17%，如公共事业、电信、交通等）和职业相关类（14%，如用户、供应商、雇主等）。根据使用与满足理论，我们可以认为用户使用微信并关注企业微信公众号平台，是基于满足自身对信息、娱乐或者其他各种内在需求。因此，为用户所选择的微信公众号，应该是对用户最有用、最有价值的公众号。因此，企业应该从信息内容上入手，让受众真切感受到其微信公众号平台的价值，甚至对它产生依赖感。这就要求企业必须对其目标人群的特征、喜好进行准确调查分析，以全面了解最真实的需求，进而推送对用户最实用的信息，如艺龙旅游网会精心为用户推送各种关于旅游的实用信息，深受用户喜爱。

2. 填补内容的独特性

当前营销手段形式越加丰富，大多数用户都对营销信息的质量要求非常严苛，希望接收到

的信息能够拥有个性与创意。例如，星巴克中国在推送的信息内容中，设置"星享卡""美食""杯了"等特殊选项，供人们依据个人喜好随意选择。当用户发送不同的代码时，则会得到不一样的反馈，形式非常有趣。当然，企业推送的信息内容不仅要有独特性，更要与企业的产品有较强的关联性，毕竟微信营销的最终目的还是促进产品销售以获得更多的利润。单单只顾用户喜好，传播一些与产品毫无关联的信息，的确会增强用户对企业的好感，但并不一定会激发他们的消费欲望。因此，企业除了考虑发送什么独特的信息内容能吸引用户的注意力外，还需要考虑如何将产品信息融入其中，以及以何种独特方式将内容展现出来让用户乐于接受。

第四节　网络社区与消费心理

小红书的"社区引力"

一、网络社区的含义

网络社区，是指包括 BBS 或论坛、讨论组、聊天室、博客等形式在内的网上交流空间，是由网站所提供的虚拟频道，让网民产生互动，实现情感维系及资讯分享。同一主题的网络社区集中了具有共同兴趣的访问者，由于有众多用户的参与，不仅具备交流的功能，实际上也成为一种营销场所。社区把具有共同兴趣的访问者集中到一个虚拟空间，达到成员相互沟通的目的，从而达到商品的营销效果。网络社区主要包括综合性的社区和专业性的社区，专业性的社区分为自己建设的网络社区和通过其他网站的专业社区。如新浪网的社区内容囊括了社会生活的方方面面，而阿里巴巴的内容定位是网上商人。

二、网络社区的作用

网络社区主要有如下作用：

（一）可以与访问者直接沟通，容易得到访问者的信任

如果你的网站是商业性的，你可以了解访问者对产品或服务的意见，访问者很可能通过和你的交流而成为真正的消费者，因为人们更愿意从了解的商店或公司购买产品，如果是学术性的站点，则可以方便地了解同行的观点，收集有用的信息，并有可能给自己带来启发。

（二）参与讨论或聊天

人们愿意重复访问你的网站，因为那里是志趣相投者的场所，除了相互介绍各自的观点之外，一些有争议的问题也可以在此进行讨论。

（三）作为一种消费者服务的工具

利用 BBS 或聊天室的形式在线回答消费者的问题。作为实时消费者服务工具，聊天室的作用已经得到用户认可。

（四）便于网络社区的合作与宣传

可以与那些没有建立自己社区的网站合作，允许使用自己的论坛和聊天室，当然，那些网站必须为进入你的社区建立链接并对社区加以介绍，这种免费宣传机会很有价值。

（五）让更多人发现你的网站

建立了论坛或聊天室之后，可以在相关的分类目录或搜索引擎登记，有利于更多人发现你的网站，也可以与同类的社区建立互惠链接。

（六）方便进入在线调查

无论是进行市场调研，还是对某些热点问题进行调查，在线调查都是一种高效连接的手段。在主页或相关网页设置一个在线调查表是通常的做法。然而，对多数访问者来说，由于参与调查占用额外的时间，大多不愿参与调查，即使提供某种奖励措施，参与的人数可能仍然不多。如果

充分利用论坛或聊天室的功能，主动、热情地邀请访问者或会员参与调查，参与者的比例一定会大幅增加；同时，通过收集 BBS 上消费者的留言也可以了解到一些关于产品和服务的反馈意见。

三、常用的网络社区营销模式

（一）论坛

论坛是虚拟网络社区的主要形式，大量的信息交流都是通过电子公告板系统（Bulletin Board System，BBS）完成的，会员通过张贴信息或者回复信息达到互相沟通的目的。有些简易的论坛甚至只有一个 BBS。BBS 是用电子手段实现"黑板"或"白板"，用于刊登各类信息。BBS 最早是用来公布股市价格等信息的，当时 BBS 连文件传输的功能都没有，而且只能在苹果计算机上运行。早期的 BBS 与一般街头和校园内的公告板性质相同，只不过是通过电脑来传播或获得消息而已。一直到个人电脑开始普及之后，BBS 才开始渐渐普及开来。近年来，由于爱好者们的努力，BBS 的功能得到很大的扩充。

> **❖ 小资料**
>
> 早期的西祠胡同、天涯、猫扑振臂一呼应者如云，后来以魔兽世界吧和李毅吧为首的百度贴吧也是大放异彩，当年的网络热词和梗基本都是出自这些 BBS 类社区，还记得"贾君鹏你妈妈叫你回家吃饭"吗？可随着互联网的发展，BBS 类社区热度慢慢下滑。根据 CNNIC（中国互联网数据中心）的数据显示，2009 年是 BBS 社区由盛转衰的节点，其使用率首次出现下降（2008 年为 30.7%，2009 年为 30.5%），那些拍砖论道的江湖高手相继离开，再无回首。尽管如此，如今在一些垂直领域中，仍有优秀的 BBS 社区存在，如虎扑、汽车之家等。
>
> （资料来源：微信公众号——运营大叔，2019-08-02）

（二）聊天室

在线会员可以实施交流，对某些话题有共同兴趣的网友通常可以利用聊天室进行深入交流。

（三）讨论组

如果一组成员需要对某些话题进行交流，通过基于电子邮件的讨论组会觉得非常方便，而且有利于形成大社区中的专业小组。

（四）博客

以某个人为对象开设一个论坛栏目，就叫作博客。博客是由英文 Blog 音译而来，Blog 的全名应该是 Web Log，中文意思是"网络日志"后来缩写为 Blog，而 Blogger 就是写博客的人。博客是"一种表达个人思想和网络链接，内容按照时间顺序排列，并且不断更新的出版方式"。

随着博客快速扩张，它的目的与最初的浏览网页心得已相去甚远。目前网络上数以千计的 Bloggers 发表和张贴博客的目的有很大的差异。相当一批网民利用博客来宣传自己的品牌或产品，做一些软性广告，所以博客在虚拟营销中是很重要的手段。

由于沟通方式比电子邮件、讨论群组更简单和容易，因此博客已成为家庭、公司、部门和团队之间重要的沟通工具，它也逐渐被应用在企业内部网络中。

四、网络社区的营销策略

网络社区营销，是网络营销的主要营销手段之一，从网站经营者的角度来看，网络社区经营成功，不仅可以带来稳定及更多的流量，增加广告收入和注册人数，更能借此拥有独立的资讯存放与讨论空间。由于其会员多、人气旺，还给社区营销造就了良好的场所。网络社区营销须注意以下几点：

（一）不要直接发广告

广告内容的帖子很容易被删除。

（二）用好头像和签名

可以专门设计一个头像，宣传自己的品牌，签名可以加入自己网站的介绍和链接。

（三）发帖要求质量第一

发帖不在乎数量多少，发的地方多少，帖子的质量特别重要。发帖关键是为了让更多的人看，变相地宣传自己的网站，所以追求的是最终流量，所以发高质量的帖子，可以花费较少的精力，获得较好的效果。

（四）分析社区会员的需求

对企业网络社区会员的需求分析是否到位直接影响到用户注册会员参与度的高低。企业应在充分分析会员需求、上网习惯、个人爱好等信息的前提下，为不同需求的会员提供人性化的界面，结构化地组合社区服务内容。

（五）整理并完善会员数据库

随着会员的不断增加，社区功能的不断完善，会员数据的有效性发生着变化，这些都需要及时地进行数据整理，不断保持有效会员数据。这样，会员有相同的注册和登录系统，将大大方便特殊会员（渠道用户、大客户）的使用，也方便企业随时统一整合有效数据资源。

（六）管理会员行为并提供及时服务

网络社区要根据会员访问网站行为，即访问的次数、内容、时间等进行跟踪，定期通过电子邮件进行会员回访，并阶段性地调整会员级别，向有效的会员推荐和提供更匹配的服务。对于会员提出的问题，维护人员要给予及时的反馈，对频率较高的问题通过相应的网络技术在网页上解决。通过数据挖掘等技术，分析会员的需求状况，并主动给予答复，同时安排生产。另外一个较容易忽视的地方是对"关键"性人物的特殊管理。

❀ **小资料**

相宜本草的网络社区口碑营销

相宜本草以唯伊网作为核心传播载体，以唯伊社区为营销传播中心，整合浙江本地社区及线下高校资源，实现了线上线下互动整合营销。该营销活动分为 5 个环节进行：

第一个环节为免费申请品牌试用装。

第二个环节是收集申请者的数据资料（包括真实姓名、性别、住址、邮箱、电话、QQ、品牌消费习惯等信息）。相宜本草对这些潜在消费者进行了电话营销，并邮寄了会员杂志。

第三个环节为网络整合营销传播。唯伊网联合国内知名社区站点，做联合推广，包括覆盖高校人群的线上线下交叉互动。

第四个环节为用户分享试用体验。相宜本草以奖品为诱饵，吸引试用用户分享产品体验，引导消费者的正向口碑。

第五个环节为试用达人 BlogMedia 推荐。

（资料来源：百度文库，2020-05-26）。

📖 **本章小结**

本章主要围绕新型营销方式与消费心理相关问题进行讨论。

大数据是一种资源、一种技术，具有规模性、多样性、高速性和价值性四个特征。大数据的营销价值体现在分析用户特征行为，找出用户需求；为精准营销推送信息提供支撑；引导产品及营销活动，投用户所好；查找重点客户，改善用户体验；发现新市场和新趋势，对市场决策分析提供支持。大数据引领营销趋势：以数据推动内容营销、创造有意义的个性化、数据整合、领悟物联网、开展预测型分析、改善归因、破解移动营销的密码、培养潜在客户更加容易。

网络营销并非独立的，而是企业整体营销策略中的组成部分，线上营销与线下营销相结合形成一个相辅相成、互相促进的营销体系。网络营销有很多优势，传统营销也有其难以取代的特点。网络购买消费者心理发生变化，企业网络营销要根据消费者心理变化制定有效的营销策略：努力提供个性化的产品与服务、建立产品与企业信誉、提高企业员工素质和服务效率、做好网站建设、消除消费者对网上购物安全性的疑虑。

微信营销成本低廉、曝光率高、即时性强、互动性强、针对性强，企业可以通过 LBS 定位功能、扫描二维码功能、朋友圈、微信公众号平台、"漂流瓶"进行营销。微信营销心理策略可以从以下方面考虑：整合媒体资源，加强用户认知感；强化服务意识，关注用户体验感；突出平台价值，增强用户依赖感。

网络社区通过 BBS 或论坛、讨论组、聊天室、博客等形式，为企业与消费者交流互动、营销提供便利。但在网络社区营销中要注意以下策略：不要直接发广告、用好头像和签名、发帖要求质量第一、分析社区会员的需求、整理并完善会员数据库、管理会员行为并提供及时服务。

复习思考题

1. 简述大数据营销的价值。
2. 如何根据消费者网上购物的心理变化趋势制定网络营销策略？
3. 简述微信营销方式。
4. 简述网络社区的营销策略。

案例分析

网易云音乐——你的专属歌单

近年来，流行的年度账单和年度歌曲列表可以在年底为用户生成专属的个人报表，显示一年内该用户在应用程序上的各种使用行为，吸引着用户的眼球，让用户积极参与其中。

网易云的年度歌曲清单是使用大量数据来收集用户的收听信息和数据。每个用户听得最多的歌曲、发送的评论、收听时间、收听习惯等都将显示在这个专属的歌曲清单中。它非常清楚地列出每个用户的收听喜好并分析用户的心情、个性等，制定一个大概的标签，增加更多的个人情感内容，并让用户体验定制化。播放列表细致周到，对其印象深刻，并被进一步转发和共享以实现散布和刷新屏幕的最终效果。

这种精细化的个人报表实际上是使用了大数据技术。利用大数据技术收集用户的个人行为数据，并通过分类和计算获得。正是由于大数据，网易云与用户才能形成深度的创意互动，并实时生成独家歌曲列表。然后借助情感视角，走心的内容所引起的情感和共鸣，网易云可以与每个用户建立情感联系，从而增强用户对网易云音乐的信任和依赖性。从网易云年度歌曲列表刷屏的案例中不难发现，最受欢迎和最受公众关注的是年度歌曲列表的独特性和特殊性，在使用年度歌曲的同时给用户带来独特的优越感。歌曲列表回顾过去一年的心情也触动了许多用户的情感点。简而言之，在大数据的影响下，可以实现诸如年度个人播放列表之类的交互形式，并且可以定制每个用户的专属内容来实现精细化营销的目的。

　　问题：网易云音乐是如何了解用户心理，做到精细化营销的？

（资料来源：搜狐网，2020-06-17）

实训练习

　　通过分析新型营销方式下的消费心理，为你喜欢的品牌设计营销策略。

参 考 文 献

[1] 王宗湖，张婷婷. 消费心理学［M］. 北京：人民邮电出版社，2021.

[2] 周欣悦. 消费行为学［M］. 北京：机械工业出版社，2019.

[3] 殷博益. 市场营销学［M］. 南京：东南大学出版社，2018.

[4] 孟韬. 市场营销策划［M］. 大连：东北财经大学出版社，2018.

[5] 林颖. 电子商务实战基础——新媒体营销实战［M］. 北京：北京理工大学出版社，2018.

[6] 苑春林. 网络营销［M］. 北京：中国经济出版社，2018.

[7] 郝建. 大健康引领 大数据驱动 大旅游助推——开辟乌当融合发展、产业升级新路径［M］. 成都：西南交通大学出版社，2018.

[8] 黄璐. 网络经济中的消费行为——发展演化与企业对策［M］. 成都：四川大学出版社，2018.

[9] 许留芳. 中西方文化差异对消费行为影响研究——以肯德基为例［J］. 文化创新比较研究，2018，2（29）：166-167.

[10] 刘万兆，赵曼，陈尔东. 消费者行为学［M］. 中国经济出版社，2018.

[11] 燕鹏飞，黄周城. 一看就懂的自媒体营销［M］. 北京：民主与建设出版社有限责任公司，2017.

[12] 费明胜，杨伊侬. 消费者行为学［M］. 2 版. 北京：人民邮电出版社，2017.

[13] 陈可，李晓楠，朱凤. 消费心理学［M］. 北京：北京理工大学出版社，2016.

[14] 曾杰. 一本书读懂大数据营销［M］. 北京：中国华侨出版社，2016.

[15] 马智萍. 大数据时代移动营销创新研究［M］. 北京：中国轻工业出版社，2016.

[16] 陈思. 营销心理学［M］. 广州：暨南大学出版社，2015.

[17] 邓少灵. 网络营销学教程［M］. 广州：中山大学出版社，2015.

[18] 赵慧敏. 消费心理学［M］. 天津：天津大学出版社，2013.

[19] 曹旭平，张丽媛. 消费者行为学［M］. 北京：清华大学出版社，2013.

[20] 高博，付春玉. 消费心理学［M］. 南京：南京大学出版社，2012.

[21] 黄建莲. 网络营销［M］. 北京：机械工业出版社，2012.

[22] 黎友隆. 网络营销［M］. 北京：中国言实出版社，2012.

[23] 肖立. 消费者行为学［M］. 北京：北京大学出版社，中国农业大学出版社，2011.

[24] 荣晓华. 消费者行为学［M］. 大连：东北财经大学出版社，2009.

[25] 刘军，王砥. 消费心理学［M］. 北京：机械工业出版社，2009.

[26] 田雨. 消费心理学［M］. 北京：首都经济贸易大学出版社，2008.

[27] 梁清山. 消费心理学［M］. 北京：北京交通大学出版社，2008.

[28] 吴国章. 市场营销实务［M］. 北京：北京理工大学出版社，2008.

[29] 姜玲玲. 消费心理学［M］. 成都：西南交通大学出版社，2008.

[30] 尹健. 营销心理学［M］. 北京：高等教育出版社，2007.10

[31] 新世纪高职高专教材编审委员会组. 消费心理学［M］. 大连：大连理工大学出版社，2007.

［32］黄希庭. 消费心理学 ［M］. 上海：华东师范大学出版社，2007.

［33］方光罗，朱吉玉. 消费心理学基础 ［M］. 北京：中国财经出版社，2007.

［34］柯洪霞，曲振国. 消费心理学 ［M］. 北京：对外经济贸易大学出版社，2006.

［35］范明明. 消费心理学 ［M］. 北京：中国财政经济出版社，2005.

［36］ESCALAS J E，BETTMAN J R. Self-construal, reference groups, and brand meaning ［J］. Journal of Consumer Research，2005，32（3）：378-389.

［37］聂志红. 消费行为学教程 ［M］. 2 版. 北京：经济科学出版社，2005.

［38］叶亦乾. 心理学 ［M］. 上海：华东师范大学出版社，2004.

［39］耿黎辉. 消费心理学 ［M］. 成都：西南财经大学出版社，2004.

［40］肖兴政. 营销心理学 ［M］. 重庆：重庆大学出版社，2003.

［41］李晴. 消费者行为学 ［M］. 重庆：重庆大学出版社，2003.

［42］王长征. 消费者行为学 ［M］. 武汉：武汉大学出版社，2003.

［43］江青云. 营销心理与实务 ［M］. 2 版. 广州：暨南大学出版社，2003.

［44］李强. 管理心理学 ［M］. 北京：北京工业大学出版社，2002.

［45］刘庆华. 消费心理学 ［M］. 北京：机械工业出版社，2002.

［46］江林. 消费者心理与行为 ［M］. 北京：中国人民大学出版社，2002.

［47］江林. 消费者行为学 ［M］. 北京：首都经济贸易大学出版社，2002.

［48］符国群. 消费者行为学 ［M］. 北京：高等教育出版社，2001.

［49］［美］德尔·霍金斯等，消费者行为学 ［M］. 符国群，等译. 北京：机械工业出版社，2000.

［50］张春兴. 现代心理学 ［M］. 上海：上海人民出版社，1996.

［51］马义爽. 消费心理学 ［M］. 北京：北京经济学院出版社，1996.

［52］李铮，张履祥. 普通心理学 ［M］. 北京：中国科学技术大学出版社，1995.

［53］孟昭兰. 普通心理学 ［M］. 北京：北京大学出版社，1994.